Alles, was Sie wissen müssen

Die Einsteigerhandbücher aus dem Verlag Dorling Kindersley bieten fundiertes Sachwissen zu einer Vielzahl von Lebensbereichen und Interessengebieten. Ob Sie sich einen Hund anschaffen oder das Internet entdecken wollen, ob Sie sich für Astrologie interessieren oder für Golf – schlagen Sie einfach das entsprechende K·I·S·S-Handbuch auf und steigen Sie ein.

Jeder Titel der Reihe wird von Experten für das jeweilige Thema verfasst, die gleichzeitig erfahrene Sachbuchautoren sind. Sie führen die Leserin oder den Leser Schritt für Schritt, vom Einfachen zum Anspruchsvollen, an das Thema heran. Die übersichtliche Gliederung ermöglicht es, sich selbstständig in bequemen Etappen fundierte Kenntnisse anzueignen; nach längeren Pausen erlaubt sie einen problemlosen Wiedereinstieg.

Mit den Einsteigerhandbüchern von Dorling Kindersley macht Wissen Spaß. Wenn Sie entdecken wollen, welche Themen die Reihe noch zu bieten hat, fragen Sie in Ihrer Buchhandlung oder besuchen Sie uns im Internet unter www.dk.com.

DAS EINSTEIGER-HANDBUCH

Golf

STEVE DUNO

Vorwort von Colin Montgomerie

Dorling Kindersley

Redaktionsleitung Valerie Buckingham
Lektorat Bridget Hopkinson
Projektbetreuung Caroline Hunt, Julie Oughton

Chefbildlektorat Stephen Knowlden
Bildredaktion Heather McCarry
Gestaltung Justin Clow, Carla De Abreu

Umschlaggestaltung Nealosh Cobourne
Bildrecherche Jamie Robinson, Mariana Sonnenburg
DTP Louise Waller
Herstellung Sarah Coltman, Louise Daly
Fachliche Beratung Peter Ballingall

Dorling Kindersley Publishing, Inc.
Redaktionsleitung LaVonne Carlson
Reihenbetreuung Beth Adelman
Redaktion Kristi Hart

Die Deutsche Bilbiothek – CIP-Einheitsaufnahme

Ein Titeldatensatz für diese Publikation ist bei
Der Deutschen Bibliothek erhältlich.

Titel der englischen Originalausgabe:

KISS Guide to playing Golf

© Dorling Kindersley Limited, London, 2000
© Text, 2000 Steve Duno

© der deutschsprachigen Ausgabe by Dorling Kindersley Verlag GmbH, München, 2001
Alle deutschsprachigen Rechte vorbehalten

Übersetzung Petra Bathe, Solveig Krüger-Hoge
Redaktion THEMA media GmbH, München, Michaela V. Dietrich
Satz THEMA media GmbH, München

ISBN 3-8310-0135-9

Printed and bound in Spain

Besuchen Sie uns im Internet
www.dk.com

Der Inhalt auf einen Blick

Teil 1

Ehe Sie zum Schläger greifen

Unser ältestes Spiel
Golf spielen – wie und wo
Die Grundregeln
Kein Spiel für Rücksichtslose

Teil 2

Die Grundlagen lernen

Wie und warum ein Golfball fliegt
Welche Ausrüstung brauchen Sie?
Alles im Griff
Zielen
Das Spiel im Kopf
Der Golfschwung

Teil 3

Das kurze Spiel

Die Grundlagen des Puttens
Einfache Puttstrategien
Chippen und Pitchen
Der Bunkerschlag

Teil 4

So werden Sie ein besserer Golfer

Mehr Beständigkeit im Spiel
Die häufigsten Fehler
Wenn Fortschritt immer schwerer wird
Die richtige Strategie

Teil 5

Feinschliff am Spiel

Das richtige Training
Die Ausrüstung verbessern
Was bringen Trainerstunden wirklich?
Bereit für den Wettkampf
Golf – ein Sport für Zuschauer
Golfurlaub

INHALT

Vorwort von Colin Montgomerie	14
Einführung	16
Was steht drin?	18
Die Extras	19

TEIL EINS Ehe Sie zum Schläger greifen

KAPITEL 1 Unser ältestes Spiel — 22

Willkommen im Club!	24
Eine kurze Geschichte des Golfspiels	27
Vom Golffieber erfasst – doch leicht ist es nicht	29
Ein Spiel fürs Leben	32

KAPITEL 2 Golf spielen – wie und wo — 34

Das ist das Ziel: den Ball ins Loch zu befördern	36
Unterschiedliche Plätze und Kosten	42
Die Driving Range: Hier wird richtig gearbeitet	46

KAPITEL 3 Die Grundregeln — 50

Das Regelwerk	52
Acht grundlegende Golfregeln	53
Noch mehr Regeln	61
Den Score notieren	65

| KAPITEL 4 | Kein Spiel für Rücksichtslose | 68 |

	Wer darf als Erster?	70
	Nehmen Sie Rücksicht	71
	Machen Sie Tempo	73
	Wer mit dem Cart fährt	75
	Was haben Sie denn an?	76
	Spielen Sie ehrlich	77

TEIL ZWEI Die Grundlagen lernen

| KAPITEL 5 | Wie und warum ein Golfball fliegt | 80 |

	Schläger trifft Ball	82
	Der Spin	86
	Was im Treffmoment passiert	88
	Golfbälle kaufen	89
	Von oben bedeutet nach oben	91
	Kraft und Genauigkeit	92

| KAPITEL 6 | Welche Ausrüstung brauchen Sie? | 94 |

	Nichts als Schläger	96
	Maßgeschneidert	100
	Was soll ich kaufen?	103
	Die Golftasche	105
	Kleidung und Accessoires	107

KAPITEL 7 — Alles im Griff — 112

Der Golfgriff ist einzigartig — 114
Die drei populärsten Griffe — 115
Stark, neutral oder schwach? — 120

KAPITEL 8 — Zielen — 122

Die Haltung vor dem Schlag — 124
Der richtige Stand — 125
Die Position des Balls — 126
Den Weg des Balls vorhersehen — 128
Richtig zielen — 129
Übung macht den Meister — 130

KAPITEL 9 — Das Spiel im Kopf — 132

Konzentrieren Sie sich — 134
Die Macht der Gedanken — 135
Der Segen der Wiederholung — 136
Sehen heißt erkennen — 137
Der »Waggle« — 138
Typische Preshot-Routine — 140

KAPITEL 10 — Der Golfschwung — 142

Die Elemente des Schwungs — 144
Die Schwungebene — 148
Der Golfschwung in sechs Teilen — 150
Starten Sie mit dem 7er-Eisen — 160

TEIL DREI Das kurze Spiel

KAPITEL 11 Die Grundlagen des Puttens — 164

Die Hälfte der Schläge ist die Hälfte des Spiels — 166
Wählen Sie die Waffen — 168
Die Stellung beim Putten — 169
Der Griff beim Putten — 171
Bausteine des Puttens — 173
Die Wahl der Technik — 175

KAPITEL 12 Einfache Puttstrategien — 180

Gefühl für die Geschwindigkeit — 182
Die Breaks richtig lesen — 184
Kurze Putts lochen — 188
Lange Putts ans Loch — 190
Vor dem Putt — 192

KAPITEL 13 Chippen und Pitchen — 194

Der entscheidende Teil des Spiels — 196
Was ist der Unterschied zwischen Chip und Pitch? — 197
Wann spielt man den Chip? — 198
Richtig chippen — 200
Verschiedene Schläger spielen — 202
Wann spielt man den Pitch? — 204
Richtig pitchen — 206

| KAPITEL 14 | Der Bunkerschlag | 210 |

Hier ist nicht der Strand …	212
Es ist gar nicht so schwer!	213
»Bounce« beim Sandwedge	215
Standard-Bunkerschläge	216

TEIL VIER So werden Sie ein besserer Golfer

| KAPITEL 15 | Mehr Beständigkeit im Spiel | 226 |

Finetuning am Rückschwung	228
Der Schläger kommt von innen	229
Das Schlägerblatt laufen lassen	230
Locker werden!	232
Ballposition und Teehöhe	233
Mehr Gefühl für die Schläger	234

| KAPITEL 16 | Die häufigsten Fehler | 236 |

Wohin fliegt der Ball?	238
Schlechter Treffpunkt	247
Kein Glück mit langen Schlägern	251

| KAPITEL 17 | Wenn Fortschritt immer schwerer wird | 254 |

Stürmisches Wetter	256
Der Hügel lebt	261
Schwierige Lagen	264
Holz!	270

| KAPITEL 18 | Die richtige Strategie | 274 |

Golf ist wie Schach	276
Auf der sicheren Seite	281
Die Genauigkeit erhöhen	283
Die Abschlagfläche ausnutzen	284
Die Balllage analysieren	288
Fade und Draw nach Plan	289
Die Längen kennen	294

TEIL FÜNF Feinschliff am Spiel

| KAPITEL 19 | Das richtige Training | 300 |

Rund um die Range	302
Aufwärmprogramm	303
Das Ziel vor Augen	308
Qualität statt Quantität	309
Das kurze Spiel	310

KAPITEL 20	Die Ausrüstung verbessern	316

	Die Lernphase	318
	Bessere Schläger – besseres Spiel	319
	Ein besserer Ball	325
	Man muss nicht alles haben, was es gibt	326

KAPITEL 21	Was bringen Trainerstunden wirklich?	328

	Privatstunden	330
	Die Wahl des Lehrers	332
	Gruppenunterricht	334
	Golfschulen	335
	Auffrischungskurse	336

KAPITEL 22	Bereit für den Wettkampf	338

	Das Turnierspiel: ein Weg, sich zu verbessern	340
	Das Amateurwettspiel	342
	Handicap-System	343
	Golf als Beruf	347

KAPITEL 23	Golf – ein Sport für Zuschauer	350

	Die verschiedenen Touren	352
	Golf im Fernsehen	354
	Die Kunst des Zusehens	357
	Von den Profis lernen	361

| KAPITEL 24 | Golfurlaub | 364 |

Das perfekte Reiseziel 366
Resorts und Pauschalreisen 368
Was Sie einpacken sollten 370
Golf als Begleitprogramm 371
Auf den großen Plätzen spielen 372

ANHANG

Weitere Informationen 380
    Golfverbände 380
    Zeitschriften 380
    Bücher 381
    Golfschulen 382
Golf im Internet 384
Ihr Score 387
Glossar 388
Register 392
Dank 399

Vorwort

ICH FREUE MICH, dass ich Sie zum schönsten Spiel der Welt willkommen heißen darf: Golf. Diese Sportart hat eine lange Tradition und stellt eine faszinierende Herausforderung dar, bei der man zudem Kontakte knüpft. Menschen jeden Alters können sie ausüben – alle mit dem Ziel ihre persönliche Bestleistung zu erreichen. Denn eines gilt für Amateure wie für Pros: Ein perfekt ausgeführter Schlag oder ein neuer Rundenrekord verschaffen ein Hochgefühl. Bald werden auch Sie feststellen, wie leicht man diesem wundervollen Spiel verfallen kann.

Vielleicht gab es nur einen Grund, weshalb Sie mit dem Golfspiel begonnen haben, vielleicht auch mehrere: das körperliche Training, die sozialen Kontakte, die mehrstündige Bewegung an der frischen Luft. Egal, welches der Grund war – in diesem Buch werden Sie nun alles Wissenswerte über Golf erfahren, von den Regeln und der Etikette des Spiels über die Wahl der richtigen Ausrüstung bis zum Erlernen der wichtigsten Schwungabläufe. Was auch immer Sie interessiert, Sie werden eine Flut an Informationen vorfinden, die jede Ihrer Fragen beantworten sollte. Wem das noch nicht reicht, dem wird eine umfangreiche Liste mit Websites weiterhelfen – einschließlich meiner eigenen natürlich (www.colin-montgomerie.com)!

Als Profi hat mich persönlich die Methodik des Lehrens und Lernens beim Golfspiel immer besonders fasziniert. Im Lauf der Jahre habe ich zahlreiche Videos und Lehrmaterial für diverse Bücher und Zeitschriften produziert. Im Moment erarbeite ich eine Reihe von Trainingsprogrammen für Jugendliche, zudem ist die Eröffnung mehrerer Golfschulen in Großbritannien und anderen europäischen Ländern geplant. Mein Ziel ist es, wie auch in diesem Buch, jedem Golfer zu helfen sich gemäß seiner eigenen natürlichen Fähigkeiten zu entwickeln und zu verbessern.

Die Liebe zum Golf habe ich von meinem Vater geerbt; wie wichtig die 100%ige Hingabe ist, lernte ich von meiner Mutter. Die Kombination beider Faktoren – nicht zu vergessen viel harte Arbeit – hat mich in die glückliche Lage versetzt, in der ich mich heute befinde: Ich werde für mein Hobby bezahlt und habe durch das Golfspiel zudem die Möglichkeit Menschen der unterschiedlichsten Art kennen zu lernen. Persönlich schätze ich am Golfsport besonders, dass ich mit jedem Golfer, den ich kennen lerne, sofort eine gemeinsame Kommunikationsbasis habe – Golf ist eine Sprache, die man einfach überall spricht.

Ich hoffe, dieses Buch ist entweder der Auslöser für Sie, mit dem Golfspiel zu beginnen oder eine Hilfe, wenn es darum geht, Einwände zu beseitigen, die Sie bisher vom Golfspiel abgehalten haben. Dies könnte der Beginn einer sehr speziellen und lange währenden Leidenschaft sein.

COLIN MONTGOMERIE

Einführung

GLÜCKWUNSCH! Sie haben den weltweit populärsten Zeitvertreib gewählt. Willkommen zu dem Spiel, das ich liebe! Golf ist eine Herausforderung und ermöglicht es allen Leistungsklassen, gegeneinander anzutreten. Jetzt, wo Sie dazugehören, möchte ich Sie zu dieser sicherlich lebenslangen Liebesgeschichte beglückwünschen. Es wird eine anstrengende, frustrierende,

OLD COURSE, ST. ANDREWS, SCHOTTLAND

aber auch fruchtbare Beziehung sein. Wenn Sie zum ersten Mal einen perfekten Schlag von einem gepflegten Fairway schlagen, mit einem Pitchingwedge den Ball einen Meter neben die Fahne legen – dann werden Sie wissen, was ich meine. Es gibt keinen vergleichbaren Sport.

Ziel dieses Buchs ist es, Ihnen den Einstieg möglichst leicht zu machen und Ihnen Kenntnisse zu vermitteln, die Sie schnell in die Tat umsetzen können. Das funktioniert zwar nicht über Nacht, aber mit ein wenig Geduld, Training und dem Glauben an meine Ratschläge sollten Sie schnell Spaß auf dem Golfplatz bekommen. Nichts komplizieren – das sollte Ihr Credo sein.

Wir werden langsam vorangehen: beginnend bei vielen grundlegenden Dingen bis hin zu den schwierigeren Aspekten des Golfspiels. Doch schneller als Sie denken, werden Sie den Ball mit viel Selbstvertrauen schlagen. Das ist der Zeitpunkt, wenn Sie mit Freunden auf den Platz gehen und feststellen: Dieses traditionsreichste und großartigste aller Spiele – es macht süchtig.

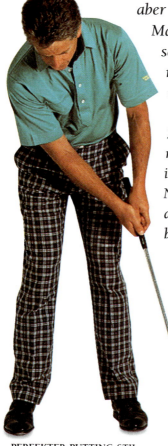

PERFEKTER PUTTING-STIL

Ich selbst habe schon als Teenager mit dem Golfen begonnen, es dann aber anderen Sportarten geopfert: Baseball, American Football, Fußball. Erst viel später habe ich meine Liebe zum Golf wieder entdeckt. In vielerlei Hinsicht war das vielleicht sogar besser, weil Golf nicht nur einen guten Schwung, sondern auch mentale Stärke verlangt – und als Erwachsener schätze ich die mentalen Aspekte des Spiels, glaube ich, mehr.

Seitdem habe ich unendlich viele Dinge über Golf gelernt – hoffentlich kann ich sie Ihnen vermitteln. Ich möchte Ihnen in jedem Bereich des Spiels helfen, vom Kauf der Ausrüstung über die Buchung von Golfstunden und die Verfeinerung des Schwungs bis hin zur Entwicklung der richtigen Strategie auf dem Platz.

Mein Ziel ist es, aus Ihnen, einem Anfänger, einen ordentlichen Spieler zu machen, der den Ball gut und beständig trifft. Außerdem wird Sie das Buch hoffentlich zu einer ständigen Verbesserung Ihres Spiels animieren. Mit dem Status quo sollten Sie sich niemals zufrieden geben – arbeiten Sie immer an der Vervollkommnung Ihres Spiels. Sogar die Topprofis versuchen sich täglich zu verbessern: Sie nehmen Stunden und spielen endlos viele Trainingsrunden.

Gönnen Sie sich ein bisschen Zeit für das Buch. Lesen Sie etwas so oft nach, bis Sie es wirklich verstanden haben. Anschließend sollten Sie auf die Range oder den Platz gehen, um das eben Gelernte auszuprobieren. Gerade beim Golf sind schließlich Geduld und ein ausreichendes Hintergrundwissen von zentraler Bedeutung. Mit dem Golfspiel verhält es sich so ähnlich wie mit der Kunst einen guten Wein herzustellen: Qualität erreicht man nur mit Gelassenheit und der Einsicht, dass man einen Schritt nach dem andern tun muss.

STEVE DUNO

TIGER WOODS – INSPIRATION FÜR MILLIONEN GOLFER

Was steht drin?

DIE INFORMATIONEN in diesem Buch bieten Antworten auf einfache Fragen und helfen Ihnen aber auch, wenn Sie vor größeren Problemen stehen. Am effektivsten ist es, wenn Sie sich Kapitel für Kapitel vorarbeiten.

TEIL 1

Hier geht es um grundlegende Informationen zum Spiel einschließlich Geschichte, Regeln, Begriffen und Etikette. Dieses Wissen benötigen Sie, bevor Sie auf den Golfplatz gehen – schon allein, um zu wissen, worüber die anderen Golfer überhaupt reden.

TEIL 2

Teil 2 beschäftigt sich mit den Grundlagen des Spiels, der wissenschaftlichen Analyse des Ballflugs, der notwendigen Ausrüstung, dem Griff, der richtigen Ansprechposition und dem Golfschwung – ein extrem wichtiger Teil, den Sie sorgfältig lesen sollten.

TEIL 3

Teil 3 widmet sich dem kurzen Spiel und erklärt, warum es für einen guten Score unersetzlich ist. Putt, Chip, Pitch und Bunkerschlag werden detailliert beschrieben und Sie erfahren, warum das kurze Spiel für Anfänger eine wichtige Waffe sein kann.

TEIL 4

Teil 4 spricht jene Spieler an, die die Grundlagen bereits beherrschen und ihr Spiel jetzt verbessern möchten. Sie erhalten wesentliche Tipps zum Schwung, lernen etwas über Schläge aus schwierigen Lagen sowie über Spezialschläge und Platzstrategie.

TEIL 5

In Teil 5 werden diverse Trainingsformen vorgestellt. Ich erzähle Ihnen etwas über Trainerstunden, Handicap-System, Schläger und Bälle. Darüber hinaus werde ich Ihnen zeigen, wie Sie als Zuschauer bei Profiturnieren eine Menge lernen können, was Ihnen das Fernsehen an Golf bietet und wie Sie traumhafte Golfferien verbringen können.

Die Extras

IN DIESEM BUCH werden Sie immer wieder besonders hervorgehobene Textabschnitte finden, die für das Verständnis des Themas wichtig sind und die Sie deshalb besonders beachten sollten. Sie sind mit folgenden Symbolen gekennzeichnet:

Very Important Point
Dieses Symbol weist auf Sachverhalte hin, die Sie sich genau ansehen sollten. Was hier steht, müssen Sie wissen, um das Folgende zu verstehen.

Bloß nicht!
Dieses Zeichen warnt Sie vor Dingen, die Sie unbedingt vermeiden sollten.

Gewusst, wie...
Etwas theoretischere Informationen sind mit diesem Zeichen markiert. So können Sie sich darauf einstellen und diese Abschnitte besonders langsam und gründlich lesen.

Insidertipp
Hier erhalten Sie wertvolle Tipps und Informationen, die auf langjähriger Praxiserfahrung beruhen.

Außerdem werden Sie verschiedene Textkästen vorfinden, die nützliche und unterhaltsame Zusatzinformationen enthalten.

Übrigens...
Hier stehen amüsante oder kuriose Dinge und Anekdoten zum Thema.

DEFINITION
Hier werden Begriffe in klar verständlicher Sprache definiert. Ein alphabetisches Glossar der Fachbegriffe findet sich am Ende des Buchs.

INTERNET
www.internet.com

Damit Sie sich im Internet gezielt zum Thema informieren können, werden hier besonders empfehlenswerte Websites vorgestellt.

Teil Eins

Kapitel 1
Unser ältestes Spiel

Kapitel 2
Golf spielen – wie und wo

Kapitel 3
Die Grundregeln

Kapitel 4
Kein Spiel für Rücksichtslose

THE ROYAL & ANCIENT CLUBHOUSE, ST. ANDREWS

Ehe Sie zum Schläger greifen

Die Zeiten, in denen Golf nur ein Spiel für Ärzte, für Manager oder für gut situierte Pensionäre gewesen ist, sind endgültig vorüber. Golf ist mittlerweile auf dem besten Weg, sich zum Breitensport zu entwickeln.

Jung und Alt *entdecken*, dass man zum Golfen weder enorm viel Geld benötigt noch die berühmt-berüchtigte karierte Kleidung. Was man braucht, ist Geduld, *Verständnis* für die Regeln, ein wenig Sinn für Geschichte und die Ausdauer einige Kilometer spazieren zu gehen, während man auf einen kleinen Ball schlägt – und natürlich ein Buch wie dieses hier.

Lassen Sie uns am Anfang einen Blick auf die Geschichte des Golfspiels und auf die Grundlagen werfen, auf denen es beruht. Ich verspreche Ihnen mich *leicht verständlich* auszudrücken!

Kapitel 1

Unser ältestes Spiel

Ob es Ihnen bewusst ist oder nicht – Sie haben sich gerade einer Gruppe leidenschaftlicher Fanatiker angeschlossen! Golf ist nicht nur ein Sport, sondern eine jahrhundertealte Tradition, deren Wurzeln in der europäischen und amerikanischen Geschichte liegen. Genau wie Sie sahen sich die Golfer früherer Jahrhunderte in der Hoffnung auf die perfekte Golfrunde mit manch bitterer Enttäuschung konfrontiert, aber auch mit so manchem Erfolgserlebnis …

In diesem Kapitel …

✓ Willkommen im Club!

✓ Eine kurze Geschichte des Golfspiels

✓ Vom Golffieber erfasst – doch leicht ist es nicht

✓ Ein Spiel fürs Leben

EHE SIE ZUM SCHLÄGER GREIFEN

Willkommen im Club!

GOLF GIBT IHNEN DIE MÖGLICHKEIT dem Stress und der Hektik des Alltags zu entkommen, und die Gelegenheit sich in einem spannenden Sport auszuzeichnen. Draußen auf dem Golfplatz werden Sie viele angenehme Stunden in ruhiger und wunderschöner Umgebung erleben, in denen es für Sie immer nur eine Herausforderung gibt: einen kleinen weißen Ball so präzise und so elegant wie möglich, über einen saftig grünen Golfplatz zu schlagen.

Der perfekte Schlag

Unabhängig von Ihrem spielerischen Niveau bietet jede Golfrunde die Chance zu jenem perfekten Schlag, bei dem man schon im Augenblick des Ballkontakts weiß, dass er gelungen ist. In einem Bogen landet der Ball auf dem kurz gemähten Rasen des *Fairways*. Vielleicht findet er ja sogar direkt den Weg auf das *Grün* und springt oder rollt ins Loch, findet sein kleines Ziel, wie eine ferngelenkte Rakete oder als wüsste er gar, worum es geht.

> **WAS IST …**
>
> Der **Fairway** ist die kurz gemähte Spielbahn, die zwischen dem Abschlag und dem Grün liegt.
> Das **Grün** ist noch kürzer geschnitten. Innerhalb dieses runden Rasenteppichs befindet sich das Loch.

■ **An die Fairways** schließt sich meist das Semi-Rough an, höheres, geschnittenes Gras, oder das Rough, das gar nicht geschnitten wird. Hier können auch Hindernisse wie etwa Bäume oder Sandbunker liegen.

Die perfekte Runde

Alle Golfer hoffen mit der Zeit ihre Fähigkeiten so zu steigern, dass ihnen eines Tages die fast unerreichbar scheinende, optimale Golfrunde gelingt. Ein gelegentlicher perfekter Schlag und das Streben nach dieser kaum fassbaren, idealen Runde lässt es uns immer wieder aufs Neue versuchen.

Dem Golfspiel verfallen

Wer einmal auf den Fairways die Höhen und Tiefen erlebt hat, die einem nur das Golfen beschert, wird diesem Spiel sehr leicht verfallen. Man möchte dann immer besser werden und unternimmt alles Mögliche, um seinen Score und sein Spiel zu verbessern. Golf ist eine wunderbare Sucht und gleichzeitig ein harter Lehrmeister. Die Liebe zum Golfen bringt einen dazu, seine Mittagspause zum Üben zu verwenden und am Wochenende um sechs Uhr morgens aufzustehen, ehe der Rest der Familie bemerkt, dass man weg ist. Sind Sie erst einmal golfsüchtig, lesen Sie plötzlich jede Fachzeitschrift und jedes Buch, das sich mit diesem Sport beschäftigt, in der Hoffnung dort Tipps zu finden, wie Sie einen oder zwei Schläge besser werden können. Sie kaufen sich die wahnwitzigsten Trainingshilfen und gehen Ihrer Familie auf die Nerven, wenn Sie bei schönstem Wetter irgendwelche Golfvideos ansehen wollen.

■ **Viele Golfplätze** *sind wunderschön gelegen, an wilden Küsten oder in üppigen Parklandschaften.*

Das Golffieber grassiert!

Ob Sie Verkäufer, Neurochirurg, Hausfrau oder Präsident sind – Sie werden feststellen, dass Sie dauernd an Golf denken statt an Ihre eigentlichen Aufgaben. Gedanken wie »Hätte ich den dritten Schlag am 5. Loch doch nur präziser geschlagen!« oder »Mein Schlag am 3. Loch über den See war einfach genial!« gehen Ihnen im unpassendsten Moment durch den Kopf. Spätestens dann wissen Sie, dass Sie zum Club gehören und Jahre voller Frustration, aber auch Freude vor Ihnen liegen.

Die Gelegenheit, wie die Profis zu spielen

Golf ist anders als andere Sportarten. Das Spiel dauert länger und es gibt selten mehr als vier Teilnehmer. Man kann auch allein spielen, denn man kämpft eigentlich nicht gegen einen anderen Spieler, sondern mit dem Platz. Golf ist wahrscheinlich der einzige Sport, in dem auch der Durchschnittsspieler ab und zu genauso gut sein kann wie die welt-

EHE SIE ZUM SCHLÄGER GREIFEN

besten Profigolfer. Jedem kann es zu einem x-beliebigen Zeitpunkt gelingen, den Golfball perfekt zu treffen, sodass dieser genau dahin fliegt, wohin er soll – wie es eben ein Golfprofi kann. Dagegen wird es wenige Amateure geben, die beim Tennis einen Satz gegen Pete Sampras gewinnen oder beim Fußball von der Mittellinie ein Tor schießen könnten. Die Möglichkeit, einmal ein perfekter Sportler zu sein, ist sehr verführerisch und das treibt die Golfer immer wieder zum ersten Abschlag. Die Golfgötter erweisen sich ab und an als gnädig und so bleibt man dem Golfspiel verfallen.

Das Spiel im Kopf

Golfen erfordert Nachdenken. Während man bei Tennis oder Fußball oft instinktiv auf das Geschehen auf dem Platz reagiert, müssen Sie beim Golfspiel bewusst jede Aktion überlegen und darüber nachdenken, was anschließend passieren soll. Das erfordert Zeit und Geduld, fast wie beim Schach. Dieser intellektuelle Anspruch des Golfspiels macht es so verlockend, aber gleichzeitig auch so schwierig.

Lebenslänglich

Hat man einmal angefangen Golf zu spielen, kann man ebenso genüsslich über seine Fehlschläge lamentieren wie mit seinen Siegen prahlen. Im Kreis Ihrer Freunde bejubeln Sie Ihren grandiosen Schlag über den Teich und trauern um die vier Schläge, die Sie brauchten, um wieder aus dem Bunker herauszukommen. »Was wäre wenn …?« Um diese Frage werden Ihre Gedanken immer wieder kreisen und Sie werden es auch stets aufs Neue versuchen – in der Hoffnung, eines Tages den Durchbruch zu schaffen. Diese Sehnsucht lässt im Lauf der Zeit nicht nach, sondern bleibt bestehen, solange Sie Golf spielen. Schließlich kann man sein Leben lang golfen – es ist nicht wie in anderen Sportarten, die mit zunehmendem Alter sehr viel schwieriger werden. Gehen Sie einmal an einem sonnigen Arbeitstag auf den Golfplatz. Dort können Sie sehen, wie sich viele Ruheständler ihre Zeit vertreiben, während Sie schuften.

Schritt für Schritt

Mit dem Kauf dieses Buchs haben Sie bewiesen, dass Sie ernsthaft bemüht sind sich die für den Platz grundlegenden Fertigkeiten anzueignen. Herzlichen Glückwunsch! Wir Golfverrückten empfangen Sie mit offenen Armen und möchten Sie ermutigen das Spiel Schritt für Schritt von Grund auf zu erlernen.

Denken Sie daran, sich Zeit zu nehmen und nichts zu überstürzen. Um dieses Spiel zu beherrschen, benötigt man Entschlossenheit, Übung und vor allem Geduld.

Übrigens …

Die ersten Golfbälle bestanden aus Federn, die zusammengepresst und in einen Lederball eingenäht wurden. Die Herstellung solcher »Feathery-Bälle« war aufwändig und der Preis hoch. Diese Bälle flogen lange nicht so weit wie die heutigen. Das Golfspiel hatte daher früher einen ganz anderen Charakter.

UNSER ÄLTESTES SPIEL

Eine kurze Geschichte des Spiels

DIE MEISTEN HISTORIKER stimmen darin überein, dass das Golfspiel vor etwa 1000 Jahren in Schottland entstanden ist, als gelangweilte schottische Farmer und Schafhirten mit Stöcken kleine runde Steine in Kaninchenlöcher beförderten. Aus den Akten des schottischen Königshofs aus dem 13. Jahrhundert geht hervor, dass die Monarchen damals über die Golfleidenschaft ihrer Untertanen derart besorgt waren, dass sie das Golfspielen per Dekret einschränkten.

■ **Es gibt kaum** Dokumente, die etwas über das Golfspiel vor dem 15. Jahrhundert belegen. Diese Illustration aus einem flämischen Stundenbuch (um 1520) ist eine der ersten Abbildungen des Golfspiels.

Exklusive Anfänge

Begeisterte Golfer waren im 16./17. Jahrhundert die schottische Königin Maria Stuart und König Jakob II. Auch auf dem berühmten Old Course von St. Andrews wurde bereits im 17. Jahrhundert gespielt. Die ersten Golfregeln schrieb man 1744 in Schottland nieder und von hier stammten die Pioniere, die das Spiel weiterentwickelten und an vielen Orten der Welt Golfplätze anlegten.

Golf jenseits des Atlantiks

Ende des 19. Jahrhunderts schaffte das Golfspiel den Sprung über den Atlantik, wo sich die Golfleidenschaft zunächst an der Ostküste der USA ausbreitete. Eine Reihe ausgezeichneter Golfplätze entstand, wie Shinnecock Hills auf Long Island, Pine Valley in New Jersey und Winged Foot in Westchester, New York. Reiche Amerikaner sahen das Spiel zu Beginn des 20. Jahrhunderts als Statussymbol und wollten Europas Adel in nichts nachstehen. Aufgrund des zunehmenden Interesses wurden immer mehr Plätze angelegt.

INTERNET

www.dmcsoft.com/sgts/

Reisen Sie zur Geburtsstätte des Golfspiels: Tayleur Mayde bietet auf seiner Website Trips zu den legendären Golfplätzen Schottlands an.

EHE SIE ZUM SCHLÄGER GREIFEN

Golf im Fernsehen

Seit dem Ende der 20er-Jahre des 20. Jahrhunderts erfreuen sich Golfturniere bei Zuschauern diesseits wie jenseits des Atlantiks einer zunehmenden Beliebtheit. Anfangs dominierten Briten wie Harry Vardon, James Braid und J. H. Taylor zwei Jahrzehnte lang die Golfszene. Ende der 30er-Jahre sorgten amerikanische Golfstars wie Sam Snead, Ben Hogan und Byron Nelson dafür, dass die US-Bürger ihre Liebe zum Golfsport entdeckten. Erst mit dem Fernsehen aber erlebte das Golfspiel den Durchbruch. Millionen Zuschauer schalteten ein, wenn Arnold Palmer einen weiteren Sieg im Kreis seiner Fans am 18. Loch feierte, oder wollten miterleben, wie Neuling Jack Nicklaus Palmers Dominanz auf der Profitour zu brechen versuchte.

■ **Fernsehübertragungen** *bescheren vielen Profis millionenschwere Werbeverträge und -einnahmen.*

Ein Spiel für jedermann

■ **Tiger Woods,** *jüngster Sieger des Masters-Turniers, begeistert Millionen von Golfspielern.*

Das Golfspiel wurde nach dem Zweiten Weltkrieg auf beiden Seiten des Atlantiks auch bei der Mittelschicht sehr beliebt. So spielte man nicht nur in exklusiven Privatclubs, sondern auch auf den vielen öffentlichen Golfplätzen, die aufgrund der großen Nachfrage entstanden. War Golf einst Privileg einer gesellschaftlichen Elite, so haben inzwischen Menschen unterschiedlichster Herkunft und aller Einkommensgruppen ihr Vergnügen daran. Darüber hinaus hat Tiger Woods mit seinen Erfolgen dazu beigetragen, dass dieser Sport auch unter Jugendlichen nicht als langweilig, sondern als cool gilt.

Teilhaben am Freizeitspaß nach Maß

Profigolf ist top. Auf der Europatour der Herren, der US PGA Tour (Professional Golfers Association), der Europatour der Damen und der amerikanischen LPGA Tour (Ladies PGA) sowie den Seniorentouren und weiteren Turnierserien auf mehreren Kontinenten spielen die weltbesten Golfer. Zudem gibt es allein in Großbritannien über zwei Millionen Hobbygolfer, die regelmäßig zum Schläger greifen. Die Golfindustrie führt jährlich Unsummen an den Staat ab. Vom Präsidenten bis zum Kind von nebenan ist Golf zum beliebten Freizeitsport gemacht worden – und jetzt auch von Ihnen.

UNSER ÄLTESTES SPIEL

Vom Golffieber erfasst – doch leicht ist es nicht

IN DER TAT IST GOLF eine der spannendsten Sportarten und wird Sie in vielfältiger Weise belohnen. Ist es nicht wunderschön, mit guten Freunden oder allein draußen im Sonnenschein zu sein, umgeben von Bäumen, Vögeln und einer herrlichen Landschaft? Bedauerlicherweise ist Golf nicht gerade die leichteste aller Sportarten und Anfänger geben manchmal zu früh auf, weil sich die Fortschritte nicht schnell genug einstellen. Woran liegt das?

Konzentrieren Sie sich einfach

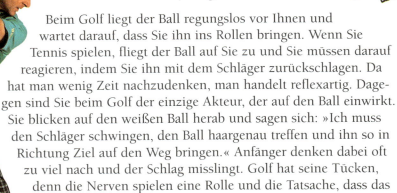

Golf ist kein Reaktionssport wie etwa Tennis oder Fußball, wo sich Ihr Tun vor allem nach dem Verhalten der anderen Spieler richtet bzw. danach, wo sich der Ball gerade befindet und Sie darauf reagieren müssen.

Beim Golf liegt der Ball regungslos vor Ihnen und wartet darauf, dass Sie ihn ins Rollen bringen. Wenn Sie Tennis spielen, fliegt der Ball auf Sie zu und Sie müssen darauf reagieren, indem Sie ihn mit dem Schläger zurückschlagen. Da hat man wenig Zeit nachzudenken, man handelt reflexartig. Dagegen sind Sie beim Golf der einzige Akteur, der auf den Ball einwirkt. Sie blicken auf den weißen Ball herab und sagen sich: »Ich muss den Schläger schwingen, den Ball haargenau treffen und ihn so in Richtung Ziel auf den Weg bringen.« Anfänger denken dabei oft zu viel nach und der Schlag misslingt. Golf hat seine Tücken, denn die Nerven spielen eine Rolle und die Tatsache, dass das Resultat Ihres Schlags allein von Ihrer Fähigkeit abhängt, den Ball jedes Mal richtig zu treffen. Dabei können einen Zuschauer noch zusätzlich nervös machen.

■ **Keine zwei Golfer** haben exakt den gleichen Schwung, aber der klassische Golfschwung ist immer fließend und kontrolliert und hat ein perfektes Timing.

EHE SIE ZUM SCHLÄGER GREIFEN

Es ist schwieriger, als Sie denken!

Neben der mentalen Herausforderung verlangt der Golfsport von Ihnen immer wieder die gleiche schwierige Aktion: Sie müssen den Ball mit dem Schlägerkopf so perfekt treffen, dass er genau dorthin fliegt, wo Sie ihn haben wollen. Bedenken Sie Folgendes:

Der Standardgolfball hat einen Durchmesser von genau 4,26 cm. Ein durchschnittlicher Schlägerkopf misst bis zu 32 cm², von denen nur 6 cm² den Sweet Spot ausmachen. Der Schlägerkopf selbst ist an einem Ende mit dem Schlägerschaft verbunden, der eine Länge zwischen 81 und 114 cm oder mehr hat.

> **WAS IST...**
>
> *Der **Sweet Spot** ist der ideale Treffpunkt des Schlägerkopfes für den Ball, um maximale Entfernung und Genauigkeit zu erreichen.*
>
>

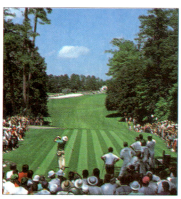

■ **Die Belastung** *beobachtet zu werden, ist nirgends größer als bei einem Profi-Turnier.*

Diesen Schläger schwingen Sie zurück und dann in einem Bogen nach unten, sodass Sie mit dem *Sweet Spot* des Schlägerkopfes den kleinen auf dem Tee oder im Gras liegenden Golfball im richtigen Winkel treffen – man könnte auch gleich die Nadel im Heuhaufen suchen.

Genauigkeit ist alles

Im Vergleich zum Tennis, bei dem mit einem größeren Ball gespielt wird und mit einem Schläger, der einen wesentlich größeren Sweet Spot hat als ein Golfschläger, verzeiht Letzterer wesentlich weniger Fehler. Zwar bewegt sich der Tennisball mit hoher Geschwindigkeit, aber Sie müssen ihn nicht an exakt denselben Punkt zurückschlagen. Fehler dürfen Sie sich beim Golfspiel möglichst nicht leisten – auch nicht, wenn Sie von anderen beobachtet werden. Zudem sollten Sie den Ball dutzende Male auf der Runde perfekt treffen. Jetzt verstehen Sie vielleicht, dass Golf keine ganz einfach zu beherrschende Sportart ist!

Eile mit Weile

Um diese scheinbar unüberwindbaren Hindernisse zu meistern, sollten Sie zwei Dinge beherzigen. Erstens: nichts verkomplizieren!

Lernen Sie Schritt für Schritt und stürzen Sie sich nicht Hals über Kopf hinein.

UNSER ÄLTESTES SPIEL

Zu viele Anfänger kaufen sich Schläger, schlagen auf der Range einige Bälle und nehmen gleich einen 18-Loch-Platz in Angriff, ohne jede Chance zu haben diesen vernünftig spielen zu können. Denken Sie einmal an eine Fahrschule: Würden Sie in der ersten Fahrstunde auf die Idee kommen sofort die Autobahn anzusteuern? Vermutlich nicht. Und warum sollte das beim Golf anders sein? Golfenthusiasten, die sich zu früh auf den Platz wagen, geben nicht selten völlig enttäuscht auf. Stattdessen sollten Sie das Spiel von Grund auf, Schritt für Schritt lernen. Wenn Sie das beherzigen, setzen Sie sich nicht unnötig unter Druck und sind nicht frustriert.

Bleiben Sie am Ball

Beim Golf wird man im Vergleich zu anderen Sportarten erst spät für seine Anstrengungen belohnt. Es dauert eine Weile, bis man gut ist – nicht nur, weil der Schwung so schwierig ist, sondern auch, weil viele erst als Erwachsene zum Schläger greifen, wenn man seine jugendliche Unbekümmertheit bereits verloren hat. Kinder scheinen Golf rasch erlernen zu können, weil Körper und Geist sehr flexibel sind. Wir Älteren haben es schwerer, uns neue physische und mentale Fähigkeiten anzueignen, und brauchen daher länger.

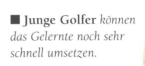
■ **Junge Golfer** *können das Gelernte noch sehr schnell umsetzen.*

GOLF IN DEN 20ER-JAHREN

Übung und Geduld machen den Meister

Der zweite wichtige Aspekt beim Golf ist Geduld. Glauben Sie nicht in den ersten beiden Jahren Rekorde brechen zu können. Ohne Geduld werden Sie Ihren Score erst recht nicht so schnell verbessern. Golf hat viele Fassetten, mit denen man sich erst vertraut machen muss. Für die langen Schläge brauchen Sie Kraft und exaktes Timing, für das kurze Spiel vor allem Gefühl in den Händen. Das Putten erfordert gute Nerven und Zielgenauigkeit. Auf dem Platz sind strategisches Denken und Konzentration gefordert sowie die Fähigkeit, die größten Risiken auf jeder Spielbahn zu erkennen. Sie müssen jeden Bereich des Golfspiels verstehen, üben und perfektionieren, wenn Sie gut sein möchten. Den Ball weit zu schlagen ist eine Sache – ihn einlochen zu können eine andere. Auf dem Platz ist eine gewisse Demut dem Spiel gegenüber angebracht, denn mit einem übersteigerten Ego werden Sie dort nur scheitern.

Geduld und der Wunsch alle Bereiche des Golfspiels zu lernen und zu trainieren, sind Ihre wichtigsten Verbündeten auf dem Platz. Also: Immer mit der Ruhe und am Anfang nicht gleich enttäuscht sein.

EHE SIE ZUM SCHLÄGER GREIFEN

Ein Spiel fürs Leben

ES STIMMT: GOLF IST WAHRLICH nicht leicht zu erlernen. Allerdings hat diese Sportart im Vergleich zu anderen den Vorteil, dass sie ein Leben lang Freude bereitet, begleitet von einer Leidenschaft, die mit den Jahren nicht nachlässt, sondern immer stärker wird. Viele von uns hören mit dem Mannschaftssport auf, wenn sie die Schule oder oder ihr Studium abgeschlossen haben. Entweder wird das Spiel zu anstrengend oder es fehlen einfach die Zeit und die Motivation, weiterzumachen. Auf Golf scheint dies nicht zuzutreffen, da man diesen Sport auch im hohen Alter noch ausüben kann.

■ **Ben Hogan** zählt zu den größten Golfern aller Zeiten. Zwischen 1938 und 1959 gewann er 62 Titel auf der US-Tour.

Ruhe bewahren

Golf ist ein zwar oft enttäuschender Zeitvertreib, er vermittelt aber auch ein wahres Hochgefühl, wenn einem ein kleiner Sieg gelingt. Nie werden Sie den Golfplatz ganz besiegen, aber ab und zu machen Sie weniger Fehler und haben einen guten Score. Weder Kraft allein noch große Emotionen zahlen sich beim Golf so aus wie in anderen Sportarten. Stattdessen zählen Eleganz, Bescheidenheit, Strategie und Konzentration sowie die Fähigkeit auch entspannen zu können zu den entscheidenden Faktoren.

Ein gutes Golfspiel erfordert mehr als andere Sportarten ein gewisses Maß an innerer Ruhe und Reife.

■ **Ein freundlicher Händedruck** zwischen Fred Couples (links) und Ian Woosnam (rechts) nach ihrem Ryder Cup Match 1993.

UNSER ÄLTESTES SPIEL

Sie haben die Herausforderung angenommen

Keine zwei Golfrunden werden je völlig identisch sein, selbst wenn sie auf demselben Platz gespielt werden. Unterschiedliche Wetter- und Platzbedingungen sowie Ihre jeweilige Tagesform schaffen jedesmal neue Ausgangssituationen und sind die Garantie für Unerwartetes, wann immer Sie zum Schläger greifen. Diese Herausforderung, diese Ungewissheit, die Geschichtsträchtigkeit und die Attraktivität des Golfsports machen ihn seit Jahrhunderten für viele so faszinierend. Wenn Sie am Ball bleiben, liegen viele schöne Jahre auf dem Platz vor Ihnen, sogar nach dem Berufsleben. Golf ist wahrlich ein Spiel für das ganze Leben. Also: Lehnen Sie sich zurück, entspannen Sie sich – und lesen Sie weiter!

INTERNET

www.worldgolf.com

Eine umfangreiche Website mit Informationen über Golfturniere und -plätze in aller Welt. World Golf bietet auch Informationen zur Geschichte des Golfspiels.

Kurze Zusammenfassung

✓ Jeder kann Freude am Golfspiel haben, egal, wie alt er ist oder wie sportlich. Ihr eigentlicher Gegner ist der Platz – es sind nicht die anderen Spieler.

✓ Das Golfspiel entstand vor etwa 1000 Jahren. Diese lange sehr elitäre Sportart kann heute von jedermann ausgeübt werden.

✓ Golf ist ein schwieriges Spiel, weil Sie selbst entscheidend sind. Bei Ihnen allein liegt die Verantwortung für das Ergebnis Ihrer Schläge und das kann einen manchmal nervös machen!

✓ Es ist wichtig, dass Sie sich Zeit nehmen, um das Spiel richtig zu erlernen. Tun Sie dies in Ihrem eigenen Tempo und versuchen Sie nicht schwierige Plätze zu spielen, ehe Sie dafür reif sind. Sie werden sonst nur enttäuscht.

✓ Golf wird häufig zu einer Passion fürs ganze Leben, denn man kann diesen Sport bis ins hohe Alter hinein ausüben.

Kapitel 2

Golf spielen – wie und wo

Der Golfplatz kann für Sie sowohl Freund als auch Feind sein – manchmal sogar beides zugleich am selben Tag auf derselben Runde. Wie schon in Kapitel 1 beschrieben, ist der Platz Ihr einziger Gegner. Trotz all seiner Herausforderungen ist er jedoch wunderschön, oft eine sanfte Hügellandschaft mit Bäumen und fließenden Gewässern. Es wird Zeit, dass Sie Ihren Gegner kennen lernen, seine verschiedenen Seiten verstehen und die Eigenheiten ausloten.

In diesem Kapitel ...

✓ Das ist das Ziel: den Ball ins Loch zu befördern

✓ Unterschiedliche Plätze und Kosten

✓ Die Driving Range: Hier wird richtig gearbeitet

EHE SIE ZUM SCHLÄGER GREIFEN

Das ist das Ziel: den Ball ins Loch zu befördern

DAS ZIEL JEDES GOLFERS ist es, den kleinen weißen Ball nacheinander in alle 18 Löcher des Platzes zu befördern – und das mit so wenigen Schlägen wie möglich. Das hört sich einfach an? Ist es auch – und doch wieder nicht. Zum einen unterscheiden sich alle Löcher im Design – und damit müssen auf dem Weg zum Loch die verschiedensten Herausforderungen und Hindernisse überwunden werden. Zum anderen sind manche Löcher kurz, andere lang und länger, weshalb man mehr Schläge benötigt, um schließlich das Grün zu erreichen.

> **WAS IST...**
>
> Ein **Loch** ist, wie Sie wahrscheinlich schon bemerkt haben, sowohl das kleine Loch im Grün, in das der Ball hineinrollen muss, als auch die gesamte Spielbahn vom Abschlag bis zum Grün. Wenn Sie also das 10. Loch spielen, dann geht es um das ganze Loch und nicht nur um das Loch im Grün. O.K.? Lassen Sie sich nicht verwirren, ich werde meist von Spielbahn sprechen, wenn ich das gesamte Loch meine.

Vom Abschlag zum Grün

Jedes Loch hat ein bestimmtes, so genanntes Par. Diese Zahl gibt den Lochstandard an, also wie viele Schläge ein guter Spieler vom **Tee** bis in Loch brauchen sollte. Bei einem Par-3-Loch, das zwischen 77 und 210 m lang ist, sollten Sie mit dem Abschlag das Grün erreichen und nach zwei weiteren Schlägen den Ball im Loch versenkt haben. Das Loch befindet sich auf dem Grün und ist durch eine Lochfahne markiert. Diese besteht aus einer Fahnenstange aus Kunststoff oder Metall und dem Fähnchen (die Zahl darauf verrät Ihnen, um welches Loch es sich handelt). Das Grün eines Par-4-Lochs (Länge zwischen 210 und 420 m) sollte ein guter Spieler in zwei Schlägen erreichen und mit zwei Putts einlochen. Bei einem Par-5 (Länge von mehr als 420 m) werden dem Spieler drei Schläge zugestanden, um das Grün zu erreichen und zwei Putts, um den Ball ins Loch zu schicken.

> **WAS IST ...**
>
> Das **Tee** oder der Abschlag ist die besonders gekennzeichnete Fläche, von der aus der Ball abgeschlagen wird. Ihr erster Schlag vom Tee wird ebenfalls Abschlag genannt. Auch die kleinen Pflöcke aus Holz oder Kunststoff, auf die man den Ball vor dem Abschlag aufteet, heißen Tee.

■ **Tees** gibt es in diversen Farben, Formen und Größen für die unterschiedlichen Schläge. Sie bestehen aus Plastik (oben), Gummi oder Holz. Profis bevorzugen Letztere, da diese in der Höhe variabel sind.

GOLF SPIELEN – WIE UND WO

Wählen Sie die Waffen

Auf dem Weg über den Fairway wird der Abstand zum Grün immer kürzer. Das heißt, dass Sie den Ball vom Abschlag so weit wie möglich schlagen sollten. Bei den nächsten, kürzeren Schlägen spielt die Genauigkeit die wichtigere Rolle. Deshalb gibt es für jeden Schlag einen anderen Schläger. Schlägerköpfe bestehen entweder aus Holz oder Metall. Das unterschiedliche Material beeinflusst Höhe und Weite der Flugbahn des Balls.

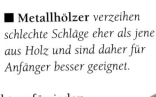

■ *Metallhölzer verzeihen schlechte Schläge eher als jene aus Holz und sind daher für Anfänger besser geeignet.*

Eisen oder Holz?

Bei einem langen Par 4 beispielsweise nimmt man den Driver oder ein Holz 3 zum Abschlag, ein 4er- oder 5er-Eisen für den zweiten Schlag und zuletzt den Putter für den dritten und vierten.

Im Allgemeinen haben höher nummerierte Eisen, z. B. ein Eisen 9, eine steilere Flugbahn und lassen den Ball höher, aber nicht so weit fliegen wie ein 4er-Eisen oder ein 3er-Holz.

(Ich weiß, die Sache mit den Schlägern kann kompliziert sein und deshalb werde ich Ihnen alles darüber im sechsten Kapitel erzählen.)

Wie viele Schläger man mitnimmt

Jeder Spieler darf maximal 14 Schläger in seiner Golftasche mitführen. Es ist Ihre Entscheidung, welche Schläger Sie nehmen. Alles, was Sie jetzt wissen müssen ist, dass nur 14 Stück erlaubt sind und Sie auf Ihrer Runde nicht die Schläger Ihrer Mitspieler benutzen dürfen. Natürlich können Sie weniger als 14 Schläger in Ihrem Bag haben. Bei geringerem Gewicht verzichten Sie damit allerdings auf manche Schlagoption. Sie merken schon: Beim Golfspiel sind viele Variablen von Bedeutung.

INTERNET
www.igogolf.com

Das International Golf Outlet verkauft alles Mögliche zum Thema Golf, darunter auch Kleidung. Alle Angebote sind abgebildet, sodass man sehen kann, was man kauft.

■ *Ein klassisches Set von 14 Schlägern: ein Driver, zwei Fairwayhölzer, acht Eisen, zwei Wedges und ein Putter.*

EHE SIE ZUM SCHLÄGER GREIFEN

Die Hindernisse

Auf dem Weg über den Golfplatz werden Sie auf viele Hindernisse stoßen, die Ihren Score in die Höhe treiben können. Sie sehen also: Der Platz möchte es Ihnen so schwer wie möglich machen, den Ball einzulochen. So müssen Sie diesen etwa über einen See schlagen, aus einem Sandbunker, um einen störenden Baum herum oder gegen stürmischen Wind. All dies macht Golf zu einer anspruchsvollen Aufgabe. Ihre Fähigkeit, spezielle Schläge auszuführen, wird ebenso auf die Probe gestellt wie Ihr Vermögen, sich den Anforderungen des Platzes anzupassen.

■ **Vor den Bunker-Schlägen** haben Hobbygolfer oft großen Respekt. Die meisten Profigolfer würden jedoch den Sand dem Rough vorziehen.

Den Score zählen

Nach Ihrer Runde zählen Sie alle Schläge zusammen, die Sie auf 18 Löchern gebraucht haben: Das ist Ihr Gesamtergebnis oder Score. Je weniger Schläge, desto besser. Beim Golf kommt es darauf an, den Score so niedrig wie möglich zu halten. Ein sehr guter Golfer wird Par spielen, also 70–72 Schläge, je nach Platzstandard der 18 Bahnen. Ein Durchschnittsgolfer braucht 20 – 30 Schläge mehr, also 90–100. Wenn Sie mit dem Spiel beginnen, wird Ihr Score sehr wahrscheinlich noch höher sein. Das ist normal. Schämen Sie sich also nicht, wenn diese Zahl anfangs astronomische Größen annimmt.

> ### Übrigens ...
> Heute benutzen Golfer kleine Holz- oder Plastiktees, um den Ball am Abschlag aufzuteen. Solche Tees wurden allerdings erst zu Beginn des 20. Jh.s eingeführt. In den Jahrhunderten davor schlug man den Ball von kleinen Sandhäufchen ab. Dieser Sand wurde in kleinen Boxen am Abschlag aufbewahrt, weshalb der Abschlagbereich auch »Tee-Box« genannt wird.

Abschlag frei

Werfen wir einen Blick auf ein typisches Par-4-Loch und wie es ein guter Golfer spielen würde. Nehmen wir an, der Abstand vom Tee bis zum Grün beträgt 350 m. Zuerst schlagen Sie Ihren Ball vom Abschlagbereich.

Der Abschlag wird vorn von zwei etwa 9 m auseinander liegenden Markierungen begrenzt. Nach hinten misst er zwei Schlägerlängen, also etwa 3 m. Innerhalb dieses ca. 9 x 3 m großen Areals müssen Sie Ihren Ball abschlagen.

Sie selbst brauchen nicht in diesem Bereich zu stehen, solange Ihr Ball innerhalb des Abschlagraums liegt.

GOLF SPIELEN – WIE UND WO

Der Abschlagbereich ist deshalb relativ groß, weil Sie die Möglichkeit haben sollen, sich den günstigsten Punkt für Ihren Schlag auszusuchen.

Wenn der Fairway vor Ihnen z.B. nach links abknickt, dann ist es von Vorteil, von möglichst weit rechts abzuschlagen, um eine annähernd gerade Linie in Richtung Loch zu haben. Bei einer Biegung nach rechts ist ein Punkt ganz links am Abschlag günstiger. Darüber hinaus ist der Abschlagbereich oft nicht überall ganz eben. Suchen Sie sich zum Abschlagen einen geeigneten Bereich.

Tee Marker

Jedes Loch hat mehrere Abschläge, die unterschiedlich weit vom Grün entfernt liegen. Die roten Markierungen kennzeichnen meist den Damenabschlag. Von diesem sollten auch Anfänger spielen, da er dem Grün am nächsten ist und Sie somit die kürzeste Strecke überwinden müssen. Etwas weiter weg liegt der schwarz markierte Damenabschlag für Turniere. Herrenabschläge sind oft gelb markiert, der Turnierabschlag weiß. Die größte Distanz hat der Abschlag für die besten Spieler. Auf Meisterschaftsplätzen kann es auch eigens für Profis vorgesehene Abschläge geben. Sie sollten sich an den roten und den gelben Abschlägen orientieren, es sei denn, Sie wollen sich bestrafen. Machen Sie es sich nicht zu schwer.

■ **Laut Regel** *darf man den Ball bis zwei Schlägerlängen hinter den Markierungen abschlagen. Die verschiedenfarbigen Markierungen geben eine bestimmte Entfernung zum jeweiligen Grün an.*

Ein Blick vom Abschlag

■ **Fairway-Bunker** *sind gezielt angelegt, um den Golfer in eine Falle zu locken. Manche, wie dieser hier, sind so lang wie der Fairway selbst.*

Wir stehen am Abschlag eines fiktiven Par-4-Lochs und blicken auf den Fairway. Dieser könnte nach links abbiegen, nach rechts oder auch schnurgerade vor uns liegen. Er kann eben sein sowie bergauf oder bergab verlaufen. Vielleicht gibt es einen Fluss, der sich hindurchschlängelt, oder einen See. Bäume könnten ihn flankieren, mit oder ohne Ausgrenzen. Auf dem Fairway selbst können sich auch Bunker befinden, die Ihnen das Leben zur Hölle machen, sollte sich Ihr Ball dorthin verirren.

EHE SIE ZUM SCHLÄGER GREIFEN

Im Grünen

Das Gras auf dem Fairway selbst wird kurz gehalten, normalerweise ist es etwa 1,25 cm hoch – manchmal höher, manchmal niedriger, je nachdem, wie die Vorgaben an die Greenkeeper sind. Auf beiden Seiten des Fairways befindet sich etwas höheres Gras, das Semi-Rough. Es ist auf diesen schmalen Streifen an die 2,5 cm hoch. Daran schließt sich das wild wachsende Rough an, eine größere Fläche mit deutlich höherem Gras – üblicherweise zwischen 5 und 10 oder sogar 15 cm: Das hängt ganz vom jeweiligen Platz ab.

■ **Das Gras**, das an den Fairway anschließt, nennt sich Semi-Rough. Es wächst dort etwa 2,5 cm hoch. Der Ball liegt darin nicht sehr gut und man trifft ihn entsprechend schlechter.

Kommen Sie möglichst nicht ins Rough!

Ans Rough könnte sich eine Ausgrenze anschließen (es ist ganz schlecht, dort zu landen) oder der Fairway einer anderen Spielbahn.

Vom Fairway aufs Grün

Die Breite eines Fairways kann von Platz zu Platz ganz unterschiedlich sein. Generell gilt: Je schmaler der Fairway, desto schwieriger ist das Loch zu spielen. Auf der amerikanischen PGA-Tour gibt es Fairways, die stellenweise nur 18 m breit sind. Dies erschwert es, den Ball im Spiel zu halten. Ein normaler Platz wird nicht so eng geschnitten sein, wobei die Breite des Fairways immer einen Einfluss darauf hat, welchen Schläger Sie zum Abschlag benutzen. Denken Sie daran:

Halten Sie den Ball auf dem kurzen Gras!

Am Ende des Fairways befindet sich das Grün, das Objekt Ihrer Begierde. Grüns sind meist rund oder oval, aber sie können auch wie eine Sanduhr geformt sein, wie ein Hufeisen, ein Quadrat oder sogar wie eine Birne. Das Gras auf dem Grün ist das kürzeste auf dem Platz. Normalerweise ist es nicht länger als 4,5 mm, meist jedoch kürzer, besonders auf Plätzen mit einem höheren Anspruch. Dadurch kann der Ball möglichst reibungslos zum Loch rollen.

Hüten Sie sich vor Hindernissen!

Die meisten Grüns werden von einer Vielzahl von Hindernissen oder Gefahrenzonen verteidigt, die Sie um jeden Preis meiden sollten. Das gewöhnlichste Hindernis am Grün sind die Sandbunker, oft auch Grünbunker genannt: beliebig geformte Gruben voller Sand. Halten Sie sich davon fern, wenn Sie können. Weitere Hindernisse am Grün

GOLF SPIELEN – WIE UND WO

stellen Bäche, Teiche und Seen dar sowie Bereiche mit sehr hohem Gras, Mulden, kleine Wäldchen oder eine Ausgrenze.

Das Grün selbst kann relativ eben sein oder onduliert und es ist in diesem Fall eine besonders große Herausforderung, den Ball ins Loch zu bekommen. Sie sind dann mit einer Puttlinie konfrontiert, die nach links oder rechts ausbricht. Hinzu kommt die zu- oder abnehmende Geschwindigkeit des Balls bei möglichen Bodenwellen. Die unterschiedliche Gestalt der Grüns macht gutes Putten ebenso schwierig wie wichtig. Die Greenkeeper werden regelmäßig die Fahnenpositionen verändern, sodass Ihre Strategie jeden Tag, je nach Lage, eine andere sein wird.

■ **Nur ein präziser Schlag** *Mitte Fairway hilft die vielen Sandbunker zu vermeiden, die das Grün umgeben und verteidigen.*

WAS IST...

*Bei einem **Birdy** benötigen Sie einen Schlag weniger als Par, um den Ball einzulochen. Seltener ist der **Eagle** mit zwei Schlägen unter Par. Ein Albatros (oder Doppel-Eagle) mit drei unter Par ist ein wahres Highlight, ebenso das **As**, der Hole-in-one, von dem jeder träumt. Nach Ihrem ersten As werden Sie wissen, was es heißt, ein guter Golfer zu sein!*

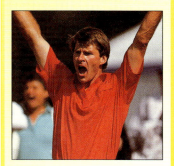

»EIN AS!«

Das Par schaffen

Beim Weg über unser fiktives 350 m langes Par 4 haben wir nach dem schnurgeraden Abschlag von 180 m einen zweiten Schlag. Mit diesem müssen Sie nun die restlichen 170 m bis zum Grün überwinden. Der Ball sollte vorzugsweise an einer Stelle auf dem Grün landen, von der aus man höchstens zwei Schläge benötigt, um einzulochen. Wenn Ihnen dies gelingen würde, hätten Sie Par gespielt. Und wenn Sie Glück haben, schaffen Sie es vielleicht sogar, mit nur einem Putt ins Loch zu kommen!

All diese möglichen Ergebnisse haben eigene Namen. Wenn Sie schon einmal ein Golfturnier im Fernsehen verfolgt haben, dann kennen Sie die Begriffe: *Birdy*, *Eagle* oder *As*. Diese Bezeichnungen möchten Sie immer wieder hören – besonders, wenn es um Ihre eigene Runde geht.

Abwechslung und Herausforderung

Diese Betrachtung war die eines typischen Par-4-Lochs. Die Par-3- und die Par-5-Löcher bieten die gleichen Herausforderungen. Die einzigen Unterschiede liegen in ihrer Länge und ihrer Form. Klingt einfach, oder? Mal sehen. Golfplätze können ganz unterschiedlich sein. Wir wollen herausfinden, welche für Ihre Spielstärke und Ihren Geldbeutel am besten geeignet sind.

EHE SIE ZUM SCHLÄGER GREIFEN

Unterschiedliche Plätze und Kosten

GLÜCKLICHERWEISE GIBT ES ganz unterschiedliche Plätze, auf denen man spielen kann. Manche bieten Exklusivität und erfordern einiges an Geld, während andere relativ geringe Gebühren erheben und jedem offen stehen. Manche sind lang und schwierig, andere wiederum kürzer und relativ einfach.

Es gibt 18-Loch-Golfplätze, die zwischen 5500 und 6400 m lang sind (typische Meisterschaftsplätze), kürzere 18-Loch-Anlagen von 3700 bis 5500 m sowie 9-Loch-Plätze unterschiedlicher Länge.

Wie auch immer Ihre Anforderungen sind – es gibt den richtigen Platz für Sie, vielleicht sogar ganz in Ihrer Nähe. Sie müssen sich nur umsehen.

Öffentliche Anlagen

Auf den Britischen Inseln sind öffentliche Golfplätze am weitesten verbreitet und jeder, der das entsprechende Greenfee bezahlt und richtig ausgerüstet ist, kann dort spielen. Öffentliche Plätze gehören entweder der Gemeinde oder einer Gesellschaft, die sich über Greenfees finanziert. Auch die öffentlichen Golfplätze haben eine Kleiderordnung, die auf dem einen Platz alle möglichen Hosen und T-Shirts zulässt, auf dem anderen Polohemd und elegante Stoffhosen voraussetzt. Normalerweise jedoch gilt die Regel: Solange Sie irgendetwas anhaben, können Sie auf öffentlichen Plätzen spielen.

Öffentliche Plätze haben meist moderate Greenfees, die etwa zwischen 50 und 70 Mark für 18 Löcher liegen. Auf solchen Plätzen golft man gerne, weshalb sie gut besucht sind – besonders an sonnigen Wochenenden.

Als Anfänger sollten Sie außerhalb der Stoßzeiten spielen, etwa im Frühling oder im Herbst an Wochentagen früh morgens. Dann können Sie in aller Ruhe golfen ohne von besseren und schneller spielenden Golfern hinter Ihnen unter Druck gesetzt zu werden.

Hohe Greenfees

Immer mehr öffentliche Plätze erhöhen inzwischen ihren Platzstandard und bieten etwas bessere Spielbedingungen und Annehmlichkeiten als der übliche öffentliche Platz. Diese Anlagen mit ihren natürlich etwas höheren Greenfees erlauben es auch dem durchschnittlichen Golfer, sich wie in einem teuren Country Club zu fühlen. Da hier bei der Gestaltung ein wesentlich höherer Aufwand betrieben wurde, wird Ihnen bei diesen wohl manikürten Anlagen der Atem stocken. Auf derartigen Plätze gibt es allerdings auch eine striktere Kleiderordnung als bei jedem x-beliebigen, ziehen Sie sich also dementsprechend an.

Zutritt verboten

Ein Drittel der Golfplätze in den USA ist privat. Hier dürfen nur zahlungskräftige Mitglieder und deren Gäste spielen. In Großbritannien ist der Anteil solcher Plätze geringer, aber auch hier gibt es exklusive Clubs, in denen nur ein ausgesuchter Kreis Zugang zu Clubhaus, Restaurant und Veranstaltungen hat oder Privatstunden nimmt. Um in diesen Genuss zu kommen, müssen Sie erst einmal eine sehr hohe Aufnahmegebühr (einige 10 000 Mark) sowie horrende Monatsbeiträge bezahlen.

■ **Jeder Golfer träumt** davon, einmal in dem wunderbaren Augusta National Golf Club zu spielen, dem Austragungsort des US Masters Turniers.

Leider kann sich nicht jeder diesen Luxus leisten. Doch vielleicht wird es manchen von uns wenigstens einmal im Leben vergönnt sein, in einem solch exklusiven Club als Gast zu spielen. Private Clubs sind nicht nur wegen ihrer gut gepflegten Anlagen beliebt, sondern auch, weil dort weniger Golfer auf dem Platz sind.

Exklusivität mit Öffentlichkeit

Manche private Clubs steigern ihren Umsatz, indem sie ihre Tore in begrenztem Umfang der Allgemeinheit öffnen, manchmal an Wochenenden oder während der heißen Jahreszeit unter der Woche. Diese »Pay-and-play«-Clubs kosten mehr als ein öffentlicher Platz, sind dafür aber besser gepflegt und nicht so überlaufen wie öffentliche Anlagen. Die Kleiderordnung ist hier meist sehr streng, daher sollte man vorher in Erfahrung bringen, ob man auch im klassischen Hemd und Stoffhosen zugelassen wird.

> **Übrigens ...**
> Die ersten Golfclubs für Frauen entstanden in der zweiten Hälfte des 19. Jh.s. Dabei galt es für eine Dame lange als unschicklich, den Schläger über den Kopf zu heben.

Ein Platz für Golfer

Eine weiterer Platztyp für das Golfspiel ist der Resort-Platz, an dem man Urlaub macht. Diese wunderbaren Anlagen befinden sich oft in warmen Regionen wie Florida, Portugal, Spanien oder auf Hawaii und den Bahamas. (Mehr über Golfurlaub finden Sie in Kapitel 24.) Resort-Plätze bieten Country-Club-Charakter und ausgezeichnete Hotels. Darüber hinaus gibt es in der Umgebung auch für Kinder und Nichtgolfer viel zu erleben. Die Plätze sind meist Hotelgästen vorbehalten, um die Zahl der Golfer in Grenzen zu halten. Die Preisspanne reicht von angemessen bis unverschämt – also informieren Sie sich vorher gut.

INTERNET

www.resortsonline.com

Auf dieser Website finden Sie hunderte von Links zu Golfresorts in aller Welt. Die Infos stammen von den einzelnen Resorts selbst.

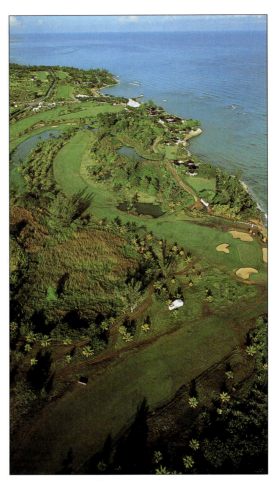

■ **Golfreisen** erfreuen sich wachsender Beliebtheit. Dieses Resort auf Jamaika bietet bestens gepflegte Plätze, spektakuläre Karibikpanoramen und das ganze Jahr über Sonnenschein.

Halbe Lochzahl

Neben den 18-Loch-Anlagen gibt es auch 9-Loch-Plätze, die sich sehr gut für den Feinschliff Ihres Spiels eignen. Eine Golfrunde auf einem 18-Loch-Platz dauert gut fünf Stunden (leider, wegen der Trödler).

Eine Runde auf einem 9-Loch-Platz dauert kaum halb so lange und macht Spaß. Außerdem kann man neun Löcher auch an Wochentagen vor oder nach der Arbeit einplanen.

Zwei bis drei Stunden für eine 9-Loch-Runde lassen sich eher in den Terminkalender zwängen als fünf bis sechs Stunden für 18 Löcher.

GOLF SPIELEN – WIE UND WO

Am Wochenende sind 9-Loch-Anlagen weniger frequentiert als 18-Loch-Plätze. So kann man am Samstag Vormittag gemütlich neun Löcher spielen und ist rechtzeitig zurück, um einzukaufen, die Kinder zum Sportverein zu fahren und andere Wochenendaufgaben zu erledigen. Zudem haben viele Anfänger nicht die Ausdauer, jedesmal einen 18-Loch-Platz zu absolvieren.

Besondere Plätze

Manche 9-Loch-Anlagen sind genau halb so lang wie ein richtig großer 18-Loch-Platz.

INTERNET

www.uk-golf.com

Diese Seite bietet detaillierte Informationen über mehr als 2000 Golfplätze in ganz Großbritannien.

9-Loch-Plätze sind üblicherweise um die 3000 m lang. Sie haben meist vier Par-4-Löcher, vier Par-3-Löcher und ein Par 5. Das ergibt eine schöne Mischung und ist eine echte Herausforderung.

So genannte Kurzplätze bestehen ausschließlich aus Par-3-Löchern, die unterschiedlich lang sind und verschiedene Schwierigkeitsstufen haben. Mit oft insgesamt 1000 m Länge eignen sich diese 9-Loch-Anlagen für die Mittagspause oder ein paar Schläge vor oder nach der Arbeit. Etwa eine Stunde braucht man für die Runde – je nach Andrang. Der Kurzplatz ist ideal für den Anfänger, der lernen muss die Grundlagen zu beherrschen. Dazu zählen kurze Schläge, das Spiel rund ums Grün und das Putten. Auch erfahrene Golfer zieht es zum Kurzplatz, um ihr kurzes Spiel und die Annäherungsschläge zu üben.

Den richtigen Platz aussuchen

Wahrscheinlich werden Sie viel Spaß haben – für welchen Platz auch immer Sie sich entscheiden. Stellen Sie aber sicher, dass Sie sich den Platz leisten und regelmäßig spielen können, um sich zu verbessern. Außerdem sollten Sie darauf achten, dass der Platz zu den Zeiten, in denen Sie spielen möchten, nicht überlastet ist. Nichts dämpft Ihren Lernprozess mehr als Horden von Golfern vor Ihrer Nase und in Ihrem Rücken.

Spielen Sie Detektiv

Um Plätze in Ihrer Nähe zu finden, fragen Sie im Golffachhandel, wenden sich an den regionalen Golfverband, kaufen einen Golfführer oder konsultieren die Gelben Seiten. Keine Angst: Je mehr Sie sich mit dem Sport beschäftigen, desto mehr werden Sie über die umliegenden Plätze erfahren. Bald kennen Sie jeden Platz im Umkreis von zwei Autostunden.

■ **Die Gelben Seiten** *erleichtern auch im Ausland die Suche nach öffentlichen und privaten Plätzen.*

EHE SIE ZUM SCHLÄGER GREIFEN

Die Driving Range: Hier wird richtig gearbeitet

WENN SIE ANFÄNGER SIND, werden Sie wohl stundenlang auf der Driving Range stehen – und das aus gutem Grund. Dort nämlich können Sie sich für jeden Schlag so viel Zeit nehmen und so viele Bälle schlagen, wie Sie wollen. Hier laufen Sie nicht Gefahr, sich zu blamieren, wie auf dem Platz. Sie können zehn Minuten bleiben oder ein paar Stunden und mit jedem Schläger in der Tasche so oft schlagen, wie Sie möchten.

Eine Range in Ihrer Nähe ist der perfekte Ort, um ständig am Ball zu bleiben, und absolut notwendig, wenn Sie auf dem Golfplatz halbwegs gut spielen wollen.

■ **In Japan gibt es** schätzungsweise acht Millionen Golfenthusiasten. Doch nur ein kleiner Prozentsatz wird aufgrund des Platzmangels je die Gelegenheit haben, auf einer richtigen Anlage zu spielen. Dagegen gibt es mehr als 4000 Driving Ranges, von denen viele mehrstöckig sind oder auf Hausdächern liegen.

GOLF SPIELEN – WIE UND WO

Was erwartet Sie?

Eine normale Driving Range hat etwa 20 Abschlagboxen, die durch Holzwände voneinander getrennt sind, damit Sie Ihre Nachbarn nicht durch Querschläger gefährden. Auf dem Boden liegt eine grasgrüne Matte aus künstlichem Rasen mit einer Ablagemulde für die Übungsbälle, die Sie im Range-Büro oder am Automaten bezahlen. Ein Eimer mit 50–75 Bällen kostet zwischen 10 und 20 Mark und sollte mindestens für eine halbe Stunde reichen. Schlagen Sie die Bälle nicht einfach wahllos hinaus.

In die Grasmatte ist meist ein Gummi-Tee integriert. Darauf legt man seinen Ball und schlägt ihn mit jedem Schläger, den man hat. Auf dem Golfplatz wird man aufgeteete Bälle normalerweise nur mit den langen Eisen oder Hölzern schlagen, allen voran mit dem Driver. Daher schlagen viele auch auf der Range die kurzen Eisen direkt von der Matte, da dies eher der Situation auf dem Golfplatz entspricht.

Setzen Sie sich ein Ziel!

Sie schlagen Ihre Bälle hier auf eine große Rasenfläche, auf der Schilder die Distanz zu einer bestimmten Linie im Bereich der Abschläge angeben. Auf dem europäischen Festland werden diese in Metern gemessen, im angelsächsischen Raum in Yards. Daran können Sie ermessen, wie weit Sie den Ball mit Ihrem jeweiligen Schläger schlagen. Das ist sehr wichtig. Manchmal gibt es in unterschiedlichen Entfernungen regelrechte Grüns mit einer Lochfahne im Rasen. So können Sie üben das Loch anzugreifen.

Auch wenn keine Fahnen auf der Range stehen, sollten Sie sich bei jedem Schlag ein Ziel setzen, damit Sie das Gefühl haben, richtig Golf zu spielen.

Falls Sie die Golfbälle ziellos in die Gegend schlagen, werden Sie nie lernen Ihre Schläge zu kontrollieren und auf dem Platz die Quittung dafür bekommen. Also: Nehmen Sie sich Zeit auf der Range und spielen Sie immer einen Zielpunkt an.

Jeder Schlag zählt

Gehen Sie so oft wie möglich auf die Driving Range. Es ist schwierig, seinen Schwung zu perfektionieren und den Ball stets richtig zu treffen. Die Wiederholbarkeit eines Schlages ist von großer Bedeutung. Es stimmt also mal wieder: Übung macht den Meister.

Hüten Sie sich davor, auf der Driving Range die Bälle mit dem Tempo eines Maschinengewehrs abzuschlagen.

Stellen Sie sich stattdessen immer vor, Sie wären auf dem Golfplatz und jeder Schlag sei wirklich wichtig. Nehmen Sie sich Zeit und denken Sie über Ihren Schwung nach. Blicken Sie dem Ball hinterher. Die Flugbahn und die Weite verraten einiges über Schwungmechanik und Balldynamik.

EHE SIE ZUM SCHLÄGER GREIFEN

Das kurze Spiel meistern

Viele Driving Ranges verfügen über separate Grüns, auf denen Sie das kurze Spiel trainieren können. Wenn dies der Fall ist, sollten Sie etwa die Hälfte Ihrer Zeit in diesem Bereich verbringen. Viele Anfänger widmen dem Driver viel zu viel Aufmerksamkeit und vernachlässigen das kurze Spiel. Dabei sollten Sie den kurzen Eisen und dem Putten zumindest ebenso viel Bedeutung beimessen wie den langen Schlägen. (In Teil 3 meines Buchs wird dieser wichtigste Teil des Spiels behandelt.)

Es geht nichts über das Original

Wenn Sie das Glück haben, einem Privatclub oder auf einem öffentlichen Platz der gehobeneren Kategorie zu spielen, dann kann es sein, dass Sie auf der Range von echtem Gras schlagen. Das hat den Vorteil, dass die Bedingungen denen einer echten Golfrunde mehr ähneln als auf Kunstrasen. Dabei sollten Sie einige Dinge wissen.

■ **Ein Divot** *ist ein vom Schlägerkopf herausgeschlagenes Rasenstück. Divots sollten sofort zurückgelegt und festgetreten werden, um den Rasen intakt zu halten.*

Wenn Sie auf einer Gras-Range stehen, halten Sie bitte den Schaden in Grenzen, den Sie dem Gras zufügen. Wenn Sie etwa mit einem Eisen schlagen, werden Sie meist ein Stück Rasen direkt unter und direkt vor dem Ball herausschlagen. Dies nennt man ein Divot. Wenn Sie zu viele davon produzieren, wird der Rasen ruiniert. Die Verantwortlichen müssen diesen Bereich dann sperren und nachsäen. Um den Rasenverbrauch zu minimieren, sollten Sie jeden Ball von annähernd derselben Stelle schlagen. Dadurch reduzieren Sie die Abnutzung auf ein kleines Areal, statt überall Ihre Spuren zu hinterlassen.

Einige Lektionen

Auf vielen Driving Ranges werden gegen ein entsprechendes Honorar Gruppenunterricht oder auch Einzelstunden angeboten.

Sie sollten auf jeden Fall ein paar Einführungsstunden nehmen, damit Sie die richtigen Grundlagen mitbekommen, erfahren, ob Ihre Ausrüstung geeignet ist, und danach einige klare kurz- und langfristige Ziele vor Augen haben.

Ohne die richtige Anleitung können Sie auf den falschen Weg geraten – ohne es zu merken. Wenn sich einmal Fehler eingeschlichen haben, wird es sehr schwierig, diese wieder auszumerzen. Daher sollten Sie sich gleich an einen ausgebildeten Golflehrer wenden. (Mehr über Golfunterricht finden Sie in Kapitel 21.)

Regelmäßig üben

Wo auch immer Sie trainieren – tun Sie es regelmäßig. Wenn Sie etwas Neues lernen, geht der Bewegungsablauf in Ihr »*Muskelgedächtnis*« über. Der Golfschwung ist eine komplizierte Folge von Muskelbewegungen, die wieder und wieder ausgeführt werden müssen, ehe sie automatisch ablaufen. Das sollte Ihr Ziel sein: nicht über den Schwung nachzudenken, sondern ihn einfach geschehen zu lassen. Nutzen Sie Ihren Verstand, um Spielstrategien zu entwickeln.

> **WAS IST …**
>
> Das **Muskelgedächtnis** ist ein physikalisches Phänomen, aufgrund dessen Ihr Körper eine Bewegung stets in derselben Form wiederholen kann, ohne dass Sie bewusst darüber nachdenken müssen.

Kurze Zusammenfassung

- ✓ Das Ziel beim Golfen ist es, den Ball mit möglichst wenigen Schlägen nacheinander in jedes der 18 Löcher zu spielen.

- ✓ Jedes Loch hat seinen eigenen Lochstandard, das Par, das die Zahl der Schläge angibt, mit denen ein guter Golfer den Ball vom Abschlag ins Loch spielt.

- ✓ Golfplätze verfügen über eine Reihe von Hindernissen, die das Spiel erschweren sollen, wie etwa Sandbunker, Teiche und Flüsse, Waldstücke und die Ausgrenzen.

- ✓ Golfplätze gibt es überall und für annähernd jeden Geldbeutel. Manche haben 18 Löcher, andere neun. Die kürzeren Plätze sind besonders für Anfänger und schnelle Runden geeignet.

- ✓ Eine Driving Range ist eine ausgezeichnete Übungsanlage. Trainieren Sie hier sowohl Ihre langen Schläge als auch das kurze Spiel und das Putten.

- ✓ Wählen Sie immer ein Ziel, wenn Sie auf der Range stehen. So trainieren Sie Weite und Genauigkeit Ihres Schlags.

Kapitel 3

Die Grundregeln

Ehe Sie sich hinters Steuer eines Autos setzen, sollten Sie fahren lernen, die Verkehrsschilder kennen und wissen, welche Gefahren Ihnen drohen, wenn Sie sich über Verkehrsregeln hinwegsetzen. Ähnliches gilt für das Golfspiel. Es gibt viele Regeln und Begriffe, die man erst einmal verstehen muss, um sie befolgen zu können. Dieses Kapitel wird etwas komplexer, aber halten Sie durch – Regeln gehören zum Spiel.

In diesem Kapitel ...

✓ *Das Regelwerk*

✓ *Acht grundlegende Golfregeln*

✓ *Noch mehr Regeln*

✓ *Den Score notieren*

EHE SIE ZUM SCHLÄGER GREIFEN

Das Regelwerk

■ **Der Schotte** Duncan Forbes spielte beim Aufstellen der ersten Regeln 1744 eine wichtige Rolle.

DIE UNITED STATES GOLF ASSOCIATION (USGA) und der Royal & Ancient Golf Club of St. Andrews (R&A) geben jedes Jahr das offizielle Regelwerk heraus. Dieses rund 100 Seiten starke Taschenbuch gehört zur Ausrüstung jedes Golfers. Sie erhalten es in Ihrem Proshop und sollten es sorgfältig studieren. Nehmen Sie sich dafür Zeit, denn es ist ziemlich komplex, mit Klauseln und Unterklauseln, haufenweise missverständlichen Ausdrücken und schier endlosen Vorschriften, was man zu tun und zu lassen hat. Der Grund für diese Fülle ist einfach: Golf hat sich über Jahrhunderte entwickelt und die Regeln mussten den jeweils veränderten Spielbedingungen angepasst werden, die sich auch aus der Weiterentwicklung der Plätze und der Ausrüstung ergeben.

Obwohl Sie im Allgemeinen mit den Grundregeln und dem Wissen über Strafschläge auskommen werden, kann es nicht schaden, das Regelbuch immer dabei zu haben.

Streit schlichten

■ **Das Regelbuch** ist unentbehrlich, wenn beim Spielen eine Regelfrage auftaucht.

Zusätzlich zu den Erklärungen der einzelnen Regeln (und glauben Sie mir, es sind viele!) enthält das Werk genaue Definitionen aller Begriffe rund um das Golfspiel. Dazu gehören die Ausrüstung, die Zählweise beim Spiel und der Golfplatz selbst. Ein Exemplar der Golfregeln in Ihrem Golfbag hilft Ihnen bei eventuell auftretenden Fragen auch eine weniger geläufige Regel schnell nachzuschlagen. Das vermeidet unnötige Diskussionen, wenn es auf dem Platz Probleme geben sollte.

INTERNET

www.randa.org

Auf der offiziellen Website des Royal & Ancient Golf Club of St. Andrews finden Sie nicht nur alle Golfregeln, sondern auch eine Erklärung des Handicap-Systems, Turnierpläne und eine umfassende Datenbank.

Acht grundlegende Golfregeln

EIGENTLICH SOLLTEN SIE SICH in allen Bereichen des Regelwerks auskennen. Für den Anfang reicht es aber auch, einige wichtige Grundregeln zu beherrschen, die das Gerüst bilden und die respektiert und befolgt werden müssen, um dem Grundgedanken des Golfspiels gerecht zu werden. Viele Hobbygolfer vernachlässigen dies – und es gibt auf dem Platz keine Golfpolizei, die bei Regelverstößen einschreitet.

Wenn Sie gegen eine Regel verstoßen, sind Sie aufgefordert, sich selbst zu bestrafen.

Können Sie sich das beim Fußball oder im Tennis vorstellen? Ich nicht! Sie sollten die Regeln befolgen – allein aus Respekt vor den Traditionen des Golfspiels. Hier die – meines Erachtens – acht wichtigsten Grundregeln. Die folgenden Punkte sollten Sie beachten, wenn Sie auf den Platz gehen.

Punkt 1: Denselben Ball spielen

Sie müssen vom Abschlag bis zum Loch ein und denselben Ball schlagen. Als Ausnahme gilt nur, wenn Sie den Ball verlieren oder er beschädigt ist, wenn ein Tier oder ein Mensch ihn entwendet oder wenn jemand unabsichtlich Ihren Ball spielt und es nicht bemerkt.

Punkt 2: Den Ball spielen, wie er liegt

Sie müssen den Ball grundsätzlich von dort aus weiterspielen, wohin Sie ihn geschlagen haben. Falls Sie ihn z.B. in ein Hindernis statt auf den Fairway schlagen, können Sie ihn nicht einfach dort herausnehmen und wieder auf den schön geschnittenen Fairwayrasen legen. Sie dürfen die **Lage** des Balls nicht verändern.

Auch hier gibt es Ausnahmen. Wenn Ihr Ball z.B. auf einem Bewässerungskopf liegen bleibt, können Sie straflos Erleichterung in Anspruch nehmen. Wenn er sich auf dem Fairway in den Boden eingebohrt hat, dürfen Sie ihn aufnehmen und straflos droppen. In beiden Fällen ist es auch erlaubt, den Ball zu säubern, bevor Sie ihn wieder fallen lassen.

> **WAS IST ...**
>
> Eine **Lage** ist die Stelle, an der Ihr Ball liegt. Es kann eine gute oder eine schlechte Lage sein, je nachdem, wo und worauf er liegt. Eine gute Lage hat ein Ball auf dem niedrig gemähten Fairway, eine schlechte Lage hat er im hohen Gras am Hang.

EHE SIE ZUM SCHLÄGER GREIFEN

Wenn ein Platz durch schlechtes Wetter extrem aufgeweicht ist, gilt oft die Regel des »lift, clean and place«, nach der der Ball aufgenommen und gesäubert werden darf, ehe er auf eine trockenere Stelle nahe der ursprünglichen Position zurückgelegt wird. »Play as it lies« hört sich gut an, aber kaum ein Grundsatz wird häufiger außer Kraft gesetzt als dieser.

Es gibt Golfer, die ihren Abschlag schamlos auf eine bessere Position legen, wenn er in hohem Gras oder auf einem Divot gelandet ist. Das würde Ihnen sicher nie in den Sinn kommen!

Punkt 3: Die Oberfläche nicht berühren

Es macht keinen großen Spaß, in einem Hindernis zu sein. Wenn Ihr Ball in eines hineingerät, ist es oft sehr schwierig – wenn nicht unmöglich –, ihn heraus- und wieder gut ins Spiel zu bringen. Da es Ihnen Vorteile verschaffen könnte, den Schläger vor dem Schlag im Hindernis aufzusetzen, ist dies nicht erlaubt und wird bestraft.

Das häufigste Hindernis ist der Bunker. Aus ihm kann man sich am leichtesten befreien – wenn man gut geübt hat. Wenn Sie Ihren Schlag aus dem Bunker vorbereiten, dürfen Sie den Schläger nicht in den Sand hineinbohren und ihn bei einem Probeschwung auch nicht berühren, weil Sie dadurch etwas über die Beschaffenheit des Sandes erfahren könnten, und das könnte Ihnen verraten, was für einen Schlag Sie am besten anwenden.

Übrigens ...

Die ersten einheitlichen Regeln wurden 1897 vom Royal and Ancient Golf Club of St. Andrews (R&A) in Schottland aufgestellt. Bis dahin galten in jedem Club andere Regeln. Seit 1984 sind der R&A und die USGA für die Auslegung der Regeln weltweit zuständig. Gemeinsam geben sie jedes Jahr die *Decisions on the Rules of Golf* heraus. Der Regelrat trifft sich alle vier Jahre, um die Regeln zu überprüfen.

■ **Bunker** werden von Golfplatzarchitekten generell so angelegt, dass schlechte Schläge dort landen. Daher gibt es auch selten Bunker in der Mitte der Fairways.

DIE GRUNDREGELN

Dann gibt es noch die Wasserhindernisse. Frontale Hindernisse dieser Art sind durch gelbe Pfosten markiert, befinden sich zwischen Abschlag und Grün und müssen überspielt werden. Flüsse, Seen, ganze Ozeane, an denen ein Golfplatz liegt, verschlingen gerne Bälle. Wenn Ihr Ball in einem solchen Hindernis landet und Sie ihn herausschlagen wollen (was oft keine gute Idee ist), dann dürfen Sie mit Ihrem Schläger die Wasseroberfläche vor dem Schlag nicht berühren. Spielen Sie den Ball aus dem Wasser, erhalten Sie keinen Strafschlag. Das könnte Sie allerdings zehn oder 15 Versuche kosten – und Sie sind klatschnass!

■ **Gelbe Pflöcke oder Linien** *markieren frontale Wasserhindernisse auf dem Platz.*

Halbwegs vernünftige Golfspieler mit etwas realistischerem Ehrgeiz werden hier wohl lieber Erleichterung in Anspruch nehmen. Man darf den Ball aus dem Wasser herausnehmen und an einer besseren Stelle droppen. Das kostet allerdings einen Strafschlag, den Sie zu Ihrem Score hinzuzählen müssen. Wenn Ihr zweiter Schlag ins Wasser ging, dann zählt Ihr Strafschlag als dritter Schlag und Ihr nächster echter Schlag als vierter Schlag für Ihren Score.

DER BALL IM WASSER

Nachdem Sie den Ball aufgenommen und sich einen Strafschlag angerechnet haben, gibt es folgende Alternativen:

a **Den Ball droppen**
Droppen Sie den Ball vor dem Wasserhindernis irgendwo auf einer gedachten Linie vom Loch über den Punkt, an dem der Ball ins Hindernis eintrat.

b **Schlagwiederholung**
Gehen Sie zu dem Punkt zurück, an dem Sie den Ball gespielt haben und wiederholen den Schlag.

SEITLICHES WASSERHINDERNIS

Seitliche Wasserhindernisse sind rot markiert und liegen nicht direkt zwischen Ihnen und dem Loch. Oft begrenzt ein Flussbogen ein Loch und bildet ein solches seitliches Hindernis. Ein Wasserhindernis muss nicht mit Wasser gefüllt sein, es kann sich auch um ein ausgetrocknetes Flussbett, einen Graben, sumpfiges Gelände oder eine andere Art Golfball verschlingendes gemeines Etwas handeln. Nur eines ist sicher: Es ist immer durch rote Pflöcke sowie durch rote Farbe gekennzeichnet.

Sie können versuchen den Ball herauszuschlagen. Ihr Schläger darf das Hindernis vor dem Schlag nicht berühren. Oder Sie wählen <u>eine</u> dieser Optionen:

a Den Ball droppen
Sie können den Ball jenseits des Wassers irgendwo auf der Linie fallen lassen, die vom Loch über denjenigen Punkt geht, an dem der Ball zuerst in das Hindernis eintrat.

b Schlagwiederholung
Gehen Sie zum Ausgangspunkt Ihres letzten Schlags zurück und spielen Sie noch einmal.

c Drop-Zone diesseits vom Wasser
Droppen Sie den Ball innerhalb zweier Schlägerlängen von dem Punkt, an dem er in das Hindernis eintrat.

d Drop-Zone jenseits vom Wasser
Markieren Sie den dem Eintrittsort gegenüberliegenden Punkt (nicht näher zum Loch) und droppen Sie den Ball innerhalb von zwei Schlägerlängen von diesem Punkt.

Bei jeder dieser Optionen müssen Sie einen Strafschlag hinzuzählen. Wenn Sie den Ball in diesem Zusammenhang aufnehmen, dürfen Sie ihn säubern.

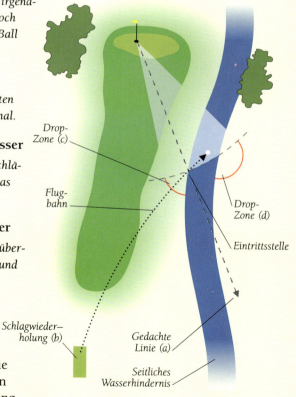

DIE GRUNDREGELN

EINEN VERLORENEN BALL ERSETZEN

Wenn Ihr Ball auf Nimmerwiedersehen in einem Hindernis verschwunden ist, dann dürfen Sie einen neuen ins Spiel bringen, und zwar auf folgende Weise:

1 Suchen Sie den nächsten Punkt außerhalb des Hindernisses, an dem weder Ihr Ball noch Sie behindert werden. Markieren Sie den Punkt mit einem Tee. Er kann wenige Zentimeter oder 1–2 m außerhalb des Hindernisses liegen.

2 Von diesem Punkt ausgehend messen Sie – je nach Situation – eine oder zwei Schlägerlängen ab (aber niemals in Richtung Loch). Bei einem Wasserhindernis können dies zwei Schlägerlängen sein, von einem Bewässerungskopf oder Cartweg aus immer nur eine. Verwenden Sie zum Abmessen Ihren längsten Schläger (das ist normalerweise der Driver). Markieren Sie den entsprechenden Punkt dann mit einem Tee.

3 Jetzt können Sie den Ball droppen. Stellen Sie sich so hin, dass Ihr in Schulterhöhe ausgestreckter Arm sich genau über der markierten Stelle befindet. Lassen Sie nun den Ball fallen – ohne ihn zu werfen oder zu drehen. So einfach ist das. Sie spielen den Ball von dort aus weiter, wo er liegen bleibt, es sei denn, er rollt auf einen Punkt in größerer Nähe zum Loch oder zurück ins Hindernis. Dann müssen Sie eben noch einmal droppen.

Punkt 4: Die Ausgrenze überschreiten

Wenn Sie einen Ball ins Aus schlagen, müssen Sie ihn noch einmal von derselben Stelle aus schlagen und Ihrem Score einen Strafschlag hinzufügen. Wie jedes Spielfeld hat auch der Golfplatz klar definierte Ausgrenzen. Sie sind durch weiße, gut sichtbare Markierungen (Pfosten) im Abstand von jeweils 25 m markiert, manchmal auch durch einen Grenzzaun. Bei Spielbahnen am Rand des Golfplatzes befinden sich die weißen Markierungen entweder links oder rechts vom Fairway. Spielbahnen mitten auf dem Platz haben keine Ausgrenzen. In diesem Fall dürfen Sie vom benachbarten Fairway aus weiterspielen.

Wenn Ihr Ball ins Aus geht, erhalten Sie nicht nur einen Strafschlag, sondern verlieren auch die Strecke, die der Ball zurückgelegt hat. Das nennt man »Stroke and Distance«. In diesem Fall müssen Sie Ihren nächsten Schlag möglichst von genau der Stelle spielen, von der aus Sie ins Aus geschlagen haben. Dort droppen Sie einen Ball (oder teen ihn auf, wenn es ein Abschlag war), notieren sich einen Strafschlag und spielen weiter.

EHE SIE ZUM SCHLÄGER GREIFEN

Wenn Ihr erster Schlag ins Aus geht, dann zählt Ihr nächster bereits als dritter Schlag.

Es ist also nicht erstrebenswert, einen Ball ins Aus zu schlagen: Ihr zweiter Schlag zählt dann schon als Ihr vierter – und noch immer ist kein Grün in Sicht!

Punkt 5: Der Ball ist weg ...

Wenn ein Ball verloren geht, müssen Sie von der Stelle, von der Sie ihn zuletzt gespielt haben, einen neuen schlagen und kassieren zusätzlich einen Strafschlag.

Gerade als Anfänger werden Sie damit leben müssen, dass viele Ihrer Schläge etwas vom Ziel abweichen und links oder rechts in hohem Gras landen, in Büschen und Bäumen oder in sonst einem Bälle verschlingenden Dickicht. In diesem Fall heißt es, zurück zu der Stelle zu gehen, von der aus Sie den Ball verschlagen haben – und noch einen Strafschlag zu Ihrem Score hinzuzuaddieren. Ihr zweiter Schlag zählt nun als Ihr dritter.

Wenn Sie meinen, Ihr Golfball sei unauffindbar und wahrscheinlich verloren gegangen, dann ziehen Sie nicht gleich los, um ihn zu suchen.

■ **Nur 5 Min.** sind erlaubt, um einen Ball wieder zu finden, danach gilt er offiziell als verloren. Es ist besser, einen provisorischen Ball zu schlagen, als darauf zu hoffen, den ersten wieder zu finden.

Es ist besser, Ihren Mitspielern zu sagen, dass der Ball möglicherweise unauffindbar ist und dass Sie daher lieber gleich einen provisorischen Ball von derselben Stelle aus spielen möchten.

So sparen Sie Zeit, denn wenn Sie den ersten Ball nicht wieder finden, müssen Sie den ganzen Weg wieder zurückgehen, um noch einmal neu zu schlagen.

Nachdem Sie Ihren provisorischen Ball geschlagen haben – der hoffentlich so landet, dass Sie ihn leichter wieder finden –, machen Sie sich auf die Suche nach dem ersten Ball. Dafür bleiben Ihnen genau 5 Min. und Sie können auch Ihre Mitspieler um Hilfe bitten. Wenn Sie ihn nicht wieder finden, müssen Sie mit dem provisorischen Ball weiterspielen. Sollten Sie den ersten Ball jedoch noch finden, dann müssen Sie diesen verwenden – selbst wenn der provisorische Ball viel besser liegen sollte.

DIE GRUNDREGELN

Punkt 6: Ball unspielbar

Wenn Sie Ihren Ball für unspielbar erklären, erhalten Sie einen Strafschlag. Das kann z.B. der Fall sein, wenn Ihr Ball mitten in einem Busch hängt, unter einer Baumwurzel liegt oder sich tief in einen Bunker eingegraben hat. Es ist Ihre Entscheidung, ob Sie einen Ball für unspielbar erklären. Sie können natürlich auch versuchen ohne Strafschlag von der jeweiligen Stelle aus weiterzuspielen. Meistens ist es aber vernünftiger, einen Strafschlag zu akzeptieren, als darauf zu setzen, dass ein Wunder geschieht und Ihnen aus einer unmöglichen Lage ein noch unmöglicherer Befreiungsschlag gelingt.

AUSWEGE AUS EINER UNSPIELBAREN LAGE

Wenn Ihr Ball unspielbar ist, können Sie Erleichterung in Anspruch nehmen. Diese ist allerdings nicht straffrei, sondern kostet jeweils einen Schlag.

a Droppen Sie Ihren Ball innerhalb zweier Schlägerlängen von dem Punkt aus, an dem er nun liegt. Er darf danach aber nicht näher zum Loch liegen.

b Denken Sie sich eine gerade Linie vom Loch zum Ball. Droppen Sie den Ball irgendwo auf der Verlängerung dieser Linie nach hinten. Sie können beliebig weit zurückgehen.

c Schlagen Sie möglichst genau von der ursprünglichen Stelle aus.

Punkt 7: Hemmnisse

Bei künstlichen Hemmnissen auf dem Platz dürfen Sie straflos Erleichterung in Anspruch nehmen. Unter solchen Hemmnissen versteht man alles, was den Spieler beim Schlagen des Balls behindert. Wenn Ihr Ball allerdings hinter einem Baum liegt, haben Sie Pech gehabt, denn dieser ist als natürliches Hemmnis Bestandteil des Platzes. Liegt der Ball aber vor einer Harke, einem Rasenmäher oder einem Golf-Cart, dann können Sie entweder das jeweilige Objekt entfernen oder, wenn dies nicht möglich ist, den Ball straflos entfernen.

■ **Golf-Carts** sind künstliche Hemmnisse. Hier ist Erleichterung ohne Strafschlag möglich.

EHE SIE ZUM SCHLÄGER GREIFEN

Beim Golfspiel gibt es zwei Arten von künstlichen Hemmnissen. Da wären zunächst die beweglichen Hemmnisse wie etwa leere Dosen, Harken, Zigarettenstummel oder Bonbonpapierchen. Diese dürfen Sie einfach entfernen und danach Ihren Ball von der Stelle spielen, an der er liegt. Wenn das Hemmnis den Ball allerdings berührt, sollten Sie dessen Lage markieren, ihn aufnehmen, das Objekt entfernen und den Ball dann wieder an seinen ursprünglichen Platz legen.

Die zweite Art von Hemmnissen sind die unbeweglichen wie etwa Zuschauertribünen, Werbebanden, Bewässerungsköpfe oder Stellwagen, also Dinge, die vom Spieler nicht wegbewegt werden können. Wenn Ihr Ball unter ein solches Hemmnis rollt oder so nah an diesem liegt, dass Sie in Ihrem Schwung behindert werden, dann erhalten Sie auch hier straflose Erleichterung (toll!).

■ **Ein Bewässerungskopf** ist ein unbewegliches Hemmnis, bei dem man straflos Erleichterung in Anspruch nehmen kann.

In diesem Fall müssen Sie zuerst den nächstliegenden Punkt ausmachen, an dem weder Ihr Ball noch Sie vom Hemmnis behindert werden. Markieren Sie den Punkt (der nicht näher zum Loch liegen darf), messen Sie eine Schlägerlänge ab und markieren auch diesen Punkt. Droppen Sie dann den Ball zwischen den beiden Punkten. Sollte er dabei wieder zum Hemmnis rollen, wiederholen Sie das Ganze.

Mauern, Zäune oder Pfosten, die die Ausgrenze markieren, werden nicht als künstliche Hemmnisse angesehen. Sollte Ihr Ball dort landen, müssen Sie ihn so spielen, wie er liegt, oder ihn für unspielbar erklären. In letzterer Situation können Sie unter Anrechnung eines Strafschlags Erleichterung in Anspruch nehmen.

Punkt 8: Lose Naturstoffe

Alle losen Naturstoffe dürfen straflos entfernt werden. Im Gegensatz zu künstlichen Hemmnissen handelt es sich hierbei um natürliche Objekte wie Zweige, Blätter oder lockere Steine, die nicht an Ihrem Ball haften. Sollten diese Dinge Sie im Schwung behindern, dürfen Sie sie entfernen, vorausgesetzt, Sie verändern dabei nicht die Position des Balls. Wenn sich der Ball dabei doch bewegt, kostet Sie dies einen Strafschlag, den Sie zu Ihrem Score an diesem Loch hinzuzählen müssen.

DIE GRUNDREGELN

■ **Zweige, Blätter und Steine** sind lose Naturstoffe, die straflos entfernt werden dürfen.

Etwas, das wächst, ist jedoch kein loser Naturstoff. Sie dürfen also weder ein Grasbüschel noch eine Pflanze ausreißen, die Ihnen im Weg ist. Dagegen werden Regenwürmer, Schnecken und anderes Getier zu den losen Naturstoffen gerechnet und können entfernt werden (bitte leben lassen!).

Es gibt Ausnahmen zu dieser Regel.

Aus Hindernissen, wie etwa Bunkern oder Wasser, dürfen lose Naturstoffe nicht entfernt werden.

Ein zurückgelegtes Divot – auch wenn es noch so schlecht zurückgelegt wurde – gilt nicht als loser Naturstoff, ein losgeschlagenes Divot auf dem Fairway dagegen schon. Erde oder Sand auf dem Fairway dürfen nicht entfernt werden, auf dem Grün dagegen sehr wohl. Dreck am Golfball kann nur dann straflos entfernt werden, wenn der Ball auf dem Grün liegt oder eine andere Regel gerade in Kraft ist, die dieses erlaubt (wie etwa eine Platzregel, die das Aufnehmen und Säubern zulässt). Na, verstanden?

Noch mehr Regeln

HABEN SIE ETWA GEDACHT, dass Sie mit nur acht Regeln auskommen? Ich halte diese zwar für die wichtigsten, aber darüber hinaus sollten Sie weitere Regeln kennen wie etwa die folgenden:

1. Sie dürfen maximal 14 Golfschläger mit auf die Runde nehmen. Kaputte Schläger dürfen ersetzt werden, wenn sie nicht mutwillig beschädigt wurden und das Spiel nicht verzögert wird.

2. Sie dürfen Ihren Konkurrenten weder Ratschläge geben noch solche annehmen.

3. Der Ball muss sich beim Abschlag innerhalb der vorgeschriebenen Abschlagzone befinden.

ORIGINALGOLFREGELN VON 1744

EHE SIE ZUM SCHLÄGER GREIFEN

4. Die Reihenfolge der Spieler am ersten Abschlag kann durch das Los bestimmt werden. An den folgenden Abschlägen schlägt als Erster ab, wer zuvor den niedrigsten Score hatte. Es folgt dann der Spieler mit dem zweitbesten Score, usw. Bei gleicher Schlagzahl entscheidet das davor gespielte Loch über die Reihenfolge. Mit Ausnahme der Abschläge ist die Reihenfolge beim Schlagen auf der Runde so geregelt, dass jeweils der Spieler beginnt, der am weitesten vom Loch entfernt ist.

5. Spuren, die von Spikes verursacht wurden und sich zwischen Ihrem Ball und dem Loch befinden, dürfen Sie nicht glätten. Metallspikes hinterlassen oft Spuren, aber dies müssen Sie in Kauf nehmen. Erst wenn Ihr Ball im Loch ist, dürfen Sie diese Spikemarken glätten – die nachfolgenden Spieler werden es Ihnen danken.

6. Sie dürfen nicht putten, solange der Ball eines anderen sich noch bewegt.

7. Tau- und Frostspuren auf dem Grün dürfen nicht entfernt werden.

8. Sie haben ganze zehn Sekunden Zeit, um abzuwarten, ob Ihr Ball, der da an der Lochkante balanciert, vielleicht doch noch hineinfällt. Danach müssen Sie den nächsten Schlag machen. Falls der Ball nach den 10 Sekunden noch von selbst ins Loch fällt, zählt dies als Schlag.

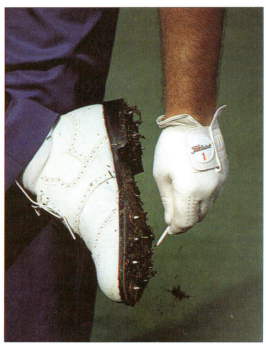

■ **Golfschuhe mit Spikes** gehören zur Standardausrüstung eines Golfers. Spikes können auf dem Grün allerdings hässliche Spuren hinterlassen, die Sie erst nach dem Putten glätten dürfen.

9. Sollte sich Ihr Ball noch bewegen, nachdem Sie die Ansprechposition schon eingenommen haben, erhalten Sie einen Strafschlag und müssen den Ball wieder zurücklegen. Bewegt er sich jedoch bereits vorher, so legen Sie ihn zurück und müssen keinen Strafschlag hinnehmen.

DIE GRUNDREGELN

10 Landet Ihr Ball im *zeitweiligen Wasser*, dürfen Sie ohne Strafschlag Erleichterung in Anspruch nehmen. Meist handelt es sich hierbei um Pfützen auf den Fairways. Suchen Sie sich den nächstgelegenen Punkt ohne Beeinträchtigung; von dort aus dürfen Sie innerhalb einer Schlägerlänge – aber nicht näher zum Grün – droppen. Dies gilt nicht, wenn Ihr Ball in einer Pfütze in einem Bunker liegt, da er sich dort in einem Hindernis befindet. Hier müssen Sie nasse Füße in Kauf nehmen!

■ **Große Pfützen** können beim Spiel stören. Sollten diese sich jedoch nicht gerade in einem Bunker befinden, dürfen Sie den Ball straflos entfernen.

11 Landet Ihr Ball auf *Boden in Ausbesserung*, erhalten Sie straflos Erleichterung und gehen genauso vor wie bei zeitweiligem Wasser.

12 Wenn sich der Ball bei der Landung auf dem weichen Boden von Fairway, Grün oder Abschlag in sein Einschlagloch einbohrt, dürfen Sie ihn straflos droppen. Nehmen Sie den Ball auf, säubern Sie ihn und lassen ihn so nah wie möglich an seinem Einschlagloch fallen. Dies gilt nicht für Bälle, die im Rough oder anderswo landen!

> **WAS IST …**
>
> **Zeitweiliges Wasser** *ist eine zeitlich begrenzte Ansammlung von Wasser, die kein Wasserhindernis darstellt – etwa eine Pfütze.* **Boden in Ausbesserung** *kann überall auf dem Platz vom Greenkeeper ausgewiesen werden.*

■ **Winterregeln** sind dazu da, dass man auch bei extremem Wetter regelgerecht golfen kann.

Sollte sich Ihr Ball außerhalb von Abschlag, Fairway oder Grün einbohren, haben Sie Pech gehabt. Bei anhaltend schlechtem Wetter allerdings können die Winterregeln in Kraft gesetzt werden, die besagen, dass eingebohrte Bälle auch im Rough straflos aufgenommen, gesäubert und gedroppt werden können. Außerdem dürfen Bälle auf dem Fairway aufgenommen, gesäubert und hingelegt werden. Damit Sie dies tun dürfen, muss der Club das Schild »Winterregeln in Kraft« aufgestellt haben.

EHE SIE ZUM SCHLÄGER GREIFEN

13 Sobald Ihr Ball das Grün erreicht hat, können Sie ihn markieren. Das sollten Sie aus zwei Gründen tun: Erstens können Sie ihn dann reinigen und somit verhindern, dass Schmutz den Lauf des Balls so ablenkt, dass Ihr genialer Putt das Loch verfehlt; zweitens behindert ein Ball in der Nähe des Lochs oft andere Spieler, weil er in der Puttlinie liegt. Wenn Sie Ihren Ball markieren und aufnehmen, liegen Sie denjenigen nicht im Weg, die noch weiter vom Loch entfernt sind.

MARKIEREN SIE IHREN BALL

1 Markieren des Balls
Legen Sie einen Marker oder eine kleine Münze direkt hinter den Ball, sodass er diesen fast berührt; dann nehmen Sie den Ball auf.

2 Zurücklegen des Balls
Drücken Sie den Marker so, dass er flach liegt; säubern Sie den Ball mit einem Handtuch und legen ihn an die ursprüngliche Stelle zurück.

14 Sobald Ihr Ball auf dem Grün liegt, sollte der Flaggenstock aus dem Loch genommen werden. Treffen Sie die Fahne mit Ihrem Putt, erhalten Sie zwei Strafschläge. Sie können die Fahne vor dem Putt herausnehmen oder den Flaggenstock bedienen lassen. Das bedeutet, dass einer Ihrer Mitspieler die Fahne herauszieht, sobald Sie den Putt ins Rollen gebracht haben. Wer die Fahne bedient, sollte sich vergewissern, dass sie nicht im Loch feststeckt. Sollte Ihr Ball die Fahne treffen, weil Ihr Mitspieler sie nicht rechtzeitig aus dem Loch entfernen kann, erhalten trotzdem Sie die beiden Strafschläge. Solange Sie nicht auf dem Grün liegen, ist es Ihre Wahl, ob die Fahne im Loch bleiben soll oder nicht. Manche Spieler, deren Ball kurz vor dem Grün liegt, behalten die Fahne im Loch, um sie als Bande für ihren Ball zu nutzen. Andere mögen es lieber ohne. Das bleibt dem Einzelnen überlassen.

15 Sie dürfen nicht vom falschen Grün aus spielen. Wenn Ihr Ball auf einem Grün gelandet ist, das nicht zu Ihrem Loch gehört, dann müssen Sie ihn am nächsten Erleichterungspunkt droppen. Dieser befindet sich normalerweise in dem etwas längeren Gras am Grünrand.

DIE GRUNDREGELN

Den Score notieren

AUF JEDEM GOLFPLATZ erhalten Sie eine Scorekarte. *Diese ist nicht nur deshalb nützlich, weil Sie dort Ihren Spielstand eintragen können, Sie lernen auch viel über den Platz. Die Scorekarte gibt Auskunft über die Länge aller Löcher, die Par-Zahl (also nach wie vielen Schlägen ein guter Spieler den Ball im Loch versenkt haben sollte) und wie schwierig das jeweilige Loch im Vergleich zu den anderen ist. Auf einigen Scorekarten ist sogar eine Skizze des Platzes mit allen Spielbahnen verzeichnet – eine große Hilfe, um die eigene Strategie an jedem Loch festzulegen. Auf der Skizze ist auch die Lage von Hindernissen, Bäumen und Ausgrenzen eingezeichnet.*

Übrigens ...
Bis 1951 musste man über Bälle der Mitspieler, die auf der eigenen Linie zum Loch im Weg lagen, hinwegspielen. Es wurde also auf dem Grün gechippt, um den Ball auf direktem Weg ins Loch zu bekommen. Diese Regel wurde erst 1951 geändert – nicht nur der Fairness halber, sondern auch, um Divots auf den Grüns zu vermeiden.

Weil jedes Loch über mehrere Abschläge mit verschiedenen Entfernungen zum Grün verfügt, sind auf der Scorekarte die verschiedenen Längen klar erkennbar.

Die Entfernungsangaben bei jedem Loch beziehen sich auf die Länge vom Abschlag bis genau zur Mitte des jeweiligen Grüns. Das wird nicht immer die genaue Entfernung bis zum Loch sein, denn die Greenkeeper versetzen die Fahne täglich – um Sie zu verwirren und um die Grüns davor zu bewahren, an bestimmten Stellen überstrapaziert zu werden.

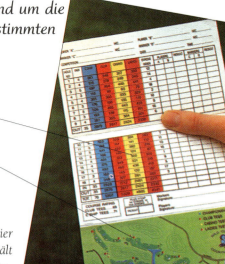

Scorekarte

Platzskizze

■ **Studieren Sie die Scorekarte** gut. Hier notieren Sie nicht nur Ihren Score; sie enthält auch wichtige Informationen über den Platz.

EHE SIE ZUM SCHLÄGER GREIFEN

Die Scorekarte gibt auch Auskunft über das Course Rating. Diese Zahl gibt an, mit wie vielen Schlägen ein Null-Handicapper diesen Platz spielen würde. Wenn ein Platz mit Par 72 ein Course Rating von 66 hat, dann ist es ein relativ einfacher Platz. Hat er dagegen CR 76, ist er schwerer. Als Anfänger sollten Sie Plätze spielen, deren CR unter 70 liegt. Auf der Scorekarte kann auch das Slope Rating angegeben sein – diese Zahl steht für die Schwierigkeit eines Platzes im Vergleich zu anderen. Je höher die Zahl, desto schwieriger ist der Platz. Die durchschnittliche Slope-Zahl liegt etwa bei 113, eine hohe bei 150 und mehr. Diese Variante des Stroke-Index kommt aus den USA und ist inzwischen auch in Europa und dem Rest der Welt anerkannt.

Die Scorekarte ausfüllen

Auf der Scorekarte tragen Sie Ihren Namen und den Ihres Mitspielers ein. Eine der Merkwürdigkeiten beim Golf ist, dass Sie selbst für Ihren Kontrahenten auf der Scorekarte als Zähler fungieren und sich Ihren eigenen Score nur am Rand notieren. So machen es auch die Profis auf ihren Turnieren. Nach der Runde unterschreiben Sie die Scorekarte als Zähler und geben Sie dem Mitspieler, der seinen Score checkt und als Spieler unterschreibt. Sie selbst müssen als Spieler die Scorekarte unterschreiben, die Ihr Mitspieler als Zähler geführt hat. Bei einem Turnier würden beide Scorekarten dann der Turnierleitung übergeben werden. Auf diese Weise soll die Ehrlichkeit gewährleistet werden; außerdem beobachtet man so das Spiel des Kontrahenten aufmerksamer. Bei einer Golfrunde mit Freunden geht es etwas entspannter zu. Trotzdem sollten Sie nicht nur Ihren Score notieren, denn auf die beschriebene Weise lassen sich Fehler schneller korrigieren und Sie können Ihre eigene Leistung besser einschätzen.

> **INTERNET**
>
> **www.golfcourses.org**
>
> *Auf dieser Website sind hunderte britischer Golfplätze verzeichnet. Für alle gibt es Kurzbeschreibungen mit Angaben zu Greenfee, Länge, Par und Course Rating.*

Bitte nicht schummeln!

Es gibt beim Golfen viele Möglichkeiten zu schummeln. Man kann seinen Ball in eine bessere Lage schubsen oder ganz einfach seinen Score fälschen. Es sind keine Schiedsrichter auf dem Gelände, die Sie kontrollieren.

Trotzdem sollten Sie ehrlich und regelkonform spielen. Die Integrität des Golfspiels hängt von der Selbstkontrolle ab.

Wenn Sie mit einem Strafschlag belegt werden müssen, dann informieren Sie Ihre Mitspieler darüber und zählen ihn zu Ihrem Score dazu.

DIE GRUNDREGELN

Zusätzlich zu Ihrem Score an jedem Loch sollten Sie auch notieren, wie viele Putts Sie jeweils gebraucht haben. So können Sie feststellen, ob sich Ihr Putten verbessert.

Man tut dies natürlich in der Hoffnung, dass die Zahl im Lauf der Zeit kleiner wird. Außerdem könnten Sie aufschreiben, wie viele Fairways Sie mit Ihrem Abschlag treffen und bei wie vielen Par-4- und Par-5-Löchern Sie das Grün mit dem zweiten bzw. dem dritten Schlag erreichen. Je weniger Putts Sie brauchen und je mehr Fairways Sie treffen, desto besser golfen Sie. Es wird Ihnen Spaß machen, Ihre Fortschritte zu verfolgen.

Kurze Zusammenfassung

✓ Es ist sinnvoll, die Golfregeln gelesen zu haben und immer ein Exemplar in der Golftasche dabeizuhaben. So lassen sich im Zweifelsfall auch während einer Runde Regelfragen klären.

✓ Gerade weil auf dem Golfplatz keine Schiedsrichter Patrouille laufen, sollten Sie das Spiel und Ihre Mitspieler respektieren, indem Sie von sich aus regelkonform spielen.

✓ Der Zufall ist beim Golfen immer mit von der Partie. Sie müssen denselben Ball vom Tee bis ins Loch spielen, und zwar von wo auch immer der Ball gelandet ist.

✓ Unter bestimmten Bedingungen dürfen Sie Ihren Ball aufnehmen und in eine neue Position bringen oder einen neuen Ball droppen. Niemals darf der Ball dabei näher zum Loch bewegt werden und oft müssen Sie sich einen Strafschlag anrechnen.

✓ Ein Scorekarte sagt Ihnen, wie lang ein Loch ist, welches Par es hat und wie schwierig der Platz ist. Viele Scorekarten enthalten auch eine Platzskizze.

✓ Notizen über Schlagzahl, Putts und über das Gelingen Ihrer ersten und zweiten Schläge dokumentieren Ihre Fortschritte.

Kapitel 4

Kein Spiel für Rücksichtslose

Die Etikette, also der höfliche Umgang miteinander, spielt auf dem Golfplatz eine wichtige Rolle. Im Gegensatz zu anderen Sportarten wird beim Golfen sowohl im Amateurbereich als auch im Profisport ein hohes Maß an Sportsgeist vorausgesetzt. Als Anfänger sollten Sie dies respektieren und sich zu Eigen machen.

In diesem Kapitel ...

✓ *Wer darf als Erster?*

✓ *Nehmen Sie Rücksicht*

✓ *Machen Sie Tempo*

✓ *Wer mit dem Cart fährt*

✓ *Was haben Sie denn an?*

✓ *Spielen Sie ehrlich*

STRAHLENDES LÄCHELN VON TIGER WOODS UND MARK O'MEARA

EHE SIE ZUM SCHLÄGER GREIFEN

Wer darf als Erster?

WIE SCHON IM dritten Kapitel erwähnt, hat der Spieler mit dem niedrigsten Score am folgenden Loch die Ehre. Haben mehrere den gleichen Score, behält derjenige die Ehre, der sie am Loch davor hatte. An jedem Tee wird nach der Score-Folge abgeschlagen. Danach spielt derjenige zuerst, der es am weitesten zur Fahne hat. Auf dem Grün puttet zuerst, wer am weitesten vom Loch entfernt liegt.

> **WAS IST ...**
>
> Als **Ehre** bezeichnet man das Recht als Erster abzuschlagen. Dies steht normalerweise dem Spieler mit dem niedrigsten Score am vorigen Loch zu. Am ersten Tee wird die Ehre durch Los oder die Turnierleitung entschieden.

Sind Sie bereit, dann spielen Sie als Erster

Zwar besagen die Regeln, dass der Spieler, der am weitesten vom Loch entfernt liegt, als Erster schlagen soll, doch oft einigen sich die Spieler darauf »Ready Golf« zu spielen, d. h., wer bereit ist seinen Schlag auszuführen tut dies, auch wenn er näher am Loch ist – vorausgesetzt, niemand wird gefährdet.

■ **Wenn Sie »Ready Golf«** spielen wollen, dann sollten Sie besonders aufmerksam sein und alle im Auge behalten, damit niemand aus Versehen getroffen wird.

Nehmen Sie Rücksicht

BEIM GOLF WIRD VORAUSGESETZT, dass Sie Ihre Mitspieler respektieren, und zwar wesentlich mehr als in anderen Sportarten. Neben allgemeiner Höflichkeit liegt dies daran, dass Golf sehr viel Konzentration verlangt. Jede Art von Ablenkung könnte dazu führen, dass aus einem tollen Schlag ein miserabler wird.

Zu schön um wahr zu sein

Die Massen toben bei Sportveranstaltungen in aller Welt. Von den Sportlern erwartet man, dass sie sich davon nicht stören lassen. Das gilt nicht beim Golf. Selbst Fernsehkommentatoren flüstern bei ihren Moderationen. Das liegt in der Natur der Sache und macht den besonderen Reiz des Spiels aus. Stellen Sie sich vor, Sie spazieren vier bis fünf Stunden mit guten Freunden durch einen schönen Park und jeder versucht so freundlich und verständnisvoll wie möglich zu sein. Paradiesisch! Wie oft pro Woche passiert das im richtigen Leben?

■ **Konzentration** *ist beim Golfen besonders wichtig. Mitspieler und Zuschauer verhalten sich daher ganz still, wenn ein Schlag ausgeführt wird.*

Psssst!!!

Wenn einer Ihrer Mitspieler sich auf seinen Schlag vorbereitet, bemühen Sie sich so still und leise wie möglich zu sein.

Beenden Sie jedes Gespräch, klappern Sie nicht mit Ihren Schlägern und bewegen Sie sich nicht. Es gibt nichts Dümmeres, als wenn ein Spieler in dem Moment einen Probeschwung ausführt, in dem ein anderer seinen Schlag machen will. Halten Sie genügend Abstand, damit Ihr Mitspieler nicht fürchten muss Sie zu treffen. Die Sorge um Ihr Wohlbefinden könnte nämlich dazu führen, dass ihm sein Schlag misslingt. Außerdem sollten Sie auf Ihren Schatten achten, besonders bei niedrig stehender Sonne, denn er sollte nicht in den Schlagbereich eines anderen Spielers fallen.

EHE SIE ZUM SCHLÄGER GREIFEN

Divots und Ballspuren

Sie sollten Divots und Ballspuren ausbessern. Bei einem Eisenschlag schneiden Sie meist ein Stück Rasen aus dem Boden, das dann durch die Luft fliegt. Wird dies nicht schnell zurückgelegt, bleibt eine kahle Stelle und für nachfolgende Golfer ein potenzielles Hindernis. Sollten Sie eines Tages Ihren Ball nach einem wunderbaren Schlag in einer solchen Divot-Spur wiederfinden, dann werden Sie einsehen, wie wichtig es ist, Divots zurückzulegen! Legen Sie einfach das Grasstück an seine ursprüngliche Stelle und treten Sie es fest, damit es wieder anwachsen kann.

■ **Legen Sie Divots** zurück und treten Sie sie fest. Wenn Divots und Pitchmarken nicht gleich ausgebessert werden, braucht das Gras Wochen, um sich zu regenerieren.

Achten Sie auf Ihre Länge

Warten Sie immer, bis die Gruppe vor Ihnen außer Reichweite ist, ehe sie schlagen.

Wenn Sie z.B. wissen, dass Ihr Abschlag 205 m lang ist, dann warten Sie mit Ihrem Schlag, bis die Gruppe vor Ihnen mindestens 250 m entfernt ist. Einen schnell fliegenden Golfball in eine Gruppe von Leuten mitten auf dem Fairway zu schlagen ist ein echtes Ärgerniss und zudem sehr gefährlich. Also passen Sie auf, dass Sie die Sicherheit der anderen nicht aufs Spiel setzen.

»Fore!«

Nun kommt der Moment, den Sie wohl befürchtet haben: Fliegt Ihr Golfball auf andere Golfer zu, sollten Sie sofort »Fore!« rufen, um diese vor dem herannahenden Ball zu warnen. Wenn Sie jemanden »Fore!« rufen hören, sollten Sie sich sofort ducken und Ihren Kopf schützen, um einer Verletzung vorzubeugen.

■ **Rufen Sie »Fore!«** so laut Sie können, wenn ein Ball auf andere Golfer zufliegt. Es ist sehr schmerzhaft, von einem Ball am Kopf getroffen zu werden.

Machen Sie Tempo

DAS ÄRGERLICHSTE beim Golf ist heutzutage das Schneckentempo, in dem es von vielen gespielt wird. Eine Runde über 18 Löcher sollte eigentlich weniger als vier Stunden dauern, zieht sich heute aber oft über fünf Stunden hin. Obwohl zu viele Spieler auf dem Platz das Tempo drosseln können, liegt es oft daran, dass manche einfach nicht mithalten können. Sie brauchen endlos lang, um zu entscheiden, welchen Schläger sie nehmen sollen und wie ihr Schlag aussehen soll. Manche Spieler machen vor dem eigentlichen Schlag viel zu viele Probeschwünge. Und manchmal spielt ein Anfänger einen Platz, der viel zu schwer oder zu lang für ihn ist. Das führt zu enormen Verzögerungen und Wutausbrüchen. (Ich weiß, ich habe geschrieben, auf dem Golfplatz soll man seine Emotionen im Zaum halten – aber nichts ist ärgerlicher, als ein Spieler vor einem, der für jedes Loch zehn, zwölf oder 14 Schläge braucht.)

Geben Sie Gas!

Es ist ganz einfach, das Tempo zu beschleunigen. Erstens: Seien Sie schlagbereit, wenn Sie an der Reihe sind. Schon auf dem Weg zum Ball können Sie entscheiden, welchen Schläger Sie nehmen und wie Ihr Schlag aussehen soll. Sobald Sie das wissen, holen Sie den entsprechenden Schläger aus der Tasche und warten, bis Sie an der Reihe sind. Dann reichen ein bis zwei Probeschwünge und dann nichts wie los! Zweitens: Stellen Sie sicher, dass Ihr spielerisches Können den Anforderungen des Platzes entspricht. Als Anfänger spielen Sie lieber einen Neun-Loch-Par-3 Platz oder eine leichte 18-Loch-Anlage. Brauchen Sie acht, neun oder zehn Schläge bis zum Loch, dann seien Sie so nett und nehmen den Ball auf. Gehen Sie zum nächsten Abschlag. Die Nachfolgenden werden es Ihnen danken.

Spielen Sie einen provisorischen Ball

Wenn Sie nach dem Schlag bereits wissen, dass Sie Ihren Ball vielleicht nicht wiederfinden, dann schlagen Sie gleich einen provisorischen, ehe Sie sich auf die Suche machen. Wenn Sie Ihren Ball nicht finden, brauchen Sie so nicht noch einmal an die Stelle zurückzugehen, von der aus Sie den verlorenen Ball gespielt haben, um einen neuen zu spielen. Das spart Zeit.

■ **Die Suche nach dem Ball** *kostet schon genug Zeit. Daher ist es vernünftig, schon vor Beginn der Suche einen provisorischen zu schlagen.*

EHE SIE ZUM SCHLÄGER GREIFEN

Halbzeit

Zwischen den **ersten neun** und den **zweiten neun Löchern** steuern die meisten Spieler das Clubhaus an, um auf die Toilette zu gehen oder etwas zu essen oder zu trinken. Schließlich sind sie schon über zwei Stunden herumgelaufen und haben sich mit einer Golftasche abgeschleppt. Leider legen zu viele Golfer eine längere Pause ein; das sorgt am zehnten Loch für Verzögerungen. Es ist schwierig, diese Spieler wieder in die sorgfältig choreografierte Ordnung der Golfer einzugliedern. Auf den meisten Plätzen wird in Abständen von 8 bis 10 Min. gestartet. Wenn man eine Gruppe aus diesem System nimmt und versucht, sie 20 Min. später wieder hineinzuquetschen, gibt es ein Chaos. Pausen sollte man daher so kurz wie möglich halten.

> **WAS IST ...**
>
> Ein 18-Loch-Platz wird in die **ersten neun** und die **zweiten neun Löcher** aufgeteilt. Wenn Sie das 9. Loch beendet haben, ist das ein natürlicher Einschnitt.

Rücksichtsvoll spielen

Bestellen Sie im Clubhaus keine große Mahlzeit.

Überlegen Sie stattdessen, ob Sie nicht eigenes Essen mitbringen. Dann kann man schnell nur ein Getränk kaufen oder eine Flasche Wasser mit auf den Weg nehmen. Gehen Sie auf die Toilette und dann schnell zurück auf den Platz.

Wenn Sie sich dem Grün nähern, stellen Sie Ihr Golfbag oder den Cart so dicht wie möglich am nächsten Abschlag ab. Das spart nach dem Einlochen Zeit. Ein Spieler, der seine Tasche auf der entfernten Seite des Grüns abstellt, muss auf dem Weg zum nächsten Tee das Grün überqueren, die Ausrüstung holen und wieder zurückgehen. Wenn alle Ihre Mitspieler das tun, dauert Ihre Runde 45 Min. länger als sonst. Denken Sie an die folgenden Gruppen und platzieren Sie Ihre Tasche auf der richtigen Seite!

Verschwenden Sie keine Zeit

Nachdem Sie und Ihre Mitspieler Ihre Putts versenkt haben, verlassen Sie sofort das Grün. Stehen Sie nicht herum, um über den schwierigen Putt, die Bierpreise oder etwas anderes zu diskutieren. Auch Ihren Score sollten Sie nicht auf dem Grün notieren. Machen Sie das am nächsten Abschlag. So können die Spieler nach Ihnen viel eher aufs Grün spielen.

■ **Schreiben Sie Ihre Scores** erst auf, wenn Sie das Grün verlassen haben und am nächsten Abschlag stehen.

KEIN SPIEL FÜR RÜCKSICHTSLOSE

Lassen Sie schnellere Gruppen durchspielen

Wenn Ihr Flight viel langsamer spielt als die Gruppe nach Ihnen, dann lassen Sie dieser den Vortritt. Im Klartext: Treten Sie am nächsten Tee zurück und bieten Sie den anderen Golfern an, vor Ihnen weiterzuspielen. Diese werden sich freuen und Sie stehen nicht so unter Druck, weil Sie sich nicht zu beeilen brauchen.

Wer mit dem Cart fährt

GOLF IST EIGENTLICH ein Sport für Fußgänger. Aber: Nicht jeder ist in der Lage den ganzen Platz abzulaufen. Es gibt keinen Grund, weshalb die Menschen, die nicht so gut zu Fuß sind, ihre Runde Golf nicht auch genießen sollten. Wenn Sie beschließen ein Golf-Cart zu benutzen, bleiben Sie so oft wie möglich auf dem Fahrweg. So vermeiden Sie Schäden am Platz. Wenn die Fairways hart und trocken sind, können Sie sie befahren, nicht aber, wenn sie matschig sind.

INTERNET

www.mrgolf.com

Das ist die Homepage von Mr. Golf Etiquette. Hier erfahren Sie alles, was Sie über die Spielregeln und über Fragen der Etikette auf dem Golfplatz wissen müssen.

Cart-Etikette

Parken Sie am Rand des Fairways und gehen Sie zu Ihrem Ball. Wenn Sie nämlich direkt darauf zufahren, hinterlässt der Cart oft tiefe Fahrspuren im weichen Gras.

Fahren Sie mit dem Cart nie ans oder aufs Grün.

Wenn Sie sich dem Grün nähern, stellen Sie den Cart in der Nähe des nächsten Tees ab. Achten Sie darauf, dass

■ **Golf-Carts** dürfen nicht in der Nähe der Grüns fahren. Auf den meisten Plätzen ist ausgeschildert, wo der Cart den Fairway verlassen sollte.

Sie nicht dort fahren, wo andere Spieler sich gerade auf ihren Schlag vorbereiten. Sehen Sie einen Spieler, der gerade abschlagen will, so halten Sie einfach an und warten Sie ab, bis er seinen Ball gespielt hat.

EHE SIE ZUM SCHLÄGER GREIFEN

Was haben Sie denn an?

GOLF STEHT IN DEM RUF eine Sportart zu sein, bei der man karierte Hosen (vielleicht zu Ehren der Kilts, die die Erfinder des Spiels trugen?), pastellfarbene Hemden, Mützen mit Bommeln, weiße Schuhe und andere Kleidungsstücke trägt, in denen man noch nicht einmal begraben werden möchte. Solche Kleidung gehört eindeutig nicht zu den Erfordernissen des Spiels. Aber obwohl einige Plätze ihre Bekleidungsregeln gelockert haben, verlangen die meisten privaten und auch viele öffentliche Clubs ein angemessenes Outfit. Dieser Dresscode setzt keinen schlechten Geschmack voraus, aber er könnte ein Hemd mit Kragen vorschreiben und ordentliche Hosen, die nicht in Fetzen herunterhängen. Meist sind Jeans sowieso verboten.

■ **Unpassende Kleidung** kann dazu führen, dass Sie manche Plätze nicht spielen dürfen. Also halten Sie sich an den Dresscode.

Ganz einfach: kein Spiel ohne Hemd!

Auf allen Plätzen müssen Sie irgendeine Art von Hemd sowie Hosen oder einen Rock tragen (einige Clubs lassen Röcke nur für Frauen zu.) Erwarten Sie also nicht im Badeanzug spielen zu dürfen. Zudem sind häufig Schuhe mit Metallspikes verboten, da sie auf den Grüns zu viel Schaden anrichten. Stattdessen werden die weicheren Plastik- oder Gummispikes verlangt.

Wenn Sie beim Club anrufen, um eine Runde zu buchen, fragen Sie gleich nach dem Dresscode.

Erscheinen Sie in einem britischen oder einem amerikanischen Clubrestaurant ohne Schlips und Kragen, wird Ihnen gerne ein hässliches Jacket aufgezwungen. Noch erniedrigender ist es, sich im Pro-Shop übertreuerte Kleidung kaufen zu müssen, um Golf spielen zu dürfen.

■ **Mit Humor** illustriert dieses spanische Schild die strikten Kleidervorschriften des Clubs.

KEIN SPIEL FÜR RÜCKSICHTSLOSE

Spielen Sie ehrlich

WIE SCHON ERWÄHNT ist Golf die einzige Sportart, bei der Sie Ihr eigener Schiedsrichter sind. Das können Sie natürlich ignorieren und bei jedem Schlag mogeln und Ihren Score manipulieren. Dann allerdings würden Sie niemals wissen, ob Ihr Spiel besser geworden ist, und ich hoffe sehr, Sie würden sich dabei auch nicht wohl fühlen. Spielen Sie immer ehrlich. Zeigen Sie ihren Mitspielern, dass Sie sich an die Regeln halten und dass Sie dies auch von ihnen erwarten. Das gehört einfach zum Spiel.

Kurze Zusammenfassung

- ✓ Der Spieler, der am vorangegangenen Loch die wenigsten Schläge gebraucht hat, schlägt zuerst ab. Bei Gleichstand zählt das vorherige Loch. Auf dem Fairway schlägt zuerst, wer am weitesten von der Fahne entfernt liegt. Auf dem Grün puttet der Spieler zuerst, dessen Ball den größten Abstand zum Loch hat.

- ✓ Höflichkeit und Rücksichtnahme gehören zum Golfspiel. Verhalten Sie sich ruhig, wenn andere einen Schlag ausführen.

- ✓ Bleiben Sie mit dem Golf-Cart auf dem Weg und fahren Sie nicht auf den Rasen. Die Greenkeeper und die anderen Spieler werden es Ihnen danken.

- ✓ Spielen Sie effizient und zügig, damit Sie die nachfolgenden Spieler nicht unnötig aufhalten. Wenn Sie deutlich langsamer sind, lassen Sie den folgenden Flight durchspielen.

- ✓ Auch wenn der Dresscode auf vielen Plätzen gelockert ist, gelten doch häufig noch Bekleidungsvorschriften. Rufen Sie vorher an, um herauszufinden, was als korrekte Kleidung gilt. Dann wundern Sie sich auch nicht darüber, dass Sie in Shorts und T-Shirt nicht zugelassen werden.

- ✓ Beim Golf zählt Ehrlichkeit. Wenn Sie schummeln, haben Sie vom Spiel nichts verstanden.

Teil Zwei

Kapitel 5
Wie und warum ein Golfball fliegt

Kapitel 6
Welche Ausrüstung brauchen Sie?

Kapitel 7
Alles im Griff

Kapitel 8
Zielen

Kapitel 9
Das Spiel im Kopf

Kapitel 10
Der Golfschwung

DIE GRUNDLAGEN LERNEN

Wenn Sie das erste Mal zum Schläger greifen, sehen viele Anfänger einen fliegenden Golfball fast schon als *mystische* Erscheinung – als das Ergebnis schwieriger Bewegungsabläufe von Körper und Schläger, die man vielleicht erst nach vielen Jahren beherrscht. Tatsächlich ist das *Schlagen* eines Golfballs nicht einfach, aber durchaus leicht lernbar, wenn man einen Schritt nach dem anderen macht und *versteht,* wie man einen Ball auf Dauer gut trifft.

Dieser Teil macht Sie mit den einzelnen Schritten vertraut und bietet anschauliche Erklärungen und Anweisungen. So ist es *leichter*, die neuen Kenntnisse umzusetzen. Befolgen Sie meine Tipps und Sie werden den kleinen Ball schon bald wie ein Profi schlagen!

Kapitel 5

Wie und warum ein Golfball fliegt

Ein gut getroffener Golfball ist etwas Wunderbares. Dieser kleine, energiegeladene Gegenstand verlässt den Schlägerkopf mit mehr als 150 km/h und fliegt in Richtung Ziel. Selbst der durchschnittliche Golfspieler ist in der Lage, einen Ball über 180 m weit zu schlagen. Wie das möglich ist? Die Antwort ist ganz einfach: aufgrund der physikalischen Gesetzmäßigkeiten.

In diesem Kapitel ...

✓ *Schläger trifft Ball*

✓ *Der Spin*

✓ *Was im Treffmoment passiert*

✓ *Golfbälle kaufen*

✓ *Von oben bedeutet nach oben*

✓ *Kraft und Genauigkeit*

DIE GRUNDLAGEN LERNEN

Schläger trifft Ball

WENN EIN GOLFSCHLÄGER auf einen Golfball trifft, wird eine ungeheure Menge an Energie frei. Diese wird dann in Geschwindigkeit und Höhe umgesetzt und Ihr kleiner Golfball steigt rasend schnell in die Luft. Aber worin liegt die Ursache für seine Energie? Auf diese Frage gibt es zwei Antworten: in der Konstruktion des Balls und in der Geschwindigkeit des Schlägerkopfes.

> **Übrigens ...**
> Die Anzahl der Dimples auf einem Golfball variiert je nach Marke. Normalerweise sind es zwischen 350 und 500 Einbuchtungen.

Normen für Golfbälle

Lassen Sie uns zunächst einen Blick auf den Aufbau eines Golfballs werfen.

Nach den Vorschriften des R&A und der USGA muss ein Golfball kugelförmig sein, sein Durchmesser unter 4,26 cm liegen und sein Gewicht unter 45,93 g. Zudem darf ein Golfball bei einer Temperatur von 23 °C nicht schneller sein als 76,2 m in der Sekunde, also etwa 275 km/h.

Der Ball wird von einem geeichten, von dem R&A und der USGA zugelassenen Roboter geschlagen und darf dabei nicht weiter als 255 m fliegen. Der Toleranzbereich liegt bei 6 %, also 75 m. Wenn wir diese Zahl zu den 255 m addieren, kommen wir auf 330 m. Das bedeutet, dass die meisten Abschläge von Tiger Woods und John Daly illegal wären! Gut, dass diese Richtlinien nur für Bälle gelten und nicht für Spieler. Der R&A und die USGA wollen mit ihren Normen verhindern, dass sich Spieler mit bestimmten »Super-Bällen« Vorteile verschaffen. Die Begrenzungen von Distanz und Geschwindigkeit sollen dafür sorgen, dass das gesamte Spielerfeld unter gleichen Bedingungen antritt.

■ **Der Schläger schwingende,** von der USGA und anderen Golfinstanzen eingesetzte Roboter trägt in Erinnerung an den U.S.-Golf-Champion Byron Nelson den Kosenamen »Iron Byron«.

WIE UND WARUM EIN GOLFBALL FLIEGT

Der Aufbau eines Golfballs

Einen großen Teil seiner enormen Geschwindigkeit verdankt der Golfball seinem Innenleben, das aus zwei oder drei »Teilen« besteht, zwischen denen sehr viel Energie entstehen kann.

Surlyn ist ein recht harter, synthetischer Gummi, der die Außenhaut der preiswerteren Bälle bildet, die über weniger Spin verfügen, dafür aber weiter fliegen und länger halten. Natürliches Balata, das man früher für Golfbälle benutzte, wurde inzwischen durch ein Kunstprodukt ersetzt. Synthetisches Balata ist weicher als Surlyn und wird von besseren Spielern bevorzugt, die ein weicheres Ballgefühl und etwas mehr Spin haben wollen, um den Ball nach rechts oder links abdrehen zu lassen.

Die meisten Amateure bevorzugen den zweiteiligen Ball, der Fehler eher verzeiht und widerstandsfähiger ist.

Gummi- oder Plastikkern

Surlyn- oder Balata-Mantel

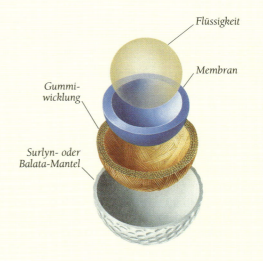

Flüssigkeit

Membran

Gummi-wicklung

Surlyn- oder Balata-Mantel

Zweiteiliger Ball

Ein zweiteiliger Ball setzt sich üblicherweise aus einem harten Kern aus synthetischem Gummi oder Plastik zusammen und aus einem dünnen, widerstandsfähigen Mantel, der entweder aus Surlyn oder synthetischem Balata besteht. Der Kern sorgt für die unglaubliche Sprungkraft, während der Mantel dem Ball den geringen Spin und seine Haltbarkeit verleiht.

Dreiteiliger Ball

Ein dreiteiliger Ball hat einen kleinen Kern aus synthetischem Gummi oder in Form einer Flüssigkeit. Dieser Kern ist mit Gummifäden umwickelt und mit Surlyn oder Balata ummantelt. Die meisten Profigolfer benutzen den dreiteiligen Ball, weil er sich weicher anfühlt und sie mit ihm besser arbeiten können, da er sich leichter nach rechts oder links ablenken lässt.

DIE GRUNDLAGEN LERNEN

Dimple-Dynamik

Ein Golfball hat hunderte von Vertiefungen auf seiner Oberfläche. Diese so genannten Dimples sorgen bei dem sich drehenden Ball für Auftrieb, ähnlich wie die Tragfläche bei einem Flugzeug. Golfbälle gibt es in verschiedenen Kompressionsgraden, je nachdem, woraus ihr Innenleben besteht. Der Kompressionsgrad ist auf jeder Packung angegeben, bei guten Golfbällen auch direkt auf dem Ball, und reicht von 80 oder 90 (weich) über 100 bis zu 110 (sehr hart). Die Kompression ist eine Sache des Gefühls und weniger der Entfernung. Obwohl es kleine Abweichungen in der Reichweite gibt, werden die meisten Amateure mit den diversen Bällen kaum auch unterschiedliche Längen erzielen.

Die Geschwindigkeit des Schlägers

Ein anderer Faktor bei Geschwindigkeit und Distanz des Golfballs ist der Schläger. Je schneller sich der Schlägerkopf bewegt, wenn er den Ball trifft, desto schneller und weiter wird dieser fliegen, vorausgesetzt, dass der Schlägerkopf den Ball im rechten Winkel trifft. Der durchschnittliche Golfer erreicht eine Schlägerkopfgeschwindigkeit von 130–175 km/h. Profis schaffen dagegen über 250 km/h. Also seien Sie vorsichtig, wenn ein Profi zuschlägt!

Die Geschwindigkeit des Schlägerkopfes hängt von der Länge des Schlägers und der Kraft ab, mit der Sie ihn schwingen. Wenn Sie einen kurzen Schläger, etwa ein Sandwedge, nehmen und damit einen halben Schwung ausführen, werden Sie wohl eine Schlägerkopfgeschwindigkeit von nur 65 km/h erreichen. Wählen Sie dagegen den Driver, den längsten Schläger, und schwingen voll durch, dann erzeugen Sie zwei- bis dreimal so viel Geschwindigkeit. Durch den geringen **Loft** fliegt der Ball beim Driver zudem wesentlich flacher und weiter.

> **WAS IST ...**
>
> *Vom **Loft** hängt ab, wie steil Ihr Golfball in die Luft steigt. Jeder Schläger hat einen bestimmten Loft. Dies ist der Winkel, den die Schlagfläche in Bezug auf die Senkrechte zum Boden hat. Beim Driver ist sie fast vertikal – wenn Sie den Schläger richtig schwingen. Das Sandwedge hat den größten Loft und ist damit der Schläger mit der horizontalsten Schlagfläche. Je kleiner die Nummer eines Schlägers, desto weniger Loft hat er und umso niedriger ist die Flugbahn des Balls.*

Größe kann helfen

Erstaunlicherweise ist das Material, aus dem der Schlägerkopf besteht, nicht so ausschlaggebend für die Weite. Wenn die Schwunggeschwindigkeiten gleich sind, wird ein Driver mit einem Stahlkopf den Ball genauso weit schlagen wie der mit einem Titankopf. Der Vorteil von Titan liegt in seinem geringeren Gewicht, was zur Folge hat, dass der Titanschlägerkopf viel größer sein kann als ein Stahlkopf des gleichen Gewichts. Die Größe des Schlägerkopfes bedingt dann wieder jene des Sweet Spots. Dieser Aspekt ist besonders für Amateure wichtig, die den Ball häufig nicht genau mit der Mitte der Schlagfläche treffen. Selbst wenn Sie den Ball mit einem derartigen Schläger etwas außerhalb des Sweet Spots ansprechen, wird er vergleichsweise gerade fliegen. Der leichtere Titanschläger kann auch schneller geschwungen werden, was zu mehr Weite führt.

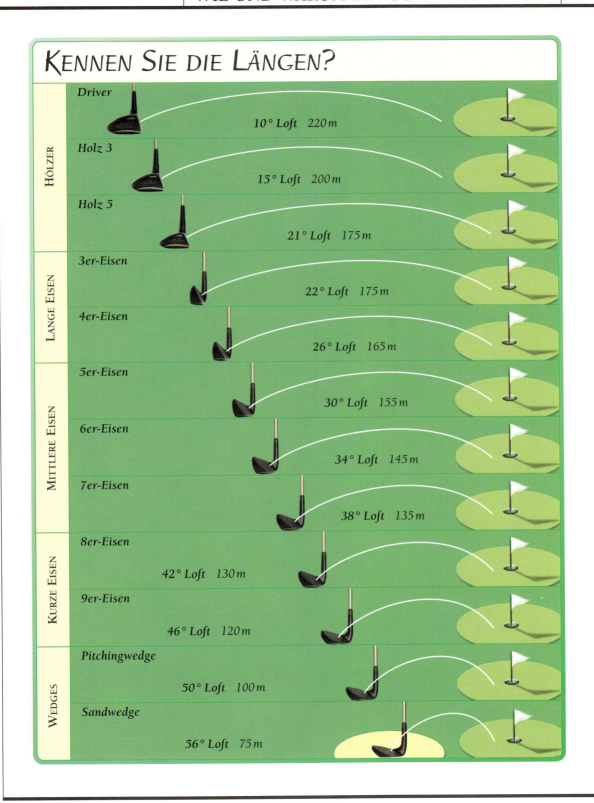

DIE GRUNDLAGEN LERNEN

Der Spin

ES IST KLAR, dass ein getroffener Golfball durch die Luft fliegt. Er dreht sich dabei auch um seine eigene Achse – vergleichbar mit der Erde, die sich dreht und dabei um die Sonne bewegt. Golfbälle können sich rückwärts oder seitwärts drehen, und das mit unterschiedlichen Ergebnissen.

Backspin erzeugt Auftrieb.

Backspin

Kein Golfball könnte ohne Backspin je an Höhe gewinnen. Der Rückwärtsdrall des Balls, unterstützt durch hunderte von Dimples auf seiner Oberfläche, sorgt für den Auftrieb, der die hohe Flugbahn überhaupt ermöglicht. Ohne Backspin würde der Ball dicht am Boden bleiben.

Nachdem er vom Schlägerkopf getroffen wurde, bekommt der Ball nicht nur eine Vorwärtsbewegung, sondern auch einen Rückwärtsdrall – je nachdem, welchen Loft der Schläger hat. Ein Schläger mit einem geringen Loft, z.B. ein Driver, bei dem der Loft zwischen 7° und 12° liegt, wird wenig Backspin erzeugen. Die Folge ist eine niedrige, eintönige Flugbahn. Ein Pitchingwedge mit einem Loft von etwa 48° dagegen bringt eine Menge Backspin: Der Ball fliegt höher.

Sidespin

Wenn ein Golfball geschlagen wird – besonders bei der Verwendung von längeren Schlägern mit geringem Loft –, kann ein Seitwärtsdrall entstehen. Sidespin kann auf dem Golfplatz Ihr Freund, aber auch Ihr Feind sein. Wenn die Schlagfläche den Ball schräg und nicht im rechten Winkel trifft, dann entsteht ein Sidespin. Wenn Rechtshänder den Ball mit einem leicht nach rechts gedrehten Schlägerblatt treffen, wird sich der Ball zusätzlich zum Backspin auch noch im Uhrzeigersinn drehen. Ist dies in starkem Maß der Fall, wird der Ball nach rechts abdriften. Diesen Vorgang nennt man *Slice* und dieser schafft meist Probleme. Wenn Sie den Ball dagegen mit einer nach links gestellten Schlagfläche treffen, wird er sich entgegen dem Uhrzeigersinn drehen und nach links bewegen. Dieser *Hook* genannte Fehler sorgt ebenfalls für Ärger, wenn der Ball weitab vom Fairway im Unterholz landet.

WAS IST ...

*Ein **Slice** ist ein Golfschlag, der unbeabsichtigt nach rechts abdreht (stets aus der Sicht eines Rechtshänders). Ein **Hook** dagegen führt dazu, dass der Ball unbeabsichtigt nach links dreht. Ein **Fade** jedoch wird bewusst so geschlagen, dass er nach rechts dreht. Ein **Draw** soll absichtlich dazu führen, dass der Ball nach links abdreht. Für Linkshänder gelten wie immer die umgekehrten Richtungen.*

WIE UND WARUM EIN GOLFBALL FLIEGT

Je mehr Loft, desto weniger Sidespin

Der Seitendrall ist bei Schlägern mit großem Loft geringer, da er von dem Backspin, der durch diesen erzeugt wird, zum großen Teil überlagert wird. Mit abnehmendem Loft nimmt der Effekt des Sidespin zu. Daher ist das Risiko den Ball zu slicen mit einem Driver viel höher als mit einem Pitchingwedge.

Der Fade und der Draw

Bessere Spieler nutzen den Seitwärtsdrall zu ihrem Vorteil. Wenn die Spielbahn z. B. nach rechts abknickt, wird ein guter Rechtshänder dem Ball einen Drall im Uhrzeigersinn verleihen, wodurch sich dessen Flugbahn der Form der Spielbahn anpasst. Diesen kontrollierten Slice nennt man *Fade*. Hat der Fairway eine Biegung nach links, wird der Spieler dem Ball einen Drall entgegen dem Uhrzeigersinn mitgeben, um ihn nach links abdrehen zu lassen. Diesen kontrollierten Hook nennt man *Draw*.

Versuchen Sie als Anfänger nicht Seitwärtsdrall zu erzeugen. Schlagen Sie den Ball möglichst geradeaus, also mit möglichst wenig Sidespin.

Ihre Aufgabe als Anfänger ist es, den Ball im Spiel zu halten, am besten in der Mitte des Fairways. Wenn Sie dann gut scoren, können Sie versuchen den Ball je nach Layout des Lochs nach links oder rechts abdrehen zu lassen.

Übrigens …

In den Anfangszeiten waren die Golfbälle nicht halb so gut wie heute. Von ganz unterschiedlichem Aufbau, unterlagen sie keiner Qualitätskontrolle und gingen leicht kaputt. Zudem waren sie sehr temperaturabhängig. Wenn Tiger Woods einen Golfball aus den 20er-Jahren spielen würde, hätten sogar wir die Chance mit einem modernen Ball weiter zu schlagen als Woods mit dem alten.

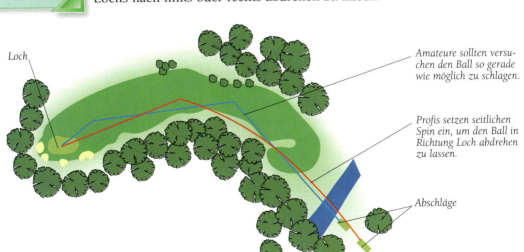

EINEN ABKNICKENDEN FAIRWAY SPIELEN

Loch

Amateure sollten versuchen den Ball so gerade wie möglich zu schlagen.

Profis setzen seitlichen Spin ein, um den Ball in Richtung Loch abdrehen zu lassen.

Abschläge

DIE GRUNDLAGEN LERNEN

Was im Treffmoment passiert

IN DEM AUGENBLICK, in dem der Golfball vom Schlägerkopf berührt wird, geschehen erstaunliche Dinge. Dies ist der Treffmoment, in dem der Ball für den Bruchteil einer Sekunde zusammengestaucht wird, ehe er vom Schläger springt. Diese Kompression ist das Geheimnis eines weiten Abschlags. Wenn der Ball seine ursprüngliche Form wiedererlangt, wird enorm viel Energie frei, die eine explosive Reaktion auslöst: Der Ball schießt los in Richtung Ziel.

Wie weit fliegt der Ball?

Der Grad der Kompression bestimmt die Distanz, die der Golfball überwindet. Das ist der Grund dafür, weshalb er mit dem Driver weiter geschlagen wird. Dieser längste Schläger erzeugt eine größere Kompression, da er durch seinen Radius eine höhere Schlägerkopfgeschwindigkeit erreicht. Diese Geschwindigkeit, kombiniert mit dem geringen Loft des Drivers, beschert dem Ball einen sehr schnellen, langen Flug. Ein Wedge hingegen, mit höherem Loft und geringerer Geschwindigkeit, lässt den Ball nur ein Drittel so weit fliegen. Dafür hat er in diesem Fall eine höhere Flugbahn.

> **Übrigens ...**
> In Großbritannien war im Zweiten Weltkrieg die Verwendung von Gummi für Golfbälle verboten, da dieses seltene Naturprodukt in der Waffenindustrie benötigt wurde.

Golfschläger mit mehr Loft geben dem Ball im Treffmoment entsprechend mehr Drall. Das liegt am Winkel, mit dem der Schlägerkopf auf den Ball trifft. Die Schläger mit dem geringsten Loft (Driver und Putter) verleihen dem Ball am wenigsten Drall.

Weniger Drall bedeutet beim Driver eine flachere, längere Flugbahn, bei der der Ball länger ausrollt. Beim Putter dagegen sorgt wenig Spin dafür, dass der Ball auf dem Grün geradewegs zum Loch rollt.

■ **Pros wie Tiger Woods** erzeugen ungeheure Schlägerkopfgeschwindigkeiten, die oft an die 200 km/h erreichen. Sie können daher weiter schlagen als der durchschnittliche Golfer.

Golfbälle kaufen

FRÜHER WAR DIE AUSWAHL eines Golfballs ziemlich einfach. Profis entschieden sich für den dreiteiligen High-Spin, einen balataummantelten Ball, während wir uns mit dem billigeren und länger haltbaren, aber steinharten, zweiteiligen Surlyn-Ball zufrieden gaben. Die Zeiten ändern sich. Heute gibt es so viele unterschiedliche Bälle, dass es schwer ist, den richtigen auszusuchen. Hier ein paar Tipps.

Welche Bälle gibt es?

Man kann die heutigen Golfbälle einer Skala entsprechend anordnen. Ganz links befindet sich der teure, dreiteilige, weiche High-Spin-Ball mit viel Kontrolle für die Profis, ganz rechts der preiswertere, harte, zweiteilige Low-Spin-Ball, den viele Anfänger und Amateure wegen seiner maximalen Weite bevorzugen. In der Mitte der Skala liegen die Mehrzweckbälle, die dem Golfer sowohl eine gewisse Kontrolle als auch eine akzeptable Weite beim Abschlag ermöglichen.

INTERNET

www.buy-golf-balls.com
www.victorygolf.com
www.virtual-fairway.com

Diese drei Websites bieten runderneuerte Golfbälle an. Dies sind gebrauchte Bälle, die aufgearbeitet wurden. Achten Sie darauf, dass sie neue Ummantelungen haben und nicht nur gewaschen sind.

Der richtige Ball für Sie

Diese Skala lässt sich gut auf die jeweils unterschiedlichen Spielstärken der Golfer anwenden. So sollten Anfänger ganz rechts beginnen, mit einem Low-Spin-Distanzball, um den Ball im Spiel zu halten. Haben Sie Ihr Spiel einmal verbessert, können Sie bei der Auswahl langsam, aber sicher nach links wandern. Wenn es Ihnen leichter fällt, den Flug Ihres Balls auf dem Platz zu kontrollieren, werden Sie sich einen wünschen, der besser auf Ihre Aktionen reagiert – genau wie ein Rennfahrer, der einen Sportwagen vorzieht, während der durchschnittliche Fahrer vor allem ein sicheres Auto möchte. Ein guter Golfer will möglichst viel Spin auf den Ball übertragen. Der Ball bleibt dadurch auf den Grüns liegen und kann, je nach Spielbahn, in einer Rechts- oder Linkskurve fliegen. Es geht ihm nicht darum, aus dem Drive die letzten Meter herauszupressen. Der Experte wählt daher den High-Spin-Ball. Der Anfänger ist vor allem an weiten und geraden Schlägen interessiert und nimmt den Low-Spin-Ball.

Legen Sie sich einen Vorrat an preiswerten Two-Piece-Golfbällen mit Surlyn-Mantel an. Diese haben weniger Spin und fliegen weiter – zwei Eigenschaften, die Sie als Anfänger schätzen werden.

DIE GRUNDLAGEN LERNEN

Zudem kosten sie nur halb so viel wie dreiteilige Bälle. Das ist besonders für Rabbits, also Golfanfänger, wichtig, denn als solcher – glauben Sie mir – werden Sie in den Anfangsjahren einige Dutzend verlieren. Das Dutzend zweiteiliger Bälle kostet um die 60 Mark, die dreiteiligen etwa 100 Mark und mehr. Außerdem hält der Surlyn-Mantel auf den zweiteiligen Low-Spin-Bällen länger als der synthetische Balata des High-Spin-Balls. Als zusätzliches Plus bieten Hersteller inzwischen zweiteilige Bälle mit einem weicheren und trotzdem haltbaren Mantel an, der etwas mehr Spin annimmt und sich beim Putten weicher anfühlt.

Spielen Sie einen Ball mit 90er-Kompression. Er schlägt sich weicher als ein Ball mit 100er-Kompression.

Die Zahl gibt den Kompressionsgrad des Golfballs an.

Sie können durchaus einen Ball mit 80er-Kompression ausprobieren, obwohl er vielen Spielern im Treffmoment zu weich vorkommt. Erst wenn Sie etwas beständiger spielen können, sollten Sie sich an einen Ball mit mehr Spin heranwagen. Dieser stoppt leichter auf den Grüns und der Spin macht es auch möglich, den Ball Kurven fliegen zu lassen. Aber probieren Sie ruhig frühzeitig den weichen High-Spin-Ball aus, um die Unterschiede kennen zu lernen.

Und schließlich ...

Ein paar Schlussbemerkungen über Golfbälle – dann sind wir mit dem Thema am Ende.

1. Golfbälle haben ein begrenztes Haltbarkeitsdatum. Ihre Elastizität lässt nach etwa einem Jahr nach, was dazu führt, dass sie nicht mehr so weit fliegen. Das gilt in höherem Maß für dreiteilige Bälle als für zweiteilige.

2. Wenn es kalt ist, fliegen Bälle nicht so weit wie bei durchschnittlichen Temperaturen. Wenn Sie an einem eisigen Tag golfen, sollten Sie einige Bälle in der Jackentasche warm halten und von Tee zu Tee auswechseln. Schlagen Sie jeweils einen warmen Ball ab und stecken den kalten in die Tasche. Beachten Sie, dass es regelwidrig wäre, den Ball zwischen Tee und Grün auszutauschen und dass Sie Bälle gleicher Art und Kompression spielen müssen.

3. Markieren Sie Ihren Ball, damit Sie ihn jederzeit von anderen Bällen auf dem Platz unterscheiden können. Das bewahrt auch Ihre Mitspieler davor, möglicherweise einen falschen Ball zu spielen. Benutzen Sie einen Filzstift und seien Sie ruhig kreativ: Ihre Initialen, ein Smiley, Ihre Glückszahl oder vielleicht der Name Ihres Hundes.

MARKIEREN SIE IHREN BALL

Von oben bedeutet nach oben

ES HÖRT SICH VERRÜCKT AN, aber mit Ausnahme von Driver und Putter müssen Sie den Ball immer leicht von oben kommend treffen. Durch den Loft des Schlägerkopfes wird der Ball in die Luft befördert. Das Treffen von oben sorgt auch für eine höhere Kompression des Balls, sodass im Treffmoment mehr Energie frei wird, die den Ball weiter fliegen lässt.

Ein typischer Anfängerfehler

Viele Anfänger versuchen den Ball mit ihren Eisen oder Fairwayhölzern in die Luft zu schaufeln.

Den Ball von unten zu treffen ist ein großer Fehler, der Ihnen nur verpatzte Schläge und wenig Länge einbringt.

Wenn Sie Ihre Eisen und Fairwayhölzer schwingen, sollte der Tiefpunkt Ihres Schwungbogens 1–2 cm vor dem Ball liegen. Wenn ein guter Spieler beispielsweise sein 7er-Eisen spielt, dann können Sie beobachten, dass das Divot stets vor dem Ball genommen wird und niemals dahinter, weil der Schläger zuerst den Ball trifft und dann den Boden. Wird der Ball richtig getroffen, so wird er zwischen Schlagfläche und Rasen kurzfristig zusammengestaucht. Dies sorgt für eine größere Kompression und mehr Weite. Wenn Sie versuchen den Ball mit Ihren Eisen oder Fairwayhölzern in der Aufwärtsbewegung zu schlagen, dann werden Sie ihn vermutlich gar nicht treffen oder nur den oberen Teil.

■ **Denken Sie daran**, den Ball in der Abwärtsbewegung zu treffen, sodass er zwischen Rasen und Schläger zusammengestaucht wird.

DIE GRUNDLAGEN LERNEN

Keine Regel ohne Ausnahme

Mit dem Driver zu schlagen ist eine ganz andere Geschichte. Hier möchte man den Ball in der Aufwärtsbewegung treffen, um ihn in die Luft zu befördern. Die meisten Driver haben nur sehr wenig Loft. Für Schläge mit dem Driver ist es daher erforderlich, dass der Ball etwas erhöht liegt. Zu diesem Zweck haben die cleveren Golfer das Tee erfunden. Anders als bei den anderen Schlägern muss der Tiefpunkt Ihres Schwungbogens beim Driver etwa 2,5 cm hinter dem Ball liegen. Deshalb teet man den Ball nicht nur auf, sondern platziert ihn auch etwas weiter vorn – etwa in Höhe der linken Ferse. Das klingt etwas kompliziert.

Schwungbahn des Drivers

Tee

Driver mit 10° Loft

■ **Zum Ausgleich** *für seinen geringen Loft muss der Driver den aufgeteeten Ball mit einer Aufwärtsbewegung treffen, damit dieser abhebt.*

Wenn Sie den Ball schlagen, denken Sie daran, dass der Driver der einzige Schläger ist, bei dem Sie den Ball nicht von oben treffen.

Kraft und Genauigkeit

JEDER GOLFER *wünscht sich einen sauberen Abschlag – weit und gerade. Es gibt nichts Schöneres, als nach einem eleganten Schwung den kleinen Golfball über den Fairway fliegen zu sehen. Genauso schön ist es allerdings, den Ball auch akkurat landen zu sehen – am besten auf dem Grün.*

Wie man das schafft

Diese beiden Ziele zu erreichen – das ist es, worum es beim Golfen geht. Sogar Profis kämpfen jeden Tag darum. Für Sie als Anfänger ist Folgendes das Wichtigste, um Kraft und Genauigkeit zu erreichen:

Sie müssen bei jedem Schlag guten Ballkontakt erzielen.

WIE UND WARUM EIN GOLFBALL FLIEGT

Dies bedeutet im Einzelnen:

1. Treffen Sie den Ball mit dem Sweet Spot in der Mitte des Schlägerkopfes. Wenn man den Sweet Spot nur um wenige Millimeter verfehlt, verliert man an Kraft und Genauigkeit.

2. Die Schlagfläche muss im Treffmoment im rechten Winkel zur angestrebten Flugbahn liegen.

3. Schwingen Sie den Schläger so, dass sich der Schlägerkopf im Treffmoment auf der Linie der Flugbahn des Balls befindet.

Das hört sich kompliziert an? Raten Sie mal, warum! – Es ist kompliziert! Aber das ist das Schöne am Golfen: Ab und zu passt alles zusammen und Sie schlagen einen perfekten Ball. Haben Sie gelernt den Schläger richtig zu schwingen, wird alles wie von selbst passieren, ohne dass Sie darüber nachdenken müssen. Wenn Sie so weit sind, schlagen sie mit Kraft und Präzision, verbessern Ihren Score und haben viel Freude am Spiel.

Kurze Zusammenfassung

✓ Ein Golfball erhält seine Energie durch die Geschwindigkeit des Schlägerkopfes und seine eigene Konstruktion, die für Spin und Flugbahn mitverantwortlich ist.

✓ Der Loft eines Schlägers erzeugt beim Zuschlagen den Rückwärtsdrall. Mit der Unterstützung der Dimples steigt der Ball in die Luft.

✓ Als Faustregel gilt: Man trifft mit Ausnahme von Driver und Putter den Ball mit dem Schläger von oben, damit er fliegt.

✓ Das Geheimnis kraftvoller und genauer Golfschläge liegt darin, den Ball mit dem Sweet Spot des Schlägerkopfes zu treffen.

✓ Spielen Sie zunächst einen Golfball mit weniger Spin – er fliegt dafür weiter. Weniger Spin hilft dem Anfänger, da der Ball mit weniger Seitwärtsdrall besser geradeaus fliegt.

✓ Nehmen Sie immer ein Dutzend Bälle mit auf die Runde. Glauben Sie mir: Sie werden sie brauchen.

Kapitel 6

Welche Ausrüstung brauchen Sie?

Die Golfausrüstung hat sich in den vergangenen 100 Jahren enorm verändert. Das Angebot an Schlägern und Bällen mit unterschiedlichem Design und aus verschiedenen Materialien hat sich vervielfacht. Dieses Kapitel klärt Sie über das Angebot auf und bietet Vorschläge, was Sie als Anfänger kaufen sollten, um vernünftig golfen zu können. Alles wird angesprochen, aber lassen Sie sich nicht verwirren.

In diesem Kapitel ...
- ✓ *Nichts als Schläger*
- ✓ *Maßgeschneidert*
- ✓ *Was soll ich kaufen?*
- ✓ *Die Golftasche*
- ✓ *Kleidung und Accessoires*

Die Grundlagen lernen

Nichts als Schläger

SCHLÄGERHERSTELLER *bieten heute eine schier unglaubliche Anzahl von Golfschlägern an, die jedem Spieler und jedem Geschmack gerecht werden. Viele kaufen sich sofort den neuesten Trendschläger in der Hoffnung, dass dieser das eigene Spiel revolutioniert. Auch wenn einige Modelle für manche Golfer besser geeignet sind als andere, kann man sagen, dass ein guter Schlag mehr von Ihrem Können abhängt als von Ihrem Schläger. Trotzdem sollten Sie Schläger haben, die zu Ihnen passen.*

- 3er-Holz
- 5er-Holz
- 4er-Eisen
- 6er-Eisen
- 8er-Eisen
- Pitchingwedge
- Putter

EIN TYPISCHES SET FÜR ANFÄNGER

Wie viel sollten Sie ausgeben?

Gehen Sie in den nächstgelegenen Golfshop. Sie werden sich wundern, wie viele verschiedene Schläger dort angeboten werden. Man muss heute zum Glück nicht mehr Haus und Hof verpfänden, um einen Satz guter Schläger zu kaufen. Eine Anfängerausrüstung mit Eisen, Hölzern und Putter sollte nicht mehr als 1000 Mark kosten. Ein richtig teurer Satz lohnt sich für Anfänger schon allein deshalb nicht, weil Sie Ihren Fortschritten entsprechend wahrscheinlich einmal die Schläger wechseln werden.

Wie wäre es mit gebrauchten Schlägern?

Vor dem Kauf sollten Sie darüber hinaus bedenken, dass Ihnen das Golfspiel am Ende gar nicht liegen könnte. Wenn das passiert, wäre es doch schade, wenn Ihre teuren Schläger zehn Jahre in der Garage stehen, ehe sie auf dem Flohmarkt landen. Deshalb ist es vielleicht eine gute Idee, zunächst gebrauchte Schläger zu kaufen (vielleicht von jemandem, der sie seit zehn Jahren in der Garage stehen hatte). Sie können Schläger aber auch von Freunden leihen, um sie auszuprobieren und herauszufinden, ob Sie Lust zum Golf spielen haben. Da Sie anfangs die meiste Zeit auf der Driving Range verbringen werden, brauchen Sie keinen kompletten Schlägersatz.

WELCHE AUSRÜSTUNG BRAUCHEN SIE?

Wenn Sie mit einem 3-er Holz, einem 5er- und einem 8er-Eisen, Sandwedge und Putter üben, können Sie ein gutes Gefühl für das Spiel entwickeln.

Sollte es sich herauskristallisieren, dass Golf tatsächlich Ihre Sportart ist, können Sie überlegen, ob Sie einen ganzen Satz Schläger kaufen. Aber was gehört eigentlich zu einem ganzen Satz ? Sie dürfen 14 Schläger mit auf die Runde nehmen. Das schließt aber nicht aus, dass Sie mehr kaufen.

In jeder Situation den richtigen Schläger

Ein Teil des Spaßes an diesem Spiel ist es zu entscheiden, welche 14 Schläger Sie an einem bestimmten Tag in die Golftasche stecken. Je nach Golfplatz, Wetter und Ihrer Stimmung kann das stark variieren. Ein 5er-Holz und ein 3er-Eisen erzeugen dieselbe Länge, das Holz hat dabei aber eine höhere Flugbahn. Der Ball landet weicher und rollt kürzer aus. Das 3er-Eisen lässt den Ball im Vergleich flacher fliegen und länger ausrollen. Spielen Sie an einem windstillen Tag ein kleines Grün an, können Sie das 5er-Holz benutzen. An einem windigen Tag bietet sich das 3er-Eisen zum Anspielen eines großen Grüns wegen seiner flachen Flugbahn an. Denn je flacher der Ball fliegt, desto weniger wird er vom Wind abgelenkt. Die längere Rollphase wird vom größeren Grün aufgefangen. Sie sehen: Den richtigen Schläger unter den gegebenen Bedingungen auszuwählen, ist ein wichtiger Bestandteil des Golfspiels.

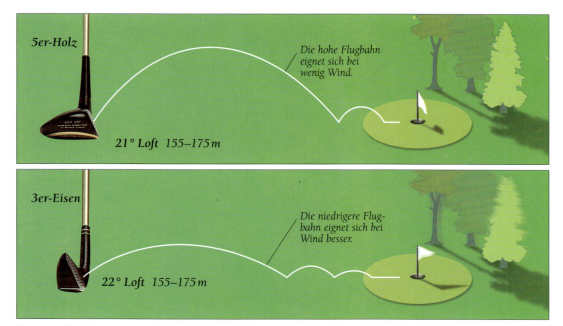

■ **Die Abbildung zeigt** die unterschiedlichen Flugbahnen des mit einem 5er-Holz und einem 3er-Eisen geschlagenen Balls. Bei Wind sorgt die niedrigere Flugbahn des 3er-Eisens für einen präziseren Schlag.

DIE GRUNDLAGEN LERNEN

SCHLÄGERWAHL

 Hölzer

Hölzer sind Golfschläger mit einem großen, birnenförmigen Kopf aus Holz oder Metall. Sie haben längere Schäfte als Eisenschläger. Es gibt zwei Gruppen von Hölzern: Die der ersten, die Driver, haben den größten Kopf und daher auch die größte Schlagfläche. Man benutzt sie, um den Ball vom Tee abzuschlagen. Ihr Loft variiert von 7° bis etwa 12°. Die der zweiten Gruppe, die Fairwayhölzer, sind kleiner, haben also auch eine kleinere Schlagfläche als die Driver. Es gibt sie vom 2er-Holz bis zum 9er- oder sogar 11er-Holz. Je höher die Zahl, desto größer ist der Loft – wie bei den Eisenschlägern.

DRIVER   **3ER-HOLZ**   **5ER-HOLZ**

■ **Der Driver** ist der längste und schlagkräftigste Schläger. Fairwayhölzer sind für Anfänger besser geeignet.

 Metallhölzer

Metallhölzer sind relativ neuartige Schläger, die die besten Eigenschaften von Hölzern und Eisen kombinieren. Es gibt sie mit verschiedenem Loft. Sie bieten die Präzision von Eisen sowie die Kraft und die Höhe von Hölzern. Eigentlich waren sie als leichter zu handhabende Alternativen zum langen Eisen gedacht, das von Anfängern schwer zu beherrschen ist. Metallhölzer haben einen niedrigen Schwerpunkt (genau wie die Fairwayhölzer) und einen für Hölzer vergleichsweise kurzen Schaft. Das macht es Golfanfängern leichter, sie zu schwingen.

Titanschläger
Gerundete Wolframsohle

METALLHÖLZER

18° LOFT   **21° LOFT**   **24° LOFT**   **DRIVER**   **SANDWEDGE**

■ **Metallhölzer** sind leichter zu schlagen und daher für Anfänger ideal.

WELCHE AUSRÜSTUNG BRAUCHEN SIE?

Eisen

Die Eisen haben einen Schlägerkopf aus Metall. Dieser kann massiv oder ausgehöhlt sein wie beim **Cavity-Back**. Es gibt vier Untergruppen: Mit den langen Eisen (Eisen 1–3) überwindet man lange Distanzen. Mittlere Eisen (4–6) sind für mittlere, kurze Eisen (7–9) für kurze Schläge. Die Wedges bilden die vierte Gruppe. Diese Schläger mit dem größten Loft, wie das Pitching-, das Sand- oder das Lobwedge, werden für kurze, hohe Schläge aufs Grün gebraucht oder um sich aus Hindernissen oder schlechten Lagen zu befreien. Unter den Wedges hat das Pitchingwedge am wenigsten Loft, das Lobwedge am meisten.

WAS IST ...

Ein **Cavity-Back-Eisen** ist ein Schläger, beim dem sich das meiste Gewicht des Schlägerkopfes an dessen Rand befindet: Man erhält eine größere Schlagfläche und einen größeren Sweet Spot. Die Rückseite des Schlägerkopfes ist gleichsam ausgehöhlt. Cavity-Backs verzeihen kleinere Fehler eher als andere Eisen.

Sweet Spot
Ferse
Spitze
Rillen für Spin

3er-Eisen

6er-Eisen

■ **Eisen** haben auf der Schlagfläche Rillen, die den Spin erzeugen.

d Putter

Putter gibt es mit verschiedenen Metallschlägerköpfen. Ihr Design ist sehr unterschiedlich und reicht vom traditionellen Blade-Putter mit dem Schaft an der Ferse oder in der Mitte bis zum modernen Mallet. Der Putter ist wohl der persönlichste Schläger. Man muss viele ausprobieren, bis man endlich den richtigen gefunden hat. Heutige Putter bestehen aus Metall, oft mit einem Kunststoffeinsatz in der Schlagfläche, der ein besseres Ballgefühl vermittelt und helfen soll den Ball besser zu dirigieren. Putter haben unterschiedliche Schaftlängen, sodass Sie den zu Ihrer Größe passenden wählen können.

■ **Putter**, wie der Heel-Shafted-Blade-Putter, sehen ganz anders aus als die anderen Schläger in Ihrer Golftasche.

EISEN **PUTTER**

TOE-AND-HEEL-PUTTER

OFFSET-TOE-AND-HEEL-PUTTER

DIE GRUNDLAGEN LERNEN

Maßgeschnidert

IMMER MEHR GOLFER möchten maßgeschneiderte Schläger haben, die an ihren Körper und an ihren Schwungstil angepasst sind. Ein Zwei-Meter-Mann sollte nicht die gleichen Schläger benutzen wie eine 1,50 m große Frau. Jemand mit kurzen Armen und langen Beinen braucht eine andere Ausrüstung als jemand mit langen Armen und kurzem Oberkörper. Auch Sie wünschen sich vielleicht Schläger, die wie für Sie geschaffen sind. In guten Golffachgeschäften wird man Ihnen diesen Service anbieten oder Sie an einen Schlägerbauer weitervermitteln. Auf Folgendes müssen Sie achten, wenn Sie maßgeschneiderte Schläger haben wollen.

Schaftlänge

Natürlich kann ein Kind nicht die gleichen Schläger gebrauchen wie ein Erwachsener. Ihr Schlägerbauer wird die richtige Länge für jeden Ihrer Schläger ermitteln. Die Längen können innerhalb eines ganzen Satzes rund 30 cm voneinander abweichen. Die meisten der heute verkauften Driver z. B. sind zwischen 110 und 115 cm lang; ein Spieler, der diesen Schläger benutzt, kann aber einen 83 cm kurzen Putter brauchen. Dies liegt daran, dass man beim Putt anders steht als beim Drive.

INTERNET
www.missilegolf.com
Als letzten Schrei bietet Peace Missile Golfschläger aus dem Material russischer und amerikanischer Atomraketen an.

Ein durchschnittliches 5er-Eisen misst 95 cm, ein Sandwedge rund 90 cm. Generell kann man sagen, dass der Unterschied in der Schaftlänge der einzelnen Eisen eines Satzes vom Wedge bis zum längsten Eisen jeweils etwa 1 cm beträgt. Entsprechendes gilt auch für die Hölzer, die grundsätzlich länger sind als die Eisen. Die Schaftlänge nimmt vom Driver zu den Fairwayhölzern mit dem höheren Loft ab.

Schaftflexibilität

Die Steifheit oder der Flex Ihres Schafts muss zu der Geschwindigkeit passen, mit der Sie normalerweise den Schläger schwingen. Diese Schwunggeschwindigkeit ist von Golfer zu Golfer ganz unterschiedlich. So schwingen Kinder den Driver mit vielleicht 80–90 km/h. Ein großer, kräftiger Mann mag über 160 km/h erreichen. Einige Golfprofis schaffen sogar mehr als 250 km/h!

WELCHE AUSRÜSTUNG BRAUCHEN SIE?

Mit der richtigen Schaftflexibilität können Sie Ihre Schwunggeschwindigkeit optimal umsetzen und sowohl größtmögliche Weite als auch höchste Genauigkeit erreichen. Zu wenig Flex reduziert die Länge, zu viel die Präzision.

Die Biegsamkeit der Schäfte reicht von extrasteif, steif und regulär bis zu Senioren- und Damenstärke. Wenn Ihre durchschnittliche Schwunggeschwindigkeit um 140 km/h liegt, ist ein »regulärer« Schaft für Sie das Beste. Langsamere Spieler sind mit Senioren- oder Damenstärken besser beraten, während schnelle Schwinger steife oder extrasteife Schäfte brauchen. Um eines richtig zu stellen: Die flexibelste Variante heißt zwar »Lady's«, doch weder Profigolferinnen noch gute Amateurinnen benutzen sie. Das Tempo Ihres Schwungs lässt sich im Fachgeschäft mit einem einfachen Gerät messen.

TESTEN SIE DEN LAGEWINKEL

Der Lagewinkel eines Schlägers ist der Winkel, den die Sohle des Schlägerkopfes mit dem Schaft bildet. Schläger, die Sie von der Stange kaufen, haben einen vom Hersteller vorgegebenen Standardlagewinkel. Dieser passt gut zu Menschen mit durchschnittlichen Körpermaßen, also »normalen« Arm-, Bein- und Oberkörperlängen. Für ungewöhnlich kleine oder große, dicke oder dünne Spieler könnte ein anderer Winkel nötig sein. Ideal ist es, wenn die Sohle des Schlägerkopfes im Treffmoment parallel zum Rasen steht. Führen Sie den Münzentest durch, um zu sehen, ob der Schläger zu Ihnen passt.

a Spitze in der Luft
Wenn Sie die Münze von der Spitze bis zur Mitte der Sohle durchschieben können, ist der Winkel zu steil. Ihre Schläge würden nach links abdrehen.

b Ferse in der Luft
Wenn die Münze dagegen gar nicht unter die Spitze passt, ist der Winkel zu flach und der Ball würde rechts am Ziel vorbeigehen.

c Richtiger Winkel
Sie haben den perfekten Winkel, wenn die Münze unter das erste Drittel des Schlägerkopfes passt. Der Schläger entspricht dann Ihrer Körpergröße.

DIE GRUNDLAGEN LERNEN

Golfshops führen üblicherweise Schläger mit Standardlagewinkel und die meisten Golfer können sich einem zu steilen oder zu flachen Winkel anpassen. Die Hersteller haben aber auch Schläger in ihrem Sortiment, deren Lagewinkel zwei bis drei Grad steiler oder flacher ist. Sehr gute Fachgeschäfte bieten auch die Dienste eines Schlägerbauers an, der feststellen kann, welche Winkel Ihre Schläger haben sollten. Sogar wenn Sie mehr als um drei Grad abweichende Schläger brauchen, kann der Spezialist die Schläger nach Ihren Bedürfnissen einrichten.

Griffgrößen

Genau wie Schuh- oder Handschuhgrößen individuell verschieden sind, sollten es auch die Griffstücke am Schläger sein. Leider nehmen Anfänger die Griffgröße an Ihren Schlägern meist als gegeben hin, selbst wenn sie für ihre Hände zu groß oder zu klein sind. Dabei sollte man sich damit nicht abfinden. Die meisten Geschäfte verkaufen Ihnen gerne die richtigen Schläger, um zufriedene Kunden zu haben. Warum sollten sie auch nicht? Sie würden ja auch keinen Anzug für 1500 Mark kaufen, wenn er von Ihrem Schneider nicht angepasst wäre. Schlägerbauer ändern den Griffdurchmesser normalerweise, indem sie von dem Klebeband zwischen Griffstück und Schaft etwas entfernen oder hinzufügen. Für Spieler mit außergewöhnlich großen oder kleinen Händen sollte man die Griffe komplett austauschen, damit sie passen.

Als Faustregel gilt: Je größer die Hand, desto größer muss das Griffstück sein. Ist der Griff zu klein, drehen Sie den Schläger zu schnell, was zu einem Hook führen kann. Bei einem zu großen Griff können die Hände nicht richtig arbeiten – ein Slice wäre eventuell die Folge.

Der Ringfinger berührt den Handballen.

EIN EINFACHER GRIFFTEST

Um festzustellen, welcher Griff der richtige ist, greifen Sie als Rechtshänder den Schläger mit der linken Hand. Achten Sie auf Ihren Ringfinger: Berührt er leicht Ihren Handballen, ist der Griff genau richtig. Erreicht er den Ballen nicht, ist der Griff zu groß. Bohrt sich der Ringfinger in den Handballen oder biegt er sich um oder unter den Griff, ist der Griff zu klein. So einfach ist das.

WELCHE AUSRÜSTUNG BRAUCHEN SIE?

Was soll ich kaufen?

WENN SIE DAS GOLFSPIELEN ernsthaft erlernen möchten und sich entschlossen haben einen guten Satz Schläger zu kaufen, dann erfahren Sie hier, was Sie wirklich brauchen.

Eisen

Anfänger sollten in Erwägung ziehen sich einen Satz aus acht Eisen zuzulegen – vom 3er-Eisen bis zum Pitchingwedge. Aus diesem Schlägern bestehen die meisten im Golffachhandel angebotenen Standardsätze ohnehin. Das 3er- oder das 4er-Eisen werden Sie anfangs allerdings kaum benutzen. Es braucht einige Zeit, diese Schläger zu beherrschen. Darüber hinaus empfiehlt es sich, drei zusätzliche Wedges zu kaufen: ein Gap- oder Attackwedge mit 52° Loft (also vier Grad mehr als ein Pitchingwedge), ein Sandwedge mit 56° und ein Lobwedge mit 58–60° Loft. Mit dem Pitchingwedge hätten Sie dann insgesamt vier Wedges. Bis vor kurzem führten die meisten Amateurgolfer üblicherweise nur das Pitching- und das Sandwedge im Bag mit. Wenn Sie sich jedoch auf diese beiden beschränken, reduzieren Sie unnötigerweise Ihre Optionsmöglichkeiten beim Kurzen Spiel.

INTERNET

www.golfsmith.com

Diese Website hat das größte Angebot an Schlägern und Golfausrüstungen, das es gibt. Sie können hier z.B. nagelneue Markenschläger kaufen oder sogar Einzelteile, um sich selbst einen Schläger zu bauen.

Der durchschnittliche Golfer schlägt den Ball mit dem Pitchingwedge zwischen 100 m und 110 m weit und rund 80 m mit einem 56° Sandwedge. Daraus ergibt sich eine zu überbrückende Differenz von wenigstens 20 m zwischen den beiden Schlägern.

Für eine Entfernung aus 90 m muss ein Spieler entweder einen harten Schlag mit dem Sandwedge oder einen kurzen Schlag mit dem Pitchingwedge riskieren. Bei beiden ist es sehr schwer, sie genau zu schlagen. Wenn Sie ein Gapwedge zur Hand haben, können Sie das Problem leicht lösen: Sie machen einen normalen, vollen Schwung und schlagen die 90 m.

Genauso verhält es sich, wenn Sie 70 m vom Loch entfernt stehen. Sie wären gezwungen einen halbherzigen Schlag mit dem Sandwedge auszuführen. Das ginge auf Kosten der Genauigkeit und des Spins. Wenn Sie aber ein Lobwedge dabeihaben, können Sie einen vollen Schwung machen, starken Drall auf den Ball übertragen und genau die 70 m schlagen. Gerade als Anfänger werden Sie viel ums Grün herumspielen, weil Sie den Ball selten schon mit Ihren langen Schlägen direkt dorthin bekommen. Diese Wedges empfehlen sich also wirklich. Sie werden Ihnen helfen Ihren Score zu verbessern!

Hölzer

Auch wenn es Ihnen nicht gefällt: Kaufen Sie sich keinen großen 1000-Mark-Driver. Für einen Anfänger reicht ein 3er-Holz völlig aus, denn mit ihm erzielen Sie auf einer höheren Flugbahn fast dieselbe Weite wie mit einem Driver. Dabei ist es viel leichter zu handhaben, da es kürzer ist. Die meisten Anfänger erzeugen sowieso eine viel zu niedrige Schlägerkopfgeschwindigkeit, um den Driver mit seinem geringen Loft weit zu schlagen. Sie schlagen ein 3er-Holz wegen seines Lofts meist weiter als den Driver.

Ihr Anfängerset sollte die Hölzer 3, 5 und 7 enthalten. Sie benutzen sie für Abschläge und Fairwayschläge von 145–185 m Länge. Fairwayhölzer sind einfacher zu schlagen als lange Eisen und erzielen eine größere Höhe. Das 5er-Holz ersetzt das 2er-Eisen (das heute kaum noch ein Golfer benutzt), das 7er-Holz steht für 3er- und 4er-Eisen ein. Sie besitzen diese Eisen zwar schon, da sie zu Ihrem bereits gekauften Satz gehören, aber Sie sollten mit ihrem Einsatz warten, bis sich Ihr Spiel wesentlich verbessert hat.

Putter

Als meistbenutzter Schläger in Ihrem Bag ist Ihr Putter das wichtigste Instrument für einen guten Score. Nehmen Sie sich Zeit, um den für Sie richtigen auszuwählen. Viele Fachgeschäfte verfügen über ein kleines Puttinggrün; probieren Sie also eine Reihe verschiedenartiger Putter aus. Testen Sie auch die von Freunden. Die Auswahl eines Putters ist eine sehr persönliche und subjektive Angelegenheit. Es geht dabei darum, wie ein Putter sich anfühlt, anhört und wie er aussieht. Ja – aussieht. Selbst Profis wählen ihre Putter z. T. nach optischen Gesichtspunkten aus. Wenn Sie einen gefunden haben, der Ihnen liegt: Kaufen Sie ihn!

CENTRE-SHAFTED-PUTTER **MALLET-HEADED-PUTTER** **ONSET-HEADED-PUTTER**

■ **Putter** *gibt es mit ganz unterschiedlich geformten Schlägerköpfen. Bei den meisten ist der Sweet Spot durch Linien oder einen Punkt gekennzeichnet, um Ihnen das Ausrichten des Putters zu erleichtern.*

Schläger zählen

Nun gut, welche Schläger haben wir bis jetzt? Von den Eisen werden Sie zunächst die Nummern 5, 6, 7, 8 und 9 benutzen sowie das Pitchingwedge (macht zusammen sechs Schläger), das Gap-, das Sand- und das Lobwedge. Das sind neun Schläger. Nehmen wir noch 3er-, 5er- und 7er-Holz dazu, so kommen wir auf 12, mit dem Putter dann auf 13.

WELCHE AUSRÜSTUNG BRAUCHEN SIE?

Moment mal! Sie dachten der R&A und die USGA würden 14 Schläger erlauben? Tun sie auch, aber das heißt nicht, dass Sie verpflichtet sind 14 mit sich herumzutragen. Und wenn Sie schließlich den Ball konstant gut treffen, werden Sie sich einen Driver kaufen – dann haben Sie 14 Schläger im Bag. Sobald Sie Ihr 5er-Eisen regelmäßig gut schlagen, können Sie statt zum 7er-Holz zum 3er- und 4er-Eisen greifen, besonders, wenn es windig ist. Vielleicht haben Sie das 7er-Holz aber inzwischen so ins Herz geschlossen, dass Sie Ihre langen Eisen lieber als Staubfänger in der Garage stehen lassen.

Die Golftasche

SIE BRAUCHEN EINE GOLFTASCHE, in der Sie all Ihre Schläger herumtragen können. Abgesehen vom persönlichen Geschmack, hängt die Wahl der richtigen Tasche davon ab, ob Sie sie tragen oder mit einem Trolley hinter sich herziehen möchten oder nur auf Plätzen spielen, auf denen Sie im Cart fahren können. Wollen Sie die Tasche tragen, so sollte sie möglichst leicht sein. Das beugt Rückenschmerzen, wunden Schultern und Übermüdung vor. Ein an der Tasche befestigter Ständer mit Beinen aus Leichtmetall oder Kunststoff, die Sie ausklappen, sobald Sie die Tasche abstellen, macht das Herausnehmen des richtigen Schlägers zum Kinderspiel.

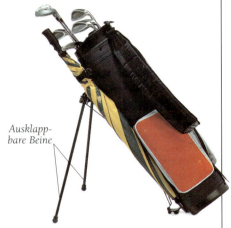

Ausklappbare Beine

GOLFTASCHE MIT STÄNDER

Große Golfbags

Wenn Sie Ihre Tasche ausschließlich im Trolley hinter sich herziehen, dann darf diese gern größer sein. Damit können Sie mehr Kleidung und Utensilien sowie Essen und Getränke unterbringen als in einer Tasche, die Sie schultern. Sie sollte gut auf den Trolley passen. Viele Golfbags haben Taschen an drei Seiten. Durch die Befestigung am Trolley werden Sie einige davon möglicherweise nur schwer oder überhaupt nicht öffnen können. Achten Sie darauf, dass das bei Ihrem Bag kein Problem ist.

■ **Wenn Sie immer** in einem motorisierten Golfcart unterwegs sind, kann Ihre Tasche groß und schwer sein – Sie müssen sie ja nicht tragen.

DIE GRUNDLAGEN LERNEN

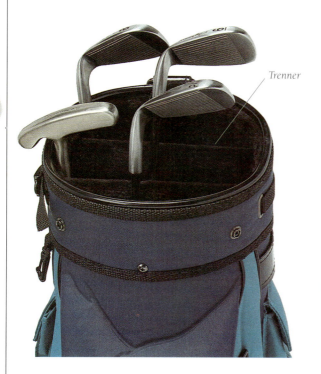

Trenner

Die Tascheneinteilung

Für welche Golftasche Sie sich auch immer entscheiden – Ihre Ausrüstung muss bequem hineinpassen. Zu empfehlen ist eine Tasche mit wenigstens sechs Fächern, die in ganzer Länge voneinander abgeteilt sind. Dies sorgt dafür, dass sich Ihre Schläger auf der Runde nicht verhaken. Es gibt auch Taschen mit 14 Fächern, für jeden Schläger eines. Die Trennwände sollten eine weiche Oberfläche haben, damit die empfindlichen Grafitschäfte, die heutzutage weit verbreitet sind, nicht zerkratzt oder gar beschädigt werden.

■ **Fächer** *verhindern, dass Schläger zerkratzt werden, wenn Sie sie aus der Tasche ziehen.*

Viel Stauraum

Ihre Golftasche sollte viele kleine bis mittelgroße Reißverschlusstaschen haben. Dort können Sie Schuhe, Handschuhe, Wasserflaschen, Golfbälle oder Proviant unterbringen. Es sollte wenigstens eine größere Tasche geben, in der Sie eine Jacke, einen Pullover oder Regenzeug verstauen können.

Klein und leicht

Ich rate Ihnen, die kleinste Tasche zu nehmen, in die Ihre Ausrüstung gut hineinpasst. Das gibt Ihnen die Möglichkeit die Tasche auch einmal zu tragen – Sie werden sehen, das ist anstrengend genug.

Es ist immer besser, beim Golfspielen zu gehen statt zu fahren, weil Sie dabei den Golfplatz besser kennnen lernen.

Übrigens ...

Nach den Regeln der US-PGA-Tour ist der Gebrauch von Carts beim Spielen verboten. Die Tour sieht das Gehen als einen entscheidenden Teil des Wettbewerbs bei einem Golfturnier an. Dagegen zog 1998 der US-Profigolfer Casey Martin vor Gericht. Martin leidet von Geburt an unter einer zu schwachen Durchblutung des linken Beins und kann keine 18 Löcher gehen. Martin bekam Recht und darf auf der Buy.com-Tour und allen Turnieren der US-PGA-Tour, für die er sich qualifiziert, einen Cart benutzen.

Kleidung und Accessoires

WAS SIE AUF DEM PLATZ tragen, ist weitgehend Geschmackssache, wobei man den jeweiligen Kleidungsvorschriften entsprechen sollte. Ziehen Sie etwas an, das Sie unabhängig von der Temperatur nicht in Ihrer Bewegung einschränkt. Mehrere Pullover sind oft besser als eine große, klobige Jacke.

REGENKLEIDUNG

Bei Sonne und Regen

Nehmen Sie bei unbeständigem Wetter gutes Regenzeug mit. Bei einem kleinen Schauer oder Nebel dürfte eine Wasser abweisende und winddichte Jacke ausreichen. Bei Dauerregen sollte es schon ein richtiger Regenanzug sein. Regenanzüge gibt es in allen Preislagen und Stilrichtungen. Also sehen Sie sich in mehreren Fachgeschäften um, bevor Sie etwas kaufen. Wenn es heiß ist, sollten Sie helle Kleidung tragen, die die Sonnenstrahlen reflektiert. Ärmellose Blusen empfehlen sich eher nicht, denn im Laufe von fünf Stunden auf dem Platz riskieren Sie einen starken Sonnenbrand. Bermudas dagegen bieten sich an. Benutzen Sie Sonnencreme und trinken Sie viel Flüssigkeit!

Mit Handschuh

Die meisten rechtshändigen Golfer tragen an der linken Hand einen hochwertigen Handschuh, der mehr Halt verleiht und Blasen verhindert. Viele Spieler bevorzugen einen Lederhandschuh, aber die meisten synthetischen Handschuhe sind auch nicht schlecht. Wenn Sie sich für Leder entscheiden, nehmen sie ein weiches, dünnes Material, das ein gutes Gefühl für den Griff vermittelt.

■ **Es ist praktisch**, *immer einen zweiten Handschuh im Bag dabeizuhaben, falls der erste einreißt oder nass wird.*

Kaufen Sie keine Billigprodukte aus schlechterem, dickem Leder, mit dem Sie zu wenig Gefühl haben. Greifen Sie zum besseren Markenhandschuh.

DIE GRUNDLAGEN LERNEN

Aufrecht gehen

Golfschuhe sollen Ihnen beim Schwung die notwendige Bodenhaftung verleihen. Jedes Weg- oder Ausrutschen bei dieser athletischen Herausforderung hätte einen schlechten Schlag oder gar eine Verletzung zur Folge. Nehmen Sie also Ihre Schuhe wichtig. Kaufen Sie gute Golfschuhe, anstatt mit Turn- oder Straßenschuhen auf den Platz zu gehen.

Spikes

Die meisten Golfschuhe haben Spikes unter der Sohle. Früher waren diese immer aus Metall und wurden in die Sohle geschraubt. Das Problem mit Metallspikes aber ist, dass sie kleine Löcher und entwurzelte Halme auf dem Grün zurücklassen, was beim Putten stört. Deshalb wechseln immer mehr Golfer zu weichen Spikes aus Plastik oder Gummi. Diese schonen die Grüns und auf vielen Golfplätzen ist der Gebrauch von Metallspikes inzwischen ohnehin verboten. Softspikes sind relativ preiswert und leicht auszuwechseln. Das ist auch gut so, denn sie müssen öfter ausgetauscht werden als jene aus Metall. Bedenken Sie beim Kauf, dass man vielerorts nicht mit Metallspikes spielen darf. Ein Paar hochwertige Golfschuhe kann mehr als 250 Mark kosten – wählen Sie also bequeme. Denken Sie daran, wie viele Kilometer Sie darin für 18 Löcher zurücklegen müssen.

■ **Golfschuhe** gibt es entweder mit Noppen oder mit Spikes. Beides dient einem festen Stand auf dem Rasen während des Schwungs. Wichtig ist auch die Bequemlichkeit, denn auf einer Golfrunde legt man mindestens 6,5 km zurück.

Kaufen Sie keine billigen oder drückenden Schuhe. Davon bekommen Sie nur Schmerzen oder Blasen. Nehmen Sie sich Zeit beim Schuhkauf.

Gut behütet

Sie sollten beim Spiel eine Kopfbedeckung tragen, die Schatten für das Gesicht spendet und einen Sonnenbrand verhindert. Sie werden überrascht sein, wie nützlich eine Hutkrempe ist, wenn man versucht den Flug des Balls zu verfolgen oder Bodenwellen zu erkennen. Schon eine Baseballkappe hilft, aber wenn die Sonne richtig herunterbrennt, ist ein Strohhut einfach das Beste. Er hält die schädlichen Strahlen von Gesicht, Nacken und Schultern ab. Bei Regen empfiehlt sich ein »Südwester«, damit Ihnen das Wasser nicht in den Nacken läuft.

SONNENHÜTE

WELCHE AUSRÜSTUNG BRAUCHEN SIE?

Was gibt es noch?

Richtig Spaß macht es, einzigartigen Golfschnickschnack zu kaufen, den Sie nicht nur auf dem Platz einsetzen können. Das Angebot reicht von geheimnisvollen Kupferarmbändern bis zu lasergesteuerten Putthilfen. Die Liste ist endlos. Für den Augenblick brauchen Sie aber nur ein paar Accessoires:

1. Ein paar Dutzend Holztees. Nehmen Sie die 7 cm langen Tees, dann können Sie den Ball hoch aufteen. Sie kosten nicht viel und können in großen Mengen gekauft werden.

2. Einen Pitchmarken-Entferner. Diese kleine Gabel braucht man, um die Ballabdrücke einzuebnen, die entstehen, wenn ein Ball aus großer Höhe aufs Grün fällt. Die Pitchgabel sollte im Fachgeschäft nicht mehr als drei Mark kosten.

■ **Pitchmarken** *repariert man, indem man mit der Gabel in den Rasen rund um die Delle einsticht und dabei jeweils den Boden anhebt. Anschließend glättet man die Stelle mit dem Putter, um eine möglichst ebene Oberfläche zu hinterlassen.*

3. Einen Ball-Marker. Man darf seinen Ball auf dem Grün aufnehmen, um ihn zu reinigen oder ihn für einen anderen Spieler aus dem Weg zu räumen. Bevor Sie das tun, müssen Sie die Position des Balls markieren. Die meisten Spieler verwenden eine Münze, manche auch Pokerchips. Sie sollten dafür immer ein paar Münzen dabeihaben. Verwenden Sie nichts Größeres als ein Markstück.

4. Einen Regenschirm. Sie werden gelegentlich vom Regen überrascht werden. Nehmen Sie deshalb einen schönen großen Schirm mit auf die Runde. Sparen Sie hier nicht am falschen Fleck. Er sollte mindestens 1,5 m Durchmesser haben und starken Wind aushalten. Es gibt herrliche bunte Modelle! Mit ihrer verstärkten Spitze lassen sich Golfschirme gut in den Rasen stecken, wenn Sie schlagen wollen. An den meisten Golfbags kann man seinen Schirm befestigen.

GOLFSCHIRME

DIE GRUNDLAGEN LERNEN

5. Handtücher. Sie sollten mindestens ein sauberes Handtuch dabeihaben, sodass Sie Griffe und Schlägerköpfe beim Spiel abwischen können. Wenn Sie im Regen spielen, lohnt es sich, zwei oder drei Handtücher mitzunehmen.

6. Ein Golf-Bag-Cover. Bei Regen kann Wasser in Ihre Golftasche gelangen. Wenn die Griffe dann nass sind, können Sie den Golfschläger nicht mehr ordentlich festhalten. Im Extremfall fliegt Ihr Schläger weiter als Ihr Ball! Das kann man mit einer wasserfesten Abdeckung verhindern, die im Bedarfsfall schnell über die Öffnung der Tasche gestülpt wird, sodass kein Tropfen Regen mehr nach innen gelangt. So ein Cover gehört zu den meisten Golftaschen dazu; fehlt es bei Ihnen, können Sie den Schutz für wenig Geld kaufen. Es gibt diese Abdeckung auch in Form eines kleinen Regenschirms.

7. Einen Beutel für Ihre persönlichen Dinge. Beim Golfspiel stören Portmonee, Schlüssel, Ringe oder andere Gegenstände in Ihren Hosentaschen nur. Wenn Sie diese Wertsachen in einen kleinen Beutel geben, können Sie diesen bequem in einer Seitentasche Ihres Golfbags unterbringen.

8. Bleistifte. Nehmen Sie immer einen oder zwei Stifte in Ihrer Golftasche mit für den Fall, dass Sie denjenigen verlieren, den man Ihnen mit der Scorekarte ausgehändigt hat. Markieren Sie Ihre Bälle mit einem wasserfesten Filzstift.

BEUTEL FÜR WICHTIGE UTENSILIEN

■ **Ein kleines Handtuch** brauchen Sie, um die Schlägerköpfe auf der Runde sauber zu halten. Vergessen Sie den Bleistift zum Ausfüllen der Scorekarte nicht.

WELCHE AUSRÜSTUNG BRAUCHEN SIE?

Seien Sie vernünftig

Das wären so weit die wichtigsten Gegenstände. Bestimmt entdecken Sie noch etwas, das Sie unbedingt brauchen – wie jeder von uns. Nehmen Sie auf die Golfrunde mit, was Sie möchten. Nur das zwölfbändige Lexikon sollten Sie zu Hause lassen, es könnte Ihre Runde verlangsamen. Und Sie wollen das Golfspiel doch nicht verkomplizieren!

Kurze Zusammenfassung

✓ Um richtig zu golfen, brauchen Sie von Anfang an eine adäquate Ausrüstung.

✓ Wenn Sie nicht ganz sicher sind, ob Golf etwas für Sie ist, dann kaufen Sie gebrauchte Schläger oder leihen sich welche von Ihren Freunden. Gefällt es Ihnen, so können Sie sich später ja neue, eigene Schläger kaufen.

✓ Sie brauchen kein Vermögen zu investieren, um einen vernünftigen Schlägersatz für Anfänger zu bekommen. Geben Sie nicht viel mehr als 1000 Mark für alles aus. Gute Anfängersets gibt es auch noch wesentlich günstiger. Seien Sie am Anfang sparsam.

✓ Wenn Sie Ihre Schläger tragen, dann brauchen Sie eine leichte Tasche mit einem Ständer mit ausklappbaren Beinen. Eine geräumigere Tasche passt zu einem Trolley oder einem Motorcart.

✓ Wählen Sie Kleidung, die zum Wetter passt – je nach Bedarf mehrere Lagen übereinander. Gute Regenkleidung ist auch sehr wichtig.

✓ Tragen Sie bei starker Sonneneinstrahlung helle Kleidung und schützen Sie Ihre Haut durch Sonnenschutzmittel. Auch ein Hut hilft einen Sonnenbrand zu vermeiden.

✓ Kaufen Sie bequeme und wasserdichte Golfschuhe.

✓ Handtuch, Pitchgabel, Regenschirm, Tees, Bleistift und Ball-Marker (oder Münzen) sollten Sie immer dabeihaben.

Kapitel 7

Alles im Griff

Eine Kette ist so stark wie ihr schwächstes Glied. Das gilt auch für den Golfschwung. Die meisten Spieler stimmen darin überein, dass das wichtigste Glied in der Golfkette der Griff ist. Er bestimmt, wie Körper und Schläger miteinander harmonieren. In diesem Kapitel erkläre ich die drei beliebtesten Griffe und welche Auswirkungen sie haben. Nur den Griff für den Putter beschreibe ich gesondert erst in Kapitel 11.

In diesem Kapitel ...

✓ Der Golfgriff ist einzigartig

✓ Die drei populärsten Griffe

✓ Stark, neutral oder schwach?

DIE HÄNDE EINES LINKSHÄNDERS BEIM VARDON-GRIFF

Die Grundlagen lernen

Der Golfgriff ist einzigartig

DER GRIFF BEIM GOLFEN unterscheidet sich von den Griffen in allen anderen Sportarten. Vergleichen wir ihn doch einmal mit dem beim Tennis. Hier umfasst eine Hand den Schläger, der in der Handfläche liegt und nicht so sehr mit den Fingern gehalten wird. Die Bewegung kommt aus dem Handgelenk und meist ist eine Hand allein für die Schlägerbewegung zuständig. Beim Golfspiel hingegen müssen die Hände zu einer Einheit werden. Der Grund dafür ist logisch: Ein Golfschwung muss ganz akkurat und mit perfektem Timing ausgeführt werden. Die Fehlertoleranz ist sehr gering, da Ball und Schlägerkopf eben auch klein sind. Beim Tennis schlagen Sie einen größeren Ball mit einer ebenfalls größeren Schlägerfläche in ein relativ breites Spielfeld, über eine vergleichsweise kurze Entfernung. Beim Golf muss ein kleiner Schlägerkopf einen winzigen Ball gut genug treffen, um diesen über eine lange Strecke auf das relativ kleine Grün zu befördern.

Übrigens ...

Der berühmte Sam Snead zu den speziellen Problemen beim Golf: »Golfer müssen jeden schlecht geschlagenen Ball weiter spielen.«

Ein guter Schwung setzt einen guten Griff voraus

Ein guter Golfgriff ermöglicht Ihnen den Schläger zu kontrollieren und damit die Stellung und die Bewegung des Schlägerkopfes zu bestimmen. Der Griff lässt Schläger und Arme eine Einheit bilden, die zur Verlängerung des Schafts werden. Ein guter Griff legt sich nicht wie eine Schraubzwinge um den Schläger, sondern ist ganz locker. Jegliche Muskelanspannung führt zum Verlust von Flexibilität und Eleganz.

Halten Sie den Schläger wie ein rohes Ei. Wenn Sie zu fest zugreifen, verlieren Sie das Gefühl – und das spielt beim Golfen eine wichtige Rolle.

Sie würden den Schläger ansonsten wie einen Vorschlaghammer schwingen und nicht wie ein Skalpell führen. Stellen Sie sich den Schläger als chirurgisches Instrument vor, dann klappt es besser. Die meisten Anfänger messen dem Griff zu wenig Bedeutung bei. Sie schwingen und schlagen lieber. Das ist verständlich, aber nicht vernünftig. Ohne gute Verbindung mit dem Schläger werden Sie nie in der Lage sein den Golfball regelmäßig mit Kraft und Genauigkeit zu schlagen. Also nehmen Sie sich die Zeit, einen wirklich guten Griff zu erlernen. Kein anderer Teil des Spiels dürfte so wichtig sein.

ALLES IM GRIFF

Die drei populärsten Griffe

ÜBER DIE JAHRZEHNTE hinweg haben sich drei Arten von Griffen als die gebräuchlichsten durchgesetzt:

- **a** der Vardon- oder überlappende Griff
- **b** der Interlocking-Griff
- **c** der Zehn-Finger- oder Baseball-Griff

Bei allen Griffen müssen Rechtshänder ihre linke Hand am oberen Ende des Schlägers platzieren und die Rechte liegt über der Linken (Linkshänder machen es umgekehrt). Der für Sie ideale Griff hängt von der Größe und der Kraft Ihrer Hände ab. Außerdem muss er sich gut anfühlen. Am besten probieren Sie alle aus, um den für Sie geeigneten zu finden.

> **Übrigens ...**
> Der überlappende Griff wird meist Vardon-Griff genannt – nach seinem Erfinder Harry Vardon, der Ende des 19. und zu Beginn des 20. Jh.s ein berühmter Golfer war.

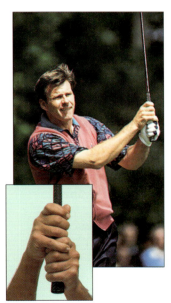

■ **Nick Faldo** bevorzugt – wie viele Profis – den Vardon-Griff, da die verschränkten Hände den genauesten Schwung ermöglichen.

■ **Jack Nicklaus** ist der berühmteste Anwender des Interlocking-Griffs, einer Variante des Vardon.

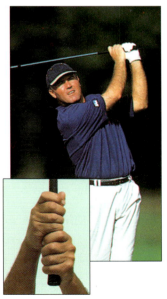

■ **Ronan Rafferty** – einer der wenigen Pros, die den Baseball-Griff anwenden, der meist bei Jüngeren zu sehen ist.

DER VARDON-GRIFF

Der Vardon-Griff ist bei Profis und Amateuren am beliebtesten. Viele glauben, dass der Vardon- oder überlappende Griff besonders neutral ist, da hier die Hände zu einer Einheit verschmelzen. Unter den Spitzenspielern sind es Nick Faldo, Sam Snead und Curtis Strange, die ihn anwenden.

Das von Daumen und Zeigefinger geformte »V«.

1 Schläger greifen
Greifen Sie den Schläger so mit der linken Hand, als wollten Sie jemandem die Hand zum Gruß reichen.

2 Finger am »Abzug«
Der Daumen muss rechts von der Schlägermitte sitzen. Ihr Zeigefinger krümmt sich, als läge er am Abzug.

3 Die rechte Hand
Legen Sie die rechte Hand unterhalb der linken auf den Griff. Das Griffstück ruht in der Beuge der mittleren Finger.

Das »V« zeigt auf einen Punkt zwischen rechter Schulter und rechtem Auge.

Rechter kleiner Finger auf linkem Zeigefinger

4 Überlappen der Finger
Legen Sie den rechten kleinen Finger über den linken Zeigefinger. Der rechte Daumen ruht etwas links von der Mitte oben auf dem Schaft. Der Griff soll Ihre Hände zu einer Einheit verbinden. Überprüfen Sie, dass das »V«, das von Daumen und Zeigefinger geformt wird, auf einen Punkt zwischen rechter Schulter und rechtem Auge deutet.

ALLES IM GRIFF

DER INTERLOCKING-GRIFF

Als einfache Variante des Vardon-Griffs wird der Interlocking-Griff gerne von Golfern mit kleineren oder schwächeren Händen benutzt. Tom Kite, Tiger Woods und Jack Nicklaus wenden diesen Griff ebenso an wie viele der weltbesten Profigolferinnen. Mit einer Ausnahme ist alles wie beim Vardon-Griff: Der rechte kleine Finger wird mit dem Zeigefinger der linken Hand verschränkt statt übereinander gelegt. Wenn Ihnen der Vardon-Griff nicht gefällt – probieren Sie es hiermit.

1 Sanft zugreifen
Das Griffstück liegt in Ihrer linken Hand. Der Zeigefinger zeigt nach unten.

2 Finger verschränken
Die rechte Hand fasst unterhalb der linken zu. Rechter kleiner Finger und linker Zeigefinger verschränken sich.

3 Hände schließen
Der Schläger liegt jetzt auch in der gekrümmten rechten Handfläche. Schließen Sie die rechte Hand über der linken.

4 Fest verschränkt
Der linke Daumen wird von der rechten Hand umschlossen. Die Finger sollen fest, aber nicht starr sein.

Verschränkter rechter kleiner Finger und linker Zeigefinger

DIE GRUNDLAGEN LERNEN

DER BASEBALL-GRIFF

Der Baseball-Griff wird häufig von Kindern, Menschen mit kleinen oder arthritischen Händen sowie von Golfspielern, die viel slicen, angewandt. Er nennt sich auch Zehn-Finger-Griff, weil alle zehn Finger auf dem Griffstück liegen. Nur eine Hand voll Profigolfer nutzen ihn; Ronan Rafferty ist einer der wenigen davon. Trotz seines Namens ist der Griff in Wirklichkeit kein Baseball-Griff, denn die Daumen werden nicht um den Schläger gelegt, sondern liegen wie beim Vardon-Griff. Der einzige Unterschied ist, dass Ihr rechter kleiner Finger direkt auf dem Griff liegt statt zwischen Zeige- und Mittelfinger der linken Hand. Mit dem Baseball-Griff können Sie kräftiger schlagen, die Kontrolle des Schlägerkopfes ist jedoch schwieriger.

1 **Mit links zugreifen**
Imitieren Sie mit der linken Hand eine Pistole. Legen Sie dann alle Finger um das Griffstück.

2 **Fläche auf Fläche**
Mit rechts greifen Sie so zu, dass sich die beiden Handflächen gegenüberliegen und der linke Daumen bedeckt ist.

3 **Die Finger schließen**
Legen Sie die Finger Ihrer rechten Hand um den Schläger. Der Daumen liegt oben auf und der Griff ist leicht, aber fest.

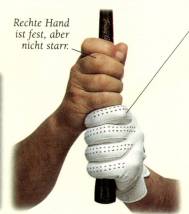

Rechte Hand ist fest, aber nicht starr.

Linker Zeigefinger liegt neben rechtem kleinen Finger.

4 **Hand an Hand**
Der rechte kleine Finger liegt bequem neben und nicht auf dem linken Zeigefinger.

INTERNET
www.golfonline.com/instruction

Klicken Sie auf den Link Back-to-Basics und Sie erhalten viele Informationen über den perfekten Griff.

ALLES IM GRIFF

Den Griff in den Griff bekommen

Für welchen Griff Sie sich auch immer entscheiden – das Griffstück sollte bei einem Rechtshänder diagonal in der linken Handfläche liegen. Es ragt im hinteren Teil etwas hervor und verlässt die Hand in der Mitte des Zeigefingers.

Das Griffstück sollte weder ganz in der Handfläche noch völlig in den Fingern liegen, sondern dazwischen. Um das auszuprobieren, legen Sie den Schläger in die linke Hand. Schließen Sie die Hand nun leicht und halten Sie den Schläger zwischen Handwurzel und Zeigefinger. Sie spüren jetzt die Schwere des Schlägerkopfes und die ausgewogene Gewichtsverteilung des Schlägers. An diesem Test sehen Sie, dass schon ein sehr leichter Griff ausreicht, um den Schläger gut festhalten zu können.

Ein leichter Griff ermöglicht Ihnen einen freien und flüssigen Schwung – und das verleiht Ihrem Schlägerkopf Geschwindigkeit.

DER PERFEKTE GRIFF

a **Die richtige Haltung**
Der perfekte Griff: Das Griffstück liegt diagonal in der Handfläche (unterhalb der Handwurzel bis zur Mitte des Zeigefingers der linken Hand).

b **Griff zu hoch**
Wenn der Schläger zu weit oben in Ihrer Hand liegt, wird der Ball nicht geradeaus fliegen.

c **Griff zu niedrig**
Wenn der Schläger zu weit unten in der Hand liegt, verdrehen Sie den Schlägerkopf.

DIE GRUNDLAGEN LERNEN

Stark, neutral oder schwach?

EINE DER WICHTIGSTEN Veränderungen, die Sie an Ihrem Griff vornehmen können, ist, die Stellung der Hände um den Schläger leicht zu drehen. Wenn bei Ihnen als Rechtshänder beim Griff zwei Fingerknöchel der linken Hand zu sehen sind, haben Sie einen **neutralen** Griff. Beide Handflächen befinden sich genau rechts und links vom Schläger. Dieser Griff hat die geringste Auswirkung auf den Flug des Balls und wird am meisten angewandt.

Sind drei oder mehr Fingerknöchel Ihrer linken Hand zu sehen, haben Sie einen *starken* Griff. Ihre Hände sind hier stärker im Uhrzeigersinn gedreht. Dieser Griff wird oft benutzt, um beim Rechtshänder einen Draw hervorzurufen – einen Schlag also, der absichtlich leicht nach links abdreht. Wenn Sie einen Griff haben, bei dem nur ein Fingerknöchel zu sehen ist, haben Sie einen *schwachen* Griff. Diesen braucht man für einen Fade, der bewusst eine leichte Rechtskurve fliegt.

> **WAS IST ...**
>
> Bei einem **starken Griff** sieht ein Rechtshänder, der in der Ansprechposition auf seine Hände schaut, mehr als zwei Fingerknöchel der linken Hand. Beim **neutralen Griff** sind nur zwei Knöchel zu erkennen, beim **schwachen Griff** sogar nur einer. Mit einem starken Griff kann man den Ball absichtlich nach links abdrehen lassen, mit einem schwachen bewusst nach rechts.

Wie Sie sehen, hat eine Veränderung Ihrer Handhaltung am Griff großen Einfluss auf die Flugbahn des Balls. Das liegt daran, dass die leichte Drehung der Hände die Position des Schlägerkopfes im Treffmoment verändert.

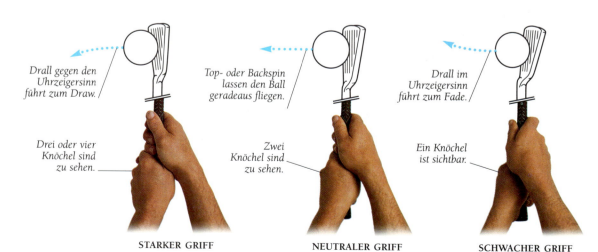

Drall gegen den Uhrzeigersinn führt zum Draw.

Drei oder vier Knöchel sind zu sehen.

STARKER GRIFF

Top- oder Backspin lassen den Ball geradeaus fliegen.

Zwei Knöchel sind zu sehen.

NEUTRALER GRIFF

Drall im Uhrzeigersinn führt zum Fade.

Ein Knöchel ist sichtbar.

SCHWACHER GRIFF

ALLES IM GRIFF

Ihr eigener Griff

Als Anfänger sollten Sie sich für eine der drei Griffvarianten entscheiden. Wählen Sie den bequemsten Griff und bleiben Sie dabei – zumindest während der ersten Lernphase. Später können Sie immer noch wechseln. Anfangs ist es wichtig, so wenig wie möglich zu verändern, damit man merkt, wo man Fehler macht. Bei der Frage, ob man lieber stark, schwach oder aber neutral zugreifen soll, empfehle ich die neutrale Position mit einer leichten Neigung zur starken Variante. Das ermöglicht Ihnen einen kraftvollen Schwung und könnte helfen den Slice zu verhindern. Halten Sie den Schläger entspannt und überstrecken Sie die Handgelenke nicht. Haben Sie einen bequemen Griff gefunden, versuchen Sie den Schläger immer so zu halten, damit auch Ihr Schwung stets der gleiche ist.

Kurze Zusammenfassung

✓ Der Griff ist Ihre einzige Verbindung mit dem Schläger und somit zum Ball. Ein guter Griff ist die Voraussetzung für einen ebenso guten Schwung.

✓ Wichtig beim Griff ist die Hände und Handgelenke locker genug zu lassen, um frei und flüssig zu schwingen. So behält der Schlägerkopf über den Treffmoment hinaus sein Tempo, die Handgelenke bleiben ruhig und Sie haben den Schlag unter Kontrolle.

✓ Die drei häufigsten Griffe sind der Vardon-, der Interlocking- und der Baseball-Griff.

✓ Für welchen Griff Sie sich auch immer entscheiden – Sie müssen danach auch noch festlegen, ob Sie die starke, die schwache oder die neutrale Variante der Hände am Schaft bevorzugen. Davon hängt ab, ob Ihre Bälle eher nach links oder rechts abbiegen oder ob sie geradeaus fliegen sollen.

✓ Suchen Sie sich unter den drei Grundgriffen den für Sie angenehmsten aus. Sind die Hände in neutraler Stellung, sollte man zwei Knöchel der linken Hand sehen. Probieren Sie, ob Ihnen ein stärkerer oder ein schwächerer Griff besser liegt.

✓ Nehmen Sie lieber einen starken als einen schwachen Griff. So können Sie den Anfänger-Slice am besten verhindern.

Kapitel 8

Zielen

Golf ist in hohem Maß ein Zielsport. Ihr Erfolg wird davon abhängen, wie genau Sie zielen. Die Zielgenauigkeit wiederum hängt davon ab, wie Sie Körper und Schläger vor dem Schlag ausrichten. Nur mit der richtigen Ansprechposition und bei korrekter Schlägerhaltung haben Sie die Chance auf einen guten Schlag. Sie müssen beides beherrschen. Dieses Kapitel zeigt Ihnen, wie Sie das erreichen.

In diesem Kapitel ...
✓ Die Haltung vor dem Schlag

✓ Der richtige Stand

✓ Die Position des Balls

✓ Den Weg des Balls vorhersehen

✓ Richtig zielen

✓ Übung macht den Meister

DAS 16. LOCH VON CYPRESS POINT IN KALIFORNIEN, USA

DIE GRUNDLAGEN LERNEN

Die Haltung vor dem Schlag

WENN JEMAND im Golfsport von der Ansprache redet, meint er die Position zum Ball, die ein Spieler vor dem Schwung einnimmt. Die Haltung sowie die Ausrichtung Ihrer Schultern, Hüften, Knie und Füße zur Ziellinie entscheiden darüber, wie genau Ihr Schlag sein wird. Auch die Lage des Balls im Verhältnis zum Körper spielt, was das Ergebnis anbelangt, bei jedem Schlag eine große Rolle. Die Kombination all dieser Faktoren ergibt die Ansprechposition – vielleicht eine der wichtigsten Grundlagen des Golfspiels.

> **WAS IST …**
>
> Die **Ziellinie** ist eine gedachte Linie zwischen Ball und Ziel. Dies kann die Lochfahne sein, ein bestimmter Teil des Grüns oder ein Punkt auf dem Fairway, auf den Sie zielen.

Beobachten Sie die Profis

Wenn Sie Profigolfer im Fernsehen beobachten, werden Sie merken, wie überaus sorgfältig diese sich vor jedem Schlag zum Ball ausrichten.

Profis gehen nicht nur einfach zum Ball und schwingen, sondern Sie haken im Geist eine Checkliste ab, um sicherzugehen, dass sie für ihren geplanten Schlag genau richtig stehen.

Versuchen Sie dies nachzuahmen, wenn Sie sich auf das Schlagen des Balls vorbereiten – egal, ob auf der Driving Range oder auf dem Golfplatz. Jeder Spieler hat seine eigene, einzigartige Ansprechhaltung, genau wie jeder einen anderen Schwung hat. Das macht aber nichts, vorausgesetzt, Sie halten sich an die Grundlagen. Welche Grundlagen? Entspannen Sie sich. Das erkläre ich Ihnen im Folgenden.

■ **Nick Faldo** *in perfekter Ansprechposition: Füße, Hüften und Schultern stehen im rechten Winkel zur Schlagfläche und auch der Ball hat die richtige Position.*

Der richtige Stand

DEN RICHTIGEN STAND für den Golfschwung zu finden ist nicht schwer. Zunächst stellen Sie die Füße schulterbreit auseinander, dann beugen Sie die Knie etwas. Übertreiben Sie hier nicht – nur eine kleine Beugung. Das Ziel besteht darin, ein Gefühl von Spannkraft in Ihrem Körper zu erzeugen, so als wollten Sie gleich in die Luft springen oder einen Ball fangen.

Rechtshänder achten darauf, dass ihr linker Fuß etwa 20° nach außen zeigt und der rechte Fuß rechtwinklig zur Ziellinie steht.

Den Rumpf beugen

Ihr Gewicht sollte gleichmäßig auf den rechten und den linken Fuß verteilt sein und zwischen Ferse und Fußballen liegen. Beugen Sie sich leicht vor und lassen Sie die Arme vor dem Körper herabhängen. Wenn Sie jetzt Ihre Hände zusammenlegen, sollten diese 20–25 cm von Ihrer Gürtelschnalle entfernt sein. Nehmen Sie diesen Abstand zwischen Händen und Gürtelschnalle als Maßstab, um festzustellen, ob Sie den Rumpf zu stark oder zu schwach gebeugt haben.

Die Position des Kopfes

Ihr Kopf sollte leicht, aber nicht zu stark gebeugt sein. Lassen Sie Ihr Kinn nicht auf die Brust sacken und seien Sie auch nicht zu hochnäsig. Im Idealfall sollte Ihr Kopf so geneigt sein, dass Sie noch etwas hinunter blicken müssen, um den Ball zu sehen – so, als hätten Sie eine Brille mit Gleitsichtgläsern

Die Arme hängen vor dem Körper herunter.

Die Hände befinden sich etwa 20–25 cm vor der Gürtelschnalle.

■ **Die Ausrichtung** *ist eines der Elemente, das der Spieler völlig unter Kontrolle hat. Es liegt an Ihnen, es richtig zu machen.*

auf. Ihr Rücken sollte gerade sein; machen Sie also keinen Buckel. Üben Sie diese Stellung ein paar Mal, um sie sich richtig einzuprägen. Wenn Sie sich an die Position gewöhnt haben und sie automatisch einnehmen, können Sie es wagen, dabei auch einen Schläger wie etwa ein 7er-Eisen zu halten.

DIE GRUNDLAGEN LERNEN

Die Position des Balls

DIE LAGE DES BALLS im Verhältnis zu Ihrem Stand ist wichtig für einen erfolgreichen Schlag. Diese Position ist nicht immer dieselbe, sondern sie wechselt, je nachdem, welcher Schläger gebraucht wird. Das liegt daran, dass die Schläger verschiedene Längen und einen unterschiedlichen Schwungbogen haben. Ein Sandwedge beispielsweise ist der kürzeste Schläger und erfordert deshalb, dass Sie wesentlich dichter am Ball stehen als bei einem 3er-Holz. Es ist ganz einfach: Wenn der Ball zu weit weg ist, kommen Sie nicht ran.

DEN BALL PLATZIEREN

Die Art Ihres Schlägers legt fest, wo Sie den Ball im Verhältnis zu Ihrem Körper positionieren. Bei längeren Schlägern wie dem Driver liegt der Ball weiter vom Körper entfernt, während er sich bei den kürzeren Schlägern wie dem Sandwedge näher bei Ihnen befindet.

Darüber hinaus müssen Sie entscheiden, ob Sie den Ball mehr in Höhe des linken Fußes, des rechten Fußes oder genau dazwischen platzieren. Dies hängt wieder vom jeweiligen Schläger ab. Als Faustregel gilt: Je länger der Schläger, desto weiter links sollte der Ball beim Rechtshänder liegen.

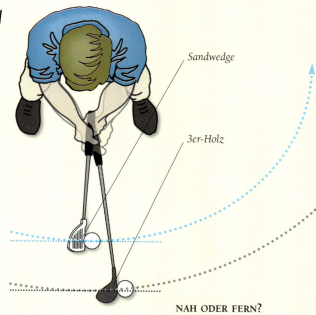

NAH ODER FERN?

Sandwedge gegen 3er-Holz

Wenn Sie als Rechtshänder Ihr Sandwedge schlagen, sollte der Ball etwas dichter am rechten Fuß liegen, aber nicht weiter als 5 cm von der Mitte entfernt. Beim 3er-Holz dagegen liegt der Ball fast auf der Höhe Ihres linken Fußes. Das hängt damit zusammen, dass das Wedge den Ball in einem relativ steilen Winkel von oben trifft, das 3er-Holz hingegen in einem vergleichsweise flachen Winkel.

ZIELEN

Mit dem Driver schlagen

Nie liegt Ihr Ball so weit links wie bei einem Schlag mit dem Driver. Der Grund dafür ist nicht nur die Länge dieses Schlägers, sondern auch, dass der Driver den aufgeteeten Ball trifft, nachdem er den tiefsten Punkt seines Schwungbogens bereits passiert hat und auf dem Weg nach oben ist. Wie Sie sehen, sind Länge sowie Schwungbogen für Ihre Position zum Ball wichtig.

INTERNET

www.golftipsmag.com

Die Website von Golf Tips Magazine informiert über die Grundlagen des Spiels, darunter Stand und Ballposition.

Mittlere Ballposition für mittlere Eisen

Ballposition rechts für kurze Eisen und Wedges

Ballposition links für lange Eisen und Hölzer

RECHTS, MITTE ODER LINKS?

Faustregeln

Wenn Sie den Driver schlagen, sollten Sie als Rechtshänder den Ball in Höhe Ihrer linken Ferse aufteen. Verwenden Sie Fairwayhölzer, platzieren Sie den Ball etwa 2,5 cm weiter rechts, bei langen Eisen weitere 1,25–2,5 cm rechts. Mittlere Eisen wie das 5er-, das 6er- und das 7er-Eisen sollten Sie aus mittlerer Position schlagen, kurze Eisen und Wedges etwas weiter rechts.

Die optimale Position finden

Um ein Gefühl für Ihre Position zum Ball zu bekommen, führen Sie folgendes Experiment durch. Greifen Sie Ihr 3er-Holz, als wollten Sie einen Schlag ausführen. Halten Sie die Hände nicht weiter als 25 cm von Ihrer Gürtelschnalle entfernt. Stellen Sie sich nun eine Linie vor, die von der linken Ferse aus die Ziellinie kreuzt. Richten Sie den Schlägerkopf etwa 2,5 cm rechts von dieser Linie aus. Hier sollte ein Ball liegen, wenn Sie ihn mit dem 3er-Holz schlagen möchten. Markieren Sie die Stelle mit einem Ball. Dann wiederholen Sie diese Prozedur mit einem Pitchingwedge. Der Schlägerkopf sollte sich hier etwas rechts von der Mitte zwischen Ihren Füßen befinden. Ihre Hände dürfen dabei wiederum nur 25 cm von der Gürtelschnalle entfernt sein. Legen Sie vor den Schlägerkopf einen weiteren Ball. Wie Sie sehen, befindet sich die richtige Postion für einen Schlag mit dem Pitchingwedge nicht nur rechts vom 3er-Holz, sondern ist auch viel dichter an Ihrem Körper.

DIE GRUNDLAGEN LERNEN

Den Weg des Balls vorhersehen

DER GRÖSSTE FEHLER, den ein Amateur beim Ansprechen des Balls machen kann, ist, sich gegenüber dem Ziel falsch auszurichten. Die meisten nehmen sich nicht die Zeit, um die Ziellinie zu ermitteln. Andere tun es, aber schaffen es nicht, den Schläger richtig zu schwingen. Und manche meinen, sie könnten den Ball sowieso nicht beeinflussen, und schlagen aufs Geratewohl zu.

Kein Schlag ins Blaue

Mit dieser Methode verhindern Sie allerdings, dass Sie jemals ein guter Golfer werden. Statt sich einen Golfschlag als Schuss ins Blaue vorzustellen, denken Sie lieber an eine Lenkrakete, die so programmiert ist, dass sie dort landet, wo sie soll.

Wenn Sie Ihren Körper und die Schlagfläche gut ausrichten, haben Sie schon eine 90 %ige Chance den Ball richtig zu treffen.

Richten Sie sich richtig aus

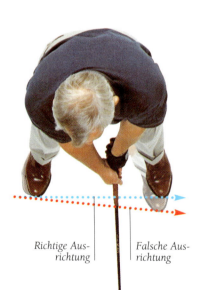

Richtige Ausrichtung *Falsche Ausrichtung*

Ziellinie

Viele Amateure machen den Fehler ihren Körper direkt zum Ziel auszurichten, und stehen dadurch ganz falsch. Warum? Es geht schließlich darum, den Schlägerkopf auf den richtigen Weg zum Ziel zu bringen und nicht Füße, Hüften oder Schultern. Steht man falsch, so verschiebt sich die Schwungebene nach rechts, auch wenn der Schlägerkopf selbst noch korrekt ausgerichtet ist. Wenn die Schwungebene nach rechts verschoben ist, wird auch der Schlag dorthin gehen. Denken Sie also besser an zwei parallele Linien. Die untere Kante Ihres Schlägerkopfes steht im rechten Winkel zur Ziellinie und Ihre Füße, Hüften sowie Schultern sind dazu parallel und damit auf einen Punkt etwas links vom Ziel ausgerichtet. Liegt die Schwungebene parallel zur Ziellinie, bleibt Ihr Schlägerkopf auf Kurs und Ihr Ball erreicht sein Ziel. Stellen Sie sich diese Parallelen stets vor, wenn Sie es anvisieren.

■ **Wenn Sie** Ihre Füße auf einer imaginären Linie parallel zur Ziellinie sehen, ist es leichter, geradeaus zu schlagen.

Richtig zielen

DER ERSTE SCHRITT BESTEHT DARIN, hinter den Ball zu treten und die Ziellinie auszumachen. Suchen Sie sich dann einen zweiten Zielpunkt, der sich etwa 1 m vor Ihrem Ball direkt auf der Linie zum Ziel befindet. Jede noch so kleine Besonderheit wie ein altes Divot oder eine Verfärbung im Rasen ist geeignet, solange Sie sie nur richtig erkennen können. Die Unterkante der Schlagfläche muss rechtwinklig zur Ziellinie stehen. Dann zielen Sie gut.

Ein leichteres Ziel

Jack Nicklaus hat diese Methode bekannt gemacht; die meisten Profis wenden sie heute ebenfalls an. Ein sekundärer Zielpunkt liegt in der Nähe. Man kann ihn leicht erkennen. Wenn Sie den Punkt festgelegt haben, konzentrieren Sie sich nur noch auf ihn. Sollten Sie zu sehr an das echte Ziel in 100 m Entfernung denken, verursacht das Stress und führt zu einem schlechten Schlag. Allerdings wird es jeder schaffen, einen Ball 1 m weit zu schlagen.

Stellung beziehen

Wenn die Schlagfläche auf den sekundären Zielpunkt zeigt, überprüfen Sie Ihren Griff und Ihre Ansprechhaltung. Platzieren Sie Ihre Füße so, dass Sie parallel zur Ziellinie stehen. Dabei imitieren Sie die Profis: Legen Sie einen Schläger längs vor sich auf den Boden und richten Sie ihn parallel zur Ziellinie aus. Berühren Sie

Blick auf den sekundären Zielpunkt

Direkte Linie zum Ziel

■ **Konzentrieren Sie sich** auf ein Zwischenziel, das auf einer Linie mit dem richtigen Ziel liegt. Das erleichtert die ganze Sache.

den Schläger mit den Zehen. Achten Sie darauf, dass Ihre Hüften auf einer Linie liegen. Eine einfache Möglichkeit die Ausrichtung Ihrer Hüften zu kontrollieren, ist es, einen Schläger durch die vorderen Gürtelschlaufen Ihrer Hose zu stecken. Der Schläger muss parallel zu Ihren Füßen sein. Zeigt er nach rechts oder links, sind Ihre Hüften nicht korrekt ausgerichtet.

Spieler haben oft keine Ahnung, wohin ihre Hüften zeigen – diese Übung wird Ihnen Klarheit verschaffen.

DIE GRUNDLAGEN LERNEN

Kein Square Dance

Schließlich vergewissern Sie sich, dass auch Ihre Schultern richtig ausgerichtet sind. Dazu können Sie einen Schläger mit gekreuzten Armen an Ihre Brust drücken und darauf achten, in welche Richtung er zeigt. Wenn sich auch er – wie Füße und Hüften – parallel zur Ziellinie befindet, sollte alles in Ordnung sein. Sie haben dann den so genannten *Square Stance* und somit die besten Chancen, den Ball gerade zu schlagen.

> **WAS IST ...**
>
> Bei einem **Square Stance** steht der Schlägerkopf im rechten Winkel zur Ziellinie und Füße, Hüften sowie Schultern sind zu dieser parallel.

Weiter hinten im Buch werde ich erklären, wie Sie durch eine Veränderung im Stand die Flugbahn Ihres Balls nach rechts oder links beeinflussen können. Erst einmal sollten Sie beim Square Stance bleiben und die Grundlagen des Zielens erlernen.

Übung macht den Meister

ÜBEN SIE DIESE ART ZU ZIELEN auch auf der Driving Range. Trainieren Sie immer wieder, bis Sie es auch ohne Hilfsmittel oder den Rat von Freunden richtig machen. Irgendwann wird ein Automatismus einsetzen und es Ihnen ermöglichen gut zu zielen, ohne groß darüber nachzudenken. Um anfangs sicherzugehen, dass Sie sich gut ausrichten, lassen Sie sich von einem Freund kontrollieren. Sie werden feststellen, dass die eine oder andere Variable nicht mehr stimmt. Die Überprüfung aller Einzelheiten gibt Ihnen ein wertvolles Feedback.

> **INTERNET**
>
> **www.duffer.com**
>
> Sehen Sie sich diese Website an, um sich einen Überblick über alle auf dem Markt erhältlichen Golflehrbücher und Videos zu verschaffen. Dort können Sie noch mehr über die Ausrichtung lernen.

Anfängerfehler vermeiden

Unter den Fehlern, die Amateure beim Ausrichten begehen, sind die beiden größten wahrscheinlich eine schlecht ausgerichtete Schlagfläche und ein falsch ausgerichteter Körper. Ihre Füße, Hüften und Schultern zeigen direkt zum Ziel, statt sich parallel zur Ziellinie zu befinden. Wie kann man das vermeiden?

Achten Sie beim Ausrichten des Schlägerkopfes nur auf dessen untere Kante und nicht auf die obere, denn diese ist meist abgeschrägt.

Orientieren Sie sich an der oberen Kante der Schlagfläche, so ist ein geschlossenes Schlägerblatt die Folge und der Schlag geht nach links. Schwieriger wird es, Fehler in der Ausrichtung Ihrer Füße, Hüften und Schultern zu erkennen und zu beheben. Üben Sie fleißig, damit Sie sich von Anfang an an die richtige Ausrichtung gewöhnen.

Kurze Zusammenfassung

✓ Golf ist ein Zielsport. Wie exakt Sie den Ball schlagen, hängt in einem hohen Maß davon ab, wie genau Sie Körper und Schlägerkopf ausrichten.

✓ Die richtige Ansprechposition ist von größter Bedeutung und auch die Voraussetzung dafür, den Ball auf der richtigen Schwungebene konstant gut zu treffen. Stellen Sie sich locker hin, aber bewahren Sie Körperspannung, als ob Sie zum Sprung bereit wären.

✓ Die Lage des Balls zu Ihrem Körper hat Einfluss darauf, wie Sie den Ball schlagen. Mit Wedges und kurzen Eisen spielen Sie ihn etwa aus einer mittleren Lage. Bei mittleren Eisen liegt der Ball für Rechtshänder etwas links von der Mitte. Mit langen Eisen und Fairwayhölzern spielen Sie den Ball etwa 2,5 cm rechts von Ihrer linken Ferse. Beim Schlag mit dem Driver liegt Ihr Ball mit dieser auf einer Höhe.

✓ Je länger der Schläger ist, den Sie benutzen, desto weiter vom Ball entfernt sollten Sie stehen. Dabei bleibt der Abstand zwischen dem Griffstück Ihres Schlägers und Ihrer Taille aber in etwa gleich; 20–25 cm sind genau richtig.

✓ Richten Sie Ihren Körper so aus, dass Sie auf einer Linie stehen, die nicht direkt zum Ziel zeigt, sondern vielmehr parallel zur Ziellinie verläuft. Achten Sie darauf, dass Sie Füße, Knie, Hüfte und Schultern jeweils parallel zur Ziellinie ausrichten.

✓ Suchen Sie sich zum Ausrichten etwa 1 m vor Ihrem Ball einen sekundären Zielpunkt.

Kapitel 9

Das Spiel im Kopf

Alle Profigolfer sind in der Lage sich auf dem Golfplatz in einen Zustand tiefer Konzentration zu versetzen, in der alle äußeren Einflüsse abgeblockt werden und sie sich nur mit ihrem nächsten Schlag beschäftigen. Bei Ben Hogan, einem der größten Golfer aller Zeiten, war diese Fähigkeit besonders ausgeprägt. Mehr als einmal beendete er seine Runde ohne auch nur einen einzigen Score notiert zu haben!

In diesem Kapitel ...

✓ Konzentrieren Sie sich

✓ Die Macht der Gedanken

✓ Der Segen der Wiederholung

✓ Sehen heißt erkennen

✓ Der »Waggle«

✓ Typische Preshot-Routine

TOM WATSON KONZENTRIERT SICH AUF DEN NÄCHSTEN SCHLAG

DIE GRUNDLAGEN LERNEN

Konzentrieren Sie sich

EIN TEIL DES ERFOLGS der Profis beruht auf deren Fähigkeit, sich auf den Augenblick zu konzentrieren, auf den nächsten Schritt. Wenn Ben Hogan seinen Abschlag am 14. Loch verpatzte, war sein Ärger bereits bei der Vorbereitung auf den folgenden Schlag verflogen – auch wenn der Ball im Rough lag.

Ben Hogan wusste, dass es keinen Sinn hat, Ärger und Frust mit sich herumzutragen. Das ruiniert nur den nächsten Schlag. Er hatte daher gelernt damit richtig umzugehen.

Ihm war klar, dass verspannte Muskeln und negative Gedanken Folgen des Ärgers sind – ein zweiter schlechter Schlag ist so meist vorprogrammiert.

Schlechte Schläge vergessen

Wenn Sie schon einmal ein bisschen Golfluft geschnuppert haben, dann wissen Sie, dass es ausgesprochen schwer ist, einen gerade ausgeführten schlechten Schlag schnell zu vergessen. Man kann sich einen derartigen Fehlschlag nicht so einfach verzeihen. »Wenn ich am Wasser doch nur einen längeren Schläger genommen hätte!« – »Mein Gott, warum habe ich drei Schläge aus dem Bunker gebraucht!« – Jedem von uns gingen derartige Gedanken schon einmal durch den Kopf; doch das kann einem die ganze Runde verderben. Auch wenn wir das Hochgefühl bei guten Schlägen genießen – Emotionen können uns auch Unglück bringen.

■ **Ben Hogans erfolgreiche Karriere** beruhte auch auf seiner Fähigkeit den Kopf frei zu halten und sich auf den nächsten Schlag zu konzentrieren.

Gute Golfer sind nicht nur in der Lage schlechte Schläge zu vergessen, sondern auch die große nervliche Anspannung bei einem Turnier zu kontrollieren. Wären Sie nicht nervös, wenn Sie gemeinsam mit Tiger Woods als Führendem die Schlussrunde der US Open spielten? Wenn sich bei Ihnen diese Anspannung aber festsetzt, haben Sie gar keine Chance mehr gut zu spielen.

DAS SPIEL IM KOPF

Die Macht der Gedanken

BISHER HABE ICH vor allem über die physischen Grundlagen beim Golf gesprochen. Aber auch das mentale Training ist ein wichtiger Aspekt, um in diesem schwierigen Sport Erfolg zu haben. Der Schlüssel hierzu liegt in der richtigen Einstellung. Das geht so weit, dass man fast wie in Trance spielt und sich von schlechten Schlägen, schwachen Nerven oder ärgerlichen Störungen nicht beeinflussen lässt. Dabei hilft die Schlagvorbereitung.

Übrigens …
Am Ende seiner Karriere bekam die Golflegende Ben Hogan ernsthafte Probleme mit dem Putten. Er richtete sich zum Ball aus und erstarrte eine halbe Ewigkeit, ehe er dann oberflächlich puttete und den Ball auf einer falschen Linie am Loch vorbeischickte. Seine Preshot-Routine hatte ihn im Stich gelassen. Er konnte seinen Kopf nicht von Selbstzweifeln freimachen und verfehlte einen Putt nach dem anderen. Nach einer glänzenden Karriere spielte er nur noch zum Spaß. Er schlug die Bälle jeweils bis zum Grün, wo er sie aufnahm ohne zu putten.

Mentale Vorbereitung

Beobachten Sie einen Gewichtheber bei den Olympischen Spielen, kurz bevor er seine wirklich schweren Gewichte stemmt. Was tut er? Er ist ruhig und versucht alle unnötigen Gedanken aus seinem Kopf zu verbannen. Dann atmet er langsam und tief und konzentriert sich ganz auf die vor ihm liegende Aufgabe. Schließlich stellt er sich bildlich vor, wie er das Gewicht mühelos über seinen Kopf stemmt. Er sieht den Erfolg vor seinem inneren Auge. Dann erst tritt er in Aktion. Ohne diese Art mentaler Vorbereitung hätte er nicht den Hauch einer Chance. Wie alle Profisportler weiß er, dass die Macht der Gedanken genauso wichtig ist wie die Körperkraft. Gute Golfer führen eine ähnliche Vorbereitung vor jedem Schlag durch, die **Preshot-Routine**.

WAS IST …
Die immer wiederkehrende Prozedur, mit der jeder Schlag vorbereitet werden muss, wird auch **Preshot-Routine** genannt. Diese oft rituell anmutenden Schritte entspannen die Muskeln, machen den Kopf frei und erhöhen so die Erfolgschancen.

■ **Stress und Frustration** können auch die besten Profigolfer beeinflussen. Sie dürfen daher vor wichtigen Turnieren ihre mentale Vorbereitung nicht vernachlässigen.

DIE GRUNDLAGEN LERNEN

Der Segen der Wiederholung

VOR JEDEM SCHLAG sollte ein Golfer das gleiche Programm aus Routine ablaufen lassen. Nach vielen Jahren entwickelt sich daraus ein Automatismus, der gleich einem Mantra zum Schlag dazugehört. Ohne ihn wären die meisten guten Spieler verloren. Das klingt unglaublich, aber sehen Sie doch bei Profiturnieren einmal genau zu. Beobachten Sie, was passiert, wenn ein Spieler bei seiner Schlagvorbereitung gestört wird. Auch wenn dies noch Sekunden vor dem Schlag passiert, wird er den gesamten Ablauf unterbrechen und noch einmal ganz von vorn mit der Preshot-Routine anfangen.

Das liegt daran, dass die Schlagvorbereitung nicht vom Schwung zu trennen ist. Sie ist dessen fester Bestandteil.

Autosuggestion

Durch die gebetsmühlenartige Wiederholung der Schlagvorbereitung sind gute Spieler in der Lage alle Zweifel und jeden Ärger abzuschütteln und den Weg zum Sieg anzutreten. Der wesentliche Punkt einer effektiven Vorbereitung besteht darin, jedes Mal die gleichen Dinge zu tun. Am Ende werden Ihr Kopf und Ihr Muskelgedächtnis darauf programmiert sein, den perfekten Schwung automatisch auszuführen. So einfach ist das!

■ **Die mentale Vorbereitung** ist ein wichtiger Teil der Preshot-Routine, weil man sich dabei konzentriert und einem daher weniger Fehlschläge unterlaufen. Hier nimmt sich Nick Faldo die Zeit, um sich auf den nächsten Schlag einzustimmen.

Sehen heißt erkennen

PROFIS STELLEN SICH hinter den Ball, bevor sie schwingen, und lassen den Schlag vor ihrem inneren Auge ablaufen. Sie sehen, wie der Ball den Schlägerkopf verlässt und über den Fairway fliegt, wo er abdreht, wie er landet und genau dorthin rollt, wo sie ihn haben wollten. Nicht schlecht, oder? Es ist eine wunderbare Art, Körper und Geist auf einen guten Schlag zu programmieren, und es funktioniert wirklich, wenn Sie regelmäßig in dieser Weise vorgehen.

Positiv denken

Das Visualisieren hilft auch etwaige Zweifel am Erfolg Ihres Schlags abzublocken. Sie haben ihn ja schließlich schon gesehen und wissen, dass Ihr Ziel erreichbar ist. Vergleichen wir das mit dem, was die meisten Amateure vor einem Schlag denken: »Hoffentlich mache ich nichts falsch.« – »Hoffentlich schlage ich den Ball nicht ins Wasser.« – »Mist, warum stehen diese Büsche im Weg?« Kommt Ihnen das bekannt vor? Dies zählt auch zum Visualisieren, allerdings zum negativen. Und genau wie beim positiven Denken gehen die Dinge, die Sie sich vorgestellt haben, in Erfüllung!

Stellen Sie sich Ihren Schlag vor

Ehe Sie Ihren Ball auf dem Platz spielen, sollten Sie sich den perfekten Schlag gedanklich vorstellen.

Stehen Sie etwa 1 m hinter dem Ball und stellen Sie sich vor, wie Sie ihn schlagen: ein flüssiger Schwung mit gutem Timing und Tempo. Sie treffen perfekt. Sie hören das satte Geräusch des Schlägerkopfs und sehen dem Ball nach, der in einem langen Bogen durch die Luft fliegt und dann sanft aufs Grün fällt. Er rollt weiter und bleibt (wegen des Backspin) 3 m vom Loch entfernt liegen. Machen Sie dies bei jedem Schlag. Es funktioniert!

■ **Stellen Sie sich** vor dem Schlag hinter den Ball und visieren Sie das Ziel an. So sehen Sie die Flugbahn und konzentrieren sich völlig auf Ihre Aufgabe.

DIE GRUNDLAGEN LERNEN

Der »Waggle«

BEIM TENNIS ist es Ihre Aufgabe, einen Ball zu treffen, den jemand anderer in Ihr Feld geschlagen hat. Mit anderen Worten: Sie müssen auf die Handlung einer anderen Person reagieren.

Unter Druck handeln

Beim Golf dagegen halten Sie alle Fäden in der Hand. Hier liegt der Ball bewegungslos vor Ihnen und wartet darauf, geschlagen zu werden. Das ist einer der Gründe dafür, warum es so schwierig ist, einen Golfball zu treffen. Die ganze Verantwortung lastet auf Ihren Schultern. Sie stehen neben dem winzigen Ball und hoffen, dass Sie sich nun an alles erinnern, was Sie gelernt haben. Sie beten, dass er auf wundersame Weise genau so fliegt, wie Sie es wollen. Zu allem Unglück werden Sie dabei auch noch beobachtet.

Konzentriert sein und positiv denken

Beim Golf stehen Sie viel und müssen nachdenken. Tennisspieler rufen sich vielleicht verschiedene Schlagtechniken ins Gedächtnis und fragen sich, wo der nächste Ball auftrifft. Sie können aber nicht mitten im Spiel anfangen über sich selbst nachzudenken. Sie müssen sprungbereit sein, um alle Bälle abzuwehren, die da kommen. Tief schürfende Gedanken sind hier fehl am Platz. Beim Golf ist das anders. Sie haben gar keine andere Wahl, als über Ihren nächsten Schritt nachzudenken. So können sich Zweifel und Ängste breit machen, besonders dann, wenn Sie noch Anfänger sind. Das wiederum führt zu Muskelverspannungen, die Sie im schlimmsten Fall regelrecht lähmen können. Sie bekommen so etwas wie Lampenfieber.

Was aber hilft gegen das Lampenfieber beim Golf? Die Antwort ist einfach: Lassen Sie in dieser Situation nicht einmal ansatzweise negative Gedanken aufkommen.

Konzentrieren Sie sich auf einzelne, wiederholbare Bewegungen. Versuchen Sie bei der Schlagvorbereitung locker und beweglich zu bleiben. Wenn Sie den Ball ansprechen, verlagern Sie Ihr Gewicht von einem Fuß auf den anderen. Blicken Sie auf Ihr Ziel und dann auf Ihren Ball. Und – am allerwichtigsten – *wagglen* Sie mit Ihrem Schläger vor und zurück.

WAS IST ...

*Ein **Waggle** ist eine kurze Hin- und Herbewegung des Schlägerkopfs (30–60 cm in beide Richtungen) vor dem eigentlichen Schwung, die Sie mit den Handgelenken kontrollieren.*

DAS SPIEL IM KOPF

Locker bleiben

Der »Waggle« ist für mehrere Dinge gut. Erstens entspannt er Ihre Armmuskeln, wodurch die Gefahr gebannt ist, durch zu viel Spannung den Schlag zu verderben. Zweitens kann Ihr Körper sich bewegen, statt vor Angst zu erstarren. In Bewegung zu bleiben hilft negative Gedanken zu vermeiden. Der »Waggle« macht den Golfschwung fast mit einem Schlag beim Tennis vergleichbar. Statt stocksteif und ängstlich dazustehen, sind Sie lockerer, so, als würden Sie darauf warten, einen entgegenkommenden Ball zurückzuschlagen. Drittens hilft der »Waggle« den ersten Abschnitt Ihres Rückschwungs zu üben.

Sehen Sie den Pros zu

Ehe Sie sozusagen den Abzug drücken, sollten Sie »wagglen«. Es kann eine kleine Hin- und Herbewegung sein oder auch eine längere, langsame Technik, wie sie der LPGA-Star Karrie Webb vor jedem

■ **Leichte Hin- und Herbewegungen** *des Schlägerkopfes lösen Ihre Anspannung und helfen beim Ansprechen des Balls.*

Schlag anwendet. Sie spricht den Ball an und nimmt den Schlägerkopf bis in eine fast waagerechte Position hinter dem Kopf zurück. Dann führt sie den Schlägerkopf langsam zum Ball zurück. Diese Bewegung ist ein kontrollierter Proberückschwung, der als entspannender »Waggle« betrachtet werden kann.

Egal, welche Art »Waggle« Sie bevorzugen – setzen Sie ihn vor jedem Schlag an.

Er hält Sie locker und vermittelt ein Gefühl, das der große Sam Snead einmal »gut geölt« nannte.

■ **Wie alle erfolgreichen Golfer** *hat die Australierin Karrie Webb gelernt den »Waggle« in ihr Spiel zu integrieren. Statt einer Reihe kurzer Bewegungen macht sie einen langsamen Übungsrückschwung.*

DIE GRUNDLAGEN LERNEN

Typische Preshot-Routine

LASSEN SIE UNS alle diese Komponenten zu einer praktikablen, fließenden Schlagvorbereitung verbinden.

1. Schritt: Der Übungsschwung

Übertreiben Sie hier nicht: Ein vernünftiger Schwung ist alles, was Sie brauchen. Beim Probeschwung sollten Sie möglichst wenig an die Theorie denken – vielleicht nur an die Stichworte: gutes Tempo und richtige Drehung. Denken Sie an einen Walzer: eins, zwei, drei – eins, zwei, drei. Denken Sie daran, mit dem Schläger knapp über das Gras zu fegen wie bei einem richtigen Schlag. (Außer Sie benutzen Ihren Driver, der sich 5 cm über dem Boden befinden sollte, je nachdem, wie hoch Sie den Ball aufgeteet haben.)

INTERNET

www.golfball.com

Auf dieser Website finden Sie alles über die Grundlagen des Spiels sowie Informationen über neue Schläger und vieles mehr rund um den Golfball.

2. Schritt: Visualisieren Sie den Schlag

Stehen Sie hinter dem Ball und stellen Sie sich den Schlag vor. Sehen Sie, wie der Ball die Schlagfläche verlässt, einen perfekten Bogen beschreibt und dann genau dort landet, wo Sie es möchten. Das hilft Ihnen dabei, sich die richtige Einstellung für einen Schlag zu verschaffen. Dieser Vorgang sollte genauso lange dauern wie der echte Schlag, also etwas sechs bis acht Sekunden.

3. Schritt: Zielen Sie

Bleiben Sie hinter dem Ball stehen, nachdem Sie den Schlag visualisiert haben, und finden Sie die richtige Linie des Balls zum Ziel. Hier sollten Sie den Schritten folgen, die Sie in Kapitel 8 über das Ausrichten von Körper und Schläger gelernt haben – ich fasse sie noch einmal kurz zusammen: Suchen Sie sich höchstens 1 m vom Ball entfernt einen Punkt, der auf einer Linie mit dem Ziel liegt. Das kann ein brauner Grashalm sein, ein Divot oder gar ein Wurm, dessen Körper aus einem Loch ragt.

Die Sohle Ihres Schlägers muss im rechten Winkel zu der Linie liegen, die zu Ihrem Zwischenziel führt (Sie erinnern sich an den niedlichen Wurm). Kontrollieren Sie Ihren Griff und sprechen Sie den Ball an. Richten Sie Ihre Füße, ebenso Ihre Hüften und Schultern, parallel zur Ziellinie aus.

4. Schritt: Machen Sie den »Waggle«

Wenn Sie gut gezielt haben, stehen Sie nicht bewegungslos da, denn ansonsten könnten sich Stress und auch störende Gedanken breit machen. »Wagglen« Sie stattdessen besser ein paar Mal mit dem Schläger. Sie sollten sich wohl- und alle Ihre Gelenke sich wie gut geölt anfühlen. Nach dem »Waggle« muss der Schlägerkopf wieder senkrecht zur Ziellinie stehen. Konzentrieren Sie sich einfach nur auf Ihre Aufgaben und fühlen Sie sich beim »Wagglen« wie ein Kind – einfach glücklich!

5. Schritt: Drücken Sie den Abzug

Gute Golfer leiten ihren Schwung mit einer kleinen Bewegung ein, die wie der Startschuss bei einem Rennen wirkt. Tom Kite verlagert sein Gewicht schnell von einem Fuß auf den anderen. Nancy Lopez winkelt ihre Handgelenke leicht an. Andere beugen die Knie oder neigen den Kopf. Diese Bewegungen initiieren den Rückschwung. Sie sollten sich ebenfalls für eine von diesen entscheiden. Hauptsache, Sie führen sie jedes Mal in gleicher Weise aus. So programmieren Sie Körper und Geist darauf, einen wiederholbaren Schwung auszuführen, und das so stressfrei wie möglich.

Kurze Zusammenfassung

✓ Wenn Sie sich auf die beinahe einem Ritual gleichende Routine bei der Schlagvorbereitung konzentrieren, haben Sie keine Zeit für Zweifel. Sie sind nämlich viel zu beschäftigt.

✓ Ihre Preshot-Routine sollte ein Teil Ihres Schwungs sein. Reden Sie sich ein, dass Sie gar keinen Schlag machen können ohne vorher die Preshot-Routine durchlaufen zu haben.

✓ Ein Teil Ihrer Schlagvorbereitung ist die Visualisierung Ihres Schlags. Lassen Sie den Ball vor Ihrem inneren Auge genau dort landen, wo Sie ihn haben wollen.

✓ Durch ständige Wiederholung sollte Ihnen die Preshot-Routine in Fleisch und Blut übergehen.

✓ Der »Waggle« vor dem Schwung hilft die Muskeln zu entspannen und macht den Kopf frei.

✓ Sobald Sie eine effektive Preshot-Routine gefunden haben, sollten Sie daran nichts ändern, sondern diese immer beibehalten.

Kapitel 10

Der Golfschwung

Nun beginnt der Ernst des Lebens. Es geht um den Golfschwung. Ein Golfschläger bewegt sich beim Schwung sowohl in horizontaler als auch in vertikaler Richtung. Genau das macht es so schwer, den Schwung immer wieder exakt zu wiederholen. Oberkörper, Arme, Beine und Hände müssen perfekt zusammenarbeiten, wenn Sie den kleinen Ball verlässlich treffen wollen. Also nehmen wir den Schwung unter die Lupe.

In diesem Kapitel ...

✓ *Die Elemente des Schwungs*

✓ *Die Schwungebene*

✓ *Der Golfschwung in sechs Teilen*

✓ *Starten Sie mit dem 7er-Eisen*

TIGER WOODS DEMONSTRIERT DIE PERFEKTE HALTUNG

DIE GRUNDLAGEN LERNEN

Die Elemente des Schwungs

WAS ZEICHNET EINEN guten Golfschwung aus? Um diese Frage zu beantworten, betrachten wir einen der besten Schwünge im Profigolf, nämlich den von Ernie Els. Dieser Spieler ist über 1,80 m groß und unglaublich elegant und athletisch, besonders dann, wenn er den Schläger in die Hand nimmt. In seinem Schwung kombiniert er große Kraft und Körperbeherrschung mit enormer Geschwindigkeit und perfektem Timing. Seine Technik wirkt nie verkrampft, sondern fließend und harmonisch, fast als würde Els im schwerelosen Raum spielen. Diesen Schwung sollten Sie sich zum Vorbild nehmen.

INTERNET

www.teachkidsgolf.com

Auf dieser Website finden Sie Videoclips zu allen grundlegenden Schwungelementen. Die Site ist zwar für jüngere Golfer, aber auch Erwachsene können davon profitieren.

Lassen Sie den Ball am Leben!

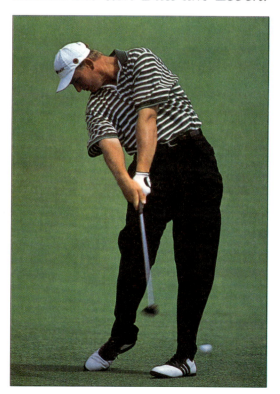

Leider hat der durchschnittliche Golfer nicht die gleiche Eleganz wie Ernie Els. Achten Sie bei Ihrem nächsten Besuch der Driving Range einmal auf die unterschiedlichen Schwünge. Sie werden hier viele Varianten, den Ball zu behandeln, zu sehen bekommen, aber sicher keinen graziösen Tänzer wie Els. Die meisten Amateure attackieren ihren Ball, als wollten sie ihn ermorden. Offenbar sind sie davon besessen, ihn so weit zu schlagen wie die Profis. Je verzweifelter sie es allerdings versuchen, desto kläglicher scheitern sie und schlagen weniger kraftvoll als bei einem eleganten Schwung.

■ **Der Südafrikaner Ernie Els** *hat einen der elegantesten und weichsten Schwünge unter den Profis. Wenn Sie ihn beobachten, werden Sie bemerken, dass er perfekt ausbalanciert schwingt – eine Lektion für all jene, die den Ball zu hart schlagen.*

DER GOLFSCHWUNG

Take it easy

Die Profis erreichen ihre Weiten nicht mit brutaler Gewalt. Keiner von ihnen, auch nicht Tiger Woods oder John Daly, schlägt den Ball mit ganzer Kraft auf Kosten von Eleganz und Tempo. Profigolfer denken beim Schwung in erster Linie an einen harmonischen Bewegungsablauf. Wenn Sie den Ball zu aggressiv attackieren, gehen Ihnen dabei die grundlegenden Voraussetzungen verloren, die einen Schwung effektiv machen: Geschwindigkeit, Balance, Einheit und Schwung.

Geschwindigkeit

Jeder Spieler schwingt den Schläger in einem ihm eigenen Tempo. Das gilt auch für die Profis. So schwingen Ernie Els und Fred Couples langsam und locker, während Nick Price und Tom Watson einen schnelleren und entschiedeneren Schwung an den Tag legen. Alle vier sind Spitzenspieler, was beweist, dass nicht allein die Schwunggeschwindigkeit den Erfolg ausmacht. Auch Sie werden Ihr in-

■ **Die Schwunggeschwindigkeit** von Tiger Woods ist eine der höchsten überhaupt. Doch sie geht nie zu Lasten von Eleganz und Genauigkeit.

dividuelles Schwungtempo entwickeln, das zu Ihrer Persönlichkeit passt. Wenn Sie auch sonst alles leicht nehmen, wird Ihre Schwunggeschwindigkeit entsprechend niedrig sein. Wenn Sie sich rasch bewegen und ebenso sprechen, ist davon auszugehen, dass auch Ihr Schwungtempo schneller sein wird. Schneller ist nicht automatisch besser, aber auch nicht unbedingt schlechter, solange bestimmte Grundlagen stimmen.

Beginnen Sie Ihren Rückschwung nie abrupt und ruckartig. Das zerstört häufig den Bewegungsablauf.

Versuchen Sie stattdessen den Schläger bewusst sanft zurückzunehmen. Erinnern Sie sich an den Walzertakt. Der Schläger soll während des »eins, zwei, drei« so zurückgenommen werden, dass Sie bei »drei« das Ende des Rückschwungs erreicht haben. Denken Sie daran: Sie hacken hier kein Holz! Wenn der Schläger seinen höchsten Punkt erreicht hat, halten Sie kurz inne anstatt sofort mit dem Abschwung zu beginnen. Konzentrieren Sie sich darauf, ein gleichmäßiges Tempo zu halten, so, als würden Sie ein Orchester dirigieren.

Eleganz und Genauigkeit

Auch der Abschwung sollte elegant und ohne einen unnötigen Kraftakt beginnen. Wenn Sie versuchen den Schläger so fest wie möglich herunterzupeitschen, werden Sie den Ball nicht gut treffen. Darüber hinaus kommt es zu einer ungünstigen Gewichtsverlagerung, durch die Sie die Balance und damit die Kraft verlieren könnten. Denken Sie beim Abschwung wieder an den Walzer. Schwingen Sie zum »eins, zwei, drei« so, dass der Bewegungsablauf bei »drei« abgeschlossen ist. Wenn Sie sich den Schwung als Musikstück vorstellen und ein Gefühl für den Takt entwickeln, wird Ihr Rhythmus weich und fließend. Sie erreichen dadurch Kraft und Genauigkeit.

Balance

Balance bedeutet im Sport alles. Ein Athlet, der sie im kritischen Augenblick verliert, kann keine gute Leistung erbringen. Beim Golf sorgt Gleichgewicht beim Schwung für Kraft und Genauigkeit des Schlags. Heftige Gewichtsverlagerungen von einer Seite zur anderen bringen Sie aus dem Takt und den Schlägerkopf vom richtigen Weg ab. Spieler mit zu großer Seitwärtsbewegung laufen Gefahr am Ende des Schwungs umzufallen – ein Zeichen für schlechte Technik.

Statt Ihre ganze Kraft in den Schlag zu legen und Ihren Körper erst nach rechts und anschließend nach links zu neigen, sollten Sie sich eigentlich nur um die eigene Achse drehen.

Der Golfschwung sollte eine Dreh- und keine Seitwärtsbewegung sein. Die Rotationsachse liegt dabei etwa in Höhe des Brustbeins. Wenn Sie dies von Anfang an bedenken, haben Sie eine größere Chance, Ihr Gleichgewicht zu halten und kraftvoller sowie präziser zu schlagen.

■ **Um einen ausgewogenen Golfschwung** zu erreichen, muss Ihr Körper um eine zentrale Achse rotieren, sodass sich Ihr Gewicht von der einen zur anderen Seite verlagern kann.

DER GOLFSCHWUNG

Einheit

Unter der Einheit des Golfschwungs versteht man eine fließende, durchgehende Bewegung. Viele Anfänger lesen Bücher, in denen es um Schlüsselbegriffe geht wie »nach innen nehmen«, »den Schlägerkopf loslassen« oder »die Hüften drehen« und sie versuchen alle diese wichtigen Elemente des Golfschwungs nacheinander auszuführen, so als würden sie mit zeitlichem Abstand ablaufen. In Wahrheit aber ist der Golfschwung eine sehr dynamische Angelegenheit, die gerade einmal zwei Sekunden dauert. Man kann sie nicht in viele kleine Teile aufsplitten, die man beim Schwingen alle einzeln beachtet. Stattdessen müssen Sie sich den Schwung als Einheit vorstellen.

Arbeiten Sie an Ihrem Schwung

Wenn Sie Ihren Schwung verbessern wollen, üben Sie immer nur jeweils ein Element und versuchen Sie sich auf dieses zu konzentrieren. Vielleicht beschäftigen Sie sich an einem Tag nur damit, Ihren Rückschwung zu verlangsamen. Am nächsten Tag könnten Sie sich dann bemühen Ihren Griff zu lockern. Denken Sie immer daran, dass der Golfschwung ein fließender Gesamtbewegungsablauf ist und nicht eine Serie von Einzelaktionen.

Schwingen – nicht schlagen!

Vielleicht ist es ein Vermächtnis anderer Ballspiele, dass so viele Anfänger glauben, sie müssten sich hauptsächlich auf das Schlagen des Balls konzentrieren. Natürlich werden Sie nicht weit kommen, wenn Sie den Ball nicht treffen. Aber so dürfen Sie nicht denken. Bei einem guten Schwung schwingen Sie den Schläger und der Ball liegt eigentlich nur im Weg. So einfach ist das!

Der »echte« Schwung sollte nicht anders sein als ein Probeschwung. Und diese werden fast immer rund und gut ausgeführt, weil man nicht unter Druck steht.

Tun Sie so, als ob der Ball gar nicht da wäre. Sie werden überrascht sein, welch gute Ergebnisse Sie damit für Ihren Schwung erzielen.

Übrigens …

Der berühmte englische Golfer Nick Faldo hatte zu Anfang der 80er-Jahre bereits mehrere Turniere gewonnen. Da sein Spiel aber immer noch unkalkulierbaren Schwankungen unterworfen war, wandte er sich Hilfe suchend an den als »Schwungguru« bekannten David Leadbetter. Die beiden beschlossen Faldos Schwung nicht umzustellen, sondern ganz neu aufzubauen. Diese Strategie machte sich bezahlt. Nach ein paar Jahren harter Arbeit gewann Faldo Turnier um Turnier, darunter mehrmals sowohl die British Open als auch das Masters. Er gilt als der technisch versierteste und präziseste Golfer seit Ben Hogan.

DIE GRUNDLAGEN LERNEN

Die Schwungebene

DER WEG, DEN IHR SCHLÄGER während des Schwungs nimmt, wird Schwungebene genannt. Stellen Sie sich hinter einen befreundeten Golfer und beobachten Sie, wie er den Ball anspricht. Achten Sie auf den Winkel, den der Schlägerschaft zum Boden hat. Lassen Sie den Freund langsam schwingen und kontrollieren Sie, wie der Winkel bei Rück- und Durchschwung reagiert. Sehen Sie, dass er relativ konstant bleibt?

Am höchsten Punkt des Rückschwungs soll sich der Schaft auf der gleichen Ebene befinden wie beim Ansprechen.

Die individuelle Schwungebene wird durch Größe, Beweglichkeit und Haltung bestimmt.

Steile und flache Schwungebenen

Im Allgemeinen gilt: Kleinere Menschen werden mit Schlägern in Normallänge eine flachere Schwungebene haben (der Winkel zwischen Schläger und Boden ist hier nämlich kleiner), während eine größere Person mit Standardschlägern eine steilere **Schwungebene** hat (der Winkel zwischen Schläger und Boden ist in diesem Fall größer). Hierbei gibt es erhebliche Unterschiede, die von der individuellen Ansprechposition und der Körperkraft des jeweiligen Spielers abhängen. Wer sehr beweglich ist, wird eine flachere Schwungebene haben, ein Spieler mit steiferer Körperhaltung eine steilere. Es gibt nicht die eine, richtige Schwungebene im Golf. Sie verändert sich mit der Länge der Schläger. Das vergleichsweise kurze Sandwedge wird auch viel steiler geschwungen als der deutlich längere Driver. Letzterer hat als der längste Schläger in der Golftasche die flachste Schwungebene.

WAS IST ...

*Die **Schwungebene** ist die Bahn, auf der sich Ihr Schläger beim Schwung bewegt. In Relation zum Boden gilt: Je größer der Winkel, desto steiler die Schwungebene. Je kleiner der Winkel, desto flacher ist die Schwungebene.*

Die vielen verschiedenen Schwungeben sind an sich kein Problem, allerdings sollte man während des Schwungs immer darauf achten, den Winkel möglichst wenig zu verändern. Die Ebene des Rückschwungs wird wahrscheinlich etwas steiler sein als die des Durchschwungs. Solange der Unterschied nicht zu groß ist und sie annähernd ähnlich sind, gelingen ein guter Ballkontakt und ein kraftvoller Schwung.

DER GOLFSCHWUNG

»Coming Over the Top«

Eine zu steile Schwungebene führt oft zu einem schlechtem Ballkontakt und dem Slice (Schläge, die beim Rechtshänder unbeabsichtigt deutlich nach rechts abdrehen). Das liegt daran, dass sich der Schlägerkopf bei einer zu steilen Annäherung von rechts nach links an den Ball bewegt (man nennt das **Coming Over the Top**). Ist die Schwungebene zu flach, gibt es Probleme mit dem Hook (Schläge, die beim Rechtshänder unweigerlich nach links abdrehen).

> **WAS IST …**
>
> **Coming Over the Top** bedeutet, dass ein Schlag zu sehr von oben ausgeführt wird. Ein rechtshändiger Spieler trifft dabei den Ball mit dem Schlägerkopf in einer Bewegung von rechts nach links. Dieser den Ball nur flüchtig treffende Schlag hat einen schlechten Ballflug, meist einen Slice, zur Folge.

Ein weiter und flacher Rückschwung ist allgemein die beste Voraussetzung für eine gute Schwungebene. Beschreiben Sie einen möglichst großen Bogen und alles läuft gut.

Golfer mit einer steilen Schwungebene, die mit ihrem Schläger einen sehr engen Bogen beschreiben, verlieren Kraft und Genauigkeit – gerade wenn sie ihre längeren Schläger benutzen. Mit den kürzeren Schlägern fällt das weniger ins Gewicht, da diese ohnehin eine steilere Schwungebene haben.

Finden Sie die richtige Schwungebene

Ihre Ansprechposition bestimmt in hohem Maß Ihre Schwungebene. Wenn Sie sich so ausrichten, wie ich es in Kapitel 8 beschrieben habe, sollten Sie keine Probleme haben. Stehen Sie nicht zu dicht am Ball und beugen Sie als Rechtshänder den Oberkörper nicht nach links. Beides kann eine zu steile Schwungebene verursachen. Wenn Sie den Driver benutzen, sollte der Schaft beim Ansprechen einen 45°-Winkel zum Boden haben.

Schwungebene des Drivers
Schwungebene des 6er-Eisens
Schwungebene beim Sandwedge

■ **Die Schwungebene** hängt vom jeweiligen Schläger ab. Als Faustregel gilt: je länger der Schläger, desto flacher ist die Schwungebene.

DIE GRUNDLAGEN LERNEN

Der Golfschwung in sechs Teilen

ICH WEISS, WAS SIE JETZT DENKEN: »Eben wurde noch gesagt, der Golfschwung sei keine Aneinanderreihung von Einzelaktionen, sondern eine flüssige, koordinierte Gesamtbewegung aus einem Guss.« Sie haben völlig Recht. Trotzdem ist es fast unmöglich, den komplexen Golfschwung zu beschreiben ohne ihn in einzelne Schritte aufzuteilen. So kann ich Ihnen die jeweils idealen Schlägerpositionen vorstellen. Mit diesem Wissen können Sie aus allen Abschnitten den idealen Bewegungsablauf des Schwungs zusammensetzen. Dann fehlt Ihnen zum richtigen Spiel nur noch der Ball.

1. Schritt: Ein niedriger und langsamer Rückschwung

Der Rückschwung ist der erste und damit grundlegende Mosaikstein. Von ihm hängt alles Weitere ab. Wenn Sie einen miserablen Rückschwung haben, zerfällt der Schwung und das Schlagergebnis wird schlecht ausfallen. Wenn Sie es dagegen richtig machen, erhöhen sich Ihre Chancen auf einen großartigen Schlag erheblich. Also lassen Sie uns losschwingen!

Den Schläger zurücknehmen

In der Ansprechposition (in Kapitel 8 beschrieben) nehmen Sie den Schläger langsam zurück. Lassen Sie dabei den Schlägerkopf so dicht wie möglich am Boden. Bei einem Rechtshänder sollte die linke Schulter etwas höher sein als die rechte. Das trägt zu einer größeren, flacheren Schwungebene bei. Wenn Sie den Schlägerkopf zu abrupt in die Luft heben, hat das eine zu steile Schwungebene zur Folge und Sie treffen den Ball somit ungenauer und kraftloser.

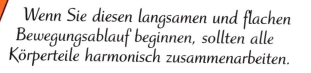

Wenn Sie diesen langsamen und flachen Bewegungsablauf beginnen, sollten alle Körperteile harmonisch zusammenarbeiten.

■ **Der Beginn** des Zurücknehmens ist ein kritischer Augenblick, denn er bestimmt den Weg des Schlägerkopfes beim Schwung.

DER GOLFSCHWUNG

> ### Übrigens ...
> Eine der ersten Veröffentlichungen zur Kunst des Golfspiels stammt von Thomas Kincaid. Über den Golfschwung schrieb er 1687: »Stehen Sie wie beim Fechten. Halten Sie die Muskeln der Beine und des Rückens fixiert oder steif, nicht im Geringsten nachlassend, bis Sie den Schlag ausführen. Ihre Arme verrichten kaum eine Bewegung. Diese wird nur durch das Drehen des Körpers verursacht.«

Spieler, die beim Rückschwung hauptsächlich Arme und Hände einsetzen, schaffen es nur selten, regelmäßig kraftvoll zu schlagen. Arme, Schultern und Hüften sollten in einer koordinierten Bewegung als Einheit arbeiten, wenn der Schlägerkopf in Bewegung gesetzt wird. Nehmen Sie diesen etwa einen halben Meter zurück, ehe Sie Ihre Drehung beginnen. Sobald der Bewegungsablauf eingesetzt hat, wird der Schlägerkopf folgen. Denken Sie also nicht weiter an ihn.

Die Drehung nach rechts

An diesem Punkt in Ihrem Rückschwung sollte Ihr Körper wie eine aufgedrehte Stahlfeder Spannung aufbauen. Ihr rechter Arm wird dabei an der Seite automatisch einknicken. Der linke sollte relativ gerade bleiben, aber nicht steif. Versuchen Sie beim Rückschwung Ihren rechten Ellenbogen nah am Körper zu halten. Beachten Sie, wie sich Schultern und Hüften drehen. Das passiert wie von selbst.

Beim Rechtshänder wird sich das Gewicht nun auf die rechte Seite verlagern. Das ist wichtig für einen guten Rückschwung, denn dieser Vorgang hilft Ihr ganzes Kraftpotenzial zu sammeln – um es beim Abschwung nach links freizusetzen.

Der Anfang des Rückschwungs soll sich anfühlen, als würden Sie bei der Drehung Arme und Hände einfach mitnehmen. Beziehen Sie diese zu Beginn der Bewegung bewusst nicht mit ein, denn sie wechseln auf dem Rückweg oft die Schwungebene, wenn man ihnen erlaubt sich frei zu bewegen. Ihr Oberkörper muss die Kontrolle haben.

Wenn der Schlägerschaft fast direkt nach hinten zeigt, sollten Sie Ihre Handgelenke abwinkeln. Das passiert ganz von selbst – Sie brauchen nichts zu erzwingen. Es ist auch nicht nötig, fester zuzugreifen. Lassen Sie den Griff locker, aber kontrolliert. Als Rechtshänder drehen Sie sich weiter, bis Ihre linke Schulter an Ihr Kinn reicht und sich Ihr linkes Knie ein wenig in Richtung Standbein beugt. Ihr Kopf sollte ungefähr die gleiche Position beibehalten wie in der Ansprechhaltung zu Beginn des Schwungs. Eine kleine Drehbewegung ist aber akzeptabel.

Vermeiden Sie, dass sich Ihr Körper während des Rückschwungs zur Seite neigt. Er sollte sich um eine imaginäre Achse drehen.

DER RÜCKSCHWUNG

Das Wichtigste beim Rückschwung ist darauf zu achten, dass Sie ihn mit einer koordinierten Bewegung des ganzen Körpers beginnen und nicht nur mit Armen und Händen. Dieser Ablauf sorgt für einen weiteren Schwungbogen sowie für mehr Kraft und für einen sauberen Ballkontakt.

1 Ausrichten

Richten Sie sich aus: Ihr linker Fuß ist leicht nach außen gedreht, der rechte steht im 90°-Winkel zur Ziellinie.

2 Zurücknehmen

Wenn Sie den Schlägerkopf langsam zurücknehmen, sollte die linke Schulter etwas höher sein als die rechte.

3 Drehen

Drehen Sie Arme, Schultern und Hüften. Behalten Sie beim Ausholen einen leichten, kontrollierten Griff bei.

2. Schritt: Der höchste Punkt

Ein Schwanken des Körpers reduziert Ihre Kraft und Präzision, also vermeiden Sie diese Bewegung tunlichst. Wenn Ihre linke Schulter unter Ihrem Kinn liegt, hat der Schlägerschaft den höchsten Punkt im Rückschwung erreicht und sollte sich parallel zur Zielrichtung befinden. Ihr Gewicht sollte auf den rechten Fuß verlagert und das linke Knie leicht nach innen gebeugt sein. Das rechte Knie hat beim Rückschwung seine Beugung nicht verändert und hält die aufgebaute Energie zusammen. Im Körper hat sich nun diese ganze Energie des Rückschwungs angesammelt und wartet nur darauf, im Abschwung freigesetzt zu werden. Es ist in Ordnung, wenn Sie am höchsten Punkt des Rückschwungs den linken Fuß ein wenig anheben, aber übertreiben Sie es nicht, da die Genauigkeit darunter leidet. Lassen Sie ihn also besser am Boden.

DER GOLFSCHWUNG

Alles an seinem Platz

Am höchsten Punkt des Rückschwungs sollten Sie in Ihrer aufgedrehten Körperhaltung eine große Menge potenzieller Energie spüren, die nur darauf wartet, auf den Golfball übertragen zu werden. Sie sollten sich voller Kraft fühlen und zum flüssigen Schwung bereit sein. Ihre Schultern sind um 90° gedreht, Ihre Hüften um 45°. Diese Winkel hängen natürlich von Ihrer Beweglichkeit ab und dienen nur als Richtwerte.

Üben Sie Ihren Rückschwung immer wieder, am besten vor einem Spiegel, damit Sie kontrollieren können, ob sich alle Körperteile bei der Bewegung an der richtigen Stelle befinden. Oder aber Sie nehmen einen Freund zu Hilfe, der Ihre Fehler korrigiert.

Schläger horizontal

Linker Arm gerade

Linke Schulter unter dem Kinn

Rechtes Knie leicht gebeugt

Worauf Sie achten sollten:

Ihr Kopf sollte gerade bleiben. Nur eine leichte Seitwärtsbewegung ist akzeptabel. Die Augen sind immer auf den Ball gerichtet.

Ihr linker Arm sollte kaum abgewinkelt sein. Eine leichte Beugung ist erlaubt.

Ihre linke Schulter berührt Ihr Kinn.

Ihr rechter Arm ist seitlich angewinkelt und berührt Ihren Brustkorb.

Ihr rechtes Knie hat während des ganzen Rückschwungs eine gleich bleibende leichte Beugung.

Ihr Gewicht sollte sich auf den rechten Fuß verlagern, während sich Ihr Oberkörper dreht.

■ **Am höchsten Punkt** *des Rückschwungs lastet das meiste Gewicht auf Ihrem rechten Fuß. Ihr Rücken zeigt zum Ziel.*

DIE GRUNDLAGEN LERNEN

3. Schritt: Energie beim Abschwung freisetzen

Jetzt wird es wirklich interessant und die Spannung steigt. Der Abschwung ist der Augenblick der Wahrheit. Jetzt geht der Schwung erst richtig los. Während der Rückschwung langsam, fließend und kontrolliert ist, vermittelt der Abschwung das Gefühl von Kraft und Beschleunigung. Achten Sie einmal bei Ernie Els darauf und Sie werden sehen, wie flüssig der Übergang vom Rückschwung sein kann. Eifern Sie dem nach!

Der Übergang vom Rück- zum Abschwung sollte so fließend und so elegant wie möglich sein – ohne jede Spur von brachialer Gewalt, mit der manch einer den Ball attackiert.

Unglücklicherweise begehen die meisten Amateure diesen Fehler. Ein perfekter Rückschwung kann durch einen schlechten Abschwung zunichte gemacht werden.

Der schlimmste Fehler liegt darin, den Abschwung mit den Armen zu beginnen.

Das würde zu einem **Out-to-In-** (oder Over-the-Top-) Schlag führen und alle Energie zunichte machen, die sich in Beinen, Hüften und Oberkörper entwickelt hat.

Aus der Hüfte

Die erste Bewegung nach dem Höhepunkt des Rückschwungs machen Sie mit der Hüfte, die sich zurück zum Ziel dreht. Als Folge davon löst sich die Drehung Ihres gesamten Körpers. Stellen Sie sich diesen Vorgang wie einen gespannten Gummi an einem Spielzeugflugzeug vor, der beim Loslassen zurückschnellt und so Energie freisetzt. Machen Sie sich um Arme und Hände keine Sorgen, diese kommen erst ganz zum Schluss an die Reihe. Wenn die Hüften sich drehen, ziehen sie Körper und Schultern mit, und diese wiederum bringen Arme, Hände und Schläger ins Spiel. Der Schlägerkopf setzt sich beim Abschwung als Letztes in Bewegung.

■ **Der Abschwung** beginnt mit den Hüften. Dann folgt der Oberkörper, der sich in einer flüssigen Bewegung zurückdreht.

WAS IST ...

Ein Out-to-In-Schlag, der auch »Coming Over the Top« genannt wird, passiert immer dann, wenn der Schlägerkopf von außerhalb der Ziellinie kommt und den Ball trifft. Der Ball wird also von rechts nach links getroffen. Stellen Sie sich vor, die Ziellinie wäre hinter dem Ball verlängert. Bei einem guten Schwung kommt der Schläger der Körperdrehung entsprechend von innen auf die Ziellinie, wo er dann den Ball trifft. Golfer, bei denen der Schlägerkopf die Ziellinie von außen erreicht, treffen den Ball von außen nach innen.

DER GOLFSCHWUNG

Wenn Ihr Körper wieder aus der Drehung herausgeht, muss sich Ihr Gewicht vom rechten auf den linken Fuß verlagern.

Diese Gewichtsverlagerung spielt für einen kraftvollen Schlag eine wichtige Rolle. Wenn Sie sie nicht oder aber in die falsche Richtung durchführen, verlieren Sie Kraft und Genauigkeit. Trotzdem soll die Gewichtsverlagerung wie von selbst passieren und nicht erzwungen werden. Dann nämlich würden Sie seitwärts schwanken und den Ball nicht richtig treffen.

Spirale rückwärts

Wenn Sie Ihren Körper im Abschwung zurückdrehen, sollten Sie den Eindruck haben den Schläger mit der linken Hand förmlich durch den Ball zu ziehen. Jedenfalls sollte dieses Gefühl auftreten, wenn der Schlägerschaft nach hinten weist und das Ende des Griffstücks auf Ihr Ziel zeigt. Versuchen Sie bei dieser Drehung die Beugung der Handgelenke so lange wie möglich beizubehalten. Sie bewegen diese zuletzt, bevor Sie den Ball treffen.

Spieler, die ihre Handgelenke erst im letzten Moment öffnen, schlagen mit mehr Kraft.

Wenn Sie die »Spirale rückwärts« sauber ausführen, sorgt bereits die Zentrifugalkraft für die späte Öffnung der Handgelenke. Wer bewusst versucht die Handgelenke zu früh zu öffnen, verliert Kraft und Präzision. Der Abschwung sollte sich anfühlen, als müsste der Schläger auf dem Weg zum Ball einen engen Spalt passieren. Als Rechtshänder achten Sie darauf, dass Ihr rechter Ellenbogen nah am Körper bleibt und dabei beinahe die Rippen streift. Tut er das nicht, so könnte der Schlägerkopf den Ball von außen nach innen treffen und damit einen Slice verursachen.

Der Peitschenschlag

Wenn Ihr Körper sich beim Abschwung zurückdreht, bewegt sich der Schlägerkopf immer schneller auf den Ball zu. Wurden Rück- und Abschwung richtig eingeleitet, machen Sie nun eine gute Figur. Sobald der Abschwung an Geschwindigkeit zunimmt, ist nichts mehr zu ändern. Die entstandene Zentrifugalkraft ist für Ihre Hände und Arme zu stark, als dass Sie noch sinnvolle Ausgleichsbewegungen durchführen könnten. Eben deshalb sind Ausrichtung und Rückschwungtechnik so wichtig. Wenn sich der Schlägerkopf dem Ball nähert, ist Ihr Körper mit einer Art Peitsche vergleichbar und der Treffmoment mit dem Peitschenknall.

DIE GRUNDLAGEN LERNEN

4. Schritt: Im Treffmoment

Die Art und Weise, in der der Schlägerkopf mit dem Ball in Kontakt kommt, bestimmt dessen Flugbahn – ganz einfach. Um nun einen möglichst geraden Schlag zu erzielen, bewegt sich der Schlägerkopf direkt auf der Ziellinie, wobei sich die Schlagfläche im rechten Winkel zu dieser Ziellinie befinden muss. Weist die Schlagfläche nach rechts, so fliegt Ihr Ball in diese Richtung und umgekehrt – Physik für Anfänger. Bei einer offenen Schlagfläche, die bei einem Rechtshänder nach rechts verdreht ist, wird der Ball einen Drall im Uhrzeigersinn bekommen und nach rechts abdrehen. Bei einer geschlossenen Schlagfläche, also einer nach links gedrehten, erhält der Ball einen Drall gegen den Uhrzeigersinn und dreht nach links ab – Physik für Fortgeschrittene.

Gewichtsverlagerung

Im Treffmoment sollten die Arme relativ gerade sein. Ihr rechter Arm wird sich mittlerweile nach und nach gestreckt haben, Ihr linker ist während Rück- und Abschwung durchgehend gerade geblieben.

Im Treffmoment nehmen Sie fast die Haltung der Ansprechposition ein, mit der Ausnahme dass Sie als Rechtshänder einen Großteil Ihres Gewichts auf den linken Fuß verlagert haben.

Diese Gewichtsverlagerung ist unbedingt notwenig, wenn man den Ball mit Kraft und Genauigkeit schlagen will. Es ist ein typischer Anfängerfehler, wenn man diesen Ablauf falsch oder in der falschen Reihenfolge durchführt.

Probeschwünge

Um ein Gefühl für die richtige Gewichtsverlagerung zu entwickeln, machen Sie ein paar Probeschwünge, bei denen Sie Ihr Gewicht beim Rückschwung bewusst auf das hintere Bein und beim Abschwung auf das vordere legen: zurück und vor, zurück und vor. Für den Rechtshänder heißt das: rechter Fuß, linker Fuß. Im Idealfall saust der Schlägerkopf im Treffmoment die Ziellinie entlang und die Schlagfläche steht dabei im rechten Winkel zu ihr. Diese Übung sorgt für einen geraden Schlag ohne Hook oder Slice.

Bei Ihnen nicht? Dann heißt es: üben, üben und nochmals üben! Daran führt kein Weg vorbei. Sie müssen den Treffmoment erleben und dessen Ergebnisse sehen, bevor Sie wissen, ob alle Teile Ihres Schwungs richtig zusammenpassen. Der Flug Ihres Balls ist dabei das wichtigste Indiz für einen fehlerfreien Schwung.

5. Schritt: Loslassen können

Während sich der Schlägerkopf dem Ball beim Abschwung nähert, drehen sich bei Ihnen Hände und Arme entgegen dem Uhrzeigersinn. Auf diese Weise wird der *Release of the Club Head* ausgelöst. Dabei dreht sich der Schlägerkopf im Treffmoment in den Ball, bis er senkrecht zur Ziellinie steht. Ohne diese Drehung träfe der Schlägerkopf in offener Stellung auf den Ball, wodurch dieser als Slice nach rechts fliegen würde.

Aus der Hand lesen

Beachten Sie die Stellung Ihrer Hände. Das hilft das »Loslassen« richtig umzusetzen. Denken Sie einfach daran, dass sich der rechte Unterarm durch das Weiterdrehen im Durchschwung schließlich über dem linken befinden soll. Dieser Ablauf beginnt mit dem Treffmoment. Der linke Handrücken zeigt zu diesem Zeitpunkt in Richtung Ziel und nicht nach oben. Nach dem Treffmoment nähert sich der rechte Handrücken einer Position, in der er zum Himmel und nicht zum Boden gerichtet ist.

> **WAS IST …**
>
> *Der Schlägerkopf wird beim* **Release of the Club Head** *sozusagen losgelassen. Dies geschieht, wenn im Treffmoment der rechte Unterarm beginnt sich über den linken zu legen. Arme und Schläger drehen sich als eine Einheit. Dieses »Loslassen« des Schlägerkopfs sorgt für einen kraftvollen Geradeausschlag.*

■ **Nach dem Treffmoment**
sollten sich die Hüften zum Ziel hin wenden. Die Hände drehen sich nach links, sodass der rechte Handrücken oben liegt.

ABSCHWUNG UND TREFFMOMENT

Da die Qualität des Treffmoments von der Genauigkeit des Abschwungs abhängt, versuchen Sie sich Ihre Körperbewegung zu vergegenwärtigen. Vergessen Sie nicht Ihr Gewicht zu verlagern und nach dem Treffmoment weiterzuschwingen.

1 Ganz oben
Bevor Sie den Abschwung beginnen, vergewissern Sie sich, dass der Schläger parallel zur Ziellinie steht.

2 Zurückdrehen
Drehen Sie die Hüfte nach links; Oberkörper, Arme und Hände folgen. Der Schlägerkopf sollte sich als Letztes zurückbewegen.

3 Treffmoment
Lassen Sie beide Arme so gerade wie möglich, damit sich der Schlägerkopf die Ziellinie entlangbewegt und den Ball trifft.

4 Durchschwung
Schwingen Sie nach dem Treffmoment weiter. Die rechte Schulter bewegt sich am Kinn vorbei.

DER GOLFSCHWUNG

6. Schritt: Der Durchschwung

Die Bewegung von Körper und Schläger nach dem Treffmoment ist der Durchschwung. Auch wenn dieser den Ball nicht beeinflussen kann, ist es nötig, dass Sie Ihren Schwung gut abschließen. Stellen Sie sich Folgendes vor: Wenn Sie den Schwung in dem Moment abbrechen, in dem Sie den Ball treffen, müssten Sie den Schlägerkopf stark abbremsen, wobei Sie sich wahrscheinlich Handgelenke und Arme verletzen würden. Aus der Position des Schlägers im Durchschwung lassen sich zudem Rückschlüsse auf den Schwung ziehen. Dem Schläger muss es deshalb erlaubt sein, um Ihren Körper herum auszuschwingen.

Ein perfekt ausbalanciertes Finish

Wenn Sie Ihren Schwung beenden, sollten Ihre Hüften so weit gedreht sein, dass Ihr Bauchnabel zum Ziel zeigt. Ihr rechter Fuß steht auf den Zehenspitzen und das meiste Gewicht liegt auf dem linken Fuß. Sie sollten sogar den rechten Fuß anheben können, ohne umzufallen.

Der Schläger selbst sollte sich gewissermaßen um Ihre Schultern wickeln und Ihr Rücken weitgehend gerade bleiben. Wenn Ihr Körper aussieht wie ein umgekehrtes C, er also zu sehr nach hinten gebeugt ist, haben Sie wahrscheinlich zu viel Gewicht auf dem rechten Fuß gelassen und damit auf Kraft verzichtet. Ist Ihr Rücken jedoch gerade und Ihr Gewicht verlagert, war der Durchschwung gut.

Versuchen Sie schließlich einige Sekunden lang in der Abschlussposition zu verharren, während Sie den Flug des Balls beobachten. Fallen Sie dabei nicht um, heißt das, dass Sie Ihre Balance gehalten haben. Dies ist für gute Schläge entscheidend.

■ **Nach dem Durchschwung** *sollte Ihr Rücken so gerade wie möglich sein und die rechte Schulter über Ihrem linken Fuß liegen. Ein ausbalanciertes Finish ist ein Zeichen für einen guten Schwung.*

DIE GRUNDLAGEN LERNEN

Starten Sie mit dem 7er-Eisen

WIE ICH BEREITS GESAGT HABE, unterscheiden sich die Schläger in vielerlei Hinsicht, u.a. in Länge, Loft und Lagewinkel. Der Driver ist Ihr längster Schläger mit dem geringsten Loft und der flachsten Schwungebene. Ihr Sandeisen und das Lobwedge sind die kürzesten Schläger mit dem größten Loft und der steilsten Schwungebene. Wenn Sie anfangen an Ihrem Schwung zu arbeiten, nehmen Sie weder den längsten noch den kürzesten Schläger, da diese zu extrem sind.

■ **Das 7er-Eisen** ist für Anfänger optimal geeignet. Es ermöglicht Ihnen einen guten Ballkontakt herzustellen und auch Fehler sowie deren Ursachen zu erkennen.

Der beste Schläger für den Job

Der beste Kompromiss ist es, wenn Sie sich für das 7er-Eisen entscheiden. Es hat eine mittlere Länge und ist leichter zu kontrollieren als der Driver. Das 7er-Eisen hat auch eine mittlere Schwungebene und gerade genügend Loft, um dem Ball sowohl Höhe zu verleihen als auch eine große Strecke zu überwinden. Würden Sie mit einem Wedge üben, das viel Loft hat und deshalb viel Backspin erzeugt, wären Sie nicht in der Lage, zu erkennen, ob Ihr Schwung Fehler hat. Hooks oder Slices gäbe es keine, da der Seitendrall vom Backspin überlagert werden würde.

Wenn Sie mit einem 7er-Eisen trainieren, werden Sie rasch feststellen, ob Sie den Ball hooken oder slicen oder ob er geradeaus fliegt. Benutzen Sie diesen Schläger, um den Schwung zu erlernen. Sie werden dadurch an Selbstvertrauen gewinnen, denn ein 7er-Eisen ist leichter zu handhaben als die längeren Schläger. Außerdem zeigt dieses Eisen die wahre Flugkurve des Balls besser als Ihre kürzeren Schläger.

Das 7er-Eisen ist der perfekte Kompromiss, um den Schwung zu erlernen oder an ihm zu arbeiten.

DER GOLFSCHWUNG

Kurze Zusammenfassung

✓ Der Schwung besteht aus horizontalen und vertikalen Bewegungen, weshalb der perfekte Golfschwung so schwer ist. Es gilt Bewegung, Tempo, Timing und Balance zu beherrschen.

✓ Der perfekte Golfschwung wird nicht erzwungen und ist auch kein Kraftakt. Er sollte rhythmisch und ausgeglichen sein.

✓ Während des Schwungs sollten Sie nicht darüber nachdenken, wie Sie den Golfball wohl treffen werden. Stattdessen sollten Sie so schwingen, als ob gar kein Ball vorhanden wäre.

✓ Die perfekte Schwungebene ist eher flach und nicht zu steil.

✓ Der Rückschwung sollte langsam beginnen. Zuerst wird der Schlägerkopf dicht über dem Boden zurückgenommen. Ihr Körper dreht sich als eine Einheit.

✓ Bei Rechtshändern sollte im höchsten Punkt des Rückschwungs der rechte Arm einknicken, der linke hingegen möglichst gestreckt, allerdings nicht steif bleiben. Ihre Hüften sollten sich um 45° drehen, die Schultern um 90°. Ihr Schwerpunkt liegt währenddessen auf dem rechten Fuß.

✓ Betrachten Sie den Abschwung als das Zurückschnellen einer gespannten Feder. Erst sollten sich Ihre Hüften drehen, dann die Schultern, die Arme und die Hände und schließlich der Schlägerkopf. Beim Abschwung verlagern Sie Ihr Gewicht vom rechten auf den linken Fuß.

✓ Beenden Sie Ihren Schwung erst nach dem Treffmoment. Ohne Durchschwung könnten Sie sich leicht die Handgelenke verletzen. Darüber hinaus würden Sie den Schlägerkopf verlangsamen und damit die Länge verkürzen.

✓ Das 7er-Eisen hat einige Vorteile und bietet sich zum Erlernen des Schwungs an.

Teil Drei

Kapitel 11
Die Grundlagen des Puttens

Kapitel 12
Einfache Puttstrategien

Kapitel 13
Chippen und Pitchen

Kapitel 14
Der Bunkerschlag

PUTTEN IST EIN WICHTIGER TEIL DES KURZEN SPIELS

DAS KURZE SPIEL

Die meisten Schläge auf dem Golfplatz werden Sie aus Entfernungen von weniger als 50 m zum Grün ausführen. So *aufregend* ein langer Abschlag auch sein mag – es sind die kurzen Schläge, die den guten Score ausmachen. Gutes Putten, Chippen und Pitchen

sorgt für einen Vorsprung vor jedem *Mitbewerber*, ganz unabhängig von dessen Abschlägen. Denn zu einem guten Score gehört ein entsprechend gutes kurzes Spiel.

In diesem Teil geht es um das *bestmögliche Spiel* aus Entfernungen von bis zu 50 m vom Grün. Auch wenn diese Schläge nicht so dramatisch sein mögen wie der »Killerdrive« – sie sind es, die Sie aus schlechten Lagen retten und Ihnen an jedem Loch die Möglichkeit eröffnen gut zu scoren.

Kapitel 11
Die Grundlagen des Puttens

Zu behaupten, Putten sei ein wichtiger Bestandteil des Golfspiels, ist eine reine Untertreibung. Insbesondere für Anfänger ist es unerlässlich, sich im Putten zu üben. Gutes Putten macht den Unterschied aus zwischen einer gelungenen Runde und einer, nach der man das Golfspiel am liebsten aufgeben möchte. Ich werde Ihnen erklären, warum das so ist, und Ihnen einiges über Technik und Strategie des Puttens verraten.

In diesem Kapitel ...

✓ Die Hälfte der Schläge ist die Hälfte des Spiels

✓ Wählen Sie die Waffen

✓ Die Stellung beim Putten

✓ Der Griff beim Putten

✓ Bausteine des Puttens

✓ Die Wahl der Technik

DAS KURZE SPIEL

Die Hälfte der Schläge ist die Hälfte des Spiels

DAS PUTTEN ist nicht einfach die letzte Handlung, um ein Loch zu beenden. Sie können mir glauben: Diese kleinen Schläge haben eine große Wirkung auf Ihren Score. Zählen Sie einmal zusammen: jeweils zwei Putts auf 18 Löchern, das sind zusammen 36 Schläge oder die Hälfte vom Par des gesamten Platzes! Wenn Sie dafür jeweils drei Putts brauchen – wie viele Durchschnittsgolfer –, so sind das 54 Schläge.

Genaues Putten

Die besten Profigolfer benötigen rund 30 Putts je Runde oder etwa 1,7 Putts pro Loch. Dies bedeutet, dass sie selten drei Putts auf einem Grün brauchen, oft dagegen sogar nur einen einzigen. Der Grund für ihre gute Arbeit mit dem Putter liegt ganz einfach darin, dass sie ständig mit ihm trainieren.

■ **Viele Profigolfer** *haben einen eigenen, sehr erfolgreichen Puttstil entwickelt. Ben Crenshaw (oben) ist für seinen langen und ruhigen Puttingschlag bekannt.*

Eine grundlegende Fähigkeit

Profigolfer verbringen die Hälfte ihres Trainings mit dem kurzen Spiel. Hierbei steht das Putten im Mittelpunkt, denn diese Schläge sind der unbeständigste Teil des Golfspiels. Mit den Putts werden Turniere gewonnen oder verloren. Denken Sie nur an David Duval, einen der besten Golfer unserer Tage. Es ist kein Zufall, dass er 1999 vier Turniere in weniger als vier Monaten gewonnen hat und gleichzeitig die Puttstatistik der PGA-Tour anführte. Für die Pros bedeutet gutes Putten zu siegen. Die meisten von ihnen können schlechtere Schwünge durch entsprechend besseres Chippen, Pitchen und Bunkerspiel ausgleichen.

Wenn Sie schlecht putten, ist Ihr Spiel meist verloren.

DIE GRUNDLAGEN DES PUTTENS

Übrigens …

Die Grüns der guten alten Zeit sind mit den perfekt gepflegten von heute nicht vergleichbar. Bis in die späten 50er-Jahre des 20. Jh.s waren die Grüns ungleichmäßig und das Gras war länger, sodass die Spieler mit viel Bewegung aus dem Handgelenk putten mussten, um dem Ball über die Grasstoppeln hinwegzuhelfen. Heute ist eine Pendelbewegung mit stabilen Handgelenken effektiver.

Zeit fürs Putten

Für die meisten Amateurgolfer sind zwei Putts pro Loch ein erstrebenswertes Ziel. Damit liegen sie gut unter dem Platzstandard.

Widmen Sie die Hälfte Ihres Übungspensums dem Putten, wenn Sie daran interessiert sind, einmal gut zu scoren.

Dies ist dem Anfänger oft schwer zu vermitteln – schließlich ist es doch ein Glücksgefühl, wenn ein langer Abschlag gelingt. Der durchschnittliche Anfänger steht also meist auf der Range und verschlägt einen Eimer Bälle nach dem anderen, da er nur an der Weite interessiert ist. Nach dieser Anstrengung geht man noch ein paar Minuten aufs Puttinggrün, um das Training mit einigen Schlägen ausklingen zu lassen. Wenn Sie das auch so halten, dann wird sich Ihr Score in nächster Zeit sicher nicht verbessern.

Das Übungsgrün

Hören Sie auf einen guten Rat und verbringen Sie mindestens die Hälfte Ihres Übungspensums auf dem Puttinggrün. Es erfordert seine Zeit, sich für den Putter zu sensibilisieren, lange Putts in die Nähe des Lochs zu schlagen und zu lernen, die Grüns richtig zu lesen. Darüber hinaus braucht man ständiges Training, damit man das Gelernte nicht wieder vergisst. Sie werden Ihren Einsatz nicht bereuen, besonders wenn Sie zum Erstaunen Ihrer Golffreunde auf einmal auch die langen, schwierigen Putts versenken.

■ **Etwa die Hälfte** *Ihrer Schläge auf einer Golfrunde sind Putts. Daher ist es so wichtig, die Putts auf dem Puttinggrün zu üben.*

Wählen Sie die Waffen

DEN PUTTER werden Sie am häufigsten von allen Schlägern in Ihrer Golftasche benutzen. Sie sollten daher einen kaufen, der Ihnen vom Aussehen, vom Gefühl und von der Handhabung her gefällt. Ein Gang in den Golfshop zeigt, dass es unglaublich viele verschiedene Arten von Puttern gibt. Sie unterscheiden sich in der Verbindung von Schlägerkopf und Schaft, in der Ausbalancierung der Gewichtsverteilung im Schlägerkopf, in der Länge des Schafts und auch im verwendeten Material. Insert-Modelle gibt es mit Einlagen aus diversen Kunststoffen oder Metallen, die für mehr Gefühl im Treffmoment sorgen sollen. Manche Putter haben Hilfslinien auf dem Schlägerkopf, manche sind rechteckig, andere halbrund. Kurzum: Für jeden Geschmack ist etwas dabei.

INTERNET

www.npursuit.com

Die Homepage von N-Pursuit, die den George-Low-Silver-Wiz-Putter herstellen. Sein Insert aus Silber macht ihn zu einem recht teuren Objekt!

STRAIGHT-SET TOE-AND-HEEL

GROSSKÖPFIGER TOE-AND-HEEL

OFFSET TOE-AND-HEEL-PUTTER

CENTRE-SHAFTED PUTTER

MALLET-KOPF-PUTTER

ONSET-KOPF-PUTTER

■ **Putter** gibt es in viel mehr unterschiedlichen Arten und Größen als jeden anderen Schläger.

Vor dem Kauf testen

Gehen Sie in Golfgeschäfte und testen Sie so viele Putter wie möglich. Die meisten Läden haben hierfür künstliche Grasmatten. Neben den verschiedenen Formen sollten Sie auch unterschiedliche Schaftlängen ausprobieren. Manches Mal wird aus einem anfangs nicht geschätzten Putter mit einer Verlängerung oder einer Verkürzung des Schafts um wenige Zentimeter Ihr Lieblingsschläger.

Stellen Sie sicher, dass Sie das Gefühl mögen, das der Putter hinterlässt, wenn der Schlägerkopf den Ball trifft. Dies hängt von dem Material des Schlägerkopfes ab und ob ein Insert darin eingelassen ist. Auch das Geräusch, das der Ball macht, sollten Sie mögen, wenn Sie schon mehr als 300 Mark dafür zahlen. Golf ist auch ein Psychospiel. Wenn Ihnen ein Schläger nicht gefällt, dann sollten Sie ihn auch nicht kaufen.

DIE GRUNDLAGEN DES PUTTENS

Keine allgemein gültigen Regeln für das »richtige« Putten

Mehr als alle anderen Bereiche des Golfspiels bietet das Putten Raum für Ihre ganz persönliche Spielweise. Der Schlag beim Putten ist relativ simpel, da man den Schläger beim Rückschwung kaum mehr als einen halben Meter bewegt. Einziges Ziel ist es, den Ball ins Loch zu bekommen. Das ist eine gute Nachricht für Sie, denn auch Anfänger können sich hierbei schnell auszeichnen.

Gleich bleibende Technik

Es bleibt Ihnen überlassen, welchen Puttstil Sie wählen – Hauptsache, Sie bewegen den Ball immer sicher ins Loch. Wenn Sie Ihren Stil gefunden haben und er funktioniert, dann bleiben Sie dabei. Genauso wie Ihr voller Schwung reproduzierbar sein sollte, sollte auch Ihre Putttechnik möglichst dieselbe bleiben (es sei denn, Sie stellen fest, dass Sie das Loch auch aus geringster Enfernung regelmäßig verfehlen).

Die Stellung beim Putten

WIE BEIM VOLLEN SCHWUNG *spielt es auch beim Putt eine große Rolle, wie Sie den Ball ansprechen. Auch wenn die Stellung beim Putten häufig eine Stilfrage ist – und das ist Ihre Sache –, sollten Sie die folgenden Leitlinien beachten, damit Sie auf dem richtigen Weg bleiben.*

Verschiedene Stellungen

Zunächst geht es darum, wie Ihre Füße stehen. Manche Golfer putten aus der **offenen Stellung**, andere bevorzugen die **geschlossene Stellung**. Der Einfachheit halber beginnen wir mit der **neutralen Stellung**, bei der sich Ihre Füße parallel zu der Linie befinden, die zum Ziel zeigt. Rechtshänder, die von rechts nach links putten, richten sich dabei so aus, dass ihre linke Körperhälfte dem Loch zugewandt ist.

> **WAS IST ...**
>
> *In der **offenen Stellung** weist die Linie, die Ihre Fußspitzen verbindet, auf einen Punkt links vom Ziel, bei der **geschlossenen Stellung** rechts am Ziel vorbei. In der **neutralen Stellung** ist Ihre Fußspitzenlinie parallel zu der in Richtung Ziel.*

Eine neutrale Stellung einnehmen

Die Füße stehen schulterbreit, Ihr Gewicht ist zentriert. Sie sehen direkt auf den Ball herunter, auf eine Linie, die der Ball nehmen soll. Folglich müssen Sie den Kopf ein wenig vornüberbeugen. Außerdem sollten Ihre Knie leicht einknicken. Stehen Sie über dem Putt als ob Sie sich ducken, wobei die Arme locker herunterhängen, und blicken

DAS KURZE SPIEL

Sie auf den Boden. In den Hüften sollten Sie dabei etwas abknicken und Ihr Gesäß leicht nach hinten strecken. Wichtig ist, dass die Arme ganz entspannt sind und gerade herunterhängen. Beim Putten sollte man dem Ball keinerlei Spin mitgeben. Er sollte auch nie vom Boden abheben, sondern am besten vorwärts rollen, sobald er vom Schlägerkopf getroffen wird.

Die richtige Ballposition

Um den Ball richtig ins Rollen zu bringen, ist eine leichte Aufwärtsbewegung notwendig, mit der man ihn in der Mitte trifft. Damit dies passiert, muss sich der Ball in der richtigen Position befinden. Ein zu weit rechts liegender Ball kommt beim Kontakt mit dem Putter leicht ins Springen oder Rutschen, und das schmälert die Erfolgsaussichten ganz erheblich. Um festzustellen, wie Sie beim Putten zu Ihrem Ball stehen sollten, nehmen Sie Ihre Puttstellung ein, halten einen Ball vor Ihr linkes Auge und lassen ihn dann von diesem Punkt aus auf den Rasen fallen. Merken Sie sich genau, wo er aufkommt – nicht, wohin er läuft. Platzieren Sie Ihren Ball dann etwa 2,5 cm links von diesem Punkt. Genau dort befindet sich die richtige Ballposition, wenn Sie putten.

DIE STELLUNG VOR DEM PUTT

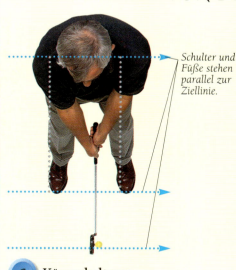

Schulter und Füße stehen parallel zur Ziellinie.

a Körperhaltung
Stellen Sie sich mit Füßen und Schultern parallel zur Ziellinie und blicken Sie direkt auf den Ball.

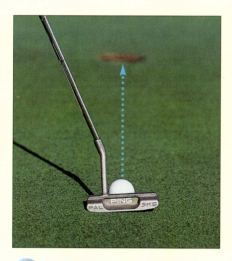

b Schlägerhaltung
Vergewissern Sie sich, dass sich der Schlägerkopf im rechten Winkel zu Ihrer Puttlinie befindet.

Der Griff beim Putten

DAS GEHEIMNIS EINES GUTEN PUTTS *liegt im richtigen Griff. Sie haben zwar jede Freiheit, aber es hilft, einen Griff zu wählen, der für feste Handgelenke sorgt. Dadurch können Sie besonders kontrolliert putten.*

Bewegungen des Handgelenks vermeiden

Vor nicht allzu langer Zeit gab es noch Grüns, bei denen man den Ball mit einer Drehung aus dem Handgelenk über Unebenheiten hinweg ins Rollen brachte. Dies ist bei modernen Grüns im Allgemeinen nicht nötig.

Die beste Putt-Haltung auf unseren gut gepflegten Grüns setzt sich aus einer Pendelbewegung von Armen und Schultern zusammen, die als Einheit einen gleichmäßigen Schwung ausführen. Die Handgelenke werden dabei nicht bewegt.

Ein anderer Griff des Putters schaltet Bewegungen aus dem Handgelenk aus.

Der Reverse-Overlap-Griff

Probieren Sie zu Beginn den beliebtesten Putting-Griff, den umgekehrt überlappenden Griff. Dabei bilden beide Hände eine Bewegungseinheit, wodurch Handgelenksbewegungen eliminiert werden können. Bei Rechtshändern liegt der linke Zeigefinger über den Fingern der rechten Hand, oft in der Mulde zwischen Ringfinger und kleinem Finger.

Für diesen Griff legen Sie zunächst Ihre rechte Hand auf den Griff des Putters, wobei Sie darüber genügend Platz für die linke lassen. Die rechte Handfläche sollte in Richtung des Ziels zeigen. Nun legen Sie die linke Hand über die rechte, die Handflächen einander gegenüber und den linken Zeigefinger über die rechte Hand. Er sollte sich zwischen kleinem Finger und Ringfinger befinden oder über den anderen Fingern der rechten Hand. Die Daumen beider Hände gehören auf die Oberseite des Puttergriffs. Machen Sie nun einige Schläge. Sie sollten Ihre Hände als Einheit fühlen (mit möglichst wenig Bewegung in den Handgelenken).

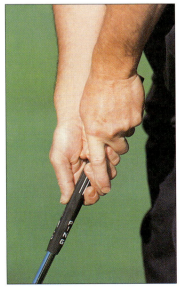

■ **Der Reverse-Overlap-Griff**, *bevorzugt von Profis wie Jack Nicklaus, hält die Handgelenke während des Schlags ruhig.*

DAS KURZE SPIEL

Der Cross-Handed-Griff

Ein anderer Putting-Griff, der sich immer größerer Beliebtheit erfreut, ist der überkreuzte Griff, bei dem der Rechtshänder den Putter mit der linken Hand unterhalb der rechten greift. Die Profis Fred Couples, Vijay Singh und Bernhard Langer wenden diese Technik an, bei der die Handgelenke noch besser fixiert sind als beim Reverse-Overlap-Griff. Beim überkreuzten Griff umfasst man zunächst mit der rechten Hand das obere Ende des Griffs; der Daumen liegt oben. Danach legen Sie Ihre linke Hand einfach auf die rechte, dabei kommt der linke Handballen auf den rechten Daumen. Achten Sie darauf, dass beide Daumen sich vorn auf dem Puttergriff befinden.

Probieren Sie diesen Griff aus und machen Sie einige Schläge. Merken Sie, wie das linke Handgelenk fixiert ist? Das ist der Vorteil beim Cross-Handed-Griff.

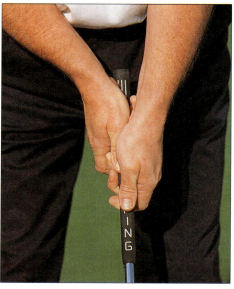

■ **Der Cross-Handed-Griff** *sorgt für eine stabile Pendelbewegung im Rück- und im Durchschwung. Bernhard Langer und Fred Couples nutzen diese Technik.*

Locker bleiben

Einige Golfer bevorzugen den Cross-Handed-Griff, wieder andere fühlen sich mit dem Reverse-Overlap-Griff wohler. Probieren Sie beide aus und entscheiden Sie nach Ihrem Gefühl. Welchen Griff auch immer Sie anwenden, denken Sie daran, wie wichtig es ist, dass Sie nicht nur jede **Handgelenksbewegung** vermeiden, sondern auch den Schläger so leicht wie möglich greifen, damit keine Muskelspannung den Putt beeinflusst.

> **WAS IST ...**
>
> *Wenn Ihre Hände beim Putt nach unten abknicken, brechen sie sozusagen zusammen. Diese* **Handgelenksbewegung** *beeinflusst die Laufrichtung (allerdings bestimmt nicht zum Besseren).*

Greifen Sie den Putter nicht zu fest, sonst leidet die Präzision.

Halten Sie den Putter, wie auch andere Schläger, stattdessen fast so sanft wie ein rohes Ei. Ein behutsamer Griff fördert das Gefühl für den Putt und wird Ihre Resultate wesentlich verbessern. Denken Sie daran und bleiben Sie locker!

DIE GRUNDLAGEN DES PUTTENS

Bausteine des Puttens

BEIM ANSPRECHEN DES BALLS sollten Ihre Arme und Schultern ein Dreieck bilden, wobei Schultern und Hände (als eine Einheit) die jeweiligen Eckpunkte darstellen. Beim Putten sollte sich dieses Dreieck nicht verändern, sondern nur leicht nach hinten und vorn pendeln. Dabei halten Sie die Handgelenke so still wie möglich. Nur Arme und Schultern sind in Bewegung.

Falls Sie nur die Arme oder die Hände bewegen, wird das Dreieck variieren. Wenn Sie das Dreieck jedoch unverändert beibehalten, ist Ihnen der Erfolg auf dem Grün sicher. Mit dieser Methode können Sie den Ball immer wieder mit dem gleichen Krafteinsatz treffen und dadurch Geschwindigkeit und Lauflänge des Balls genauer dosieren. Beim Putten sollte der Schlägerkopf nie Ihre Hände überholen. Wenn dies dennoch passiert, haben Sie zu viel Bewegung in Armen und Handgelenken. Die Hände und der Putter müssen auf gleicher Höhe sein, wenn der Ball getroffen wird.

DER SCHWUNG BEIM PUTT

Linke Schulter etwas höher als die rechte

Linke und rechte Schulter auf gleicher Höhe

Dreieck bleibt bestehen.

1 Vorbereitung
Beugen Sie sich vor, sodass Arme, Schultern und Hände ein Dreieck bilden.

2 Rückschwung
Die Handgelenke bleiben fest, während Schultern, Arme und der Putter zurückgehen.

3 Durchschwung
Ihre Hände und der Schlägerkopf müssen im Treffmoment auf gleicher Höhe sein.

Ziehen Sie Ihren Putt durch

Ein weiterer wichtiger Faktor, den es zu berücksichtigen gilt, ist die Beschleunigung des Putters im Treffmoment. Einfacher gesagt: Hüten Sie sich davor, den Schlag zu verlangsamen. Eine Verzögerung im Schwung führt dazu, dass weder die Länge noch die Richtung des Schlags stimmen. Damit das nicht passiert, müssen Sie Ihren Schlag richtig durchziehen und ihm von vornherein vertrauen. Denken Sie an den vollen Schwung: Der Rückschwung ist ruhig und überlegt, der Abschwung im Vergleich dazu schneller. Sie können nichts falsch machen, wenn Sie sich daran orientieren.

Simple Symmetrie

Wie weit ein Putt läuft, hängt ganz von der Länge Ihres Rückschwungs ab, und von der Schnelligkeit des Grüns, auf dem Sie putten. Nur die Praxis zeigt Ihnen, mit welchem Rückschwung sich welche Weite erreichen lässt. Grundsätzlich gilt, dass Ihr Durchschwung genauso lang sein sollte wie Ihr Rückschwung. Auf diese Weise geben Sie dem Schwung eine gewisse Balance, die für die Einschätzung der Länge wichtig ist. Golfspieler, die auf einen kurzen Rückschwung einen hektischen Durchschwung folgen lassen, haben oft Probleme mit Länge und Genauigkeit. Ebenso ergeht es jenen Golfern, die nach einem langen Rückschwung einen abgekürzten und abgebremsten Durchschwung ausführen.

Schwingen Sie so sauber und symmetrisch wie möglich – dann werden Sie ein guter Putter.

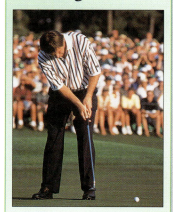

Übrigens ...

Bei Putts unter 1,5 m blickt Profigolfer Nick Faldo erst auf, wenn er den Ball ins Loch fallen hört oder wenn wirklich klar ist, dass der Ball das Loch verfehlt. Durch diese Routine hält Faldo seinen Kopf und seinen Körper wesentlich länger ruhig. Seine Putts sind dadurch gleichmäßiger und effektiver.

Augen auf den Ball

Ein letzter grundsätzlicher Aspekt betrifft Ihren Kopf. Halten Sie ihn so still wie möglich. Fixieren Sie den Ball mit den Augen und schlagen Sie dann. Auch wenn der Ball bereits unterwegs ist, sollten Sie dorthin sehen, wo er eben noch lag. Dadurch, dass Sie den Kopf ruhig halten, reduzieren Sie Fehlerquellen – so etwa die Gefahr, mit dem Kopf auch den Putter nach links zu bewegen und dadurch am Loch vorbeizuputten. Wenn Sie den Kopf stillhalten, dann behält auch Ihr Unterkörper seine Position bei. Nur Arme und Schultern sollten sich beim Putten bewegen.

DIE GRUNDLAGEN DES PUTTENS

Die Wahl der Technik

IN DER GESCHICHTE des Golfspiels wird der Schwung beim Putten oft als reduzierte Version des vollen Schwungs angesehen, bei der sich das Schlägerblatt im Rückschwung öffnet und beim Ab- und Durchschwung schließt. Der Putter beschreibt im Rück- und Durchschwung einen leichten Bogen, der »von innen nach innen« verläuft.

Auf der Linie zum Loch

Lange Zeit haben Golflehrer jedoch nur jenen Schwung zum Putten empfohlen, dessen Rückschwung auf einer geraden Linie hinter dem Ball verläuft, also ohne jegliche Kurve. Der Grund dafür ist, dass man den Schläger durch den geraden Rückschwung auf der Ziellinie halten möchte.

Auch wenn beide Schwungarten bei entsprechender Ausführung gut funktionieren, können sie Probleme aufwerfen. Beim »Von-innen-nach-innen-Schwung« können Putts ihr Ziel verfehlen, wenn sich die Schlägerfläche im Treffmoment nicht im rechten Winkel zur Puttlinie befindet.

Der Straight-Back-And-Through-Putt

Der »Gerade-zurück-und-durch-Putt«, der sich immer auf der Ziellinie bewegt, widerspricht einer natürlichen Drehbewegung und verlangt vom Golfer, dass er den Schlägerkopf beim Rück- und Durchschwung an der Ziellinie ausrichtet. Wenn Sie den Putter auf einer gerade Linie nach hinten bewegen, müssen Sie die natürliche Drehtendenz Ihres Körpers dadurch ausgleichen, dass Sie den Putter beim Rückschwung leicht nach links drehen und im Durchschwung nach rechts. Ohne diese leichte Drehung wäre es unmöglich, den Putter schnurgerade zu führen. Diese Bewegung kann nicht von den Armen geleistet werden, sondern wird durch das Drehen der Handgelenke ermöglicht. Damit müssen Sie genau das tun, was eigentlich grundsätzlich verboten ist: die Haltung der Handgelenke während des Puttens verändern.

Übrigens …

Profis benutzen viele verschiedene und dabei erfolgreiche Puttstile. Ben Crenshaw, einer der besten Putter, wendet einen langen und langsamen Schlag an. Der Schlag von Nick Price ist kürzer und schneller. Jack Nicklaus beugt sich sehr weit über seinen Putt, Tiger Woods dagegen steht ziemlich aufrecht. Bill Mayfair puttet mit einem merkwürdigen Slice. Scott McCarron (oben) benutzt einen 1,25 m langen Schläger, den er wie das Pendel einer Standuhr schwingt. Alle diese Golfer sind ausgezeichnete Putter und beweisen, dass auch beim Putten der Zweck die Mittel heiligt.

DAS KURZE SPIEL

»GERADE-ZURÜCK-UND-DURCH-PUTTEN«

Nutzen Sie diesen Schwung für Putts bis 2,5 m. Der Schlägerkopf schwingt nur 30 cm in beide Richtungen und bleibt während des gesamten Schlags auf der Ziellinie. Damit verfehlen Sie das Loch weder links noch rechts.

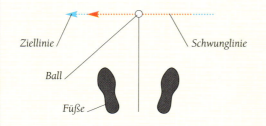

Ziellinie / Schwunglinie / Ball / Füße

Daumen zeigen nach unten.
Locker stehen
Schlägerkopf steht im rechten Winkel zur Ziellinie.

1 Ausgangsposition
Knicken Sie in der Hüfte ab. Bilden Sie mit Schultern, Armen und Händen ein Dreieck und blicken Sie auf den Ball.

»VON-INNEN-NACH-INNEN-PUTTEN«

Nutzen Sie diesen Schwung für Putts über 2,5 m. Der Schlägerkopf folgt dabei einer leicht gekrümmten Bahn. Der Treffmoment liegt im Scheitelpunkt dieses Bogens.

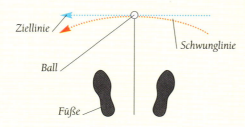

Ziellinie / Schwunglinie / Ball / Füße

1 Ausgangsposition
Schultern, Arme und Hände bilden ein Dreieck. Die Augen blicken auf den Ball.

2 Rückschwung
Schwingen Sie etwa 1 m zurück. Der Putter macht dabei einen leichten Bogen.

DIE GRUNDLAGEN DES PUTTENS

2　Rückschwung

Drehen Sie den Putter ein wenig nach links, damit er immer auf der Ziellinie bleibt.

3　Abschwung

Folgen Sie mit dem Schlägerkopf der geraden Ziellinie, wenn Sie den Ball schlagen.

4　Durchschwung

Drehen Sie den Schläger ein wenig nach rechts, damit er auf der Ziellinie bleibt.

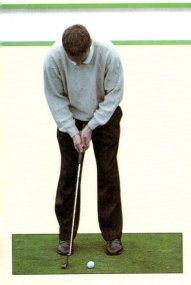

3　Abschwung

Der Putter bewegt sich auf demselben leichten Bogen zurück in Richtung Ball.

4　Treffmoment

Treffen Sie den Ball am Scheitelpunkt des Bogens. Die feste Haltung der Handgelenke bleibt.

5　Durchschwung

Der Durchschwung folgt dem Rückschwung ohne Verzögerung und hat dieselbe Länge.

Kurze Putts

Welche Putttechnik ist für mich die richtige? Das ist eine gute Frage. Die Antwort darauf könnte aus einem Kompromiss bestehen. So bietet sich bei Putts unter 2,5 m die »Gerade-zurück-und-durch-Technik« an, denn dabei wird der Putter in beide Richtungen jeweils nur maximal 30 cm geschwungen. Auf diese kurze Entfernung ist es leicht, den Putter an der Ziellinie auszurichten, und die dazu notwendige Drehung der Handgelenke ist als Störfaktor fast zu vernachlässigen. Bei kurzen Putts verfehlen Sie auf diese Weise kaum ein Loch.

Lange Putts

Bei Putts über Entfernungen von mehr als 2,5 m wird es schwieriger, den »Gerade-zurück-und-durch-Putt« durchzuführen. Den physikalischen Gesetzen entsprechend wird sich der Putter nach wenigen Zentimetern mit dem Körper drehen. Für einen 11-m-Putt müssen Sie den Putter in einem leichten Bogen etwa 1 m in beide Richtungen schwingen. Achten Sie besonders darauf, dass der Ball im Scheitelpunkt des Bogens getroffen wird. Um sicherzustellen, dass Ihnen dies gelingt, müssen Rückschwung und Durchschwung die gleiche Länge haben.

Wenden Sie bei Putts unter 2,5 m den »Gerade-zurück-und-durch-Schwung« an und bei längeren Putts den »Innen-nach-innen-Putt«. Dadurch haben Sie immer die maximale Kontrolle über den Ball.

■ **Es gibt nichts Schöneres** als das Geräusch, wenn der Ball ins Loch fällt. Also auf zum Übungsgrün, um das Putten zu trainieren!

DIE GRUNDLAGEN DES PUTTENS

Entwickeln Sie ein Gefühl für Ihren Putter

Probieren Sie die beiden Schwungtechniken mit einem Hilfsmittel aus. Legen Sie zu diesem Zweck einen Schläger auf den Boden und führen Sie direkt darüber einige Probeschwünge mit dem Putter durch. Dies soll Ihnen ein Gefühl für den natürlichen Bogen vermitteln, dem der Schlägerkopf folgen wird. Machen Sie danach über dem Schläger am Boden einige »Gerade-zurück-und-durch-Putts«. Sie werden sehen, wie viel Handbewegung nötig ist, um den Putter auf der geraden Linie zu halten. Versuchen Sie beide Methoden zu verinnerlichen, wobei der »Innen-nach-innen-Putt« sich besser für lange Distanzen eignet.

Kurze Zusammenfassung

- ✓ Es gibt kein Patentrezept für das richtige Putten. Worauf es ankommt ist, dass Sie sich beim Ansprechen des Balls wohl fühlen und ihn gleichmäßig und gut schlagen.

- ✓ Ein entscheidendes Hilfsmittel für gutes Putten ist ein genau auf Sie zugeschnittener Putter.

- ✓ Die Stellung, die Sie beim Putten einnehmen, bleibt Ihnen überlassen. Es bietet sich allerdings eine neutrale Haltung an, in der sich die Füße parallel zur Puttlinie befinden. Der Ball sollte, wenn Sie Rechtshänder sind, näher bei Ihrem linken Fuß liegen als beim rechten.

- ✓ Ein lockerer Griff und die Pendelbewegung von Armen und Schultern sind die Grundlagen eines guten Putts. Bewegen Sie nicht die Handgelenke, sondern lassen Sie ausschließlich Arme und Schultern arbeiten.

- ✓ Die Länge von Rück- und Durchschwung sollte identisch sein.

- ✓ Lassen Sie beim Putten Ihren Kopf und Blick stets nach unten gerichtet.

- ✓ Ob Sie »gerade-zurück-und-durchschwingen« oder »von-innen-nach-innen« – wichtig ist, dass Sie so beständig wie möglich putten.

Kapitel 12
Einfache Puttstrategien

Ein Putt ist mehr als nur ein Schlag. Er verlangt eine ganz andere Vorgehensweise als andere Golfschläge. Beim Putt bewegen Sie den Ball über relativ kurze Entfernungen. Dabei ist besondere Präzision gefragt. Alles muss genau aufeinander abgestimmt sein: die Geschwindigkeit, die Entfernung, die Linie. Sie müssen lernen die Grüns zu lesen. In diesem Kapitel werde ich die Feinheiten des Puttens erläutern, die Kontrolle der Ballgeschwindigkeit und die Vorbereitung eines Putts.

In diesem Kapitel ...

- ✓ Gefühl für die Geschwindigkeit
- ✓ Die Breaks richtig lesen
- ✓ Kurze Putts lochen
- ✓ Lange Putts ans Loch
- ✓ Vor dem Putt

DAS KURZE SPIEL

Gefühl für die Geschwindigkeit

DAS VERHALTEN DES GOLFBALLS auf seinem Weg über das Grün wird weitgehend von der Geschwindigkeit bestimmt, mit der er unterwegs ist. Wenn Sie ihm zu viel Tempo mitgeben, wird er am Loch vorbeilaufen und ein Rückputt ist erforderlich. Schlagen Sie ihn zu sachte, bleibt er noch vor dem Loch liegen.

Den Ball schlagen

Je stärker Sie den Ball schlagen, desto weniger **Break** wird er annehmen. Wenn der Ball in einer Kurve 20 cm nach links versetzt werden soll, Sie ihn aber zu hart schlagen, wird er 10 cm nach links versetzt werden und das Loch verfehlen. Bei zu wenig Tempo wird der Ball stärker abgelenkt und landet ebenfalls nicht im Loch. Selbst aus 60 cm Entfernung kann man ihn mit zu viel Tempo über das Loch schlagen oder er *lippt aus*.

> Beim Putten spielt das Tempo des Balls eine entscheidende Rolle. Die Geschwindigkeit und die Länge eines Putts hängen jeweils voneinander ab.

Woher wissen Sie, wie hart Sie den Ball schlagen müssen? Nun, er soll ja ins Loch, richtig? Kein Ball, der einen halben Meter davor liegen bleibt, hatte jemals auch nur die geringste Chance, das Loch zu erreichen. Daher lautet die Grundregel: Legen Sie einen Putt nie zu kurz an, auch wenn der Ball vielleicht bis zu einem halben Meter über das Loch hinausrollen sollte. Ein Rückputt ist relativ einfach.

WAS IST …

*Unter einem **Break** bei einem Putt versteht man das mehr oder weniger starke Wegbrechen des Balls nach links oder rechts, je nach Neigung des Grüns. **Auslippen** heißt der Vorgang, wenn der Ball an der Lochkante entlangläuft und fast hineinfällt, wegen zu hoher Geschwindigkeit aber oben bleibt. Darüber kann man sich richtig ärgern!*

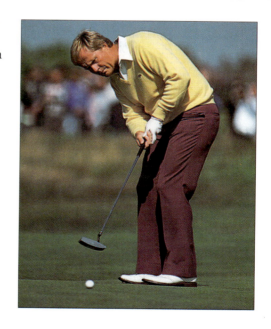

■ **Jack Nicklaus** *ist ein Putt-Experte, der genau weiß, wie viel Tempo ein Putt braucht. Nicht nur deshalb gehörte der Amerikaner lange Jahre zur Weltspitze.*

EINFACHE PUTTSTRATEGIEN

Wie stark ist »stark genug«?

Wie lernt man es richtig zu machen? Ganz einfach: Schlagen Sie auf dem Übungsgrün so lange Putts, bis Sie das Gefühl dafür bekommen, wie stark Sie einen 6-m-Putt, einen Putt aus 2,5 m oder einen aus 12 m Entfernung schlagen müssen. Dann wissen Sie, wie sich ein bestimmter Putt in Ihren Händen und Armen anfühlt.

Wenn Sie lange genug geübt haben, werden Sie es in jeder Situation im Gefühl haben, wie stark »stark genug« ist. Ihr Körper wird sich an die eingeübte Bewegung erinnern und es Ihnen ermöglichen, den Putt mit der jeweils richtigen Stärke zu schlagen. (Ich wüsste auch gerne eine schnellere Methode dies zu lernen, aber leider gibt es kein Patentrezept.)

Einfache Übungen

Wenn Sie Länge und Geschwindigkeit miteinander in Einklang bringen wollen, schlagen Sie nicht immer von derselben Stelle aus.

So werden Sie Ihr Putten nicht verbessern. Jeder kann einen 4,5-m-Putt versenken, wenn er es dauernd von der selben Stelle aus probiert. Doch das ist kein richtiges Golfspiel. Zwei Putts sind niemals identisch. Wenn Sie sich wirklich verbessern wollen, sollten Sie so realitätsnah wie möglich trainieren.

Putten Sie die Bälle aus unterschiedlichen Entfernungen und verschiedenen Winkeln. Oder spielen Sie vom selben Ausgangspunkt verschieden weit entfernte Ziele auf dem Grün an, die Sie vorher in Schritten ausmessen. Mit solchen Übungen können Sie die Entfernung zum Loch und die erforderliche Geschwindigkeit des Balls viel besser abschätzen. Und das ist wohl die beste Methode, Ihren Score zu verbessern – außer vielleicht Unterricht bei Jack Nicklaus zu nehmen.

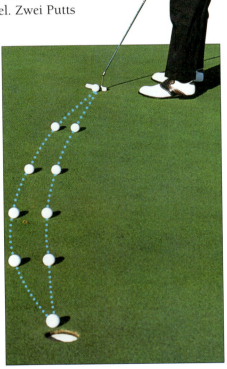

■ **Putten** *kann der frustrierendste Aspekt des Golfspiels sein. Um ein Gefühl für die Schlagstärke zu entwickeln, sollten Sie das Loch beim Üben von verschiedenen Positionen anspielen.*

Die Breaks richtig lesen

WENN SIE ERST EINMAL in der Lage sind den Ball über bestimmte Entfernungen zu putten, dann können Sie sich den anderen Faktoren widmen, die hierbei eine Rolle spielen, z.B. den Breaks. Wenn Sie vorhersagen können, wie stark ein Ball von seiner geraden Laufrichtung wegbrechen wird, können Sie dies ausgleichen. Der Break eines Putts wird von mehreren Faktoren beeinflusst, darunter von den Konturen und der Geschwindigkeit des Grüns, der Wuchsrichtung des Grases (Strich) sowie von Stärke und Richtung des Windes. Lernen Sie die Breaks richtig zu lesen, denn wenn Sie wissen, dass Ihr Ball nicht einer geraden Linie folgen wird, können Sie Ihren Schlag danach ausrichten.

Die Konturen eines Grüns

Stellen Sie zunächst die Neigung oder den **Slope** des Grüns fest. Betrachten Sie das Grün und stellen Sie sich vor, ein Wasserstrahl würde aus einem Schlauch an der Stelle aufs Grün laufen, an der Ihr Ball liegt. Wohin würde das Wasser fließen? Genau auf dieser Linie verläuft auch Ihre Puttlinie. Sehen Sie sich die Linie aus einiger Entfernung vom Ball mit Blick aufs Loch an. Von dort aus sehen Sie die Breaks am besten.

WAS IST ...

*Die Neigung eines Grüns wird **Slope** genannt. Verschiedene Neigungen richtig zu erkennen lernt man nur durch Erfahrung.*

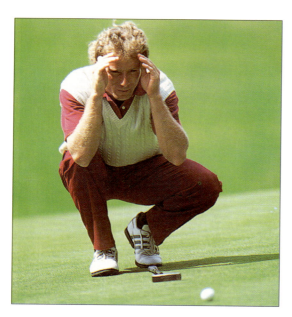

Neigungen erkennen

Oft ist klar erkennbar, ob ein Putt bergauf oder bergab läuft, und wohin er brechen wird. Manchmal allerdings ist dies recht schwer zu sehen. Besonders dann, wenn das Grün zunächst den Eindruck erweckt relativ eben zu sein, macht das Ihre Aufgabe nicht gerade leichter.

■ **Bernhard Langer** schränkt beim Lesen eines Putts sein Gesichtsfeld oft mit den Händen ein. Mit diesem Tunnelblick kann er sich besser auf die Puttlinie konzentrieren.

EINFACHE PUTTSTRATEGIEN

Erkennen Sie Ihre Lage

Ein Grün kann völlig eben aussehen und Sie haben den Eindruck, Ihr Putt müsse schnurgerade verlaufen. Doch beim Putten stellen Sie fest, dass der Ball 8–10 cm zu einer Seite hin ausbricht – und Sie fragen sich, warum Ihnen die Neigung nicht schon vorher aufgefallen ist. Bei der Betrachtung eines Grüns sollten Sie dessen Umgebung nicht außer Acht lassen.

Falls sich z. B. links vom Grün Wasser befindet, wird das Grün sicher ein wenig nach dorthin abfallen. Steigt das Gelände auf der einen Seite des Grüns an, dürfte sich dieses genau zur anderen Richtung hin neigen.

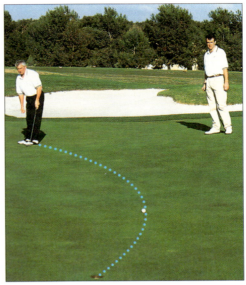

■ **Beobachten Sie**, wie sich die Bälle Ihrer Mitspieler auf dem Weg zum Loch verhalten, und ziehen Sie daraus Rückschlüsse für Ihren Putt.

Die geografischen Gegebenheiten liefern Ihnen Anhaltspunkte dafür, wohin ein Putt brechen wird. Dabei ist das Lesen von Grüns aber keine reine Naturwissenschaft, sondern auch Gefühlssache. Da die meisten Grüns mehr als einen Break haben, werden Sie erst mit sehr viel Übung und Erfahrung auch die Feinheiten erkennen.

Sehen Sie sich das Gras genau an.

Verschaffen Sie sich einen Überblick.

Beachten Sie Bodenwellen.

■ **Das Grün zu lesen** ist eine Kunst, für die man Erfahrung braucht. Sammeln Sie bereits auf dem Weg zum Grün Erkenntnisse über die Konturen und achten Sie darauf, in welche Richtung das Gras wächst.

DAS KURZE SPIEL

Zielen Sie zum Break

Nehmen wir an, Sie haben beschlossen, dass Ihr Putt nach rechts brechen wird, und zwar 10–12 cm, vorausgesetzt, Sie schlagen ihn so weit, dass er es 30–60 cm über das Loch hinaus schaffen würde. (Denken Sie daran: Je stärker Sie ihn schlagen, desto weniger wird er wegbrechen.) Zielen Sie also auf den Punkt, von dem Sie annehmen, dass der Ball dort anfangen wird wegzubrechen, und nicht auf das Loch.

Stellen Sie sich vor, wie der Ball zu diesem Punkt läuft und dann in Richtung Loch abbiegt. Wenn Sie das tun, behandeln Sie Ihren Putt, als verliefe er schnurgerade, was er bis zum Punkt des Break ja auch tut – und ein gerader Putt ist der einfachere Putt. Entscheiden Sie also, wo der Putt bricht, zielen Sie auf diesen Punkt, und geben Sie dem Ball so viel Tempo mit, dass er über das Loch hinausrollen kann.

Das Gras wachsen sehen

Die Richtung, in die das Gras wächst, kann einen entscheidenden Einfluss auf die Breaks haben. Grasbüschel haben die Angewohnheit, in eine bestimmte Richtung zu wachsen, die von der Grassorte und den Platzbedingungen abhängt.

> ### Übrigens ...
> Bent- und Bermudagras – das sind die heute nicht nur in Amerika vorherrschenden Grassorten auf den Grüns. Bentgras wird in den gemäßigten Breiten eingesetzt, hat wenig Strich und lenkt den Ball dementsprechend auch nur wenig ab. Bermudagras, das auf Grüns in wärmeren Klimazonen Verwendung findet, ist etwas körniger und kann daher die Laufrichtung des Golfballs beeinflussen. Bentgras wächst meist in Richtung Wasser, Bermudagras in Richtung der untergehenden Sonne.

Wenn das Gras von Ihnen weg wächst und Sie also mit dem Strich des Grases putten, wird Ihr Ball etwas schneller laufen, als Sie dachten. Putten Sie gegen den Strich, ist der Ball etwas langsamer. Wenn Sie quer zum Strich putten, hat der Ball die Tendenz, dem Strich zu folgen.

Den Strich erkennen

Es gibt mehrere Möglichkeiten zu erkennen, wohin das Gras wächst. Wenn das Gras vor Ihnen etwas heller aussieht und glänzt, heißt das wahrscheinlich, dass es von Ihnen weg und in Richtung Loch wächst. Wenn es dunkler erscheint, bedeutet dies vermutlich, dass es Ihnen entgegen wächst. Auch die Grashalme an der Lochkante bieten Hinweise auf die Wuchsrichtung: Auf der einen Seite des Lochs sind die Halme scharf geschnitten, auf der anderen etwas unsauberer. Das Gras wächst in die »unsaubere« Richtung.

Das Grün mit Augenzwinkern ausloten

Manchmal sieht man einen Golfer, der 1,5–3 m hinter seinem Ball steht und einen Putter vor dem Gesicht baumeln lässt, während er in Richtung Loch blickt. Mit dieser Methode sollen Neigungen des Grüns ausgelotet und mögliche Breaks erkannt werden.

Kann das funktionieren?

Es mag merkwürdig aussehen, aber wenn man es richtig macht und es nur um einen einzigen Break geht, dann kann diese Methode funktionieren. Das Ausloten sagt zwar nichts über den Strich oder Unregelmäßigkeiten am Loch, den Wind oder die Geschwindigkeit des Grüns aus, ist aber nützlich, um die eigene Einschätzung der Neigung zu bestätigen.

Ihr dominantes Auge ist gefragt

Bevor Sie ausloten, müssen Sie wissen, welches Ihrer Augen dominant ist. Um dies festzustellen, verdecken Sie mit dem Zeigefinger vor Ihren Augen einen Gegenstand, der etwa 6–8 m entfernt ist, wobei Sie beide Augen offen lassen. Schließen Sie das rechte Auge. Wenn der Gegenstand vom Finger verdeckt bleibt, ist Ihr linkes Auge dominant, bewegt er sich, ist es das rechte. Benutzen Sie für das Ausloten nur Ihr dominantes Auge.

■ **Laura Davies** *lotet mit dem Putter die Neigung des Grüns aus.*

Die Neigung erkennen

Stellen Sie sich 1,5–3 m hinter Ihren Ball und lassen Sie den Putter vor dem Gesicht hängen. Der Schaft bildet als Senkrechte eine Linie zwischen Mitte Loch und Mitte Ball.

Nur mit Ihrem dominanten Auge finden Sie heraus, in welche Richtung das Loch sich bewegt. Bewegt es sich nach links, wird der Break nach links gehen. Wandert es nach rechts, geht der Break nach rechts. Diese Methode ist nicht sehr zuverlässig, kann aber Ihre ursprüngliche Einschätzung bestätigen. Vergessen Sie nicht, dass auch Geschwindigkeit, Wetter, Topografie und Strich den Break beeinflussen können – ausloten mit Augenzwinkern ist eben nur ein Hilfsmittel.

DAS KURZE SPIEL

Kurze Putts lochen

WENN IHR BALL nur 1 m vom Loch entfernt liegt, sollte Ihr einziger Gedanke sein diesen Putt zu versenken. Schauen Sie bei einem Profiturnier zu und Sie werden nur wenig verpasste kurze Putts sehen. Ein Profi kann es sich nicht leisten, solche **Gimmies** nicht zu lochen.

Sie sollten es sich zutrauen, Putts aus 2 m Entfernung zu versenken, und 1-m-Putts sollten Sie ganz sicher lochen können. Wie schafft man das? Zunächst brauchen Sie Selbstvertrauen – und außerdem den kurzen Nach-hinten-zurück-und-durch-Schwung (erinnern Sie sich an Kapitel 11?), um sicherzustellen, dass Sie nicht von der Puttlinie abkommen.

WAS IST …

Ein **Gimmie** ist ein geschenkter Putt, bei dem der Ball so nah am Loch liegt und so einfach ist, dass der Gegner darauf verzichtet, ihn ausputten zu lassen. Der wohl berühmteste Gimmie ist der 1-m-Putt, den Jack Nicklaus beim Ryder Cup 1969 Tony Jacklin schenkte, wodurch Europa den Cup behielt.

Mit Selbstvertrauen putten

Lesen Sie vor jedem Schlag die Breaks genau. Denken Sie daran, dass kurze Putts weniger Break annehmen, je härter sie geschlagen werden. Wenn ein hart geschlagener 1-m-Putt jedoch das Loch verfehlt, besteht die Gefahr, dass er um dieselbe Strecke über das Loch hinausläuft oder sogar noch weiter. Dann hätten Sie einen längeren Putt vor sich, als es der vorherige war.

Trotzdem gibt man kurzen Putts etwas mehr Power mit, um möglichst jeden Break auszuschließen. Sie müssen einfach die Mitte des Lochs anspielen.

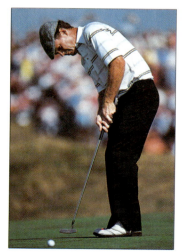

Bei den kurzen Putts sollten Sie darauf achten, den Schlägerkopf bei Rück- und Durchschwung niedrig zu halten. Damit verhindern Sie, dass der Schläger steil auf den Ball trifft, wodurch dieser ins Hoppeln geraten und vom Weg abkommen könnte. Ihr Schwung sollte ruhig und kontrolliert sein. Denken Sie einfach an eine Walzermelodie (eins, zwei, drei), und es kann nichts schief gehen.

■ **Zu seiner Zeit** war Tom Watson einer der besten Putter der Welt, der jeden Putt positiv und mit viel Selbstvertrauen in Angriff nahm.

EINFACHE PUTTSTRATEGIEN

Kurze Putts

Um kurze Putts zu meistern, trainieren Sie auf dem Übungsgrün so viele 1-m-Putts hintereinander wie möglich. Legen Sie in 1 m Abstand um das Loch herum einen Kreis aus zehn Bällen. Versuchen Sie in Ruhe alle zu lochen. Üben Sie so lange, bis Sie alle schaffen. Führen Sie dies vor jeder Runde durch. Es wird sich auszahlen, und zwar jedes Mal, wenn Sie 1,5 m oder näher am Loch liegen. Sie werden kurze Putts sicher verwandeln und den gefürchteten *Drei-Putt* können Sie aus Ihrem Vokabular streichen.

> **WAS IST ...**
>
> Ein **Drei-Putt** bedeutet, dass Sie drei Putts brauchen, um den Ball auf dem Grün ins Loch zu bekommen. Amateure streben den Zwei-Putt an, Profis benötigen zum Erfolg den Ein-Putt.

■ **Eine Ihrer Übungen** beim Putten sollte es sein, eine ganze Reihe von Bällen aus 1 m Entfernung zu lochen. Das gibt Ihnen später auf dem Platz das nötige Selbstvertrauen.

Lange Putts

Wenn Sie den 1-m-Putt beherrschen, probieren Sie die gleiche Übung mit den längeren 2-m-Putts. Sie werden vielleicht nicht alle zehn hintereinander versenken, aber zwei bis drei davon sollten schon fallen. Mit der Zeit entwickeln Sie ein Gefühl für Putts dieser Länge und das wird Ihnen beim Spielen zugute kommen.

■ **Je mehr Zeit** Sie auf dem Übungsgrün verbringen, desto besser wird Ihr Gefühl für das Putten aus unterschiedlichen Entfernungen. Entwickeln Sie einen einheitlichen Puttstil, mit dem Sie den Ball immer genau treffen.

DAS KURZE SPIEL

Lange Putts ans Loch

ALLE GOLFER, die gute Putter sind, haben ein Gefühl für die richtige Geschwindigkeit und Entfernung. Dieses Gefühl kann einem niemand beibringen: Man gewinnt es mit der Zeit und durch viel Übung.

Wenn Sie Putts über 3 m Länge üben, ist es besonders wichtig, ein Gefühl für die richtige Geschwindigkeit zu entwickeln.

Ihr Ziel bei den langen Putts ist es, auf Position zu spielen. Sie brauchen den Ball nicht mit dem ersten Schlag ins Loch zu bringen, aber Sie sollten ihn so nah ans Loch spielen, dass der nächste Putt eine reine Formsache ist. Den Ball aus 9 m Entfernung bis auf 1 m an die Fahne zu legen, reduziert die Gefahr eines gefürchteten Drei-Putts, eine der Ursachen für die hohen Scores vieler Amateure. Allzu oft gelingt einem Golfer eine gute Annäherung, aber er vergibt seine Chancen, wenn er seinen Birdie-Putt aus 6 m Entfernung 2 m über das Loch hinaus-schiebt, den Rückputt ebenfalls verpasst und schließlich mit dem dritten Putt zum Bogey einlocht. So etwas passiert, wenn man nicht regelmäßig übt.

Lange Putts meistern

Wer lange Putts beherrschen will, muss ein Gefühl für die Entfernung entwickeln. Hierbei ist es weniger wichtig, die Breaks richtig einzuschätzen. Mit der entsprechenden Geschwindigkeit kann der Ball ruhig 1 m links oder rechts vom Loch liegen, solange er nicht 2 m zu kurz oder zu lang ist, denn damit verdirbt man sich den Score. Üben Sie also fleißig auf Position zu putten.

INTERNET
www.pelzgolf.com

Auf dieser Website gibt es viele Tipps fürs Putten und andere nützliche Hinweise für das kurze Spiel.

■ **Das Ziel bei** sehr langen Putts ist es nicht, den Ball sofort einzulochen, sondern ihn so nah wie möglich ans Loch zu legen, sodass ein einfacher 1-m-Putt verbleibt.

EINFACHE PUTTSTRATEGIEN

Verbessern Sie Ihre Fähigkeiten

Eine Möglichkeit ein Gefühl für lange Putts zu entwickeln ist folgende Übung: Sie legen vier Bälle aufs Grün, jeden 3 m weiter weg vom Loch, sodass sich der am nächsten liegende 3 m, der am weitesten entfernte 12 m vom Loch befindet. Zuerst schlagen Sie den kürzesten und arbeiten sich dann nach außen hin durch. Sie können zur Übung Bälle auch wahllos auf dem Grün verteilen und zur nächsten Grünkante spielen. Dabei geht es nicht darum, einen ganz bestimmten Punkt anzuspielen, sondern so nah wie möglich an den Rand zu putten. Sie werden staunen, wie gut das mit etwas Übung nach kurzer Zeit geht!

■ **Entwickeln Sie** *ein Gefühl für Entfernungen, indem Sie Bälle vom Grün so nah wie möglich an die Grünkante putten. Spielen Sie gegen einen Freund um die Übung spannender zu machen.*

Machen Sie Ernst!

Nach diesen beiden Übungen legen Sie einen Ball in 10 m Entfernung zum Loch aufs Grün. Tun Sie so, als würden Sie ein Turnier spielen. Stellen Sie sich vor, dass Sie Ihren Ball nur auf Position spielen und danach den kurzen Putt einlochen müssen, um 1 Million Mark zu gewinnen. Denken Sie genau darüber nach, wie viel Energie Sie dem Ball mitgeben müssen, damit er nah an die Fahne rollt. Schwingen Sie gleichmäßig durch den Ball und beobachten Sie, wie er sich dem Loch nähert. Für den Sieg fehlt dann nur noch ein kurzer Tap-In!

Nie den gleichen Schlag wiederholen

Wiederholen Sie diesen Siegesputt ab und zu beim Üben. Gestalten Sie die Situation so realistisch wie möglich, und schlagen Sie den Ball immer von einer anderen Stelle und aus verschiedenen Entfernungen.

Putten Sie nie zweimal von derselben Stelle. Das ist unrealistisch und vermittelt Ihnen keinen Eindruck davon, wie man unter Druck auf Position spielt.

DAS KURZE SPIEL

Vor dem Putt

SOWOHL BEIM PUTT als auch beim vollen Schwung bewegen Sie den Ball auf das Loch zu. Der Unterschied liegt jedoch darin, dass der Ball beim Putten den Rasen nicht verlässt und nur vergleichsweise kurze Entfernungen zurücklegt. Da der Schwung jedoch im Prinzip ähnlich ist, sollten Sie sich auf einen Putt vorbereiten wie auf jeden anderen Golfschwung.

Einige einfache Schritte zum Erfolg

Stellen oder hocken Sie sich zunächst 3 m hinter Ihren Ball und versuchen Sie die möglichen Breaks auf dem Grün zu lesen. Schauen Sie sich das Ganze auch noch vom Loch aus an. Entscheiden Sie nach einigen Probeschwüngen darüber, wie hart der Ball geschlagen werden muss. Stellen Sie sich die genaue Puttlinie vor. Das hilft Ihnen die notwendige Geschwindigkeit festzulegen. Setzen Sie den Putter hinter dem Ball auf, wobei die Schlägerfläche direkt auf die von Ihnen ausgewählte Linie zeigt. Denken Sie daran, den Punkt auf dem Grün anzuvisieren, an dem der Ball brechen wird. Wenn Sie der Meinung sind, der Putt müsse geradeaus laufen, dann zielen Sie direkt auf die Mitte des Lochs.

Übrigens ...

In den 60er-Jahren wurde Arnold Palmer zum Trendsetter. Immer, wenn er das Grün erreichte, zog er seinen Handschuh aus und steckte ihn in seine Gesäßtasche. Die Finger ließ er heraushängen. Diese Mode verbreitete sich wie ein Lauffeuer. Um mehr Fingerspitzengefühl zu haben, putten oder chippen die meisten Golfer ohne Handschuh.

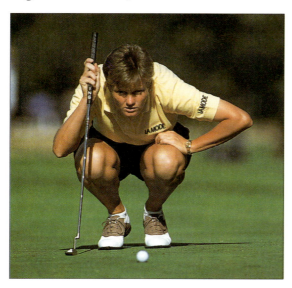

■ **Trish Johnson** hat vor dem Putt eine ganz genaue Vorstellung von der Linie, auf der der Ball ins Loch rollt. Zu jedem erfolgreichen Putt gehört eine ebensolche Vorbereitung.

EINFACHE PUTTSTRATEGIEN

Machen Sie den Putt

Nachdem Sie den Putter zum Ball hin ausgerichtet haben, nehmen Sie Ihre Puttstellung ein. Der Ball sollte 2,5–5 cm links von dem Punkt liegen, auf den Ihr linkes Auge herabblickt. Richten Sie Füße, Hüften und Schultern an der Ziellinie aus. Putten Sie dann und vertrauen Sie Ihrem Gefühl für Linie und Tempo. Achten Sie darauf, den Schlägerkopf nicht zu bremsen, sondern gleichmäßig durchzuziehen. Nun müssen Sie nur noch beobachten, wie der Ball ins Loch fällt!

Kurze Zusammenfassung

- ✓ Ihre Puttstrategie hängt von verschiedenen Faktoren ab, u. a. vom Lesen der Breaks. Außerdem müssen Sie ein Gefühl für Entfernung und Geschwindigkeit entwickeln, um Ihren Score verbessern zu können.

- ✓ Üben ist die einzige Möglichkeit, um ein Gefühl für die Geschwindigkeit der Grüns zu entwickeln. Üben, üben und nochmals üben, lautet die Devise!

- ✓ Es ist wichtig, den Break zu erkennen. Haben Sie den Punkt ausgemacht, an dem der Ball in Richtung Loch brechen wird, dann zielen Sie genau darauf.

- ✓ Mit dem Putter können Sie auch augenzwinkernd Neigungen auf den Grüns ausloten und sehen, wie viel Break zwischen Ball und Loch ist. Diese Methode funktioniert nicht bei jedem, erlaubt zumindest aber die Überprüfung Ihrer Sicht der Dinge.

- ✓ Wenn Sie das Putten üben, dann sollten Sie nicht jeden Ball von derselben Stelle schlagen, denn das hat nichts mit der Realität zu tun. Putten Sie aus möglichst vielen verschiedenen Positionen.

- ✓ Bereiten Sie jeden Putt, wie den vollen Schwung, mit der gleichen Routine vor.

Kapitel 13

Chippen und Pitchen

Mit dem Chippen oder Pitchen steht und fällt Ihr Golfspiel. Wenn Sie den Ball aus den unterschiedlichsten Lagen nah an die Fahne bringen können, werden Sie gut scoren; wenn nicht, leidet Ihr Score. So einfach ist das. Lernen Sie also, wie man perfekt chippt und pitcht.

In diesem Kapitel ...

✓ Der entscheidende Teil des Spiels

✓ Was ist der Unterschied zwischen Chip und Pitch?

✓ Wann spielt man den Chip?

✓ Richtig chippen

✓ Verschiedene Schläger spielen

✓ Wann spielt man den Pitch?

✓ Richtig pitchen

DAS KURZE SPIEL

Der entscheidende Teil des Spiels

ALLE GOLFER, BESONDERS ANFÄNGER, müssen lernen gut zu chippen und zu pitchen, um damit ungenaue Abschläge oder Annäherungsschläge auszugleichen. Am Anfang werden Sie vor allem mit Schadensbegrenzung beschäftigt sein und versuchen verunglückte Schläge wieder auf die Bahn zu bringen oder sich aus schwierigen Lagen zu befreien.

Gute Chip- und Pitch-Schläge sind die einzige Möglichkeit auch bei nicht perfekt gespielten Löchern respektabel zu scoren.

Die Kunst des kurzen Spiels

Ein schlechtes kurzes Spiel kann jeden Vorteil, den Sie sich möglicherweise durch gute lange Schläge erarbeitet haben, zunichte machen. Wenn Sie gut chippen und pitchen, können Sie auf guten langen Schlägen aufbauen oder auch Mängel im langen Spiel ausgleichen, etwa wenn Ihre Schläge weder lang noch exakt genug sind, um das Grün zu treffen. Daher gilt: Ihr kurzes Spiel ist Ihre Trumpfkarte.

Das liegt daran, dass ein guter Chip oder Pitch Sie in die Zone zum Scoren bringt – den unsichtbaren Kreis mit 2 m Durchmesser rund um das Loch. Liegt Ihr Ball so nah an der Fahne, dann ist der Putt aus 1 m eine reine Formsache.

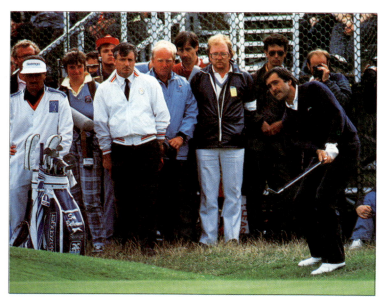

■ **Seve Ballesteros** *ist berühmt für sein geniales kurzes Spiel rund ums Grün. Mit diesem ausgezeichneten Chip zum 18. Loch von Royal Lytham sicherte er sich 1988 den Sieg bei den British Open.*

Was ist der Unterschied zwischen Chip und Pitch?

AUF EINER TYPISCHEN GOLFRUNDE werden Sie es nicht immer schaffen, den Ball mit der geplanten Anzahl von Schlägen aufs Grün zu bekommen. Oft bleibt er vor dem Grün liegen. Dann müssen Sie entscheiden, ob Sie ihn mit einem Chip oder einem Pitch aufs Grün schlagen.

Der Chip

Wenn Ihr Ball nur etwa 3 m vom Grün enfernt liegt, bietet sich der *Chip* an, wie man diesen Schlag aus kurzer Entfernung nennt. Ziel eines Chips ist es, den Ball so nah wie möglich ans Loch zu bringen, sodass nur ein kurzer Par-Putt bleibt. Ein gut geschlagener Chip ist nur kurze Zeit in der Luft. Nach seiner Landung rollt er auf dem Grün. Die Strecke, die ein Chip rollt, ist immer länger als die Strecke, die er fliegend zurücklegt.

> **WAS IST ...**
>
> Ein **Chip** ist ein flach gehaltener Schlag, der aus Grünnähe in Richtung Loch gespielt wird. Ein **Pitch** hat eine höhere Flugbahn und der Ball rollt nach der Landung nicht mehr so weit.

Der Pitch

Ein *Pitch* wird aus größerer Entfernung zum Grün geschlagen als ein Chip. Das Ziel ist jedoch dasselbe: den Ball so nah wie möglich ans Loch zu schlagen, sodass nur ein kurzer Putt bleibt. Wenn Sie das Grün also meilenweit verfehlt haben, kann ein Pitch das Par noch retten. Ein Pitch bietet sich auch dann an, wenn sich vor dem Grün ein Hindernis befindet oder wenn die Fahne ganz nah am Grünrand gesteckt ist und Ihr Ball weniger als 50 m entfernt liegt. Ein gut geschlagener Pitch fliegt höher und weiter als ein Chip. Außerdem hat ein Pitch mehr Backspin, sodass der Ball schneller zum Stehen kommt, sobald er auf dem Grün gelandet ist.

Methoden beim Chippen und Pitchen

Die Technik des Chippens unterscheidet sich von der des Pitchens. Ein Chip erfordert einen kürzeren Schlag mit weniger Handgelenksbewegung als beim vollen Schwung; der Pitch hingegen wird mehr aus dem Handgelenk geschlagen und ist fast eine Minivariante des vollen Schwungs. Der Chip ähnelt eher einem Schlag mit dem Putter, bei dem möglichst kein Drall auf den Ball übertragen wird und dieser ohne den unberechenbaren Backspin vorwärts rollt. Der Pitch benötigt viel Backspin, weshalb der Schwung länger ist und mehr Bewegung in den Handgelenken erfordert.

DAS KURZE SPIEL

Die Qual der Wahl

Ein Chip ist einem Pitch immer vorzuziehen, weil der Ball schnell wieder auf dem Rasen landet.

Es ist leichter, die Entfernung zu steuern, die der Ball auf dem Rasen bewältigt, als die Länge der Flugbahn. Weil ein Chip kaum Backspin hat, kann man besser abschätzen, wie weit der Ball rollen wird. Ein Chip ähnelt dem Putt, wenn man davon absieht, dass der Ball beim Chip eine kurze Strecke fliegt. Chips werden meist aus guter Lage in kurzem Gras geschlagen.

Sie können mit jedem Schläger in der Tasche chippen. Am häufigsten nimmt man Schläger vom 6er-Eisen bis zum Sandeisen, je nachdem, wie weit das Grün weg ist und wie weit der Ball auf dem Grün rollen muss. Beträgt die Rollstrecke nur 3–5 m, brauchen Sie einen Schläger mit mehr Loft wie etwa das Sandwedge. Haben Sie mehr Platz auf dem Grün, greifen Sie zu einem Schläger mit weniger Loft, z. B. zu einem 6er- oder 7er-Eisen, mit dem Sie den Ball hoch genug in die Luft bekommen, dass er die Grünkante überfliegt und auf dem Grün weiterrollt.

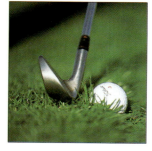

■ **Die meisten Chips** *spielt man aus guter Lage in relativ kurzem Gras.*

Wann spielt man den Chip?

STELLEN SIE SICH VOR, *Sie haben das Grün nicht ganz erreicht. Ihr Ball liegt auf dem Fairway; auf dem Weg zum Loch befindet sich nur Gras. Die Fahne steht hinten auf dem Grün, gut 12 m von der vorderen Grünkante entfernt. Ihr Ball liegt gerade einmal 2 m vor dem Grün, aber das Gras auf dem Fairway ist zu lang für einen Putt.*

Frage: Was mache ich jetzt?

Antwort: Sie chippen ein 6er- oder 7er-Eisen lehrbuchmäßig genau so stark, dass der Ball die nötige Strecke bis zum Grünanfang durch die Luft fliegt und nach der Landung in Richtung Loch weiterrollt. Sie haben sich hier für den Chip entschieden, weil die Entfernung zwischen Ball und Grünanfang kürzer ist als die Strecke zwischen Grünanfang und Loch.

6ER-EISEN 9ER-EISEN SANDWEDGE

■ **Zum Chippen** *nehmen die meisten guten Spieler je nach Entfernung zum Loch einen Schläger vom 6er- bis zum Sandeisen.*

CHIPPEN UND PITCHEN

Gehen Sie auf Nummer sicher

Sie könnten den Ball auch hoch in die Luft pitchen, damit er in Fahnennähe landet und hoffentlich dort liegen bleibt. Aber das wäre ein unnötiges Risiko, das Sie nicht eingehen müssen. Golf unterliegt den Gesetzen der Wahrscheinlichkeit. Um gut zu scoren, sollten Sie den Schlag anwenden, der die größten Erfolgsaussichten hat. Jack Nicklaus hat sich an diesen Grundsatz gehalten und ist damit der größte Golfer aller Zeiten geworden.

Schlägerwahl

Sie können einen Chip auch dann spielen, wenn die Fahne näher auf Ihrer Seite des Grünrands steht. Hauptsache ist, dass die Entfernung zwischen Ball und Grünanfang ebenfalls verhältnismäßig kurz ist, wenn also die Fahne z.B. nur 2,5 m vom Grünrand entfernt ist und Ihr Ball nur 60 cm vor der Grünkante liegt. Sie brauchen nun einen Schläger, der den Ball bis aufs Grün durch die Luft befördert und ihn den Rest des Wegs rollen lässt. In diesem Fall werden Sie einen Schläger mit etwas mehr Loft nehmen, vielleicht das Pitchingwedge oder sogar das Sandeisen, damit der Schläger dafür sorgt, dass der Ball nicht so weit rollt wie mit dem 6er- oder 7er-Eisen. Wie bei einem längeren Chip wird der Ball nicht höher als 30 cm fliegen und dann auf dem Grün ausrollen als wäre es ein Putt.

■ **Wählen Sie den Chip**, *wenn es gilt, ein tiefer gelegenes Hindernis zu überwinden, und das Loch auf dem Grün weiter entfernt ist.*

Chippen Sie, wo immer möglich – selbst wenn Sie an die 10 m zum Grün haben. Ist die Rollstrecke zum Loch lang genug, ist ein gutes Ergebnis wahrscheinlicher als beim Pitch.

Chippen Sie, wenn Sie den Ball über unebenen Boden oder alte Divots hinwegschlagen wollen. Wenden Sie den Chip auch dann an, wenn es besonders windig ist, denn der Wind macht mit einem hohen Pitch-Schlag, was er will. Einen niedrig fliegenden Chip hingegen wird er kaum beeinflussen.

»Bump-and-Run«-Schläge

Sie können sogar aus einer Entfernung von 40 m vom Grün chippen, um den Einfluss des Windes zu minimieren. Dieser »Bump-and-Run«-Schlag ist ein Chip, der schon vor dem Grün landet und erst über den Fairwayrasen und dann aufs Grün rollt. Mit diesem Schlag kann man dem Wind ein Schnippchen schlagen, vorausgesetzt, es befinden sich auf dem Weg zum Grün keine Hindernisse. Wenn die Fahne weit genug im Grün steht, ist ein Chip dieser Art stets einem Pitch vorzuziehen.

DAS KURZE SPIEL

Richtig chippen

SEHEN WIR UNS EINE typische Situation für einen Chip an. Ihr Ball liegt etwa 5 m vor dem Grün auf dem Fairway. Die Lage ist gut, aber das Gras zu hoch, um den Ball mit dem Putter zum Loch zu schlagen. Die Fahne steht 12 m hinter dem Grünanfang. Damit hat Ihr Ball genügend Auslauf für einen Chip.

Den richtigen Schläger auswählen

Da die Fairways meist kurz geschnitten sind, werden Sie für den Chip vermutlich ein 7er- oder 8er-Eisen wählen. Beide bringen den Ball hoch genug in die Luft, damit er die Grünkante überfliegt und nach einer weichen Landung den Rest des Wegs zum Loch rollt. Ist das Loch näher, werden Sie einen Schläger mit mehr Loft brauchen, etwa ein Pitchingwedge oder ein Sandeisen. Damit fliegt der Ball höher und rollt eine kürzere Strecke. Sie brauchen auch mehr Loft, wenn Ihr Ball in 5 cm hohem Rough statt auf dem Fairway liegt.

DER CHIP

Benutzen Sie beim Chippen die gleiche Pendelbewegung wie beim Putten. Vermeiden Sie die Bewegung der Handgelenke. Wiegen Sie einfach Arme und Schultern auf einer geraden Linie nach rechts und links. Die Länge Ihres Rückschwungs bestimmt die Länge Ihres Schlags. Für einen längeren Chip brauchen Sie einen längeren Rückschwung und auch einen längeren Durchschwung.

1 Ansprache
Die Fußstellung ist eng; der Ball liegt in Höhe der rechten Hacke. Der Schlägerkopf richtet sich am Zwischenziel aus.

2 Zurücknehmen
75% Ihres Gewichts lasten auf dem linken Fuß. Die Augen bleiben beim Schwung auf den Ball gerichtet.

CHIPPEN UND PITCHEN

Punktlandung

Als Nächstes suchen Sie sich den Punkt, auf dem Ihr Ball landen soll. Dieser Punkt sollte sich idealerweise auf dem Grün befinden und nicht auf dem Grünrand oder dem Fairway. Das Grün ist viel ebenmäßiger und seine Oberfläche lässt den Ball nicht so leicht verspringen. Wählen Sie einen Punkt etwa 1 m hinter dem Grünanfang, der auf einer Linie zum Loch liegt. Bedenken Sie, dass der Ball beim Chip nur so lange in der Luft sein soll, bis er das Grün erreicht hat, um nach der Landung auf dem Grün weiter in Richtung Loch zu rollen.

Sehen Sie den Schlag vorher

Stellen Sie sich hinter den Ball und blicken Sie die Ziellinie entlang. Wie bei jedem anderen Schlag sollten Sie sich ein sekundäres Ziel suchen, das auf der Ziellinie liegt – ein verfärbter Grashalm ein Stück vor dem Ball reicht völlig aus. Jetzt müssen Sie sich richtig ausrichten. Platzieren Sie Ihre Füße nahe nebeneinander – nicht mehr als 40 cm auseinander. Als Rechtshänder sollten Ihre Füße durch eine Linie verbunden sein, die auf einen Punkt etwas links vom Ziel zeigt. So sehen Sie die Ziellinie genau. Sie brauchen keine Angst zu haben, dass der Ball links am Ziel vorbeirollt, denn dafür schlagen Sie ihn nicht hart genug. Ihre Schultern sollten an der Ziellinie ausgerichtet sein.

3 Rückschwung
Nehmen Sie den Schläger mit einer Pendelbewegung zurück, ohne dabei die Handgelenke zu bewegen.

4 Abschwung
Die Hände eilen dem Schlägerkopf voraus. Dieser bleibt bis zum Treffmoment in leicht geöffneter Position.

5 Treffmoment
Die linke Hand wird von der rechten nicht überholt. Der Ball wird mit einer klaren Abwärtsbewegung getroffen.

6 Durchschwung
Der Durchschwung ist genauso lang wie der Rückschwung. Ihr Gewicht bleibt auf der linken Körperseite.

DAS KURZE SPIEL

Richtig abschlagen

In der Ansprechhaltung sollte der Ball beim Rechtshänder in Höhe der rechten Hacke liegen, also wesentlich weiter rechts als beim vollen Schwung. Dadurch stellen Sie sicher, dass der Schlägerkopf den Ball während seiner Abwärtsbewegung trifft. Das ist wichtig für einen guten Chip. Wählen Sie zum Chippen den gleichen Griff wie beim Putten – nicht den Griff, den Sie beim vollen Schwung anwenden. Das trägt dazu bei, dass die Handgelenke während des Schlags nicht abknicken. Beim Chippen und Putten sollen sich die Handgelenke so wenig wie möglich bewegen. Zielen Sie mit dem Schlägerkopf auf Ihr Zwischenziel. Legen Sie drei Viertel Ihres Gewichts auf den linken Fuß, um möglichst jede Bewegung des Unterkörpers zu vermeiden. Ihr Unterkörper sollte sich aus Gründen der Schlaggenauigkeit beim Chippen und Putten am besten gar nicht bewegen. Ehe Sie schlagen, sollten sich Ihre Hände etwas vor dem Schlägerkopf befinden. Das unterstützt den sauberen Ballkontakt in der Abwärtsbewegung.

Verschiedene Schläger spielen

SOBALD SIE EIN GUTES GEFÜHL fürs Chippen entwickelt haben, sollten Sie mit verschiedenen Schlägern experimentieren, um die unterschiedlichen Flugbahnen kennenzulernen und herauszufinden, wie weit der Ball jeweils rollt. Beim Chip mit dem 6er-Eisen ist die Flugphase kürzer und der Ball rollt länger als bei einem Schlag mit dem 9er-Eisen. Mit der Zeit werden Sie lernen, wie sich jeder Schläger verhält. Für den Anfang reicht es, mit drei verschiedenen Schlägern zu chippen, etwa mit dem 6er- und 9er-Eisen und dem Sandwedge.

■ **Üben Sie** den Chip mit allen möglichen Schlägern. Dann können Sie in jeder Situation den passenden wählen.

Das Texaswedge

Wenn Sie ein Gefühl für die Unterschiede beim Chippen mit drei verschiedenen Schlägern entwickelt haben, können Sie mit anderen Schlägern experimentieren. Liegt Ihr Ball z. B. auf dem kurz gemähten Grünrand, bietet sich meist ein Chip mit dem Putter an. Sie haben richtig gelesen: mit dem Putter, der manchmal auch Texaswedge genannt wird. Die Grundidee des Chippens, nach der der Ball möglichst rollen soll, kann mit dem Putter hervorragend umgesetzt werden. Da auch die Zielgenauigkeit mit diesem Schläger am größten ist, sollte man ihn immer dann verwenden, wenn das Gras, auf dem der Ball liegt, kurz ist und keine Unregelmäßigkeiten aufweist.

CHIPPEN UND PITCHEN

Eine alte Golfweisheit besagt, dass Ihr bester Chip den Ball nicht so nah ans Loch bringt wie Ihr schlechtester Putt; in diesem Spruch liegt viel Wahrheit.

Ein Putt ist besser zu beherrschen und vorherzusehen als ein Chip, weil der Ball auf dem Boden bleibt. Greifen Sie deshalb sooft wie möglich zum Texaswedge, wenn Sie chippen.

Für diese Art Chip müssen Sie etwas härter schlagen als bei einem Putt gleicher Länge auf dem Grün, denn der Ball muss zunächst durch das längere Gras am Grünrand rollen, ehe er das Grün erreicht. Um das Texaswedge zu beherrschen, sollten Sie jede Gelegenheit zum Üben nutzen.

Das Fairwayholz

■ **Tiger Woods** *chippt oft mit einem Fairwayholz.*

Sie können auch mit einem Fairwayholz chippen. Das machen heutzutage viele Profis, darunter auch Tiger Woods. Wann benutzt man nun ein Fairwayholz statt eines Eisens oder des Putters? Dann, wenn der Ball am Grünrand liegt, aber an einer Seite noch in höherem Fairwaygras oder wenn er auf dem Fairway liegt, aber der Schläger sich auf dem Weg zum Ball durchs Semi-Rough bewegt. Hier ist es meist schwer, mit dem Putter oder einem Eisen guten Ballkontakt herzustellen, weil das höhere Gras den Schläger bremst. Das führt zu kurzen, unpräzisen Schlägen oder man verfehlt den Ball völlig. Das Fairwayholz mit seinem großen Schlägerkopf dagegen gleitet durchs höhere Gras, sodass Sie den Ball solide treffen. Der Loft eines 5er- oder 7er-Holzes ist genau richtig, um den Ball in die Luft und aufs Grün zu bringen.

Weiter unten greifen

Um mit dieser Technik Erfolg zu haben, sollten Sie das Holz am unteren Ende des Griffstücks greifen und sich wie bei einem normalen Chip ausrichten. Statt den Ball auf der Höhe Ihres rechten Fußes zu haben, sollte er einige Zentimeter weiter links liegen. Wenden Sie dann Ihren normalen Chip-Schlag an, der den Ball in der Abwärtsbewegung trifft. Schlagen Sie etwas sachter zu als mit dem Eisen, weil der Schlägerkopf des Fariwayholzes mehr Energie überträgt. Probieren Sie diesen Schlag erst dann auf einer Golfrunde, wenn Sie ihn vorher ausreichend geübt haben. Es dauert seine Zeit, ihn zu beherrschen.

■ **Wenn Sie mit** *einem Fairwayholz chippen, greifen Sie den Schläger weiter unten als sonst.*

Putten mit dem Sandwedge

Ein weiterer interessanter Schlag, der oft von Profis angewendet wird, ist das Putten mit dem Sandwedge. Wenn ein Ball am Grünrand liegt und der Putter deswegen vor dem Ballkontakt über höheres Gras gleiten muss, besteht die Gefahr, dass der Putter keinen guten Ballkontakt bekommt. Man kann in solchen Situationen mit einem Fairwayholz putten, aber viele ziehen das Sandeisen vor. Man greift das Sandwedge etwas weiter unten als den Putter und schlägt den Ball in der Mitte.

Den Schlag richtig vorbereiten

Eine wichtige Voraussetzung für den Erfolg dieses Schlags ist, dass der Ball auf Höhe Ihrer rechten Hacke liegt und Sie ihn von oben kommend treffen.

Das Schlägerblatt des Sandeisens gleitet über das höhere Gras am Grünrand und trifft den Ball in der Mitte, wodurch der Loft keinen Einfluss auf den Ball hat, der wie bei einem normalen Putt in Richtung Loch läuft. Der Nachteil des Putters gegenüber dem Sandeisen ist, dass er durch das höhere Gras verlangsamt werden könnte, wodurch der Ball schon vor dem Loch zum Stehen kommen würde.

Einige Spieler ziehen diesen Schlag dem mit dem Fairwayholz vor, weil das Sandeisen kürzer ist. Wieder gilt: Wenden Sie diesen Schlag erst dann auf der Runde an, wenn Sie ihn zuvor einige Male geübt haben.

Übrigens ...

Ein guter Chip ist leicht zu erlernen. Larry Nelson, ein Meister des kurzen Spiels, begann erst im Alter von 21 Jahren mit dem Golfen und lernte aus einem Buch, wie man spielt.

Wann spielt man den Pitch?

WENN ES KEINE MÖGLICHKEIT GIBT, den Ball mit einem Chip aufs Grün zu bringen, dann müssen Sie ihn pitchen. Gepitcht wird normalerweise nur mit einem Wedge. Ein Pitch ist höher und weiter als ein Chip und erfordert einen volleren Schwung sowie mehr Bewegung in den Handgelenken. Den Pitch wenden Sie dann an, wenn sich zwischen Ihrem Ball und dem Grün Hindernisse befinden oder wenn das Loch nah an der Grünkante liegt und Ihnen somit wenig Spielraum bleibt.

CHIPPEN UND PITCHEN

Hindernisse umgehen

Wenn Ihr Ball im tiefen Rough liegt, bietet sich ebenfalls der Pitch-Schlag an, denn Sie brauchen einen kraftvollen Schwung, um hier herauszukommen. Ein gut geschlagener Pitch wird dem Ball genug Spin mitgeben, damit er in Fahnennähe liegen bleibt. Würden Sie versuchen über einen Bunker zu chippen, würde der Ball vermutlich genau dort hineinspringen und liegen bleiben statt das Grün zu erreichen. Sollten Sie 2,5 m vom Grün entfernt (und mit der Fahne nur 1 m hinter dem Grünanfang) aus dem Rough chippen, dann rollt der Ball am Loch vorbei und Sie haben einen langen Rückputt vor sich. Der Pitch-Schlag hilft Hindernisse zu überwinden, dem Rough zu entwischen und den Ball in Lochnähe schnell zu stoppen.

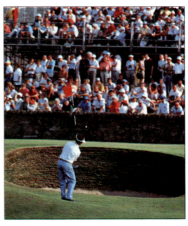

■ **Einen Pitch** spielt man, wenn auf dem Weg zum Grün ein Hindernis liegt, wie etwa dieser Bunker.

Den Pitch meistern

Es ist schwieriger zu pitchen als zu chippen. Daher sollten Sie, wenn irgend möglich, den Chip wählen. Der Pitch ist riskanter, weil der Rückschwung länger ist als beim Chip – ein Schwung mit der Hälfte bis zu drei Vierteln des normalen Schlags.

Bei diesem Teilschwung führt ein unnötig verzögerter Abschwung oft dazu, dass man den Ball schlecht trifft.

Hier braucht man viel Gefühl – und das dauert seine Zeit. Zum Chippen hingegen reicht ein kurzer, eher mechanischer Schlag, den selbst ein Anfänger schnell beherrscht.

Mit Spin schlagen

Ein Pitch wird zwingend, wenn der Ball näher als 50 m am Grün liegt. Denn aus dieser kurzen Entfernung kann man mit keinem Schläger einen ganzen Schwung schlagen – er wäre zu weit. Mit einem eingeschränkten Schwung geben Sie dem Ball aber auch weniger Spin mit, weil die Schlägerkopfgeschwindigkeit geringer ist.

Der perfekte Ausweg

Abgesehen von seinen Risiken macht der Pitch – richtig getroffen – viel Spaß. Außerdem ist dieser Schlag wirklich sehr nützlich. Besonders dann, wenn Wasser oder Bunker auf dem Weg zum Grün überwunden werden müssen, sorgt ein aus 55 m aufs Grün tropfender Ball für einen guten Score.

DAS KURZE SPIEL

Richtig pitchen

EIN GUTER PITCH basiert auf der Ansprechhaltung zu einem längeren Chip und zusätzlicher Bewegung in den Handgelenken. Man kann den Pitch auch als verkürzte Version des vollen Schwungs betrachten. Sehen wir uns eine typische Pitch-Situation an: Ihr Ball liegt im leichten Rough. Zwischen Ball und Grün befindet sich in etwa 10 m Entfernung ein Bunker. Die Fahne steht in der Mitte des Grüns, etwa 23 m von Ihrem Ball entfernt. Ihre Aufgabe ist es, den Ball über den Bunker aufs Grün zu schlagen und ihn so nah wie möglich am Loch zum Stehen zu bringen.

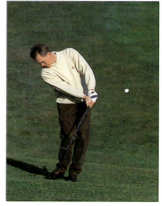

■ **Zum Pitch** gehört ein ordentlicher Abschwung, damit der Ball viel Backspin erhält und nach der Landung auf dem Grün möglichst wenig rollt.

Ein Chip würde den Ball nicht über den Bunker tragen, mit einem vollen Schwung dagegen würde der Ball über das Grün hinaus fliegen. Das richtige Rezept ist hier, zum Wedge zu greifen (vermutlich ein Sand- oder ein Lobwedge) und den Ball in hohem Bogen aufs Grün zu schlagen, sodass er weich landet und nur noch wenige Meter zum Loch rollen muss.

DER PITCH

Im Gegensatz zum Chip gehen in den Pitch-Schwung sowohl Beinarbeit als auch viel Handgelenksbewegung ein, um dem Ball so viel Spin wie möglich mitzugeben. Übertreiben Sie die Beinarbeit nicht, denn dadurch könnten Sie den Pitch von der Ziellinie abbringen.

① Ansprache
Das Schlägerblatt zeigt zum Ziel. Füße und Hüften zeigen auf einen Punkt etwas links vom Ziel.

② Zurücknehmen
Das Gewicht bleibt links. Bewegen Sie Schläger, Hände, Arme und Schultern als Einheit.

CHIPPEN UND PITCHEN

Den richtigen Schläger nehmen

Gehen wir die einzelnen Schritte für den perfekten Pitch durch. Zunächst brauchen Sie den richtigen Schläger, meist ein Sandeisen oder Lobwedge, die beide eine hohe Flugbahn und so viel Backspin wie möglich erzeugen. Der Rückwärtsdrall bringt den Ball gleich nach der Landung zum Stoppen. Im Gegensatz zum Chip fliegt ein Pitch den Großteil der Strecke zum Loch und rollt nicht mehr weit. Das Rollen des Balls ist wegen seines erhöhten Dralls schlecht vorhersehbar. Mit genügend Übung kann man die Flugstrecke einschätzen.

Punktlandung

Als Nächstes suchen Sie den Landepunkt für Ihren Pitch. Wenn Sie nur 30 m zum Loch haben, ist es am besten, dass der Ball rund 4,5 m vor dem Loch aufspringt und den Rest des Wegs rollt. Der ideale Landeplatz hängt von vielen Dingen ab, darunter von der Neigung und der Geschwindigkeit des Grüns sowie dem Drall, den Sie dem Ball verleihen. Erst durch Übung und Erfahrung können Sie den besten Landeplatz für Ihren Ball auswählen.

Die richtige Stellung

Stellen Sie sich die Flugbahn Ihres Balls und Ihre Ziellinie vor. Jetzt können Sie sich ausrichten. Der Schlägerkopf zeigt direkt zum Ziel, Sie selbst stehen (im Gegensatz zum Chip oder dem vollen Schwung) etwas offen, wobei Füße, Knie, Hüften und Schultern auf einen Punkt links vom Ziel ausgerichtet sind, und zwar mindestens 1° nach links.

3 Rückschwung
Winkeln Sie die Handgelenke ab. Die Hände gehen maximal auf Schulterhöhe.

4 Abschwung
Der Griff bleibt stets locker. Der Schlägerkopf steht senkrecht zur Schwunglinie.

5 Treffmoment
Treffen Sie den Ball auf der Ziellinie. Bremsen Sie den Schlägerkopf nicht im letzten Moment.

6 Durchschwung
Ihr Gewicht liegt ganz links. Der Schläger befindet sich in ausbalancierter Lage.

DAS KURZE SPIEL

Dadurch geht der Schläger im Treffmoment quer durch den Ball und verleiht ihm zusätzliche Höhe und Spin. Falls Sie den Ball nicht so hart treffen, wird er trotzdem in die Richtung fliegen, in die das Schlägerblatt zeigt.

Ihr Stand

Stehen Sie mit den Füßen etwas weiter auseinander als beim Chip, aber näher zusammen als beim vollen Schwung. Beim Rechtshänder sollten 60 % des Gewichts auf dem linken Fuß lasten. Der Ball liegt genau in mittlerer Position. Ihr Griff sollte ganz entspannt sein, wie auch der Schwung ganz locker und fast leger ist.

Schlagen

Bringen Sie den Schläger beim Rückschwung in eine Position, in der er etwas über die Senkrechte zum Boden hinausgeht. Die Handgelenke bewegen sich zurück, sobald der Abschwung beginnt. Der Schwung soll aus einem Guss sein. Ihre Handgelenke sollten sich anfühlen, als wären sie bis hin zum Treffmoment ein sich gemütlich bewegendes Scharnier. Achten Sie darauf, beim Abschwung nicht langsamer zu werden, denn dadurch verlieren Sie an Länge. Richtiges Pitchen erfordert Beschleunigung im Treffmoment.

Die Länge des Pitches verändern Sie durch die Länge von Rück- und Durchschwung – nicht durch die Schwunggeschwindigkeit.

Mit der Zeit werden Sie fühlen, welche Schwunglänge Sie für die jeweilige Entfernung brauchen. Je länger der Schwung, desto mehr Backspin übertragen Sie auf den Ball, wodurch dieser nach der Landung schneller liegen bleibt. Anders als beim Chip, bei dem Sie den Ball von oben treffen, sollte sich ein Pitch anfühlen, als würden Sie den Schlägerkopf schnell unter dem Ball durchziehen, wodurch er sich aus dem Gras in die Luft hebt. Sie sollten nicht versuchen den Ball mit dem Schläger hochzuhebeln – dafür sorgt schon der Loft des Schlägers.

Lange Pitch-Schläge

Je länger der Pitch ist, desto länger müssen Rück- und Durchschwung sein. Wenn Sie über 50 m weit pitchen wollen, werden Sie schon fast einen vollen Schwung anwenden, besonders wenn Sie ein 58°-Lobwedge verwenden. Um präzise zu schlagen, sollten Sie sich in dieser Lage fast parallel zur Ziellinie ausrichten statt leicht geöffnet zu stehen.

■ **Ein langer Pitch** *erfordert beinahe einen vollen Schwung, damit der Ball das Grün erreicht.*

CHIPPEN UND PITCHEN

Verbessern Sie Ihren »Gefühlsfaktor«

Arbeiten Sie mehr an Ihrem Pitch als an Ihrem Chip, denn der Pitch unterliegt einem schwer zu fassenden »Gefühlsfaktor«. Sie müssen lernen, wie unterschiedlich sich ein 30 m- und ein 50 m-Pitch anfühlen. Und Sie sollten üben, so hoch und dabei so kurz wie möglich zu schlagen. Phil Mickelson, einer der weltbesten Spieler, kann mit seinem Lobwedge den Ball fast senkrecht in die Luft schlagen, sodass er nur wenige Meter entfernt landet. Wie überall im Golf gilt auch hier: Übung macht den Meister. Also – ab auf die Range!

INTERNET

www.golfacademy.com

Die Golf Academy bietet viele Lehrbeispiele zum Chip, Pitch und anderen Aspekten des Golfspiels.

Kurze Zusammenfassung

✓ Ein Chip fliegt niedrig und rollt den größten Teil des Wegs.

✓ Ein Pitch hat eine steilere Flugbahn und fliegt den längsten Teil des Wegs zum Loch.

✓ Alle Golfer, besonders Anfänger, müssen das Chippen und Pitchen üben, um ungenaue Abschläge oder schlechte Annäherungsschläge in Richtung Grün auszugleichen. Gutes Chippen und Pitchen rettet Sie aus so mancher prekären Lage.

✓ Haben Sie die Wahl zwischen einem Chip und einem Pitch, dann entscheiden Sie sich möglichst immer für den Chip. Dieser ist einfacher zu schlagen und auch seine Landung besser zu kontrollieren.

✓ Der Schwung beim Chip ist wesentlich kürzer und erfordert weniger Handgelenksbewegung als der Pitch, der fast eine Minivariante des vollen Schwungs ist.

✓ Chippen Sie, wenn viel Grün zwischen Ball und Loch liegt. Pitchen Sie, wenn die Entfernung vom Grünrand zum Loch geringer ist als die vom Ball zum Grünrand.

✓ Lernen Sie mit so vielen Schlägern wie möglich zu chippen und zu pitchen. So bekommen Sie bei allen Schlägern das Gefühl dafür, wie hoch und wie weit Sie Ihren Ball damit schlagen.

Kapitel 14

Der Bunkerschlag

Allein der Gedanke, der Ball könnte im Bunker landen, treibt den meisten Golfamateuren den Angstschweiß auf die Stirn. Dazu besteht eigentlich gar kein Grund: Viele Profis z.B. ziehen den Bunker dem Rough vor. Zum einen liegt der Ball im Bunker häufig besser, zum anderen sind die Profis so geübt in Bunkerschlägen, dass sie sich leicht befreien können – und das wird bei Ihnen bald ähnlich sein.

In diesem Kapitel ...

✓ Hier ist nicht der Strand ...

✓ Es ist gar nicht so schwer!

✓ »Bounce« beim Sandwedge

✓ Standard-Bunkerschläge

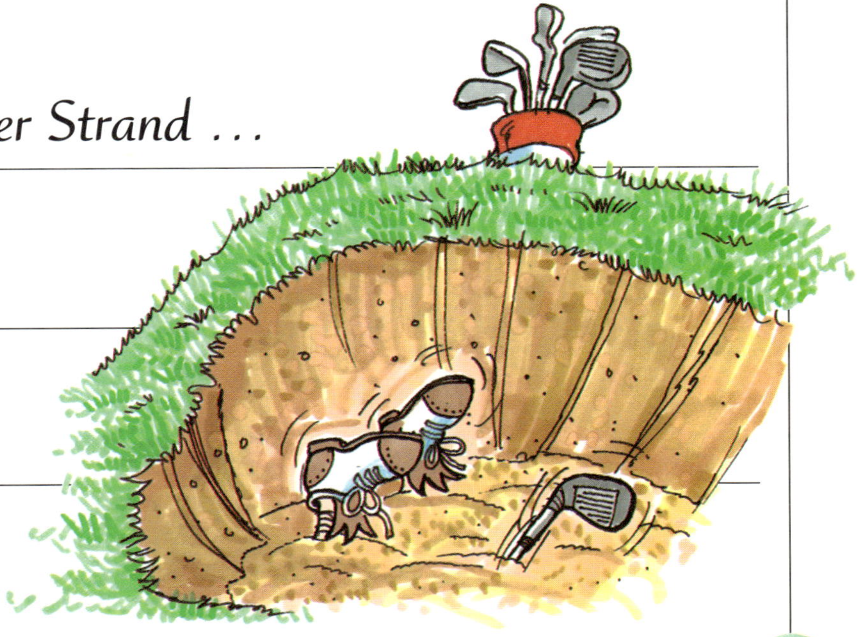

Hier ist nicht der Strand …

BUNKER (ODER SANDHINDERNISSE) sind mit Sand gefüllte Vertiefungen, mit denen ungenaue Schläge bestraft werden sollen. Ob nah am Grün oder auf dem Fairway – Bunker gibt es in allen Formen und Größen, von langen, flachen bis hin zu runden, tiefen. Selbst der Sand kann variieren, von feinkörnigem wie Mehl bis hin zu grobem wie Streusand. Manche Bunker sind auch mit einer Bunkerkante ausgestattet, die den Befreiungsschlag zusätzlich erschwert.

Verschiedene Bunkerarten

Golfplatzarchitekten überlegen sich meist ganz genau, wo sie Bunker platzieren. An den meisten Grüns befindet sich wenigstens ein strategisch gelegener Bunker, entweder davor oder dahinter. Damit sollen zu lange oder zu kurze Annäherungsschläge bestraft werden. Beiderseits des Grüns liegen weitere Bunker, in denen Bälle landen, die zu weit nach rechts oder links geschlagen wurden. Dies alles sind Grünbunker. Auf den Fairways, in Seiten der Par-4- und Par-5-Löcher gibt es ebenfalls Bunker, die Fairwaybunker. Sie liegen meist an beiden Fairwayrändern in Höhe der Landezone eines normalen Abschlags und sollen ungenaue, lange Schläge bestrafen.

Den richtigen Schläger wählen

Die Lage der Bunker ist einer der wichtigsten Faktoren bei Ihrer Entscheidung, wie Sie ein Loch in Angriff nehmen.

Wenn Sie also wissen, dass sich in 230 m Entfernung vom Tee auf der linken Seite des Fairways ein Bunker befindet, dann sollten Sie einen Schläger nehmen, mit dem Sie Ihren Ball gar nicht so weit schlagen können, dass er diesen Bunker erreichen würde. In diesem Fall würden Sie möglicherweise zum 3er-Holz greifen anstatt zum Driver. Oder angenommen, ein tiefer Grünbunker lauert direkt vor dem Grün: Dann sollten Sie ein Eisen wählen, mit dem Sie den Ball garantiert über den Bunker hinausschlagen. Das könnte z. B. bedeuten, dass Sie das 6er-Eisen nehmen, obwohl das 7er-Eisen eigentlich der perfekte Schläger wäre. Die zusätzliche Länge, die Sie mit diesem Eisen erreichen können, verhilft Ihnen eventuell anstatt zu einem Bunkerschlag zu einem leichten Putt.

■ **Wählen Sie** *bei jedem Loch genau den Schläger und die Strategie, die einen Bunker vermeiden.*

DER BUNKERSCHLAG

Es ist gar nicht so schwer!

ES IST WIRKLICH NICHT SCHWER, den Ball regelmäßig sauber aus dem Bunker zu bekommen – vorausgesetzt, Sie schlagen gewissenhaft zu und wenden die jeweils richtige Technik an.

Die Tatsache, dass Sie bei den meisten Bunkerschlägen gar keinen Kontakt mit dem Ball haben (Fairwaybunker stellen dabei die Ausnahme dar), macht Bunkerschläge einzigartig: Sie schlagen hinter dem Ball in den Sand und bringen ihn dadurch in Bewegung.

Aus diesem Grund sind Bunkerschläge auch nicht so anfällig für Fehler. Bei einem ganz normalen Schlag auf dem Fairway z.B. muss der Schlägerkopf den Ball punktgenau treffen: Sie dürfen höchstens 1 cm abweichen. Aus einem Bunker dagegen können Sie den Ball auch dann noch gut herausschlagen, wenn Sie mit 5 cm Abweichung in den Sand dahinter schlagen. Die Länge der Flugbahn und die Stärke des Backspins könnten zwar darunter leiden, aber der Ball wird aus dem Bunker herauskommen, das besagen die Gesetze der Physik. Wenn das Sandeisen hinter dem Ball auf den Sand trifft, gleitet der Schlägerkopf durch den Sand und unter den Ball. Dadurch spritzt der Sand hoch, auf dem der Ball liegt, und dieser sitzt wie auf einem fliegenden Teppich. Wenn Sie alles richtig machen, hat der Ball keine andere Wahl: Er muss raus aus dem Bunker!

Herausforderungen für Anfänger

Es gibt mehrere Gründe, warum Anfänger so viele Probleme mit Bunkerschlägen haben. Meist liegt es daran, dass der Bunkerschlag eben anders ist als alle anderen Schläge. Sie haben so viel Zeit damit verbracht, den Ball sauber zu treffen, dass sich Ihr Körper und Geist nun dagegen sträuben, 5 cm hinter den Ball zu schlagen. Stattdessen sagen die eingeübten Bewegungen in Ihrem Unterbewusstsein: »Triff den Ball!« Diese Umstellung kann zunächst einige Probleme bereiten.

Im Sand üben

Anfänger sind zum großen Teil genügend damit beschäftigt, die vielen anderen Grundlagen des Golfspiels zu erlernen, und vernachlässigen daher oft das Bunkerspiel. Rein statistisch gesehen werden Sie auch weniger Bälle aus Bunkern als vom Fairway oder aus dem Rough schlagen. Es ist also ganz natürlich, Bunkerschläge etwas weniger zu üben. Zudem verfügt nicht jede Anlage über einen Übungsbunker. Und so begibt sich der Durchschnittsgolfer in Sachen Bunkerspiel oft völlig unvorbereitet auf den Platz.

DAS KURZE SPIEL

Positiv denken!

Der häufigste Grund dafür, dass Anfänger bei Bunkerschlägen versagen, ist, dass sie zu wenig Übung darin haben und in Panik geraten, wenn sie mit einer Bunkerlage konfrontiert werden. Ein ungeübter Golfer geht schon mürrisch an die ihm unangenehme Situation heran, macht mit steifen Armen einen zögerlichen Versuch – und verpasst den Ball. Oder er trifft den Ball **dünn** oder **toppt** ihn, sodass dieser wie eine Rakete über das Grün hinweg zum nächsten Tee schießt – wo schon ein anderer Golfer steht. Oder er schwingt halbherzig – ohne den Ball zu bewegen. Die innere Einstellung spielt eine große Rolle und lässt sich nur durch Übung verbessern.

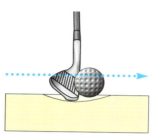

■ **Das Schlägerblatt** sollte den Sand direkt hinter dem Ball treffen, um diesen aus dem Bunker zu schießen.

> **WAS IST …**
>
> Wenn das untere Ende des Schlägers den Ball in der Mitte statt in der unteren Hälfte trifft, ist der Ball **dünn getroffen**. Er hat dann eine sehr niedrige Flugbahn. Ein Ball ist **getoppt**, wenn er mit dem Schläger in der oberen Hälfte getroffen wird, dadurch nur rollt und gar nicht erst in die Luft kommt.

Richtig ausrichten

Die fehlende Übung bringt ein weiteres Problem mit sich: die Missachtung der grundlegenden Ausrichtungsroutine. Anfänger richten sich im Bunker gegenüber dem Ball aus, als wären sie auf dem Rasen – mit dem Körper parallel zur Ziellinie und dem Ball in einer mittleren Position. Das ist das Todesurteil für jeden Bunkerschlag, denn dabei sollte die Stellung viel offener sein: Füße, Hüfte und Schultern sollten bei einem Rechtshänder wenigstens 20° nach links von der Ziellinie abweichen. Diese offene Haltung unterstützt die im Bunker notwendige, von außen nach innen verlaufende Schwungebene, auf der der Sand quer durchschnitten wird, damit der Ball aus dem Bunker geschossen werden kann. Mit der normalen parallelen Ausrichtung würde sich der Schläger in den Sand graben und der Ball sich kaum oder gar nicht vorwärts bewegen.

■ **Beim Schlag** aus einem Grünbunker müssen Schultern, Oberkörper und Hüfte leicht geöffnet sein.

offener Stand

Ziellinie

»Bounce« beim Sandwedge

DAS SANDWEDGE ist ein wunderbares Instrument, speziell entwickelt für Schläge aus dem Sand. Der Schlägerkopf eines Sandeisens ist an der Sohle dicker als bei einem gewöhnlichen Eisen. Bei einem richtig durchgeführten Schwung wird sein dickes Ende, der **Bounce,** den Sand als Erstes treffen. Betrachten Sie einmal ein Sandeisen von der Seite: Sehen Sie, wie der Bounce unter der Schlägerfläche hängt? Aufgrund dieses Wulstes gleitet das Eisen durch den Sand und gräbt sich nicht darin ein. Das Sandeisen kann genau die Stelle erreichen, auf der der Golfball liegt, und Sie werden diesen in einem hohen Bogen aus dem Bunker herausschlagen.

> **WAS IST …**
>
> Der **Bounce** bei einem Wedge ist der Wulst, der sich unten am Schlägerkopf befindet. Je weiter unten der Bounce im Vergleich zur Schlägerkante hängt, desto mehr wird der Schläger vom Sand abprallen.

Der Bounce eines Sandeisens wird in Grad gemessen und gibt den Winkel zwischen Schlägerblatt und Bounceoberfläche an.

■ **Gene Sarazen** entwickelte in den 30er-Jahren das Sandwedge, um sein Spiel zu verbessern.

Diesen Winkel können Sie am Sandeisen erkennen, wenn Sie es von der Seite aus betrachten. Die wenigsten Eisen in Ihrer Tasche jedoch werden überhaupt einen solchen Winkel aufweisen. Bei einem Sandeisen liegt er zwischen 5° und 15° oder ist noch größer. Die meisten Golfspieler benutzen ein Sandeisen mit wenigstens 10° Bounce. Dieses hilft ihnen dabei, den Ball nach oben aus dem Bunker herauszuschlagen.

Wie viel Bounce ist am besten?

Je feinkörniger und lockerer der Sand, desto mehr Bounce braucht man. Wenn Sie einen Platz spielen, dessen Bunker einen festeren, gröberen und nasseren Sand aufweisen, werden Sie nicht so viel Bounce benötigen: Zu viel Bounce lässt den Schlägerkopf von der kompakten Oberfläche abprallen und Sie treffen den Ball in seiner Mitte – mit der Folge, dass er über das Grün hinwegschießt.

Bei einem guten Schwung mit dem Sandeisen sollten Sie das Gefühl haben, dem Ball die »Beine« wegzuschlagen. Dieses Bild sollten Sie bei Schlägen aus Grünbunkern immer vor Augen haben. Ein Ball braucht keine Beine, also weg damit! Ohne Beine wird er abheben und einen wunderschönen Flug antreten.

DAS KURZE SPIEL

Standard-Bunkerschläge

ES GIBT DREI ARTEN von Bunkerschlägen: den Splash, den Explosionsschlag und den Schlag aus dem Fairwaybunker.

Der Splash

Der Splash ist das Grundmodell eines Bunkerschlags. Man schlägt ihn aus dem Grünbunker, wenn der Ball nicht eingegraben ist, sondern an der Oberfläche liegt. Er ist der wichtigste aller Bunkerschläge. Ihn zu beherrschen bedeutet viele Schläge einzusparen. Der Splash verdankt seinen Namen der Tatsache, dass der Sand spritzt, wenn man den Ball herausschlägt.

INTERNET

www.st-duffer.com

Diese Site ist St. Duffer gewidmet, dem Schutzheiligen aller frustrierten Golfer. Hier erfahren Sie etwas über die Wunder, die er vollbracht hat.

Die Ansprechposition

Um einen großen Splash zu schlagen, stellen Sie sich als Rechtshänder so in den Bunker, dass Ihr Körper 20° nach links von der Ziellinie abweicht. Das mag Ihnen zwar zunächst merkwürdig vorkommen, aber nur auf diese Art und Weise gelangen Sie mit Ihrem Sandeisen unter den Ball. Der Schläger darf den Sand nicht vor dem Schlag berühren, sonst erhalten Sie einen Strafschlag. Graben Sie Ihre Füße ein wenig in den Sand ein, um einen guten Stand zu haben, und spielen Sie den Ball auf der Höhe des Innenrists Ihres linken Fußes.

DER SPLASH

Da der Splash der am meisten gespielte Bunkerschlag ist, sollten Sie ihn auf jeden Fall beherrschen. Wenden Sie ihn dann an, wenn Ihr Ball im Bunker an der Oberfläche liegt. Achten Sie darauf, den Schlägerkopf bei der Ansprache über dem Sand zu halten. Die Länge von Rück- und Durchschwung bestimmt die Länge des Schlags. Ihr Gewicht sollte auf dem linken Fuß lasten: Das unterstützt den Schwung nach unten und durch den Sand.

1 Ansprache
Ein offener Stand mit dem Ball auf der Höhe des linken Innenrists

2 Rückschwung
Der Rückschwung folgt der Ausrichtung auf einen Punkt links vom Ziel.

DER BUNKERSCHLAG

Es ist wichtig, dass der Ball in dieser Position liegt, da Sie hinter dem Ball in den Sand schlagen – ungefähr dort, wo Ihr Ball bei einem normalen Schwung liegen würde. Stellen Sie sich mit schulterbreit oder noch weiter geöffneten Beinen hin. 60% Ihres Gewichts lasten auf dem linken Fuß. Drehen Sie als Rechtshänder das Schlägerblatt nach rechts, bis es zum Ziel zeigt. Es muss weit geöffnet sein, damit der Bounce erfolgreich ist.

Den Schwung vorbereiten

Fassen Sie den Schläger etwa 2,5 cm unterhalb der normalen Posititon, zum Ausgleich für Ihre im Sand stehenden Füße. Achten Sie beim Schwung darauf, dass er Ihrem Körper folgt (beim Rechtshänder an einem Punkt links vom Ziel ausgerichtet). Schwingen Sie nicht in Richtung Ziel, denn dadurch würde sich der Schläger in den Sand eingraben statt hindurchzugleiten. Konzentrieren Sie sich auf den Punkt 5 cm hinter dem Ball und nicht auf den Ball selbst. Stellen Sie sich vor, Sie wollten ein postkartengroßes Divot unter dem Ball herausschlagen – oder dem Ball die »Beine« abschlagen.

Den Schlag durchführen

Ihr Schwung sollte sanft und langsam sein, nicht schnell und hart. Wenn Sie zu schnell schwingen, gleitet der Schläger so weit unter dem Ball durch den Sand, dass der Ball liegen bleibt. Schwingen Sie daher locker, mit etwas mehr Handgelenksbewegung als sonst, und halten Sie Beine und Unterkörper ruhig. Sie werden dies vermutlich einige Male ausprobieren müssen, ehe Sie die Grundsätze des Splashschlags aus dem Bunker verstehen. Und dann heißt es: üben, üben, üben!

3 Abschwung
Lassen Sie das Schlägerblatt offen und zielen Sie 5 cm hinter den Ball.

4 Treffmoment
Der Schläger gleitet durch den Sand und treibt den Ball aus dem Bunker.

5 Durchschwung
Drehen Sie die rechte Schulter und verfolgen Sie die Flugbahn des Balls.

6 Finish
Bei einem ausbalancierten Finish folgen die Arme der Körperdrehung.

DAS KURZE SPIEL

Die Länge kontrollieren

Um länger zu schlagen, machen Sie einfach einen längeren Rück- und Durchschwung anstatt es mit Kraft zu versuchen.

Mit der Zeit werden Sie ein Gefühl für die Länge bekommen. Wenn Sie den Splash oft genug ausgeführt haben, werden Sie bemerken, wie die Stelle, an der der Schläger in den Sand eintaucht, und der Grad des Backspins, der auf den Ball übertragen wird, zusammenhängen. Wenn die Fahne nicht weit entfernt ist, hilft der Backspin dabei, den Ball zum Anhalten zu bringen. Grundsätzlich geben Sie dem Ball mehr Drall mit, je dichter Ihr Schläger daneben in den Sand taucht. Doch wenn Sie dem Ball zu nahe kommen und ihn zuerst treffen, fliegt er über das Grün hinaus.

Sollte die Fahne ein gutes Stück vom Bunker entfernt sein, ist es besser, möglichst wenig Drall auf den Ball zu übertragen, damit er weit rollt. Um dies zu erreichen, schlagen Sie 5 cm oder mehr hinter dem Ball in den Sand.

Stellen Sie sich den Splash als einen Schnitt unter den Ball vor und nicht als eine Ausgrabung.

Übrigens ...
Die Golflegende Gary Player, der als bester Bunkerspieler aller Zeiten gilt, übt seine Schläge aus dem Sand immer so lange, bis einer davon ins Loch geht.

DER EXPLOSIONSSCHLAG

Den Explosionsschlag spielt man aus dem Grünbunker, wenn der Ball teilweise oder sogar ganz im Sand vergraben liegt. Bei diesem Schlag wird der Schlägerkopf in den Sand getrieben und nur wenig Spin übertragen. Der Ball rollt deshalb nach der Landung auf dem Grün noch ein Stück.

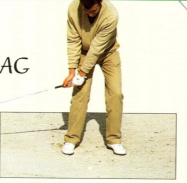

1 Ansprache
Der Stand ist leicht geöffnet, der Ball liegt in der Mitte. Der Schlägerkopf zeigt auf einen Punkt links vom Ziel.

2 Rückschwung
Eine starke Handgelenksbewegung macht den Rückschwung und auch den Angriffswinkel steiler.

DER BUNKERSCHLAG

Der Explosionsschlag

Manchmal muss man leider feststellen, dass der eigene Ball halbvergraben im Bunker liegt. Das ist ärgerlich und in diesem Fall kommen Sie auch mit dem Splash nicht weiter. Er würde den Ball höchstens um ein paar Zentimeter bewegen. Hier hilft der Explosionsschlag am besten.

Bei diesem Schlag muss der Schlägerkopf tief in den Sand eintauchen und den Ball auf einem Sandkissen herausbefördern. Ein Explosionsschlag erzeugt nur wenig Spin und dadurch rollt der Ball ein ganzes Stück.

■ *Ein halbvergrabener **Ball** erfordert vom Spieler einen Explosionsschlag.*

Ansprechposition

Zum Explosionsschlag stehen Sie leicht geöffnet, aber nicht so offen wie beim Splash. Graben Sie Ihre Füße ein wenig in den Sand ein und gleichen Sie dies aus, indem Sie den Schläger etwas weiter unten greifen. Ihr Gewicht lastet hauptsächlich auf Ihrem linken Fuß. Der Ball liegt in mittlerer Position, nicht wie beim Splash weiter vorn. Der Schlägerkopf zeigt auf einen Punkt links vom Ziel und wird geschlossener gehalten als beim Splash. Der Grundgedanke bei dieser Ansprechhaltung ist, mit dem Schläger ganz dicht hinter dem Ball in den Sand zu schlagen: Sie müssen den heimtückischen Sandkrater, der Ihren Ball einschließt, mit dem Schlägerkopf zerschneiden.

3 Abschwung
Beim Übergang in den Abschwung bleibt der Körper über dem Ball und der Griff fest.

4 Treffmoment
Schlagen Sie das Eisen mit einer schnellen Bewegung etwa 5 cm hinter dem Ball in den Sand.

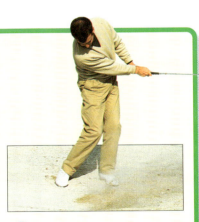

5 Durchschwung
Der Durchschwung fällt eher schwach aus (manchmal bleibt der Schläger sogar im Sand stecken).

DAS KURZE SPIEL

Den Schlag ausführen

Ihr Schwung sollte steiler sein als beim Splash und sich anfühlen, als schlügen Sie direkt in den Sand. Mit einer starken Handgelenksbewegung tauchen Sie mit dem Schlägerkopf etwa 5 cm hinter dem Ball in den Sand ein. Durch diesen steilen Einfallswinkel kommt es kaum noch zu einem Durchschwung: Der Schlägerkopf bleibt oft dort stecken, wo er hineingeschlagen wurde. Der Ball schießt aus dem Sand und läuft ohne Backspin in Richtung Fahne. Und genau aufgrund des fehlenden Rückwärtsdralls läuft er nach seiner Landung viel weiter als sonst.

> ### Übrigens ...
> Bobby Jones, einer der größten Golfer aller Zeiten, sagte über Bunkerschläge: »Der Unterschied zwischen einem Bunker und einem Wasserhindernis ist wie der zwischen einem Autounfall und einem Flugzeugabsturz. Von einem Autounfall kann man sich erholen.«

Der Schlag aus dem Fairwaybunker

Nicht alle Bunker befinden sich jedoch am Grünrand. Manche von ihnen sind heimtückisch beiderseits des Fairways platziert, genau dort, wo ein schöner langer Drive landen könnte. Diese Fairwaybunker unterscheiden sich von ihren Verwandten am Grün in einigen Punkten. Erstens befinden sie sich in einiger Entfernung vom Grün, oft über 180 m weit entfernt. Zweitens sind sie größer und länger als andere Grünbunker. Drittens ist der Untergrund in ihnen meist fester und viertens ist die Bunkerkante niedriger als bei einem Grünbunker.

INTERNET
www.cybergolf.com
Für Infos über Bunkerschläge klicken Sie einfach auf das Icon »Lessons«.

DER SCHLAG AUS DEM FAIRWAYBUNKER

Wenn die Bunkerkante nicht zu hoch ist und der Ball oben auf gefestigtem Sand liegt, sollten Sie diesen Schlag anwenden. Ihre Schlägerwahl wird von der Entfernung zum Ziel abhängen und von der Höhe der Bunkerkante. Zielen Sie direkt auf den Ball und nicht in den Sand wie beim Splash oder Explosionsschlag. So haben Sie die Chance, das Grün mit einem Schlag zu erreichen.

1 Ansprache
Die Füße stehen weiter auseinander und parallel zur Ziellinie. Der Ball liegt weiter rechts als sonst.

2 Rückschwung
Der Schläger, die Arme und die Schultern bilden beim Schlag eine Einheit.

DER BUNKERSCHLAG

Eine andere Technik

Wie beeinflussen diese Unterschiede nun Ihr Spiel aus dem Fairwaybunker? In verschiedener Art und Weise: Wenn Ihr Ball z. B. 140 m vor dem Grün in einem Fairwaybunker liegt, werden Sie das Grün sicher nicht mit einem Sandeisen erreichen – außer Ihr Name lautet zufällig Tiger Woods. Greifen Sie in dieser Situation also lieber zu einem »normalen«, einem 6er- oder 7er-Eisen. Diese haben keinen Bounce und können daher nicht wie ein Sandeisen geschlagen werden.

Hier müssen Sie den Ball sauber vom Sand schlagen und dabei zuerst ihn und nicht den Sand treffen, wenn er den Hauch einer Chance haben soll, das Grün zu erreichen.

Der festere Sand im Fairwaybunker macht den sauberen Schlag zwar etwas einfacher – er ist und bleibt aber trotzdem ein komplizierter Schlag.

Die Lage sondieren

Vor dem Schlag sollten Sie die Lage des Balls im Sand begutachten. Liegt er oben auf festem Sand, vergraben oder gar zwischen kleinen Steinen? Wenn der Ball eine schlechte Lage hat, dann haben Sie keine andere Wahl, als ihn mit einem kurzen Splashschlag zurück auf den Fairway, also auf Sicherheit, zu spielen. Die Chancen, aus einer schlechten Lage das Grün zu erreichen, sind eher gering. Daher sollten Sie den erfolgversprechendsten Weg gehen und den Ball sicher wieder ins Spiel bringen.

3 Höchster Punkt
Bei ganzer Schulterdrehung bleibt der Schläger parallel zur Ziellinie.

4 Abschwung
Schwingen Sie locker mit wenig Beinarbeit, aber mit Blick auf den Ball.

5 Treffmoment
Beschleunigen Sie durch den Treffmoment und treffen Sie den Ball genau.

6 Durchschwung
Der Schlag sollte kontrolliert und perfekt ausbalanciert enden.

DAS KURZE SPIEL

■ **Liegt Ihr Ball** in einem Bunker mit hoher Kante, bringt ein Sicherheitsschlag ihn wieder ins Spiel.

Betrachten Sie als Nächstes die Bunkerkante. Ist sie sehr niedrig, werden Sie den Ball mit jedem Schläger darüber hinwegschlagen. Ist sie höher als 30 cm, ist die Wahl des richtigen Schlägers besonders wichtig. Vielleicht ist sie ja so hoch, dass Sie sie mit dem Schläger, mit dem Sie das Grün erreichen werden, gar nicht überwinden können?

Die Schlägerwahl

Nehmen wir an, Ihr Ball liegt 145 m vor dem Grün in einem Fairwaybunker. Bei dieser Entfernung greift der Durchschnittsgolfer zum 4er- oder 5er-Eisen. Der Ball liegt nur 1 m vor der Bunkerkante, die 1 m hoch ist. Mit dem geringen Loft eines 4er- oder 5er-Eisens werden Sie ihn kaum über die Kante schlagen, obwohl beide Eisen richtig für die Entfernung zum Grün wären. In dieser Lage sollten Sie auf Nummer sicher gehen und den Ball mit einem Wedge wieder ins Spiel bringen. Wenn er 10 m vor einer niedrigen Bunkerkante läge, bestünde keine Gefahr, hängen zu bleiben.

Die Schlussfolgerung lautet also: Spielen Sie auf Nummer sicher, wenn Balllage oder Kante den Schlag gefährden.

Das Grün angreifen

Unter Idealbedingungen (fester Sand, gute Lage, niedrige Kante) können Sie das Grün anspielen. Zunächst geht es um die Entfernung zum Ziel. Angenommen, Sie haben 115 m bis zum Grün – das wäre genau die richtige Entfernung für Ihr 9er-Eisen. Doch stattdessen sollten Sie lieber zum 8er-Eisen greifen. Warum? Beim Schlag aus einem Bunker sollten sich Beine und Unterkörper möglichst wenig bewegen, um nicht wegzurutschen. Daher schlagen Sie aus dem Bunker nicht so weit wie sonst und werden einen etwas längeren Schläger benötigen, um Ihr Ziel zu erreichen.

Schlagvorbereitung

Wenn Sie den Ball in einem Fairwaybunker ansprechen, sollten Ihre Füße einen festen Stand im Sand haben. Fassen Sie Ihren Schläger entsprechend tiefer und denken Sie daran, dass er den Sand nicht berühren darf, da dies einen Regelverstoß bedeuten würde. Stellen Sie sich etwas breitbeiniger hin. Der Ball sollte weiter rechts liegen als üblich, da es für erfolgreiche Fairwaybunkerschläge ganz wichtig ist, zuerst den Ball und dann den Sand zu treffen. Zielen Sie nun wie bei jedem anderen Schlag. Richten Sie sich jedoch nicht mit einem geöffneten Stand aus, wie Sie es in einem Grünbunker tun würden, sondern positionieren Sie Ihren Körper parallel zur Ziellinie. In der folgenden Ansprechposition sollten sich Ihre Hände etwas vor dem Ball befinden. Dadurch ist gewährleistet, dass Sie ihn beim Abschwung zuerst treffen.

DER BUNKERSCHLAG

Schlagen Sie zu

Beim Schwung sollten Sie sauberen und präzisen Kontakt zum Ball haben und möglichst kein Divot produzieren. Sie kennen das Gefühl, nur den Ball zu treffen: Es ist, als hätten Sie ihn »dünn« getroffen oder etwas zu hoch. Genau so sollten Sie den Ball aus dem Fairwaybunker schlagen. Gräbt sich Ihr Schläger vor dem Ballkontakt in den Sand ein, wird der Ball nicht weit kommen – vielleicht noch nicht einmal aus dem Bunker.

Schwingen Sie weich und mit wenig Beinbewegung. Ihre Augen blicken auf den Ball. Machen Sie mit dem Körper keine Abwärtsbewegung und beschleunigen Sie den Schläger durch den Treffmoment, um nicht an Länge zu verlieren. Viele Spieler verlangsamen aus Angst vor dem Schlag ihren Schwung, was sich negativ auswirkt. Vertrauen Sie Ihrem Schlag und führen Sie ihn aus!

Ebenso wie die Schläge aus dem Grünbunker sollten Sie auch diejenigen aus dem Fairwaybunker regelmäßig trainieren. Probieren Sie verschiedene Schläger aus: Greifen Sie ruhig einmal zum 7er-Holz, denn dessen großer Schlägerkopf gleitet über den Sand anstatt sich einzugraben. Sie sollten immer zuerst den Ball treffen!

Kurze Zusammenfassung

✓ Ein Bunker ist ein mit Sand gefülltes Hindernis. Bunker befinden sich meist an den Grüns, auf den Fairways oder anderswo auf dem Platz.

✓ Einen Ball aus dem Bunker zu schlagen ist gar nicht so schwer, vorausgesetzt, Sie wenden die richtige Technik an und – üben, üben, üben!

✓ Das Sandwedge ist für Schläge aus Grünbunkern besonders geeignet, da man mit ihm gut unter den Ball kommt.

✓ Aus einem Grünbunker befreien Sie sich mit dem Splashschlag. Sie schlagen in den Sand hinter dem Ball und der Sand treibt den Ball heraus.

✓ Wenn Ihr Ball teilweise oder ganz im Sand vergraben liegt, dann hilft nur noch der Explosionsschlag. Dabei schlagen Sie in einem steileren Winkel.

✓ Schläge aus dem Fairwaybunker sind nicht schwieriger als andere. Wichtig ist zuerst den Ball zu treffen und dann den Sand.

Teil Vier

Kapitel 15
Mehr Beständigkeit im Spiel

Kapitel 16
Die häufigsten Fehler

Kapitel 17
Wenn Fortschritt immer schwerer wird

Kapitel 18
Die richtige Strategie

BEN CRENSHAW IN SIEGERPOSE

So werden Sie ein besserer Golfer

Inzwischen kennen Sie die Basiselemente des Spiels und sind fähig eine gute Runde Golf zu spielen. Nicht schlecht. Aber damit sind Sie nicht *zufrieden*, oder? Sie wollen besser werden? Ja, denn nur darum geht es!

Wer nach diesem Spiel süchtig ist, hat den *Wunsch* sich zu verbessern, um eines Tages eine Par-Runde auf einem 18-Loch-Platz zu spielen – ein realistisches Ziel, wenn man hart an seinem Spiel arbeitet und oft genug professionelle Hilfe in Anspruch nimmt.

Mein *Ziel* ist es, Ihnen in diesem Teil zu zeigen, wie leicht man seine Fähigkeiten verbessern kann – was bedeutet, dass man nicht nur irgendwie über den Platz kommt, sondern einen guten Score erzielt.

Kapitel 15
Mehr Beständigkeit im Spiel

Je beständiger Ihre Leistungen auf dem Platz werden, desto stärker wirken sich auch kleine Änderungen an Ansprechposition, Schlägerwahl und Schwungbahn auf Ihr Spiel aus. In diesem Kapitel erhalten Sie einige wesentliche Tipps zum Schwung, die Ihre Schläge und damit Ihren Score verbessern werden.

In diesem Kapitel …

✓ *Finetuning am Rückschwung*

✓ *Der Schläger kommt von innen*

✓ *Das Schlägerblatt laufen lassen*

✓ *Locker werden!*

✓ *Ballposition und Teehöhe*

✓ *Mehr Gefühl für die Schläger*

SO WERDEN SIE EIN BESSERER GOLFER

Finetuning am Rückschwung

BEI DEM VERSUCH im Rückschwung mehr Radius oder mehr Drehung zu erzielen lockern viele Spieler häufig speziell mit der linken Hand ihren Griff. Obwohl man dadurch erreicht, dass der Schlägerkopf etwas weiter läuft (rein theoretisch vergrößert man den Schwungbogen), ändert sich durch das erneute Zufassen im Abschwung fast immer die Ausrichtung des Schlägerkopfes. Das Resultat ist dann entweder ein offener oder ein geschlossener Schlägerkopf – beides führt zu geringerer Genauigkeit.

Wichtig ist, dass Ihr Griff nicht verkrampft, sondern stets kompakt ist. Während des Schwungs wird der Druck des Griffs nie geändert. Die einzige Methode den Schwungbogen wirklich zu vergrößern besteht in einer besseren Drehung der linken Schulter, die so weit reichen sollte, dass die linke Schulter über Ihrem rechten Fuß steht. Dann haben Sie eine volle Drehung erreicht, die wiederum in einem Maximum an Schwunggeschwindigkeit resultiert. Aber denken Sie dran: Der Griff ist nie verkrampft.

Höhe des Rückschwungs

Checken Sie die Stellung des Schlägerschafts, um festzustellen, ob Sie einen vollen Rückschwung machen und sich in der richtigen Ebene befinden.

Der Schläger sollte parallel zur Ziellinie stehen, der Schlägerkopf zeigt direkt zum Ziel.

Ein Freund kann Ihnen beim Check helfen, Sie können den Schwung aber auch auf Video aufzeichnen. Zeigt der Schläger direkt zum Ziel, so ist die Schwungbahn korrekt. Zeigt er auf eine Position links vom Ziel, so haben Sie ihn *geöffnet* und werden höchstwahrscheinlich slicen. Zeigt der Schläger auf einen Punkt rechts vom Ziel, haben Sie ihn *gekreuzt,* was wohl dazu führen wird, dass Sie hooken. Arbeiten Sie an der geraden Stellung des Schlägerkopfes: Sie hat gerade Schläge zur Folge.

WAS IST ...

Wenn Ihr Schlägerschaft am Ende des Rückschwungs auf einen links vom Ziel liegenden Punkt zeigt, ist der Schläger **geöffnet**. *Endet die gedachte Linie von hier ausgehend rechts vom Ziel, ist er* **gekreuzt**.

Der Schläger kommt von innen

POWER UND GENAUIGKEIT beim Schlag erreichen Sie nur, wenn Sie einen Fehler vermeiden, den man als »von außen-oben kommen« bezeichnet. Dies ist ein Schwungfehler, der den Schlägerkopf außerhalb der Ziellinie im Abschwung hält und zu einem furchtbaren Slice führt.

Um zu vermeiden, dass Sie falsch von oben auf den Ball kommen, müssen Sie lernen, wie Ihr Schlägerkopf nicht aus der idealen Schwungbahn gerät. Versuchen Sie das Gegenteil – immer von innen an den Ball zu kommen. Die meisten guten Spieler können dies in Serie. Wenn es Ihnen gelingt, im Durchschwung immer leicht von innen an den Ball zu kommen, werden Sie Ihren Slice los und erzielen obendrein einen netten kleinen *Draw*. Probieren Sie die folgenden zwei Drills:

> **WAS IST ...**
>
> Der **Draw** macht eine kleine Flugkurve von rechts nach links und fliegt dann weiter als der Slice, weil er etwas weniger Backspin hat.

SCHWUNGBAHN-DRILL

1 Linie mit drei Tees

Stecken Sie drei Tees im Abstand von 8 cm in den Boden, sodass die Linie einen 45°-Winkel zu Ihrer Ziellinie ergibt. Die Tee-Linie zeigt zu Ihrem linken Fuß (bei rechtshändig spielenden Golfern). Zwischen den Tees sollte genug Platz zum Schwingen sein.

2 Schwungbahn finden

Schwingen Sie mit dem Eisen 5 so, dass Sie nur die Spitze des mittleren Tees treffen. Der Schlägerkopf muss dabei zwischen den anderen Tees in einer leichten Kurve von innen nach außen hindurchschwingen. Schaffen Sie dies konsequent, läuft Ihr Schlägerkopf von innen an den Ball. Treffen Sie die äußeren Tees, kommt er von außen-oben an den Ball. Sie müssen weiter üben.

■ **Dieser Drill** zeigt Ihnen Ihre aktuelle Schwungbahn und hilft diese bei Bedarf zu korrigieren.

SO WERDEN SIE EIN BESSERER GOLFER

DIE INNENSPUR NEHMEN

1 Die Schläger auslegen

Legen Sie einen Ball auf den Boden und anschließend einen Schläger etwa 20 cm dahinter, sodass er parallel zur Ziellinie positioniert ist. Ein zweiter Schläger wird außerhalb und vor den ersten gelegt und zeigt auf einen Punkt etwa 18 m rechts vom Ziel. Der zweite Schläger bildet einen Winkel von etwa 10° mit der Ziellinie. Beide Schläger sollten so weit weg liegen, dass sie beim anschließenden Schwung nicht getroffen werden.

Ausholbewegung
Durchschwung
Ziellinie
10°-Winkel zwischen Schläger und Ziellinie

2 Von innen nach außen

Schwingen Sie nun parallel zum ersten Schläger zurück – der Durchschwung aber folgt der Bahn, die der zweite Schläger vorzeichnet, also dem 10°-Winkel. Es ergibt sich eine Schwungbahn von innen nach außen.

■ **Üben Sie** den Drill und die Schwungbahn von innen-nach-außen wird Ihnen in Fleisch und Blut übergehen.

Das Schlägerblatt laufen lassen

MIT DEM BEGINN DES ABSCHWUNGS fängt Ihr Körper an die Drehung aufzulösen und Energie freizusetzen. Zuerst drehen die Hüften, dann die Schultern, anschließend Arme und Handgelenke. Die ganze Aktion ähnelt dem Schlag einer Peitsche. Das letzte Detail ist das Überdrehen oder Laufenlassen von Unterarmen und Händen.

Wenn sich das Schlägerblatt dem Treffpunkt nähert, ändert sich seine Position von einer offenen zu einer geschlossenen – wie bei einer Tür, die sich schließt. Diese Bewegung wird durch das Drehen von Unterarmen und Händen erzeugt. Ohne dieses Überlaufen würde das Schlägerblatt offen bleiben, ein Slice wäre die Folge.

MEHR BESTÄNDIGKEIT IM SPIEL

Genau im Treffmoment sollte das Schlägerblatt gerade die Ziellinie entlanglaufen, kurz danach aber muss es sich schließen, also auf eine Stelle links vom Ziel zeigen.

Schlechte Golfer (natürlich nicht Sie) lassen das Schlägerblatt nicht auf diese Weise laufen, was zu einem Mangel an Länge und Genauigkeit führt.

SCHLÄGERBLATT AUS DER BAHN

a **Offenes Schlägerblatt**
Befindet sich das Schlägerblatt beim Durchschwung in einer extrem offenen Position, führt dies meist zu einem Slice.

b **Geschlossenes Schlägerblatt**
Wenn Unterarm und Hand nicht richtig rotieren, ergibt sich ein geschlossenes Schlägerblatt. Dieses ist dann im Treffmoment nicht gerade.

Entspannen und Zielen

Um den Schläger wirklich laufen lassen zu können, sollten Sie auf einen angenehmen Griffdruck während des ganzen Schwungs achten. Verkrampfte Arme und Hände machen einen entspannten Schwung unmöglich. Versuchen Sie mit ordentlichem Tempo zu schwingen. Schlagen Sie jedoch zu schnell und zu hart, öffnet sich in der Regel das Schlägerblatt, außerdem kommt man häufig von außen-oben. Der linke Handrücken (bei rechtshändigen Golfern) sollte im Treffmoment gerade zum Ziel hin zeigen. Bei Spielern, die den Schläger nicht richtig laufen lassen, zeigt die linke Hand meistens mehr in Richtung Himmel.

SO WERDEN SIE EIN BESSERER GOLFER

Der richtige Treffmoment

Ideal ist es, wenn bei Ihnen letztlich das Gefühl entsteht, dass Ihr rechter Unterarm im Treffmoment über den linken rollt. Am besten üben Sie diesen Ablauf in Zeitlupe: Schwingen Sie auf und durch. Beachten Sie dabei vor allem die Bewegung der Unterarme. Rollen Sie bewusst den rechten über den linken. Im Treffmoment halten Sie still und überprüfen die Stellung des Schlägerblatts. Ist es offen, geschlossen oder square? Perfekt ist es, wenn es square zum Ziel steht.

■ **Bei einem guten Treffmoment** *rotiert der rechte Unterarm über den linken. Das Schlägerblatt zeigt square zum Ziel.*

Locker werden

SAM SNEAD, EINE DER BEKANNTESTEN GOLFLEGENDEN, sprach immer davon, dass sich sein Körper bei einem guten Schwung anfühle wie mit heißem Öl gefüllt. Er hatte einen der besten und flüssigsten Schwünge der Golfgeschichte – das Gefühl muss also gut gewesen sein.

Was Snead meinte, war, dass ein kraftvoller und genauer Schwung aus einem sehr lockeren und weichen Körpergefühl entsteht.

■ **Sam Snead**, *berühmt für seinen rhythmischen Schwung*

Spielen Sie den Ball nie mit Muskelkraft. Das funktioniert beim Cricket oder beim Baseball – nicht beim Golf. Selbst Tiger Woods enorme Längen basieren auf einem sehr ruhigen, flüssigen Schwung. Auch hier gilt wieder: Nichts komplizieren.

Um mehr Beständigkeit zu erzielen, muss Ihr Schwung locker werden. Das Timing ist sehr ruhig. Entwickeln Sie ein Gefühl dafür, wie Ihr Körper langsam rotiert. Versuchen Sie nie mit Gewalt auf den Ball zu schlagen. Länge entsteht durch Schlägerkopfgeschwindigkeit gepaart mit gutem Treffpunkt – beides wird durch einen weiten und flachen Schwungbogen erzeugt. Wer zu schnell schwingt, ist meist kurz und ungenau, da die Schwungbahn zu eng und steil ausfällt. Wie sagte Sam: Locker werden!

MEHR BESTÄNDIGKEIT IM SPIEL

Ballposition und Teehöhe

DIE LAGE DES BALLS beim Ansprechen hängt für gewöhnlich vom gewählten Schläger ab. Beim Driver liegt der Ball auf Höhe der linken Ferse. Bei Fairwayhölzern wandert er etwa 2,5 cm weiter nach rechts, bei langen Eisen einen Tick weiter in Richtung Mitte. Bei mittleren Eisen legt man ihn etwa 5 cm links von der Mitte, während der Ball mit kurzen Eisen und Wedges aus der Mitte des Stands gespielt wird.

Die Ballposition kennen

Sobald Sie einen beständigen Ballkontakt erreicht haben, können Sie ein wenig experimentieren. Eine neue Ballposition verändert die Flugbahn, was gerade bei ungewöhnlichen Bedingungen oft notwendig ist. Legen Sie den Ball bei einem mittleren oder einem kurzen Eisen ungefähr 5 cm weiter nach rechts, so werden Sie mit einer deutlich steileren Schwungbahn an den Ball kommen. Das Ergebnis ist eine entsprechend flachere Flugbahn, sinnvoll bei starkem Wind. Legt man den Ball dagegen weiter nach links, so wird die Flugbahn höher. Diesen Effekt sollten Sie z. B. nutzen, wenn Sie über einen hohen Baum spielen müssen. Auch das höhere Aufteen des Balls beim Driver hat eine höhere Flugbahn zur Folge, während ein niedrigeres dazu führt, dass der Ball näher am Boden bleibt.

INTERNET
www.cegolf.com

Diese Website bietet Infos zu allen Bereichen des Spiels, diverse Tipps zur Schwungverbesserung inbegriffen.

Insider-Tipp

Experimentieren Sie auf der Driving Range mit der Balllage. So lernen Sie, wie kleine Änderungen eine völlig andere Flugbahn ergeben. Die Profis nützen dieses Wissen, um ihr Spiel den jeweiligen Platzbedingungen anzupassen. Das sollten auch Sie tun. Allerdings sollten Sie auf der Range und nicht auf dem Platz üben, denn dort sollte der Schlag bereits sitzen.

■ **Höheres Aufteen** mit dem Ziel einer höheren Flugbahn des Balls hat bei Rückenwind Sinn oder beim Überspielen eines Baums. Niedriges Aufteen für eine flache Flugbahn bietet sich bei Gegenwind an, da der Ball dann unter dem Wind fliegt.

SO WERDEN SIE EIN BESSERER GOLFER

Mehr Gefühl für die Schläger

DIE BESTEN ERGEBNISSE ERZIELT MAN auf dem Golfplatz, wenn man in der Lage ist Schläge zu variieren. Anpassungsfähigkeit hilft auch bei ungewöhnlichen Situationen, die kein Golfer umgehen kann. Stellen Sie sich z. B. vor, Ihr Ball liegt 135 m vor dem Grün, aber der Annäherungsschlag mit dem Eisen 7 wird durch ein paar tief hängende Äste behindert. Was tun? Die Lösung ist ein Schlag über dieselbe Entfernung, aber in geringerer Höhe. Sie wählen nicht das Eisen 7, sondern Ihr Eisen 5, fassen es etwa 5 cm kürzer und legen den Ball beim Ansprechen etwas mehr nach rechts.

Das Kürzergreifen ist notwendig, da Sie sonst zu weit schlagen. Die Ballposition weiter rechts führt zu einer flacheren Flugbahn, sodass die Äste Ihren Schlag nicht mehr behindern.

Ihr Ball wird die 135 m mit einer etwas flacheren Flugbahn und einer längeren Rollphase zurücklegen. Sie sehen: Viele Wege führen zum Ziel. Üben Sie Schläge einer Länge mit verschiedenen Schlägern. Versuchen Sie das Holz 3 flacher und kürzer zu schlagen. Spielen Sie ein Eisen 4 mit Drei-Viertel-Schwung, um den Ball aus knifflige Lagen wieder ins Spiel zu bringen. Schlagen Sie mit dem Eisen 8 Ihre normale Wedge-Distanz, wie es etwa bei starkem Wind sinnvoll ist. Wenn Sie Ihr Spiel variantenreicher gestalten, also mehr Gefühl für das Spiel entwickeln, werden Sie Ihr Leistungsvermögen deutlich steigern.

Schwungebene verstehen

Jeder Schläger hat eine bestimmte Länge und eine dadurch bestimmte Schwungbahn. Der Driver z. B. wird sehr flach geschwungen, während die Schwungbahn des Sandwedges sehr steil ausfällt, weil der Schaft so kurz ist. Die gleiche Schwungbahn für diese beiden Schläger anzuwenden würde nicht funktionieren. Das Wedge, so flach geschwungen wie der Driver, hat z. B. mit Sicherheit einen Luftschlag zur Folge. Um die richtige Schwungbahn für den jeweiligen Schläger zu finden, muss die linke Hand auf der Höhe des Rückschwungs über der rechten Schulter liegen (bei rechtshändig spielenden Golfern).

Damit jeder Schläger funktioniert, ist es wichtig, dass die Schwungbahnen variieren. Ein Wedge muss in einem steileren Eintreffwinkel auf den Ball treffen, um ihn hoch in die Luft zu schlagen und ihm genügend Backspin zu verleihen, damit er auf dem Grün schnell stoppt. Der Driver braucht einen falschen Eintreffwinkel, damit der Ball möglichst wenig Backspin erhält und nach dem Aufkommen weit rollt.

MEHR BESTÄNDIGKEIT IM SPIEL

Insider-Tipp

Das Verständnis für die Änderung der Schwungbahn – je nach Schläger – wird Ihnen ein besseres Spielgefühl vermitteln. Sie werden begreifen, warum die kürzeren Eisen weitaus einfacher zu treffen sind als die langen. So hat ein Sandwedge einen kurzen, steilen Schwungbogen, der leicht zu kontrollieren ist. Anfänger kommen deshalb immer besser mit kurzen Schlägern zurecht. Es wird Ihnen dann auch bald klar werden, warum bei den langen Schlägern ein weicher, sehr rhythmischer Schwung unerlässlich ist und ein zu schneller Rhythmus eine regelrechte Katastrophe bedeutet.

Kurze Zusammenfassung

✓ Die Griffhaltung ist zu jedem Zeitpunkt unverkrampft. Der Druck des Griffs bleibt während des Schwungs konstant.

✓ Beim Abschlag wirkt sich eine Schwungbahn von innen nach außen positiv auf die Genauigkeit des Schlags aus.

✓ Die Schlagfläche zeigt im Treffmoment gerade zum Ziel. Dies wird durch das Überrollen des Schlägerkopfs ermöglicht.

✓ Ein gleichmäßiges Timing macht Ihren Schwung wesentlich beständiger. Versuchen Sie dagegen nie mit Kraft auf den Ball zu schlagen.

✓ Bereiten Sie sich auf ungewöhnliche Platzsituationen vor, indem Sie vorab mit anderen Ballpositionen und verschiedenen Teehöhen experimentieren.

✓ Wenn Sie Ihren Variantenreichtum schulen, stocken Sie Ihr Schlagarsenal auf. Üben Sie Schläge von gleicher Länge mit jeweils unterschiedlichen Schlägern. So bereiten Sie sich auf neue Platzsituationen vor.

✓ Lernen Sie zu verstehen, wie sich die Schwungbahnen mit den jeweiligen Schlägern ändern und entwickeln Sie so ein entsprechend besseres Gefühl für den Schlag.

Kapitel 16

Die häufigsten Fehler

Je häufiger Sie Golf spielen, desto größer ist die Wahrscheinlichkeit, dass Sie in ein paar Fallen tappen. Golf ist zwar einfach – aber nicht leicht. Es könnte sich also für Sie ein Problem mit der Richtung des Schlags oder mit der Länge ergeben. Vielleicht ist Ihre Treffsicherheit nicht konstant genug. Was auch immer das Problem ist – es gibt eine Lösung. In diesem Kapitel zeige ich Ihnen ein paar Methoden, wie Sie die häufigsten Fehler vermeiden können.

In diesem Kapitel ...

✓ *Wohin fliegt der Ball?*

✓ *Schlechter Treffpunkt*

✓ *Kein Glück mit langen Schlägern*

SO WERDEN SIE EIN BESSERER GOLFER

Wohin fliegt der Ball?

FÜR DIE MEISTEN Anfänger ist die Präzision der Schläge das größte Problem, vor allem mit den längeren Eisen und Hölzern. Einmal fliegt der Ball rechts, einmal links – nur nicht gerade. Achten Sie daher einmal auf folgende Fehler.

Der Fluch der Anfänger

Der Fluch eines jeden Anfängers, der Slice, ist das häufigste und ärgerlichste Problem beim Golfspiel – aus dem einfachen Grund, weil der Slice so gar nichts Positives an sich hat. Was sich anfühlt wie ein guter Schlag, endet in einer eindeutigen Links-Rechts-Kurve. Der Ball segelt in einem weiten Bogen nach rechts und landet meist an einer unpassenden Stelle: Wasser, Bäume, Aus oder Rough sind die üblichen Plätze.

■ **Ein Ball, der rechts vom Ziel wegdreht**, beschert dem Spieler häufig ein lästiges Suchen desselben zwischen Büschen und Bäumen.

Die Banane

Hinzu kommt noch, dass ein Slice nicht weit fliegt. Er wird von der Luft nach oben getragen und ist windanfällig. Die Folge: verlorene Bälle, innere Aufregung, Zorn. Man möchte am liebsten die Schläger nehmen und sie im nächsten Teich versenken. Doch ein Großteil der Spieler sliced unverdrossen weiter. Eine Stippvisite auf der nächsten Driving Range wird es Ihnen beweisen. Eine Banane nach der anderen steigt gen Himmel – auf dem Fairway jedoch würde wohl keiner der Bälle landen. Erfreulich für Sie, wenn auch Sie slicen, denn immerhin sind Sie alles andere als ein Einzelfall. Sie sollten sich aber auch klarmachen, dass es Licht am Ende des Tunnels gibt, denn der Slice lässt sich mit der richtigen Technik und einigem Training auch durchaus eliminieren.

INTERNET
www.golfacademy.com
Beheben Sie Ihre häufigsten Fehler mit einem Pro der Arnold Palmer Golf Academy.

DIE HÄUFIGSTEN FEHLER

Sind Sie ein Slicer?

Die meisten Golfer slicen aus einem einfachen Grund: Ihre Schlagfläche ist im Verhältnis zur Schwungebene offen.

Wenn das Schlägerblatt im Treffmoment offen steht (beim Rechtshänder von der geraden Linie aus gesehen nach rechts), erhält der Ball sehr viel rechtsdrehenden Sidespin, der in einem Slice resultiert.

Der Ball bekommt zudem rechtsdrehenden Sidespin, wenn die Schwungbahn extrem von außen nach innen verläuft. Das Schlägerblatt streift den Ball also in einer Bahn von rechts nach links. Kombiniert man beide Schwungfehler, ist das Ergebnis ernüchternd: ein Slice, der überhaupt keine Chance hat auf der Bahn zu landen.

Im Treffmoment dreht der Ball nach rechts.

Offenes Schlägerblatt

Spieler mit Slice schwingen meist mehr mit dem Körper als mit den Armen. Sie verspannen zudem häufig die Arme, gerade weil sie Angst vor einem weiteren Slice haben. Außerdem versuchen viele zu schnell zu schwingen. Dabei sieht man gerade bei einem langsamen Schwinger fast nie einen Slice. Das Problem trifft fast immer Spieler, die versuchen den Ball besonders kräftig zu schlagen. In vielen Fällen ist auch ein schwacher Griff Ursache für einen Slice. Dadurch öffnet sich die Schlagfläche im Treffmoment leicht, der Slice ist die Folge.

Den Slice verhindern

Der erste Schritt weg vom Slice besteht in der Entspannung von Armen und Händen. Der Schwung wird dann ruhig und gelassen. Denken Sie nicht an die Länge, die kommt von allein. Mit einem ruhigen Schwung schlägt man ohnehin weiter als mit einem forcierten. Danach sollten Sie einen etwas stärkeren Griff wählen. Sprechen Sie den Ball an und stellen Sie dann fest, wie viele Knöchel der linken Hand Sie sehen können. Sind nur ein Knöchel und ein Teil eines zweiten zu erkennen, ist der Griff zu schwach.

Offenes Schlägerblatt

Ein Knöchel ist sichtbar.

■ **Ein schwacher Griff** resultiert in einer offenen Schlagfläche, die wiederum einen Slice verursacht.

SO WERDEN SIE EIN BESSERER GOLFER

Greifen Sie den Schläger so, dass drei Knöchel Ihrer linken Hand zu sehen sind; legen Sie dann die andere Hand in der Art an den Griff, dass die Handflächen gegeneinander liegen. Durch diesen Griff schließt sich das Schlägerblatt im Treffmoment etwas und vermindert die Wahrscheinlichkeit eines Slice. Stellen Sie nun sicher, dass Sie nicht von außen nach innen schwingen. Sprechen Sie den Ball mit einer leicht geschlossenen Fußstellung an. Die Linie der Füße verläuft etwas rechts vom Ziel (für Rechtshänder). Ihr Rückschwung wird dadurch etwas länger und Sie kommen von innen an den Ball.

Noch mehr Übungen

Versuchen Sie die beiden Drills, die ich in Kapitel 15 im Teil »Der Schläger kommt von innen« beschrieben habe. Beim ersten Drill wird der Schläger gerade auf der Ziellinie zurückgeführt und dann von innen Richtung Ball durchgeschwungen. Der Schlägerkopf schwingt durch die beiden äußeren Tees und trifft nur das mittlere. Beim zweiten Drill sollten Sie sichergehen, dass Ihr Durchschwung dem äußeren Schläger folgt, der auf einen Punkt etwa 10° rechts vom Ziel zeigt. Hier folgt eine dritte gute Übung:

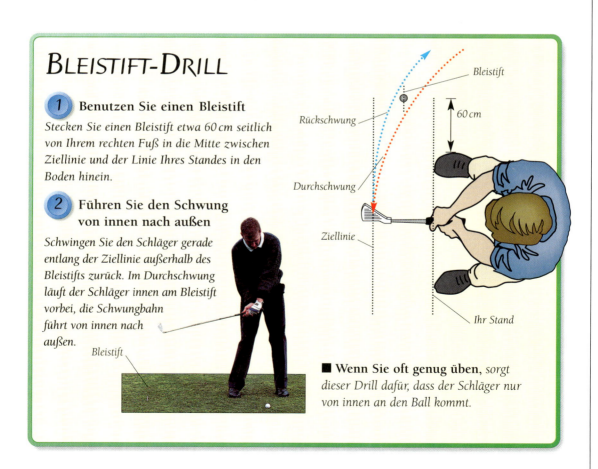

BLEISTIFT-DRILL

1 Benutzen Sie einen Bleistift

Stecken Sie einen Bleistift etwa 60 cm seitlich von Ihrem rechten Fuß in die Mitte zwischen Ziellinie und der Linie Ihres Standes in den Boden hinein.

2 Führen Sie den Schwung von innen nach außen

Schwingen Sie den Schläger gerade entlang der Ziellinie außerhalb des Bleistifts zurück. Im Durchschwung läuft der Schläger innen am Bleistift vorbei, die Schwungbahn führt von innen nach außen.

Bleistift

■ **Wenn Sie oft genug üben,** sorgt dieser Drill dafür, dass der Schläger nur von innen an den Ball kommt.

DIE HÄUFIGSTEN FEHLER

Das Schlägerblatt im Treffmoment kontrollieren

Wenn Sie alle drei Drills regelmäßig durchführen, werden Sie die Schwungbahn von außen nach innen mit Sicherheit eliminieren. Am besten, Sie fangen mit einem Eisen 6 an und arbeiten sich langsam zu den längeren Eisen vor. Legen Sie den Ball etwa 2,5 cm näher zum rechten Fuß hin. Dadurch erreichen Sie einen früheren Ballkontakt, während der Schläger noch von innen kommt. Der Sidespin wird so auf den Ball reduziert. Jetzt geht es nur noch darum sicherzustellen, dass Ihr Schlägerblatt im Treffmoment nicht offen steht – denn das kann auch passieren, wenn die Schwungbahn von innen nach außen verläuft.

Das Schlägerblatt muss im Treffmoment in einem Winkel von 90° zur Ziellinie stehen. Es kann eventuell leicht geschlossen sein, denn dann verhindern Sie den Slice auf alle Fälle.

Nehmen Sie einen normalen Stand ein und machen Sie Drei-Viertel-Schwünge mit dem 6er-Eisen. Konzentrieren Sie sich dabei darauf, dass der rechte Unterarm über den linken rotiert. Im Treffmoment selbst soll der linke Handrücken zum Ziel zeigen, direkt danach richtet er sich nach unten. Nach dem Treffmoment rotiert der rechte Handrücken direkt nach oben. Wenn Sie sich Ihrer Hand- und Armaktionen bewusst werden, werden Sie auch das Schlägerblatt schließen. Dadurch vermeiden Sie die offene Schlagfläche und den Slice. Nach einigen Drei-Viertel-Schwüngen können Sie langsam zum vollen Schwung und zu längeren Eisen wechseln. Am Ende wird die Rotation von Händen und Unterarmen generell funktionieren. Schlagen Sie ein paar Bälle und genießen Sie das positive Ergebnis.

Im Treffmoment dreht der Ball nach links.

GESCHLOSSENES SCHLÄGERBLATT

Der Hook

Bei Spielern, die hooken, ergibt sich genau das gegenteilige Problem wie bei Slicern. Sie schlagen einen flachen Ball vom Tee, der schnell nach links abdreht und ebenfalls in Gehölz, Wasser oder Rough verschwindet. Hier ist die Schlagfläche im Verhältnis zur Schwungbahn geschlossen und ein linksdrehender Spin wird erzeugt. Auch in diesem Fall ist das Problem leicht physikalisch zu erklären: Die Schlagfläche schließt zu schnell und zeigt im Treffmoment links am Ziel vorbei.

SO WERDEN SIE EIN BESSERER GOLFER

Wenn Sie hooken, setzen Sie im Schwung Ihre Hände und Arme wahrscheinlich zu sehr ein und Ihr Körper bewegt sich zu wenig – genau im Gegensatz zum Slice. Ihr Schlägerblatt wird im Treffmoment durch die Oberkörperaktion in eine geschlossene Position geführt, während sich die Hüften nie richtig öffnen.

Geschlossene Hüften und zu viel Arm- und Handaktion führen fast immer zu einem Hook.

Vielleicht ist auch Ihr Griff zu stark. Wenn drei oder mehr Knöchel der linken Hand beim Ansprechen zu sehen sind, schließt die Schlagfläche im Treffmoment.

Stopp den Hook

Um einen Hook zu vermeiden, müssen Sie dafür sorgen, dass sich Ihre Hüften im Durchschwung aufdrehen. Im Treffmoment sollte Ihre Gürtelschnalle daher genau zum Ziel zeigen, das Körpergewicht liegt beinahe vollständig auf dem linken Fuß. Arme und Hände kontrollieren den Schwung nicht, sondern laufen vielmehr locker durch. Sie sind passiv, vergleichbar mit dem Ende einer Peitsche, deren Schnur durch die Bewegung des Peitschengriffs in Schwingung versetzt wird. Sie sollten Ihren Schwung auf Video aufzeichnen oder von einem erfahrenen Golfer begutachten lassen. Anschließend können Sie feststellen, ob Ihre Hüften wie gewollt aufdrehen und auch die Gewichtsverlagerung richtig ist.

Schlagfläche steht square zum Ball.

Zwei Knöchel sind sichtbar.

■ **Ansprechposition mit neutralem Griff:**
Sind zwei Knöchel zu sehen, ist der erste Schritt gegen den ungewollten Hook unternommen.

Schwächen Sie als Nächstes Ihren Griff so ab, dass Sie beim Ansprechen nur noch maximal zwei Knöchel sehen können. Dadurch öffnet sich die Schlagfläche im Treffmoment etwas, der Linksdrall des Balls wird reduziert. Wenn Sie zudem den Körper mehr einsetzen (Arme und Hände dagegen weniger), wird auch der Hook verschwinden. Legen Sie den Ball beim Ansprechen zudem etwa 2,5 cm mehr zum linken Fuß hin. Der Schläger braucht auf diese Weise etwas länger, bis er auf den Ball trifft. Er verlässt im Treffmoment bereits die Innenkurve und bewegt sich auf einer geraden Linie oder leicht nach außen, wenn er den Ball berührt.

DIE HÄUFIGSTEN FEHLER

Der Shank

Noch schlimmer als der Slice ist nur der Shank. Er tritt auf, wenn man den Ball mit dem *Hosel* trifft. Der Ball prallt von der runden, dünnen Fläche ab, schießt nach rechts oder links weg und zischt knapp über dem Boden dahin. Meist bleibt er nach 20 – 30 m liegen. Einen Shank zu schlagen ist mit das Schlimmste, das einem auf dem Golfplatz passieren kann. Derartige Katastrophen sollte man auf jeden Fall vermeiden.

> **WAS IST …**
>
> Das **Hosel** ist der gebogene Teil, der Schlägerkopf und Schaft miteinander verbindet.

Kommt es bei Ihnen häufig zu einem Shank, so drücken Sie den Schläger während des Durchschwungs vom Körper weg oder Sie kommen auf einer extremen Schwungbahn von außen nach innen, bei der das Hosel weit vor der Schlagfläche nach vorn kommt. Um diesen Fehler zu beseitigen, müssen Sie sicherstellen, dass Ihre Schwungbahn von innen nach außen verläuft. Wenn die Spitze des Schlägers das Hosel nach sich zieht, kann man keinen Shank schlagen. Gleiches gilt, wenn man den Schlägerkopf im Treffmoment richtig laufen lässt. Ein gutes Training gegen den Shank ist der folgende Drill.

STOPP DEN SHANK

1 Zwei Tees im Boden

Stecken Sie dort, wo sonst der Ball liegt, ein Tee in den Boden. Ein zweites Tee steckt etwa 5 cm weiter außen als das erste.

2 Ihr Ziel: das erste Tee

Versuchen Sie mit ruhigem Schwung das erste Tee square zu treffen, ohne das andere dabei zu berühren. Wenn Sie beide treffen, so drücken Sie den Schläger von sich weg. Treffen Sie nur das erste, so schwingen Sie korrekt von innen nach außen und werden keinen Shank schlagen.

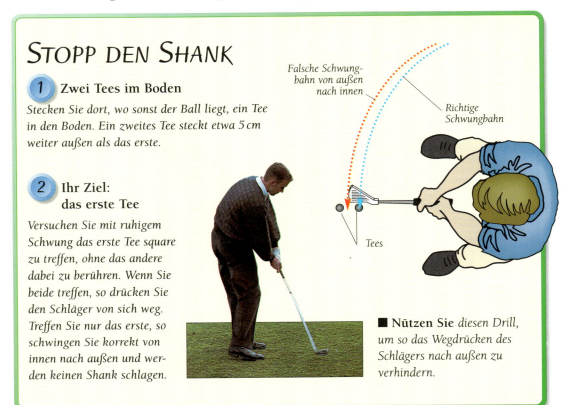

■ **Nützen Sie** diesen Drill, um so das Wegdrücken des Schlägers nach außen zu verhindern.

SO WERDEN SIE EIN BESSERER GOLFER

Ein Trick: Streuen Sie Puder auf die Schlagfläche, um festzustellen, ob sich Ihr Schläger entlang der Ziellinie bewegt. Nach dem Schlag können Sie erkennen, wo genau Sie den Ball getroffen haben.

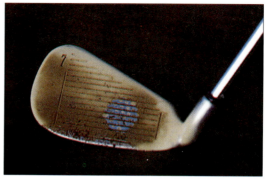

Befindet sich die Ballmarke in der Mitte des Schlägers, ist alles in Ordnung; liegt der Abdruck in Richtung der Ferse, so drücken Sie den Schläger tatsächlich nach außen weg. Das müssen Sie ändern.

■ **Benutzen Sie** *beim Abschlag einen gepuderten Schlägerkopf, um zu sehen, wo genau Sie den Ball getroffen haben.*

Der Pull

Ein gepullter Schlag beginnt links und endet links (aus der Sicht des Rechtshänders). Die Flugbahn verläuft dabei völlig gerade. Das Problem entsteht, wenn der Schlägerkopf von außerhalb der Ziellinie an den Ball kommt und die Schlagfläche nicht in Richtung Ziel zeigt. Bei einem Pull führen Sie den Schläger aus der Bahn, weil Ihre Schultern zu früh drehen. Im Treffmoment selbst sind Ihre Schultern daher bereits geöffnet. Ein weiterer Grund ist ein Ball, der beim Ansprechen zu weit nach links gelegt ist. Wird er dort von der Schlagfläche getroffen, hat diese bereits begonnen sich zu schließen und sich links von der Ziellinie zu bewegen.

Stopp den Pull

Wollen Sie das Problem mit dem Pull lösen, müssen Schultern und Ziellinie im Treffmoment parallel sein. Beim Ansprechen des Balls sollten auch Füße, Knie, Hüften und Schultern parallel zur Ziellinie verlaufen. Achten Sie besonders darauf, dass die Schultern nicht nach rechts oder links zeigen. Wichtig ist auch die Verlagerung Ihres Gewichts im Abschwung nach links. Legen Sie das Gewicht dagegen nicht entsprechend auf Ihren linken Fuß, so öffnen sich Hüften und Schultern zu schnell und es kommt zum Pull.

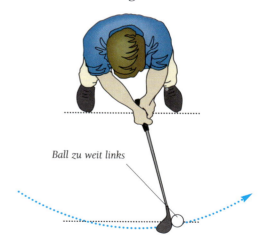

■ **Ein Pull kann** *durch einen zu weit links liegenden Ball entstehen. Die Schlagfläche ist geschlossen, die Schwungbahn verläuft von außen nach innen.*

DIE HÄUFIGSTEN FEHLER

Arbeiten Sie an Gewichtsverlagerung, Ziel und Ausrichtung sowie an einem ruhigen Schwung. Dreschen Sie nicht auf den Ball ein, sondern schwingen Sie. Sie können den Ball beim Ansprechen mehr nach rechts legen, sodass der Treffmoment etwas früher stattfindet, während die Schlagfläche noch zum Ziel, nicht nach links, zeigt. Versuchen Sie dies in Schritten von 1 bis 2 cm, solange bis die Wirkung erreicht ist.

Der Push

Ein Push beginnt nicht in Zielrichtung, sondern rechts davon und er endet auch rechts. Er fliegt völlig gerade und entsteht, wenn die Schlagfläche von innen an den Ball kommt und im Verhältnis zur Ziellinie geöffnet ist. Wahrscheinlich drehen Sie Ihren Körper im Durchschwung nicht ausreichend, sodass die Arme zu spät nach vorn schwingen: ein verzögerter Schlag also, bei dem der Schlägerkopf die Treffzone nicht rechtzeitig erreicht.

Wenn Sie den Schlägerkopf nicht laufen lassen, werden Sie häufig pushen – auch wenn Sie von innen an den Ball kommen.

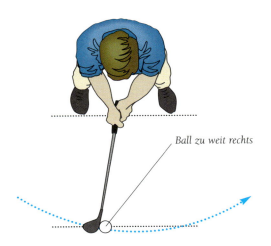

Ball zu weit rechts

■ **Liegt der Ball zu weit rechts,** *kommt der Schlägerkopf im Treffmoment von innen an den Ball. Ein Push ist das Ergebnis.*

Die Schlagfläche zeigt in dieselbe Richtung wie die Schwungbahn, sodass der Ball gerade und rechts am Ziel vorbeifliegt (bei rechtshändig spielenden Golfern).

Ein weiterer Grund für einen Push könnte ein beim Ansprechen zu weit nach rechts gelegter Ball sein. Auf diese Weise trifft der Schläger den Ball zu früh. Die Schlagfläche zeigt somit noch nicht zum Ziel.

INTERNET

www.xgolf.com

Chatten Sie mit anderen Golfern – über Regeln, Ausrüstung oder Motivation. So lernen Sie auf angenehme Art und Weise Golfausdrücke und einiges mehr.

SO WERDEN SIE EIN BESSERER GOLFER

Stopp den Push

Um den Push zu beseitigen, müssen Sie lernen Ihre Hüften im Durchschwung voll zu drehen, sodass Ihre Gürtelschnalle am Ende des ausgeführten Schwungs zum Ziel zeigt. Dies erreichen Sie durch eine volle Gewichtsverlagerung vom rechten auf den linken Fuß. Üben Sie nun diese Gewichtsverlagerung zuerst einmal ohne Ball. Schwingen Sie mit den Armen vor und zurück und verlagern Sie dabei ganz bewusst das Gewicht von hinten nach vorn.

Ihr Körper sollte während des Schwungs nicht nach vorn und hinten schwanken. Er rotiert lediglich nach hinten und vorn.

■ **Vermeiden Sie den Push,** indem Sie sicherstellen, dass Ihre Gürtelschnalle am Ende des Schwungs zum Ziel zeigt. Dies unterstützt die Drehung der Hüften, die korrekte Gewichtsverlagerung und den geraden Treffpunkt.

Klappt die Gewichtsverlagerung nicht, so nehmen Sie einen Schläger und üben erneut. Achten Sie immer auf die Gürtelschnalle am Ende des Schwungs. Die Hüften drehen auf, Schultern und Arme folgen kurz danach. Öffnen sich die Hüften in ausreichendem Maß, so entsteht Platz für die Arme, die sich um den Körper bewegen müssen. Achten Sie darauf, den Schlägerkopf laufen zu lassen, indem Sie das Überdrehen des rechten Unterarms über den linken während der Treffphase üben. Dies sollte sich anfühlen, als zeige der rechte Handrücken direkt nach dem Treffen nach oben. Dieses Gefühl beim Überrollen der Hände unterstützt das Schließen der Schlagfläche. Der Ball fliegt gerade statt rechts vom Ziel. Checken Sie außerdem, dass Ihr Ball beim Ansprechen nicht zu weit rechts liegt. Legen Sie ihn ein bis zwei Zentimeter weiter nach links und überprüfen Sie das Ergebnis.

Gründe für unregelmäßige Länge und Richtung

Erzielen Sie von Schlag zu Schlag eine große Diskrepanz in Distanz und Richtung, so gibt es zwei Erklärungen. Zum einen treffen Sie den Ball wahrscheinlich nicht konstant im Sweet Spot, wodurch der Distanzverlust entsteht. Ein Schlag mit Ferse oder Spitze kann immerhin 20 – 30 % kürzer geraten. Wenn Sie die Schlagfläche nicht square an den Ball bringen, ist die Wahrscheinlichkeit einen falschen Treffpunkt zu haben hoch.

Der andere Grund für unterschiedliche Distanzen könnte in einer variierenden Rückschwunglänge liegen. Versuchen Sie einmal bei jedem Schlag gleich lang auszuholen. Die Schwunggeschwindigkeit wird auf diese Weise berechenbar und der Ball fliegt immer in etwa gleich weit. Sind die Flugbahnen quer über den Platz verteilt, so nehmen Sie die Ansprechposition und das Zielen vielleicht nicht genau genug. Stellen Sie sicher, dass sich Füße, Knie, Hüften und Schultern parallel zur Ziellinie befinden. Außerdem sollte das Schlägerblatt vor dem Schwung immer in Richtung der Ziellinie zeigen.

Schlechter Treffpunkt

AM BEGINN einer Golferkarriere stehen unweigerlich schlechte Schläge. Das ist nun einmal so. Sie müssen eben zunächst das Timing und die Basiselemente der Schwungmechanik und des Treffens lernen. Während der Lernphase wird Sie das schlechte Treffen des Balls immer wieder frustrieren. Sie machen einen wundervollen Schwung – und hacken trotzdem hinter dem Ball in die Erde. Der schöne Schwung resultiert nicht in einem tollen Schlag, sondern in einem wenig beeindruckenden Ballflug über ein paar Meter, der Ihre Stimmung nicht gerade hebt. Die gute Nachricht besteht allerdings darin, dass die Gründe für einen schlechten Treffpunkt meist einfach festzustellen und auch zu korrigieren sind. Die häufigsten habe ich hier – zusammen mit der Problemlösung – aufgeführt.

Der fette Schlag

Wenn Sie den Ball fett schlagen, heißt das, dass Sie erst den Boden treffen und dann den Ball. Fette Schläge sind ärgerlich und häufig auch schmerzvoll für die Handgelenke, weil der Boden eben weniger nachgibt als ein Ball. Ein fett getroffener Ball legt häufig nur die Hälfte der geplanten Distanz zurück und erzeugt ein riesiges Divot, das durch die Luft fliegt. Wer viele fette Schläge ausführt, hat anschließend das Gefühl seine Handgelenke als Schlaghammer benützt zu haben.

Zu niedrige Schwungbahn im Treffmoment

■ **Ein fetter Schlag:** *Der Schlägerkopf berührt zuerst den Boden und schlägt dann den Ball extrem hoch.*

SO WERDEN SIE EIN BESSERER GOLFER

Bei einem fetten Schlag liegt der tiefste Punkt der Schwungbahn fast immer zu weit hinter dem Ball.

Der Grund dafür kann ein zu starkes Abknicken von Hüfte oder Knien während des Durchschwungs sein. Möglich ist auch eine falsche Gewichtsverlagerung, bei der ein Großteil des Gewichts auf dem rechten Fuß bleibt anstatt auf die linke Seite zu wechseln. Ein weiterer Grund kann eine zu steile Schwungbahn sein. Oder aber Sie legen Ihren Ball beim Ansprechen einfach zu weit nach vorn.

Den fetten Schlag vermeiden

Um den fetten Schlag zu vermeiden, sollten Sie folgende Anpassungen vornehmen: Stellen Sie sicher, dass Sie während des Durchschwungs nicht einknicken. Der Winkel von Knien und Hüfte bleibt während des gesamten Schwungs in etwa derselbe. Halten Sie Ihre Wirbelsäule gerade. Stellen Sie sich so, dass Sie die Sonne im Rücken haben und den Schatten Ihres Kopfs während Rück- und Durchschwung beobachten können. Wenn er auf- und abtaucht, knicken Sie an einer Stelle zu stark ein. Üben Sie so lange, bis der Schatten während des gesamten Schwungs auf der gleichen Höhe bleibt.

Übrigens ...

Das Gewicht ist während der Ansprechposition zwischen Fersen und Ballen ausbalanciert. Verhindern Sie auf jeden Fall, dass es auf den Zehen liegt. Stellen Sie sicher, dass während des Durchschwungs die Gewichtsverlagerung vom rechten Fuß auf den linken stattfindet. Dann berührt der Schläger den Boden nicht zu früh. Machen Sie einen vollen Rückschwung, aber achten Sie auf eine nicht zu steile Schwungbahn, da der fette Schlag sonst wahrscheinlich ist. Legen Sie den Ball außerdem beim Ansprechen etwa 2,5 cm mehr nach hinten, sodass der tiefste Punkt der Schwungbahn zur Balllage passt.

Der dünne Schlag

Treffen Sie den Ball dünn, so bedeutet dies, dass Sie ihn in der Mitte oder der oberen Hälfte berührt haben. Er wird relativ niedrig über dem Boden fliegen. Zudem fliegt ein dünn getroffener Ball, egal ob mit Holz oder Eisen geschlagen, wesentlich kürzer als ein gut getroffener Ball. Nur bei einem Wedge oder einem kurzen Eisen wird die Flugbahn des Balls deutlich länger werden. Dünn getroffene Bälle haben sehr wenig Backspin, sodass sie deutlich länger nach dem Aufkommen ausrollen.

Lee Trevino, einer der besten Spieler Amerikas, schlug fast alle Bälle mit einer Links-Rechts-Kurve. Die Flugbahn war so vorhersehbar, dass er sie bei Wettkämpfen fest einkalkulierte. Trevino gewann nicht zuletzt wegen dieser Flugbahn zahlreiche Turniere.

Wenn dünn erfolgreich ist

Ein dünner Schlag muss nicht in jedem Fall als Katastrophe angesehen werden, vor allem wenn er vom Tee oder vom Fairway ausgeführt wird. Er fliegt zwar nicht allzu weit, aber immerhin in Richtung Loch. Ein Wasserhindernis oder einen Bunker wird er allerdings wohl nicht passieren, sondern mitten hineinfallen. Dies hebt Ihre Stimmung mit Sicherheit nicht. Dünne Schläge schmerzen außerdem häufig, da die Schläger vibrieren – insbesondre wenn der Schaft nicht aus Grafit, sondern aus Stahl besteht. Das Gefühl in den Händen erinnert dann an einen Elektroschock. Grundsätzlich geht es also darum, dünn getroffene Bälle zu vermeiden – aber wie?

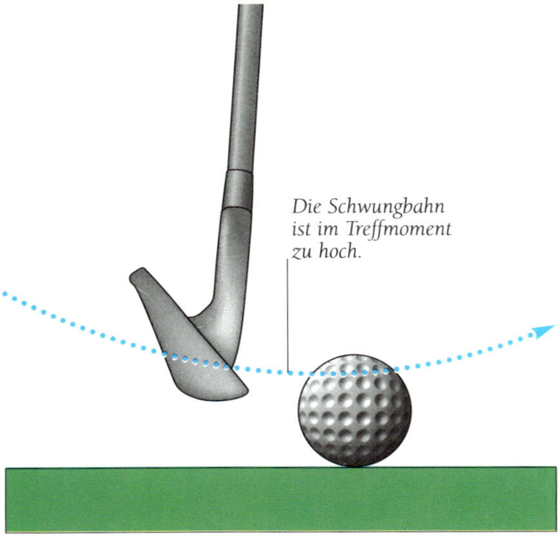
Die Schwungbahn ist im Treffmoment zu hoch.

■ **Der dünne Schlag** *entsteht, wenn der Schlägerkopf die obere Hälfte des Balls trifft. Wenig Backspin und eine geringe Ausrollbahn sind die Folgen.*

Beim dünn getroffenen Ball passiert das Gegenteil wie beim fett getroffenen Ball: Der tiefste Punkt des Schwungs ist zu weit vorn gelagert. Oft ist auch das Strecken des Körpers der Grund – oder Sie versuchen den Ball mit einem Eisen in die Luft zu löffeln. Auch eine falsche Balllage oder Ansprechposition verursachen häufig dünne Schläge.

Den dünnen Schlag verhindern

Versuchen Sie Ihre Wirbelsäule während des Schwungs gerade zu halten. Vermeiden Sie die Streckung von Knien oder Oberkörper während des Durchschwungs. Experimentieren Sie etwas mit Balllage und Ansprechposition. Treffen Sie mit dem Driver dünn, dann sollten Sie den Ball etwa 2,5 cm weiter hinten aufteen, sodass es etwas früher zum Ballkontakt kommt. Auch bei den Eisen legen Sie den Ball etwa 2,5 cm weiter zurück, um sicher zu sein, dass Sie den Ball in der Abschwungphase treffen.

Denken Sie daran: Bei einem guten Schlag mit den Eisen ist der Schläger noch immer in einer Abwärtsbewegung. Sobald sich der Schläger nach oben bewegt, ist es zu spät. Legen Sie den Ball etwas zurück und der Ballkontakt wird besser.

Die Kerze

Einer der ärgerlichsten Fehler ist die so genannte Kerze, bei der ein Ball fast gerade in die Luft steigt und kaum Distanz zurücklegt. Dazu kommt es, wenn der Driver fast unter den Ball schlüpft und nur die Oberkante mit diesem Kontakt bekommt. Nicht nur, dass sich der Ball kaum vorwärts bewegt, er hinterlässt zudem eine grässliche kleine Lackabsplitterung auf dem Schlägerkopf.

Kerzen entstehen, wenn man den Driver entweder auf einer viel zu steilen Bahn schwingt oder aber den Ball zu hoch auftet. Bei einer extrem steilen Schwungbahn wird der Ball im Treffmoment unweigerlich nach oben gedrückt. Teet man zu hoch auf, gleitet der Schlägerkopf unter den Ball und nur die Oberfläche berührt ihn.

Versuchen Sie deshalb mit dem Driver eine flache Schwungbahn zu erreichen. Nehmen Sie den Schläger langsam und auf einer niedrigen Bahn zurück und halten Sie den Schlägerkopf möglichst lange am Boden.

■ **Die Kerze** *resultiert aus einem zu steilen Durchschwung. Der Schläger trifft den Ball auf diese Weise unterhalb der Mitte.*

Auf Höhe des Rückschwungs sollten sich Ihre Hände ungefähr 30 cm über Ihrer rechten Schulter (bei Rechtshändern) befinden, keinesfalls aber weit über Ihrem Kopf.

Wenn Sie dies beachten, wird Ihre Schwungbahn flacher und der Schläger nicht mehr zu steil an den Ball kommen. Außerdem sollten Sie den Ball tiefer aufteen. Wählen Sie die Höhe so, dass nicht mehr als die Hälfte des Balls über dem Kopf des Drivers liegt. Die Wahrscheinlichkeit eine Kerze zu verursachen wird so geringer.

Den Abschlag toppen

Schlimmer als ein dünn getroffener ist ein getoppter Ball, ein Schlag, bei dem man nur die Oberfläche des Balls berührt. Im besten Fall hoppelt der Ball dann ein paar Meter vorwärts. Dies ist ziemlich ärgerlich und peinlich. Zu dieser extremen Form des Toppens kommt es, wenn sich der Körper stark auf- und abwärts bewegt, sodass der Schlägerkopf nach oben geht. Wer während des Schwungs den Körper aufrichtet, wird dies sicherlich mit einer entsprechenden Anzahl getoppter Bälle büßen müssen.

Um getoppte Schläge zu verhindern, sollte sich der Kopf während des Schwungs auf einer Ebene bewegen. Stellen Sie sich so in die Sonne, dass Ihr Schatten vor Ihnen liegt. Machen Sie ein paar Übungsschläge und beobachten Sie Ihre Kopfbewegung.

DIE HÄUFIGSTEN FEHLER

Wenn Sie eine Auf- und Abwärtsbewegung Ihres Kopfes erkennen können, kennen Sie den Grund für Ihre getoppten Bälle.

Versuchen Sie Ihren Schatten während des Schwungs kaum zu verändern. Halten Sie den Winkel Ihrer Knie und Ihres Oberkörpers unverändert und versuchen Sie nicht dem Ball gewollt Höhe zu verleihen. Sie müssen lediglich dem Loft des Schlägers vertrauen.

Selbstanalyse

Um Ihren Schwung zu kontrollieren, zeichnen Sie ihn mit einer Videokamera auf, und zwar am besten von vorn, von hinten und von der Seite. Sie werden ein hohes Maß an Bewegung erkennen, einschließlich des Schwenkens von vorn nach hinten und des Auf- und Abtauchens. Nach der Analyse des Bands sollten Sie daran arbeiten, Ihren Körper während mehrerer Schwünge auf einer Ebene zu halten. Fertigen Sie nach einem oder zwei Tagen erneut ein Video an, um die Verbesserung zu überprüfen. Schlagen Sie nun ein paar Bälle mit dem neuen Schwung – mal sehen, was passiert.

■ **Egal wie heftig** *Sie auf den Ball schlagen – ein getoppter Ball (oberhalb der Mitte getroffen) hüpft oder rollt nur ein paar Meter weit.*

Kein Glück mit langen Schlägern

DIE MEISTEN ANFÄNGER lernen schnell mit den kürzeren Eisen umzugehen, kämpfen aber mit den langen Eisen und den Fairwayhölzern. Der Grund dafür ist einfach: Je kürzer der Schläger, desto leichter ist er zu kontrollieren. Bei einem 8er-Eisen oder einem Wedge spürt man einfach besser, wo sich der Schlägerkopf befindet. Die Schwungbahn ist enger und steiler, leichter zu kontrollieren. Die Eisen 1 bis 5 dagegen verlangen einen längeren Schwung und sind aufgrund des längeren Schafts nicht so leicht zu kontrollieren. Fairwayhölzer sind häufig schwieriger sauber zu schlagen als der Driver, weil der Ball auf dem Boden und nicht auf dem Tee liegt.

SO WERDEN SIE EIN BESSERER GOLFER

Wenn Sie mit einem langen Schläger den Ball gut treffen möchten, dürfen Sie sich nicht auf einen schnellen, festen Schwung fixieren.

Stattdessen sollten Sie so wie Ernie Els oder Fred Couples ruhig und mit einem ausgeglichenen Tempo schwingen. Die Schwungbahn ist im Idealfall lang und flach. Wie beim Driver nehmen Sie auch die langen Eisen und Fairwayhölzer beim Ausholen locker und langsam zurück. Anders als bei den kurzen Eisen versuchen Sie nicht aggressiv auf den Ball zu schlagen. Der Ball wird eher vom Gras gewischt. Außerdem legt man ihn von der Mitte aus gesehen ungefähr 5 cm weiter nach vorne als bei den kurzen und den mittleren Eisen. Dies kommt dem längeren Schaft und dem größeren Schwungbogen entgegen.

Nehmen Sie einfach die leichten Schläger

Selbst bessere Spieler haben manchmal Probleme mit den langen Eisen. Der kleine Schlägerkopf, der lange Schaft und der geringe Loft machen das Treffen tatsächlich zu einer Kunst. Anfänger sollten deshalb die Eisen 1, 2 und eventuell auch 3 erst gar nicht einpacken. Auch das Eisen 4 kann erst einmal zu Hause bleiben. Stattdessen tauschen viele Spieler die schwer zu treffenden Eisen inzwischen durch flache Fairwayhölzer mit einem tiefen Schwerpunkt aus, weil diese einfacher zu treffen sind. Der größere und schwerere Kopf gleitet besser durch das Gras und hat einen größeren Sweet Spot, sodass man auch dann noch einen einigermaßen passablen Schlag erreicht, wenn der Ball nicht genau in der Mitte getroffen wurde.

> ### Übrigens ...
> Unterschiedliche Spieler haben unterschiedliche Schwunggeschwindigkeiten, aber alle guten Spieler können ihren Schwung kontrollieren. Stellen Sie Ihr ideales Schwungtempo auf der Driving Range fest, indem Sie nur mit 50 % des Tempos schwingen, dann mit 60 % usw. Der Schwung, der die größte Beständigkeit bezüglich Genauigkeit und Distanz ermöglicht, ist Ihr idealer Schwung.

Anfänger sollten die Eisen 1, 2, 3 und 4 aus der Tasche nehmen und durch die Hölzer 5, 7 und 9 ersetzen. Damit fliegt der Ball ebenso weit, hat eine höhere Flugbahn und landet weicher auf dem Grün.

Obwohl Fairwayhölzer schwerer zu treffen sind als mittlere und kurze Eisen, sind sie einfacher zu handhaben als lange Eisen.

DIE HÄUFIGSTEN FEHLER

Kurze Zusammenfassung

✓ Ein Slice dreht nach rechts, wenn die Schlagfläche im Treffmoment offen ist und/oder wenn Sie von außen an den Ball kommen. Eine entspannte Armhaltung und ein stärkerer Griff wirken dem Slice sicher entgegen.

✓ Ein Hook dreht nach links, weil die Schlagfläche im Treffmoment geschlossen ist und/oder weil Sie zu sehr von innen schwingen.

✓ Shank: ein kurzer, unkalkulierbarer Schlag, der durch das Treffen des Balls mit dem Hosel entsteht.

✓ Ein gepullter Ball fliegt gerade nach links. Der Grund dafür: Sie haben den Ball mit geschlossener Schlagfläche oder von außen geschlagen.

✓ Ein Push fliegt gerade nach rechts. Grund: Sie haben den Ball mit offener Schlagfläche oder von innen geschlagen.

✓ Unkalkulierbare Flugbahn oder Distanzverlust entstehen durch schlechten Ballkontakt, schlechte Ausrichtung und durch Unbeständigkeit in der Länge des Rückschwungs.

✓ Ein fetter Schlag wird durch eine schlechte Ballposition und eine vertikale Körperbewegung verursacht.

✓ Ein dünner Schlag entsteht durch eine Aufwärtsbewegung im Durchschwung und eine schlechte Ballposition.

✓ Eine Kerze fliegt gen Himmel und nicht sehr weit.

✓ Bei einem getoppten Ball berührt die Schlagfläche gerade noch die Oberkante des Balls.

✓ Lange Schläger sind schwieriger zu kontrollieren als kurze. Anfänger sollten die langen Eisen eventuell gar nicht spielen.

✓ Jedes Problem ist lösbar. Mit viel Übung, Geduld und Beharrlichkeit werden Sie Ihr Spiel auf den richtigen Weg bringen.

Kapitel 17

Wenn Fortschritt immer schwerer wird

Die Bedingungen auf dem Golfplatz ändern sich von Schlag zu Schlag; Golf wird dadurch zu einer Herausforderung. Das Spiel wäre einfacher, könnte man jeden Schlag von einer perfekten Lage und ohne Hindernisse oder Wind ausführen – es ginge dabei aber auch viel Spaß verloren. Ein Teil des Reizes liegt ja in den neuen Anforderungen. In diesem Kapitel erkläre ich Ihnen, wie Sie mit den häufigsten Herausforderungen auf dem Platz fertig werden.

In diesem Kapitel ...

✓ *Stürmisches Wetter*

✓ *Der Hügel lebt*

✓ *Schwierige Lagen*

✓ *Holz!*

SO WERDEN SIE EIN BESSERER GOLFER

Stürmisches Wetter

GOLF FINDET IM FREIEN STATT – unter blauem Himmel und auf riesigen Grasflächen. Die Flugbahn jedes Schlags wird daher von den jeweiligen Wetterverhältnissen beeinflusst. Die besten Spieler lernen sich dem Wetter anzupassen. Wer das Spiel nicht wirklich genießt, wird sich ständig beschweren.

■ **Wird der Himmel** *grau, packen Sie Ihre Regensachen ein und stellen sich auf längere Spielzeit und höhere Scores ein.*

Es ist halb so schlimm

Viele Profis bevorzugen die nicht so ganz perfekten Wetterbedingungen, denn dann sind nicht alle Spieler in der Lage sehr niedrige Ergebnisse zu erzielen – der Wettbewerb ist nicht ganz so hart. Wenn das Wetter wirklich schlecht wird, überleben allerdings nur noch diejenigen die Runde mit einem passablen Ergebnis, die ihr Spiel auch unter schwierigen Bedingungen im Griff haben. Schönwetterspieler scheiden aus und nur noch Spieler mit Erfahrung kämpfen um die Preise. Dominieren können Spieler, die es verstehen, den Wind zu ihrem Vorteil zu nützen, und die fähig sind sich extremen Temperaturen oder Wetteränderungen entsprechend anzupassen.

■ **Nützen Sie den Wind** *vorteilhaft, indem Sie so zielen, dass der Wind den Ball trägt.*

Wind

Sobald auf dem Kurs Wind aufkommt, wird Ihr Score an jedem Loch nach oben klettern. Das ist unvermeidlich.

Sobald Sie diese Tatsache akzeptiert haben, wird das Spiel im Wind weniger stressig, ja vielleicht sogar interessant. Einmal verkürzt der Wind einen perfekten Drive, einmal verlängert er eine sehr gute Annäherung, die dann hinter dem Grün landet. Er trägt den Ball das eine Mal nach rechts, das andere Mal nach links aus der Richtung. Er macht das Loch länger und kostet Sie ein Dutzend Bälle, die auf Nimmerwiedersehen in Teichen, Unterholz und Rough verschwinden.

WENN FORTSCHRITT IMMER SCHWERER WIRD

Wie mit jedem großen, starken Gegner verhält es sich auch mit dem Wind: Stellen Sie sich nicht gegen ihn, sondern nützen Sie ihn zu Ihren Gunsten. Bläst er etwa stark von links nach rechts, so zielen Sie beim Abschlag auf einen Punkt links vom Ziel, sodass der Wind den Ball ins Ziel hineintragen kann. Haben Sie extremen Rückenwind, so müssen Sie beim Schlag von Beginn an ein paar Meter dazurechnen.

So spielen Sie im Wind

1. Greifen Sie zur besseren Kontrolle etwas tiefer.

2. Wählen Sie einen Schläger mit weniger Loft, um die Flugbahn tiefer werden zu lassen. Greifen Sie etwa 2,5 cm kürzer, um trotzdem die gleiche Länge wie bei einem Schläger mit mehr Loft zu erreichen. Je tiefer die Flugbahn, desto geringer ist der Einfluss des Winds. Je höher die Flugbahn ausfällt, desto anfälliger ist sie für den Wind.

3. Spielen Sie nicht gegen den Wind, sondern nützen Sie ihn. Stellen Sie fest, aus welcher Richtung er weht. Kommt er von links, so zielen Sie mehr nach links und umgekehrt.

4. Schlagen Sie in den Wind, so halten Sie die Flugbahn möglichst niedrig. Verwenden Sie einen Schläger mit weniger Loft und kalkulieren Sie mit weniger Länge.

5. Bei Rückenwind müssen Sie mit mehr Länge als sonst rechnen. Unter Umständen benötigen Sie einen Schläger mit mehr Loft, um nicht zu viel Weite zu erzielen.

6. Der Schwung sollte weich und beständig sein; verwenden Sie nur 75 % Ihrer Kraft, um nicht an Genauigkeit zu verlieren. Der Wind wird Fehler nur verstärken, weshalb Präzision und nicht Länge die größte Rolle spielt.

Übrigens ...

Bei den US Open in Pebble Beach im Jahr 1992 begann alles ganz harmlos. Am Wochenende nahm der Wind jedoch enorm an Stärke zu und entwickelte sich zuletzt beinahe zu einem Sturm. Ein Großteil der Spieler wusste mit diesen extremen Bedingungen nicht umzugehen. Anders Tom Kite, der in Texas häufig bei windigen Verhältnissen gespielt hatte. Kite nütze diese Erfahrung und gewann bei den US Open seinen ersten Major-Titel.

Halten Sie bei starkem Wind nicht an Ihrem normalen Spiel fest. Hohe Flugbahnen führen zu extremer Ungenauigkeit und kaum kontrollierbaren Längen. Spielen Sie flach und nützen Sie den Wind.

SO WERDEN SIE EIN BESSERER GOLFER

Regen

Wenn Sie bei Regen auf den Platz gehen, erschweren mehrere Aspekte das Spiel. Zum einen ist das Wohlbefinden etwas beeinträchtigt, da es häufig zu allem Überfluss auch windig und kalt ist. Hände und Griffe werden nass und die Kontrolle des Schlägers wir dadurch schwieriger. Darüber hinaus spielt sich der Platz länger als unter trockenen Bedingungen. Warum? Das ist eine gute Frage. Tatsächlich rollen die Bälle auf nassen Fairways einfach nicht so lange aus wie auf trockenen Bahnen. Die Folge ist ein längerer zweiter oder dritter Schlag. Außerdem erhält der Ball bei nassem Gras nicht ganz so viel Spin. Ein Annäherungsschlag kann dadurch länger werden als erwartet.

INTERNET
www.golftipsmag.com
Hier finden Sie gute Tipps, wie Sie bei schlechtem Wetter spielen. Klicken Sie auf das Suchfenster und geben Sie »weather« ein, anschließend drücken Sie »search«.

Ein Vorteil beim Spiel im Regen ist, dass der Ball auf dem Grün schnell stoppt. Es ist fast wie beim Dart: Dort, wo der Ball auftrifft, bleibt er liegen. Ein Annäherungsschlag, der ansonsten vielleicht durch das Grün hindurchläuft, bleibt jetzt auf der nassen Oberfläche liegen. Die Putts rollen außerdem auf dem feuchten Boden etwas langsamer.

So spielen Sie im Regen

1. Nehmen Sie mehrere Handtücher im Bag mit, damit Sie Hände und Griffe möglichst trocken halten können.

2. Stecken Sie mehrere Handschuhe ein, da diese schnell nass werden.

3. Benützen Sie einen guten Regenschirm.

4. Verwenden Sie einen Regenüberzug für Ihr Bag, damit es nicht mit Wasser vollläuft. Falls kein Überzug mitgeliefert wurde, sollten Sie einen kaufen.

GOLFBAG MIT ÜBERZUG
UND REGENSCHIRM

WENN FORTSCHRITT IMMER SCHWERER WIRD

5. Schwingen Sie möglichst weich, da Ihnen bei zu schnellem Schlag der Schläger aus der Hand fliegen kann. Benutzen Sie zum Ausgleich Schläger mit weniger Loft.

6. Kaufen und benützen Sie einen guten Regenanzug. Er ist im Sporthandel erhältlich und macht das Spiel erheblich erträglicher.

Falls ein Gewitter naht, sollten Sie sofort einen Unterstand suchen. Stellen Sie sich nicht unter einen Baum und legen Sie die Golfschläger von sich weg. Am besten, Sie verlassen sofort den Platz.

WASSERDICHTER REGENANZUG

Extreme Temperaturen

Obwohl die meisten Golfer am liebsten bei gemäßigten Wetterverhältnissen spielen, geht man auch im Frühjahr und im Herbst sowie zu Anfang des Winters auf den Platz. Golf kann bei nahezu jedem Wetter gespielt werden, vorausgesetzt, es gibt keinen Frost oder gar Schnee. Vor allem die Herbsttage können manchmal wunderschön sein, weil nicht so viele Golfer auf dem Platz sind. Kühleres Wetter ist für Anfänger sogar ideal, da der Platz nicht durch zu viele Spieler überlaufen ist. Man hat unter Umständen auch die Gelegenheit zu mehr Probeschwüngen. Sie sollten dabei allerdings sicherstellen, dass hinter Ihnen niemand wartet.

So spielen Sie bei Kälte

1. Ziehen Sie sich warm an. Verwenden Sie mehrere Schichten leichterer Kleidung, die Sie bei Bedarf ausziehen können. Rollkragenpullis sind hier ideal. Bei Minustemperaturen ist Skiunterwäsche sehr sinnvoll.

2. Tragen Sie wasserdichte Golfschuhe und darunter ein Paar warme, bequeme Socken.

3. Die Mütze ist Pflicht, bei sehr kaltem Wetter eventuell sogar mit Ohrklappen – nicht schön, aber warm.

4. Der Ball fliegt bei Kälte kürzer, weil die Luft dichter ist. Für einen Schlag, der normalerweise mit dem Eisen 7 bewältigt wird, ist jetzt ein Eisen 6 notwendig.

SCHLECHTWETTER-STIEFEL

SO WERDEN SIE EIN BESSERER GOLFER

5. Nehmen Sie ein Paar Handschuhe mit, die Sie zwischendurch anziehen. Warme Hände sind die Voraussetzung für einen guten Schlag.

6. Stecken Sie ein oder zwei Bälle in eine Innentasche, um sie warm zu halten. Nehmen Sie immer einen angewärmten Ball. Je wärmer er ist, desto weiter fliegt er.

7. Denken Sie an eine Thermoskanne mit Tee oder Kaffee. Keinen Alkohol bitte, da er die Körpertemperatur allmählich senkt.

Erwarten Sie nicht einen Score, wie Sie ihn bei gutem Wetter erzielen. Die dicke Kleidung ist beim Schwung hinderlich, was sich in der Kontrolle und in der Länge des Balls bemerkbar macht.

HANDSCHUHE

So spielen Sie bei Hitze

1. Wählen Sie helle, leichte Kleidung.

2. Trinken Sie mehr, als Sie für notwendig halten. Eine große Flasche Wasser gehört immer mit ins Bag hinein.

3. Nehmen Sie stets Sonnencreme mit einem Schutzfaktor von mindestens 15 mit. Cremen Sie sich ein, bevor Sie ans erste Tee gehen. Vor den zweiten Neun sollten Sie die Prozedur wiederholen.

4. Ein breitkantiger Hut schützt Gesicht und Nacken.

5. Spielen Sie frühmorgens oder spätabends, wenn Sonne und Hitze weniger intensiv sind.

6. Bedenken Sie, dass der Ball weiter fliegt, da die Luft bei Hitze weniger dicht ist. Ein Schlag, der sonst mit dem Eisen 7 ausgeführt wird, kann jetzt mit einem Eisen 8 gespielt werden.

SONNENSCHILD

7. Spielen Sie eventuell mit Cart, um sich der Sonne weniger auszusetzen und nicht so stark ins Schwitzen zu geraten.

Golfspiel bei Hitze kann Spaß machen – vorausgesetzt, man ist darauf vorbereitet. Sommer bedeutet in vielen Regionen extreme Bedingungen sowie die Gefahr von Hitzschlag und Sonnenbrand. Das gilt besonders für Golfplätze in Südeuropa, wo die Temperaturen regelmäßig über 35°C liegen. Allerdings hält eine derartige Hitze viele Golfer vom Spielen ab, sodass auf den Plätzen kein großer Betrieb herrscht.

WENN FORTSCHRITT IMMER SCHWERER WIRD

Der Hügel lebt

WAS IST ...

Bei einer **Seitwärtslage** liegt der Ball entweder auf einer Ebene über Ihren Füßen oder darunter. Bei einer **Bergauflage** schlagen Sie bergauf, der vordere Fuß steht höher als der hintere. Bei einer **Bergablage** schlagen Sie bergab, der hintere Fuß steht höher als der vordere.

ES GIBT NUR WENIGE flache Golfplätze – das wäre schließlich zu einfach. Hügelketten, steile Kanten und tiefe Senken machen einen Golfplatz schöner und das Spiel interessanter. Der Ball muss also häufig aus einer Hanglage geschlagen werden. Bei einer Seitwärtslage befindet sich der Ball ober- oder unterhalb Ihrer Füße. Bei einer Bergauf- oder einer Bergablage stehen Ihre Füße auf verschiedenen Ebenen. Alle Schläge, die Sie bis dato geübt haben, müssen jetzt angepasst werden. Kein Problem – Sie schaffen das.

Bergauflage

Bei einem Schlag aus einer Bergauf-Lage fungiert der Hügel als eine Art Abschussrampe, sodass der Ball automatisch mit mehr Loft geschlagen wird. Gleichzeitig verliert er an Länge. Wählen Sie also einen Schläger mit weniger Loft und legen Sie den Ball außerdem beim Ansprechen etwa 2,5 cm mehr nach vorn. Der Grund: Der tiefste Punkt des Schwungs verlagert sich aufgrund der Hanglage weiter nach vorn.

Ihr Gewicht wird tendenziell eher auf dem hinteren Fuß liegen – das ist kein Problem, solange Sie folgende Regel beachten:

Die Verlängerung Ihrer Schulter verläuft parallel zur Neigung des Hangs.

Bedenken Sie, dass der Ball eine Tendenz nach links haben wird. Sie müssen also etwas mehr nach rechts zielen. Der Schwung ist weich, der Unterkörper bewegt sich wenig; vermeiden Sie Auf- und Abwärtsbewegungen des Körpers.

■ **Bei einer Bergauflage** nehmen Sie einen Schläger mit weniger Loft, da der Ball ohnehin höher fliegt. Beim Ansprechen verlagern Sie Ihr Gewicht nach rechts, um das Gefälle auszugleichen.

Bergablage

Wenn Sie einen Ball aus einer Bergablage heraus schlagen (Ihr vorderer Fuß beim Schwung also niedriger steht als der hintere), reduziert sich der Loft des Schlägers aufgrund der Hangneigung. Wählen Sie deshalb einen Schläger mit mehr Loft. Legen Sie den Ball etwa 2,5 cm weiter hinten im Stand als normalerweise, da der tiefste Punkt des Schwungbogens wegen der Hangneigung etwas früher erfolgt. Das Gewicht wird beim Schlag leicht nach vorn verlagert. Die Verlängerung der Schulterlinie sollte parallel zum Hang verlaufen. Schwingen Sie gleichmäßig und halten Sie Ihren Unterkörper ruhig, um unnötige Bewegungen zu vermeiden. Zielen Sie etwas nach links, da der Ball eine Rechtstendenz hat.

■ **Bei einer Bergablage** verwenden Sie einen Schläger mit mehr Loft, da die Flugbahn niedriger ausfällt.

Seitwärtslage

Manchmal müssen Sie seitwärts vom Hang schlagen und nicht bergauf oder bergab. Der Ball wird beim Ansprechen entweder oberhalb oder unterhalb Ihrer Füße liegen – je nachdem, wohin die Neigung verläuft. Das Problem dabei ist, dass der Ball über oder unter Ihrer normalen Schwungbahn liegt. Liegt er tiefer, werden Sie ihn bei einem gewöhnlichen Schlag überhaupt nicht treffen. Liegt er höher, schlagen Sie bei einem normalen Schwung in den Boden. Die Neigung hat darüber hinaus Einfluss auf die Richtung des Balls. Grundsätzlich folgt der Ballflug immer der Hangneigung. Liegt der Ball oberhalb Ihrer Füße, wird er folglich nach links tendieren (bei rechtshändig spielenden Golfern).

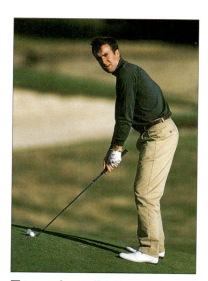

■ **Liegt der Ball höher** als Ihre Füße, greifen Sie länger und verlagern das Gewicht auf die Zehen, um die Hangneigung auszugleichen.

Höher oder niedriger als die Füße

Schlagen Sie einen Ball, der oberhalb Ihrer Füße liegt, so zielen Sie leicht nach rechts. Greifen Sie den Schläger kürzer, um die Lage des Balls zu kompensieren. Schwingen Sie nun locker durch und halten Sie den Unterkörper dabei still. Bei einer Ballposition unterhalb Ihrer Füße zielen Sie dagegen nach links, um den Einfluss der Hanglage auszugleichen. Greifen Sie den Schläger so lang als möglich. Knicken Sie in den Knien mehr ab als normalerweise und schwingen Sie ruhig durch. Die Haltung des Unterkörpers wird auch hier nicht verändert.

WENN FORTSCHRITT IMMER SCHWERER WIRD

Abschlag und Grün haben unterschiedliche Höhen

Ein Höhenunterschied zwischen Ihrer Position und dem Ziel hat generell Auswirkungen auf die Länge der Flugbahn. Schlagen Sie Ihr 7er-Eisen auf einem flachen Fairway normalerweise 137 m, so müssen Sie bei einem tiefer gelagerten Ziel Länge addieren. Bei einem 155 m langen Par-3-Loch etwa wählen Sie normalerweise ein Eisen 4. Liegt das Grün nun tiefer als der Abschlag, werden Sie mit dem Eisen 4 mit großer Wahrscheinlichkeit über das Grün hinausschlagen.

Sie benötigen hier einen Schläger mit mehr Loft. Pro 3–4 m Höhenunterschied zwischen Ihnen und dem Ziel können Sie jeweils eine Schlägerlänge mehr bzw. weniger rechnen.

Dies gilt, wenn das Loch nach unten wie nach oben verläuft. An dem eben beschriebenen Par-3-Loch würden Sie wahrscheinlich eher ein Eisen 7 anstatt eines 4er-Eisen benötigen. Läge das Grün nun etwa 15 m erhöht, so käme wahrscheinlich statt des Eisen 4 ein Fairwayholz 4 oder 5 zum Einsatz. Mit zunehmender Erfahrung werden Sie genau wissen, welchen Schläger Sie bei den jeweiligen Höhenunterschieden wählen müssen. Halten Sie sich an meine Angaben, aber vergessen Sie auch nicht den Einfluss von Wind und Temperatur zu berücksichtigen. Sie müssen es einfach ausprobieren und herausfinden, was für Sie am besten ist.

Höhe des Platzes

Je höher ein Platz liegt, desto dünner wird auch die Luft. Ein Ball, der, auf Meereshöhe geschlagen, eine Weite von 220 m erzielt, fliegt in 1500 m Höhe etwa 15 % weiter – also ungefähr 253 m.

Generell können Sie bei der Flugbahn des Balls pro 305 m Höhenunterschied 3 % mehr Länge als auf Meereshöhe rechnen.

Gleiches gilt auch umgekehrt: Wenn Sie normalerweise auf einem Gebirgsplatz spielen, müssen Sie auf Meereshöhe davon ausgehen, dass Sie etwas kürzer schlagen – pro 305 m Höhenunterschied beträgt die Differenz etwa 3 %.

Übrigens ...

Die Balance auch auf Sand zu halten ist nicht immer einfach. Bernhard Langer hat es einmal mit Buckelpistenfahren beim Skilaufen verglichen. Bei schnellen Bewegungen muss die Gewichtsverlagerung intuitiv funktionieren oder man fällt um. Gute Skifahrer verlagern das Gewicht automatisch auf das untere Bein. Gleiches gilt für Golfer im Bunker. So erhalten Sie eine stabile Plattform für Ihre Bewegung. Die Schultern werden zudem auf eine Linie mit dem Hang gebracht. Sie können nun im korrekten Winkel schwingen.

Schwierige Lagen

FALLS SIE IMMER das Grün treffen, können Sie diesen Abschnitt ignorieren. Falls Sie aber, wie die meisten von uns, Ihren Ball häufig dort finden, wo er nicht liegen sollte, lesen Sie weiter. Es zählt zu den Kunstfertigkeiten dieses Spiels, einen Ball einigermaßen erfolgreich aus einer nicht perfekten Lage zu spielen, sodass der Schaden begrenzt wird. Das ist alles, worum es beim Golf geht: Nicht die perfekten Schläge entscheiden, sondern die besten Rettungsaktionen. Oder etwa nicht?

Rough

Aus Rough, also hohem Gras, zu spielen kann sehr schwierig sein. Oft liegt der Ball so tief, dass man ihn kaum sieht. Das dicke Gras verfängt sich beim Schwung im Schläger, sodass der Ball extrem nach rechts oder links und womöglich nur ein paar Meter weit fliegt. Ein Ball im Rough bedeutet fast immer einen höheren Score.

■ **Liegt der Ball im Rough,** versuchen Sie nur ihn aufs Fairway zu schlagen. Der Schläger sollte mehr Loft haben, die Schwungbahn steiler sein.

Die Fairways werden normalerweise von Roughs unterschiedlicher Höhe gesäumt. Versucht man den Ball herauszuschlagen, verfängt sich das Gras im Hosel und dreht dieses. Dadurch fliegt der Ball links am Ziel vorbei (wie immer bei einem rechtshändig spielenden Golfer). Darüber hinaus schiebt sich das Gras zwischen die Schlagfläche und den Ball, sodass der Backspin minimiert wird. Die Folge ist, dass der Ball weiter fliegt und rollt als normalerweise. So weit also die Problematik.

Schläge aus kurzem Rough

Wenn Ihr Ball in kurzem Rough (ca. 5 cm) liegt, sollten Sie normalerweise guten Ballkontakt bekommen. Ein Schläger mit etwas mehr Loft hilft Ihnen den fehlenden Backspin auszugleichen und sicherzugehen, dass der Ball hoch fliegt.

Nehmen Sie aus dem Rough immer einen Schläger mit mehr Loft.

Ihr vorrangiges Ziel ist es, aus dem Rough zu kommen und den Ball wieder ins Spiel zu bringen. Vom Fairway aus haben Sie immer die Möglichkeit einen erfolgreichen Schlag aufs Grün zu machen.

Schläge aus mittlerem Rough

Zahlreiche Anfänger versuchen aus dem Rough einen wunderbaren Schlag zu vollführen – mit dem Ergebnis, dass der Ball eine noch schlechtere Position einnimmt als vorher. Bei Schlägen aus mittelhohem Rough legen Sie den Ball im Stand ein bisschen zurück und schwingen etwas steiler, sodass Sie von oben auf den Ball kommen. Der Schlägerkopf gerät etwas weniger in das Gras und wird nicht ganz so stark abgelenkt. Fassen Sie den Schläger außerdem etwas fester, um zu verhindern, dass er durch das Gras stark geschlossen wird.

Pitch aus hohem Rough

Liegt Ihr Ball im Rough, das tiefer ist als 5 cm, sollten Sie jeden Gedanken an einen Schlag aufs Grün von Anfang an aufgeben. Pitchen Sie den Ball nur auf den Fairway. Dies ist die einfachste Lösung.

Für diesen Pitch wählen Sie ein Sandwedge. Ausgeführt wird er wie ein Explosionsschlag aus dem Bunker.

Legen Sie den Ball in die Mitte Ihres Stands, zielen Sie links vom anvisierten Punkt, öffnen Sie das Schlägerblatt etwas und machen Sie einen Drei-Viertel-Schwung, sodass der Schlägerkopf unter den Ball gleitet. Greifen Sie ihn ein bisschen fester und führen Sie einen steilen Abschwung in Richtung Ball aus, um den Graskontakt zu minimieren. Der Ball fliegt jetzt schön in die Höhe und landet auf dem Fairway. Von hier aus können Sie nun das Grün anvisieren.

■ **Divots sind häufige Ballfallen.** *Am besten benützen Sie in dieser Situation ein Eisen mit etwas mehr Loft und schlagen von oben auf den Ball – ein steiler Schwung also.*

Schlag aus dem Divot

Wie Sie wissen, hinterlassen die meisten Eisenschläger ein Divot auf dem Platz, ein kleines Stück blanken Boden also, bei dem die Rasenschicht durch das Eisen weggeschlagen wurde. Die meisten Spieler legen das Stück Gras zurück, denn es wächst innerhalb weniger Tage wieder an und der Platz behält auf diese Weise seine Spielbarkeit. Leider gibt es aber auch Golfer, die das Divot nicht zurücklegen. Ab und an finden Sie dann Ihren Ball in diesem rechteckigen Loch wieder, das ein anderer hinterlassen hat. In diesem Fall sitzt Ihr Ball also auf einem öligen Sand-Boden-Gemisch statt auf Gras. Ihr nächster Schlag wird – gelinde gesagt – kritisch.

SO WERDEN SIE EIN BESSERER GOLFER

Der Schlag aus einem alten Divot ist mit dem aus dem Fairwaybunker vergleichbar: Sie müssen vor allem zuerst den Ball und nicht den Boden treffen.

Gerät Ihnen der Schlag nur ein wenig fett, fliegt der Ball nicht weit. Legen Sie also bei einem Schlag aus einem alten Divot den Ball etwas mehr im Stand zurück, ungefähr 2,5 cm rechts vom Mittelpunkt zwischen Ihren Füßen. Beim Ansprechen sind die Hände leicht vor dem Ball, wodurch ein steiler Abschwung unterstützt wird. Schwingen Sie den Schläger auf einer steileren Bahn zurück und zielen Sie dann beherzt auf den Ball, sodass Sie sicher sein können ihn zuerst zu treffen.

Weniger Loft

Wenn Sie mit einem derartig schwierigen Schlag konfrontiert werden, verwenden Sie am besten einen Schläger mit viel Loft, auch wenn Sie damit das Grün nicht erreichen. Durch die größere Neigung bekommen Sie den Ball leichter aus dem Divot. Hinzu kommt, dass Sie durch das Vorschieben der Handgelenke beim Ansprechen ohnehin den **Loft reduzieren**, sodass der Ball etwas länger fliegen wird.

> **WAS IST ...**
>
> Den **Loft reduzieren** heißt, dass die Hände vor dem Schlägerkopf stehen und der Winkel zwischen Schlagfläche und Boden automatisch verringert wird.

Von hartem Boden schlagen

Den Ball von festem Boden zu schlagen ist nicht einfach. Wir sprechen hier von fest gebackener Erde, womöglich ohne Gras darauf. Der Schlag ist aber etwas einfacher als der aus dem Divot – schließlich liegt der Ball nicht in einem Loch.

Das Problem besteht in diesem Fall darin, dass der Schlägerkopf oft von dem harten Boden abspringt. Wenn der Schläger hinter dem Ball aufkommt, prallt er ab und trifft den Ball dünn. Dieser zischt in etwa 1 m Höhe über den Fairway. Wenn Sie es besser machen wollen, sprechen Sie den Ball an wie im Fall des Divot. Legen Sie ihn weiter nach rechts, die Hände schieben sich nach vorn, der Schwung ist steil und der Ball wird zuerst getroffen. Ein Sandwedge wäre hier keine glückliche Wahl, da durch den Bounce die Wahrscheinlichkeit einen dünnen Schlag auszuführen nur steigt.

■ **Bei einem Schlag von hartem Boden** machen Sie einen steilen Schwung, um sicherzugehen, dass Sie zuerst den Ball treffen. Die Flugbahn ist niedriger.

WENN FORTSCHRITT IMMER SCHWERER WIRD

Vom Weg schlagen

Cartwege sind gemäß den Golfregeln ein unbewegliches Hindernis. Daher dürfen Sie im Allgemeinen den Ball außerhalb des Cartwegs auf Gras straffrei droppen. Manchmal aber ist die Dropzone in einem sehr schlechten Zustand, sodass es klüger ist, vom Weg zu spielen, auch wenn Sie dann ein Busch oder Baum behindert. Hier gilt ebenfalls: Komplizieren Sie nichts. Spielen Sie den Schlag, von dem Sie sich die größten Erfolgschancen erwarten.

Anders als bei einem Divot oder hartem Boden wird dieser Schlag nicht mit steilem Auf- und Abwärtsschwung gespielt.

Die Gefahr von Beton

Ein betonierter Weg gibt nicht nach, und wenn Sie entschlossen nach unten schwingen, werden Ihre Handgelenke schmerzen; zudem leidet der Schlägerkopf. Sinnvoll ist also ein rhythmischer Schwung, bei dem der Ballkontakt erfolgt, wenn der Schwungbogen seinen tiefsten Punkt erreicht hat. Legen Sie den Ball in die Mitte Ihres Stands und versuchen Sie den Unterkörper beim Schlag stillzuhalten. Der Stand sollte in diesem Fall deutlich breiter sein als normalerweise. Achten Sie auch darauf, dass Sie mit den Spikes nicht auf dem Boden wegrutschen. Greifen Sie nun etwas tiefer, um mehr Kontrolle über den Schläger zu haben. Treffen Sie den Ball in der unteren Hälfte, aber nicht ganz unten, um den Schläger nicht in den Weg zu rammen. Der Ball muss lediglich zurück ins Spiel gebracht werden.

Schlag aus einem nassen Bunker

Wenn ein Bunker nass wird, verdichtet sich der Sand, sodass die Oberfläche härter als sonst ist. Dadurch kann das Sandwedge zu stark abspringen und den Ball so in der oberen Hälfte treffen. Das Ergebnis ist ein flacher Schuss von etwa 45 m. Eine ziemliche Enttäuschung ist die Folge – dabei kann man sie durchaus verhindern. Bei einem nassen Bunker vermeiden Sie diese Fehler durch Änderungen am Stand.

■ **Beim Schlag aus einem nassen Bunker** *bleibt die Schlagfläche square und der Stand stark geöffnet. Verwenden Sie eventuell ein Pitchingwedge, dessen schärfere Kante besser unter den Ball gleitet.*

SO WERDEN SIE EIN BESSERER GOLFER

Der Schlag aus einem nassen Bunker

Wählen Sie keinen offenen Stand, sondern stellen Sie sich in eine Position, in der Füße, Knie und Schultern zur Fahne zeigen. Spielen Sie den Ball nicht von der vorderen Ferse, sondern ungefähr 2,5 cm vor der Mitte Ihres Stands. Achten Sie hierbei darauf, dass Sie das Schlägerblatt nicht so stark wie bei einem normalen Bunkerschlag öffnen, sondern nur um ein paar Grad. Jetzt wird sich das Sandwedge gut in die Oberfläche eingraben und auf diese Weise unter den Ball kommen, der dabei schön aus dem Bunker fliegt.

Kalkulieren Sie hierbei aber auch ein, dass der Ball etwas mehr auf dem Grün rollt, da er nur wenig Backspin haben wird.

Aus dem Wasser spielen

Unmöglich? Keineswegs. In den meisten Fällen muss man zwar einen Strafschlag akzeptieren, wenn der Ball in einem Wasserhindernis liegt; ist aber mehr als die Hälfte des Balls an der Wasseroberfläche zu sehen, so kann man einen Schlag wagen. Ist ein Großteil des Balls sichtbar, sind die Erfolgschancen sogar hoch. Auf diese Weise umgehen Sie unter Umständen den Strafschlag. Der Nachteil ist, dass Sie den Ball vielleicht aber auch gar nicht aus dem Wasserhindernis herausbekommen.

Es könnte nass werden

Zuerst sollten Sie checken, ob wirklich die Hälfte des Balls aus dem Wasser herausragt. Benutzen Sie dann Ihren Regenanzug, denn Sie werden nass werden. Ziehen Sie Schuhe sowie Socken aus und krempeln Sie Ihre Hosen hoch, wenn Sie den Ball im Wasser ansprechen müssen.

Sprechen Sie den Ball wie bei einem normalen Bunkerschlag an. Der Ball liegt vorwärts im Stand, der Körper zeigt auf einen Punkt links vom Ziel. Nehmen Sie ein Wedge und öffnen Sie das Schlägerblatt im Uhrzeigersinn. Schwingen Sie nun relativ steil, sodass der Schläger etwa 2,5 cm hinter dem Ball ins Wasser eindringt. Das verdrängte Wasser wird den Ball aus dem Hindernis aufs Fairway befördern – genau wie bei einem Bunkerschlag.

Denken Sie daran: Diesen Schlag versuchen Sie nur, wenn mindestens die Hälfte des Balls aus dem Wasser schaut.

Ein völlig untergetauchter Ball wird nicht wieder aus dem Wasser auftauchen – Sie aber werden dafür tropfnass sein. Falls Sie sich unsicher sind, sollten Sie den Ball ohnehin immer droppen.

WENN FORTSCHRITT IMMER SCHWERER WIRD

■ **Der Versuch einen Ball aus dem Wasser zu schlagen** *ist riskant, aber nicht aussichtslos. Der Südafrikaner David Frost schlägt hier sehr selbstbewusst einen Ball aus dem Wasserhindernis.*

SO WERDEN SIE EIN BESSERER GOLFER

Holz!

SIE SIND ZWAR WUNDERSCHÖN ANZUSEHEN, doch Büsche und Bäume können dem Golfer das Leben schwer machen. Sie ziehen Bälle geradezu magisch an. Es gibt nichts Frustrierenderes als einen Ball, der völlig versteckt zwischen Ästen und Gebüsch liegt. Doch keine Panik! Man kann lernen sich auch aus solch vertrackten Situationen irgendwie zu befreien. Vorausgesetzt, der Ball hat noch eine einigermaßen vernünftige Position, kann man ihn zumindest etwas vorwärts bewegen.

Direkt am Baumstamm

Je nachdem, wie nah Ihr Ball am Stamm liegt, haben Sie eventuell eine Chance zum Schlag. Liegt er mindestens 10 cm entfernt auf Gras oder lockerer Erde, so können Sie ihn schlagen. Liegt der Ball näher am Stamm, würden Sie nur sich selbst verletzen oder den Schläger beschädigen. Erklären Sie den Ball für unspielbar, nehmen Sie den Strafschlag hin und droppen den Ball an eine bessere Stelle.

Den Schlag kalkulieren

Hat der Ball dagegen bereits eine gute Lage, d. h. eine Entfernung vom Stamm, die mindestens 10 cm beträgt, sollten Sie feststellen, ob Sie zum Ziel oder wenigstens zurück auf den Fairway schlagen können. Oft liegt der Ball allerdings so ungünstig, dass der Stamm eine vernünftige Ansprechposition unmöglich macht. Ist dies doch möglich und der Ball liegt entsprechend, können Sie als Nächstes feststellen, ob Zweige im Weg sind. Stören diese die Flugbahn des Balls, so wählen Sie einen Schläger mit weniger Loft (Eisen 4 oder 5) und chippen den Ball einfach aus dem Unterholz zurück auf den Fairway. Behindern dagegen keine Zweige das Spiel, nehmen Sie den Schläger, mit dem Sie Ihr Ziel erreichen können und sprechen den Ball etwa 5 cm weiter links von der Mitte an. Schwingen Sie ruhig durch und versuchen Sie zuerst den Ball zu treffen.

■ **Liegt der Ball** weiter als 10 cm vom Stamm weg, können Sie ihn zurück auf den Fairway schlagen; wenn nicht, akzeptieren Sie den Strafschlag und droppen ihn zwei Schlägerlängen.

WENN FORTSCHRITT IMMER SCHWERER WIRD

Linksherum

Liegt der Ball so nah am Stamm, dass ein Schwung unmöglich ist, können Sie ihn linksherum schlagen. Ein Linkshänder würde den Ball dann wie ein Rechtshänder schlagen. Sie drehen den Griff, was bedeutet, dass sich der Schlägerkopf wendet und die Spitze nun nach unten zeigt. Der Ball wird relativ weit hinten im Stand angesprochen. Genau genommen trifft ihn nun das breite Vorderstück des Schlägers und der Schwung ist verkürzt; er ähnelt einem Punch. Zielen Sie dabei so, dass die flache Seite des Schlägerkopfes parallel zur geplanten Ziellinie steht. Das klingt irritierend, funktioniert aber nach etwas Übung. Der Ball fliegt zwar nicht allzu weit – und auch nicht sehr genau – aber man schlägt ihn weg vom Baum, zurück ins Spiel.

Im Unterholz

Manchmal liegt der Ball zwar ganz gut unter einem Baum, aber die komplette Flugbahn wird durch das Unterholz behindert und Zweige hängen im Weg. Um darunter herauszuspielen, wählen Sie einen Schläger mit sehr wenig Loft (Eisen 4 oder 5), greifen relativ kurz und machen einen flachen Drei-Viertel-Schwung. Der Ball liegt etwa 5 cm von der Standmitte nach rechts versetzt. Der Rückschwung muss relativ steil ausfallen, der Durchschwung ist sehr kurz. Das Ganze fühlt sich eher an wie ein Hockeyschlag.

Schlagen Sie konzentriert von oben auf den Ball, damit Sie erst ihn und dann den Boden treffen. Der Ball fliegt in einer tiefen Bahn aus dem Gebüsch hervor und läuft weit aus.

■ **Landet der Ball** *unter einem Baum mit tief hängenden Ästen, wählen Sie ein Eisen mit wenig Loft. So bleibt die Flugbahn niedrig und Sie können den Ball unter den Ästen zurück auf den Fairway spielen.*

SO WERDEN SIE EIN BESSERER GOLFER

Hindernis zwischen den Bäumen

Gerade jene uralten Bäume, die auf dem Platz so schön wirken, erweisen sich oft als größeres Hindernis – speziell dann, wenn sich unter ihren Ästen eine feine Schicht von Nadeln angesammelt hat, die alles andere als eine für den Ball wünschenswerte Lage darstellt. Auch der Stand ist hier nicht optimal und letztlich behindern zudem meist noch ein paar Zweige das Spiel.

Schlag aus Tannennadeln

Um einen Ball aus einem Bett von Tannennadeln zu schlagen, wählen Sie einen breiteren Stand, um die Balance zu halten. Dann spielen Sie den Ball genauso wie von extrem hartem Boden. Sprechen Sie den Ball etwa 2,5 cm rechts von der Mitte an. Die Hände sind leicht vor den Ball geschoben, der Schwung ist steil und wird kräftig in Richtung Ball durchgeführt. Treffen Sie den Ball vor dem Boden.

Verlaufen unter den Nadeln Baumwurzeln, so erklären Sie den Ball entweder für unspielbar oder chippen ihn nur ein paar Meter auf den Fairway. Wenn Sie die erste Möglichkeit wählen, droppen Sie ihn auf etwas besseren Untergrund.

Achtung: Wenn Sie in eine große Wurzel schlagen, kann das nicht nur dem Schläger schaden, sondern auch Ihrer Schulter. Lassen Sie es!

Im Gebüsch

Wenn der Flug Ihres Balls mitten in einem Busch endet, werden Sie ihn wahrscheinlich nicht spielen können. Sie erklären ihn für unspielbar, akzeptieren einen Strafschlag und droppen den Ball an eine bessere Stelle. Ist der Busch allerdings nicht sehr dicht – ein Ballkontakt erweist sich dementsprechend als möglich –, so können Sie den Schlag versuchen.

Wählen Sie zuerst das Sandwedge. Es hat nicht nur am meisten Loft, sondern ist vor allem auch das schwerste in Ihrem Bag und dringt

■ **Es braucht sehr viel Geduld** und Fingerspitzengefühl, um den Ball aus einem Busch zu schlagen. Erreichen Sie den Ball, so sollten Sie es versuchen: Immerhin können Sie einen Strafschlag vermeiden.

deshalb besser als jeder andere Schläger durch die Zweige. Der Ball sollte beim Ansprechen deutlich rechts von Ihrem Stand liegen und der Griff fest sein. Der Abschwung erfolgt kräftig in Richtung des Balls.

WENN FORTSCHRITT IMMER SCHWERER WIRD

Ihr Eintreffwinkel sollte so steil sein, dass ein Durchschwung kaum möglich ist – so, als würden Sie mit einer Axt in den Busch hacken.

Mit etwas Glück fliegt der Ball aus dem Busch. Haben Sie allerdings Zweifel bezüglich Ihrer Chancen oder gibt es Platzregeln, die die Beschädigung von Pflanzen untersagen, müssen Sie den Strafschlag akzeptieren und droppen.

Kurze Zusammenfassung

- ✓ Golf ist ein Allwettersport. Sie sollten daher auf jede Art von Witterungsverhältnissen auf dem Platz vorbereitet sein. Wer dies berücksichtigt, wird auf dem Platz mehr Spaß haben und besser spielen.

- ✓ Im Wind wird Ihr übliches Spiel nicht funktionieren. Hohe Flugbahnen werden ungenau, eine Distanzkontrolle ist nicht möglich. Spielen Sie den Ball niedrig und nützen Sie den Wind.

- ✓ Keine Panik, wenn Ihr Ball an einem Hang liegt. Die richtige Ansprechposition macht den Schlag so einfach wie in jeder anderen flachen Lage.

- ✓ Berücksichtigen Sie, dass Höhenunterschiede die Länge Ihrer Schläge beeinflussen. Der Ball fliegt weiter, wenn das Ziel tiefer liegt und entsprechend kürzer, wenn es sich oberhalb Ihrer Position befindet.

- ✓ Die Höhe des Platzes beeinflusst die Länge der Bälle. Pro 305 Höhenmeter fliegt Ihr Ball etwa 3 % weiter als auf Höhe des Meeresspiegels.

- ✓ Keine Panik, wenn die Balllage nicht perfekt ist. Golf ist das Spiel der Rettungsschläge. Eine gute Ansprechposition und Technik führen fast immer zu einem guten Schlag.

- ✓ Bäume und Sträucher sind nicht immer Ball fressende Monster. Mit Geduld und Einfallsreichtum können Sie sich aus ihren Fängen auch wieder befreien und das Spiel fortsetzen.

Kapitel 18

Die richtige Strategie

Erfolgreiches Golf verlangt ein vorausplanendes Spiel. Deshalb sollten Sie jedes Loch mit Taktik spielen, um den Ball mit möglichst wenig Schlägen einzulochen. Strategie ist weit wichtiger als nur Kraft, Finesse oder gar Glück. In diesem Kapitel werden die wichtigsten Lochstrategien und deren Einsatz während des Spiels erklärt.

In diesem Kapitel ...

✓ *Golf ist wie Schach*

✓ *Auf der sicheren Seite*

✓ *Die Genauigkeit erhöhen*

✓ *Die Abschlagfläche ausnutzen*

✓ *Die Balllage analysieren*

✓ *Fade und Draw nach Plan*

✓ *Die Längen kennen*

DAS ZEHNTE LOCH IN VALDERRAMA, SPANIEN

SO WERDEN SIE EIN BESSERER GOLFER

Golf ist wie Schach

IM SCHACH GEWINNT stets der Spieler, der vorausplant und versteht, was der Gegner tut – nie derjenige, der ohne jegliche Planung und Strategie nur Zug um Zug spielt. Hierin ähnelt der Golfplatz dem Schachbrett, weil es in jeder Situation eine Unzahl verschiedener Möglichkeiten gibt. Manche Varianten sind besser als andere und der Golfer mit der besten Strategie wird am Schluss am besten scoren – auf jeden Fall besser als derjenige, der nur drauflosspielt ohne über das Ende des Lochs nachzudenken.

SCHACH – EIN STRATEGIESPIEL

■ **Am 9. Loch** *im schottischen Turnberry muss der Spieler den Ball sicher über das Wasser auf den Fairway der anderen Seite der kleinen Bucht schlagen.*

Für jedes Loch ein Spielplan

Jedes Loch auf dem Platz ist anders: Manche sind länger und haben ein anderes Par. Die einen verlaufen auf-, die anderen abwärts. Das eine spielt man bei Rücken-, das nächste bei Gegenwind. Hier findet man ein Dogleg rechts, das nächste bricht dann nach links. Das eine Loch hat einen Bunker, ein anderes ein Wasserhindernis. Golflöcher sind wie Fingerabdrücke: Nie sind zwei gleich – auch nicht auf demselben Platz. Das ist einer der Gründe, weshalb die genaue Vorbereitung auf jedes Loch entscheidend ist.

Das richtige Gefühl für ein Loch

Es ist nicht einfach, im Voraus viel über ein Loch zu erfahren, aber man kann mit der Zeit ein Gefühl dafür entwickeln. So kann man sich z. B. ein Yardage-Buch im Proshop besorgen. Darin sind die Struktur jedes Lochs sowie alle Hindernisse, die Distanzen zu diesen Hindernissen, die idealen Landezonen und die wichtigen Bereiche des Grüns verzeichnet. Sprechen Sie außerdem mit dem Pro des Clubs. Er hat vielleicht ein paar wichtige Informationen über den Platz für Sie und jene Zonen, die man unbedingt meiden sollte. Zu diesen zählen etwa Wasserhindernisse oder das Aus. Sprechen Sie darüber hinaus mit Golfern, die den Platz kennen. Auch sie haben meist ein paar Insider-Tipps, die nicht im Yardage-Buch stehen.

DIE RICHTIGE STRATEGIE

Sobald Sie eine generelle Vorstellung von einem Loch haben, können Sie mit der Entwicklung einer Lochstrategie beginnen. Als Erstes sollten Sie sich Gedanken über die beste und vor allem die sicherste Landezone Ihres Abschlags machen. Stellen Sie fest, wo die Schwierigkeiten wie Aus, Hindernisse, Rough oder starke Wellen liegen, und versuchen Sie diese zu vermeiden. Wählen Sie einen bestimmten Zielpunkt und schlagen Sie nicht einfach irgendwohin in der Hoffnung, dass der Ball schon angemessen landet. Denken Sie daran: Die Taktik ist wichtig und die richtige Position entscheidend.

Par-3-Löcher

Par-3-Löcher sind in der Regel zwischen 73 und 215 m lang. An diesen Löchern spielt man deshalb idealerweise vom Abschlag direkt auf das Grün. Sobald Sie auf dem Abschlag stehen, sollten Sie eine Vorstellung vom Grün und der Fahnenposition haben. Steckt die Fahne in der Mitte eines ziemlich großen, flachen Grüns, so können Sie diese problemlos anspielen. Steckt sie aber in irgendeiner Ecke oder ist von Bunkern oder einem Wasserhindernis umgeben, so sollten Sie an das direkte Anspiel keinen Gedanken verschwenden. Das Risiko ist einfach zu groß. Spielen Sie stattdessen auf den sicheren, weitläufigsten Teil des Grüns und kalkulieren Sie zwei Putts zum Par ein. Die genaue Entfernung zu Ihrem Ziel sollten Sie kennen.

Das Yardage-Buch und die Scorekarte führen die genaue Distanz vom Abschlag zur Mitte des Grüns auf. Als Anfänger sollten Sie exakt dorthin zielen.

Loch

Grün

Zielen Sie lieber nur auf das Grün und versuchen Sie nicht das Loch anzugreifen.

Abschlag

■ **Anfänger sollten** an einem Par-3-Loch am Anfang des Abschlags aufteen und zum Grün zielen. Spielen Sie den sicheren Schlag und vermeiden Sie Bunker und Bäume.

SO WERDEN SIE EIN BESSERER GOLFER

Direkt eine Fahne zu attackieren, die von Hindernissen umgeben ist, hat in der Regel wenig Sinn. Die Chancen für den Erfolg stehen schlecht. Spielen Sie nicht den Helden, sondern wählen Sie den einfachen Schlag und zielen Sie zur Mitte.

So spielen Sie Par-3-Löcher

Die Entfernung ist Ihnen bekannt, also wählen Sie einen Schläger, mit dem Sie entsprechend weit schlagen (die Längen Ihrer Schläge kennen Sie von der Range). Wählen Sie sich einen kleinen Punkt auf dem Grün als Ziel und machen Sie einen selbstbewussten Schwung. Selbst wenn

■ **Valderrama ist Spaniens** anspruchsvollster Platz. Hier verlaufen nur wenige Löcher gerade. Viele Par 3 werden von Bäumen gesäumt, die eine Par-Chance verderben.

Sie zur Mitte des Grüns wollen, sollten Sie immer einen Zielpunkt auswählen. Lassen Sie sich nicht von Bunkern oder anderen Hindernissen irritieren. Stellen Sie sich den Schlag vor, denken Sie positiv und führen Sie ihn aus.

Verfehlen Sie das Grün, so werden Sie wahrscheinlich mit einem Pitch oder einem Chip und einem Putt ins Loch kommen. Treffen Sie das Grün sofort, sollten Sie als Nächstes den Putt analysieren. Liegen Sie mehr als 3 m vom Loch entfernt, so spielen Sie den Ball so nah wie möglich an das Loch heran, sodass Sie ihn ganz einfach lochen können. Ist der Ball weniger als 3 m vom Loch entfernt, sollten Sie sofort lochen und ein Birdie machen. Schlagen Sie den Ball so, dass er nicht mehr als maximal 60 cm hinter dem Loch liegen bleibt wenn Sie nicht treffen. So ist der Rückputt relativ einfach.

So spielen Sie Par-4-Löcher

Die meisten Par-4-Löcher sind zwischen 220 und 410 m lang. Bei einem Par 4 müssen Sie rückwärts denken. Sie haben richtig verstanden: rückwärts. Zuerst überlegen Sie, wo Ihr Ball auf dem Grün landen soll, wo die Fahne steht und welche Hindernisse ins Spiel kommen. Dann entscheiden Sie, von welchem Punkt auf dem Fairway aus Sie Ihr Ziel auf dem Grün am besten treffen. Ist der Zielpunkt auf dem Grün links von der Mitte, würde die Annäherung idealerweise von einem Punkt Mitte-rechts auf dem Fairway erfolgen, möglichst nicht weiter als 115 m vom Grün entfernt.

Von diesem Punkt aus haben Sie den besten Winkel zum Grün und können ein kurzes Eisen oder ein Wedge verwenden. Diese ermöglichen ohnehin die größte Genauigkeit. Wenn Sie wissen, wo der Ball auf dem Fairway liegen soll, können Sie über Ihren Abschlag entscheiden. Je näher Sie mit dem Abschlag an den Idealpunkt auf dem Fairway kommen, desto besser ist Ihr Winkel zum Grün. Profis verwenden diese Rückwärtsstrategie grundsätzlich. Auch Sie sollten sie anwenden, denn sie funktioniert.

DIE RICHTIGE STRATEGIE

Anfänger haben bei vielen Par-4-Löchern Schwierigkeiten das Grün mit zwei Schlägen zu erreichen. Betrachten Sie daher das Loch einfach als Par 5.

Haben Sie gerade erst mit Golf begonnen, ist ein Bogey ein gutes Ergebnis an jedem Loch. Versuchen Sie mit dem zweiten Schlag den Fairway so zu treffen, dass ein einfacher Schlag aufs Grün möglich ist. Wie, das liegt ganz bei Ihnen: Es kann ein 70-m-Wedge sein oder nur ein kleiner Chip oder Pitch.

Die Schlägerwahl

Ihr wichtigstes Ziel ist es, den Ball im Spiel zu halten. Manchmal bleibt der Driver deshalb im Bag, weil ein Fairwayholz oder Eisen den präziseren Schlag vom Tee ermöglicht. Denken Sie daran: Je mehr Loft der Schläger hat, desto genauer werden Sie sein. Der Ball liegt zwar weiter vom Grün entfernt, aber meist ist er zumindest auf dem Fairway.

> *Nehmen Sie nicht prinzipiell den Driver. Oft klettert der Score nach oben, weil man den Ball mit dem Holz 1 eben einfach weniger genau spielt.*

Selbst Profis treffen mit dem Driver nicht immer den Fairway. Die meisten haben eine Erfolgsrate von etwa 70%. Überlegen Sie also reiflich, ob Sie wirklich den Driver verwenden wollen, wenn die ideale Landezone auf dem Fairway nicht einfach zu treffen ist.

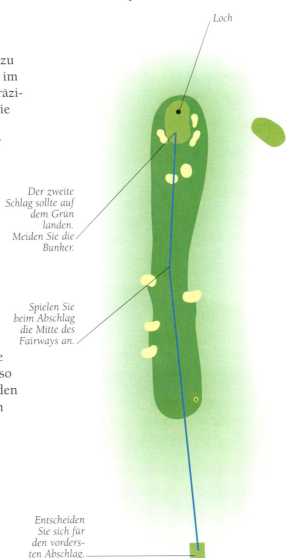

■ **Bei einem Par 4** *ist es wichtig, dass Sie versuchen den Ball im Spiel zu halten – am besten auf dem kurzgemähten Fairway.*

Loch

Der zweite Schlag sollte auf dem Grün landen. Meiden Sie die Bunker.

Spielen Sie beim Abschlag die Mitte des Fairways an.

Entscheiden Sie sich für den vordersten Abschlag.

279

SO WERDEN SIE EIN BESSERER GOLFER

So spielen Sie ein Par 5

Ein Par-5-Loch ist im Allgemeinen zwischen 410 und 550 m lang. Diese Löcher können sehr schwer sein, bieten gleichzeitig aber auch dem Anfänger die Chance Par oder zumindest Bogey zu spielen. Schließlich darf man hier drei Schläge bis zum Grün brauchen und nicht nur zwei. Wenden Sie die gleiche Rückwärtsstrategie an wie bei den Par 4. Sie müssen nur einen Schritt mehr einbauen.

Nachdem Sie entschieden haben, von wo aus Sie den Annäherungsschlag zum Grün machen, überdenken Sie Ihren zweiten Schlag. Nehmen wir z.B. einmal an, der ideale Schlag zum Grün erfolgt von der rechten Fairwayseite aus 90 m Entfernung. Hierhin kommen Sie am besten mit einem guten zweiten Schlag. Dieser sollte aus der Mitte des Fairways heraus erfolgen. Die beste Position für Ihren Abschlag würde sich also Mitte-links auf der Bahn befinden.

Zielen Sie mit dem dritten Schlag auf das Grün und meiden Sie die Bunker.

Loch

Ihr zweiter Schlag sollte eine gute Annäherung ermöglichen.

Der Abschlag sollte Mitte-links auf dem Fairway liegen.

Die richtige Distanz

Wie bei einem Par 4 sollten Sie den Ball die ganze Zeit auf dem kurz gemähten Gras halten. Obwohl Länge an einem Par 5 eine etwas größere Rolle spielt, ist die Wahl eines Fairwayholzes oder eines Eisens vom Abschlag sinnvoll, wenn die Landezone eng ist. Der Driver bietet sich nur bei einem breiten Fairway an.

■ **Ein Par-5-Loch** *ist für Anfänger oft sogar einfacher, weil die Chance zum Par größer ist.*

Achten Sie bei einem Par 5 immer darauf, dass Sie guten Ballkontakt haben, um eine möglichst große Distanz zurückzulegen.

Abschlag

DIE RICHTIGE STRATEGIE

Streben Sie nicht nur einen möglichst weiten zweiten Schlag an, sondern zielen Sie für den folgenden Schlag zum Grün auf den idealen Punkt. Ihre Strategie an einem Par 5 sollte es sein, für diesen Schlag nicht mehr als 115 m übrig zu haben, aber auch nicht weniger als 70 m. Sind Sie weiter entfernt, leidet die Genauigkeit. Sind Sie näher dran, können Sie dem Ball nicht ausreichend Spin verleihen, damit er auf dem Grün schnell stoppt. Ihr zweiter Schlag muss also nicht nur in die richtige Richtung gehen, sondern auch die passende Länge haben. Wenn Sie wissen, welche Distanz Sie mit dem jeweiligen Schläger erzielen, ist dies kein Problem.

Auf der sicheren Seite

GOLF IST EIN Spiel, bei dem Risiko belohnt wird. Bei jedem Schlag fällt die Entscheidung für oder gegen den riskanten Schlag. Ist die Gefahr einen schweren Schlag hoch in die Luft zu pullen zu groß – oder ist sie das Risiko wert?

Den Schlag abwägen

Ein Beispiel: Sie kommen an ein Par 4 mit einem See auf der rechten Seite des Fairways, dessen Ausläufer sich bis vor das Grün erstreckt. Die Fahne steht gut geschützt auf der rechten Grünseite hinter dem Wasser. Der sicherste Weg ist den Ball auf die linke Seite des Grüns zu schlagen, sodass Sie ein Spiel über das Wasser gänzlich vermeiden können und einen langen Birdieputt haben. Riskant wäre es, mit dem zweiten Schlag die Fahne anzugreifen, sodass der Ball 135 m über das Wasser fliegen muss. Die Belohnung bestünde lediglich aus einem kurzen Birdieputt – die Strafe wäre das Verschwinden des Balls im See. Wenn Sie schlecht treffen, den falschen Schläger wählen oder den Wind unterschätzen, landet der Ball im Wasser und Sie spielen Doppel-Bogey oder Schlimmeres. Das ist die Sache wohl kaum wert, oder?

Risiko – oder lieber nicht?

Es würde das Risiko vielleicht lohnen, wenn Sie bei einem Turnier am 18. Loch nur einen Schlag zurückliegen würden – sonst aber nicht. Die bessere Strategie dagegen besteht darin, auf Nummer sicher zu gehen, auf die linke Seite des Grüns zu zielen und das Wasser zu meiden. Selbst wenn der Schlag zu kurz geraten sollte, werden Sie damit nicht im See landen. Sie müssen nur aufs Grün chippen oder pitchen und machen im schlimmsten Fall ein Bogey.

Übrigens ...

Jack Nicklaus ist wahrscheinlich der größte Taktiker aller Zeiten. Mit 20 Major- und 70 US-PGA-Titeln ist er der erfolgreichste Golfer aller Zeiten. Nicklaus war Strategie wichtig wie keinem anderen; er wog das Risiko immer ab und wählte eher den sichereren Weg. Arnold Palmer, einer der außergewöhnlichsten Golfer, war das genaue Gegenteil. Er ließ sich immer auf die gefährlichen Schläge ein und hatte oft Glück. Palmer gewann 60 US-PGA-Titel, aber nur acht Majors – vielleicht, weil er sich nie für die sichere Seite entschied. Obwohl er weniger Erfolg hatte, war es immer ein Genuss ihm zuzusehen.

SO WERDEN SIE EIN BESSERER GOLFER

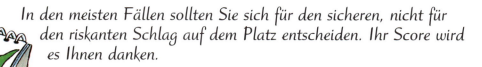

In den meisten Fällen sollten Sie sich für den sicheren, nicht für den riskanten Schlag auf dem Platz entscheiden. Ihr Score wird es Ihnen danken.

Sehen Sie sich das Loch genau an und wählen Sie die sichersten Landezonen, die ohne große Probleme zu erreichen sind. Liegen Ihre Chancen für ein positives Ergebnis nicht mindestens bei 75 %, riskieren Sie nichts. Spielen Sie den sicheren Schlag, auch wenn der Putt oder Annäherungsschlag dann länger ist.

Das kurze Spiel bringt die Punkte

Wollen Sie Ihren Score senken, versuchen Sie immer das kurz gemähte Gras zu treffen. Abschläge und die zweiten Schläge am Par 5 müssen daher grundsätzlich auf dem Fairway landen. Mit den Annäherungsschlägen sollten Sie dann das gut gepflegte Grün treffen. Auf diese Weise umgehen Sie sämtliche Fallen eines Golfplatzes, einschließlich Rough, Bäumen und anderen Hindernisse. Sie müssen den Ball nun möglichst oft so genau wie möglich spielen. Das klingt einfach – aber genau damit haben die meisten Golfer ein Problem. Sie gehen auf den Abschlag und zücken automatisch den Driver, immer nach der Devise: Allein die Länge entscheidet.

Den Ball weit zu schlagen ist zweifellos wichtig, aber längst nicht so entscheidend, wie ihn im Spiel zu halten.

Der sichere Schlag

Können Sie den Abschlag entweder 165 m mittig auf den Fairway oder 228 m rechts in den Bunker schlagen, würde ich an Ihrer Stelle immer den kürzeren Schlag wählen. Auf dem Fairway liegt der Ball perfekt, Sie bekommen guten Ballkontakt und erzeugen ausreichend Backspin, damit der Ball auf dem Grün hält. Ein längerer Abschlag, der im Bunker oder in tiefem Rough landet, führt zu einem schlechten Score. Zuerst müssen Sie aus dem Hindernis heraus, dann ist ein fast schon professioneller Rettungsschlag gefragt, damit Sie das Bogey verhindern. Zwischenzeitlich legt Ihr Golfpartner mit dem kurzen Abschlag in aller Ruhe den Schlag aufs Grün und spielt Par.

■ **Ein riskanter Schlag** *ist nicht immer der beste, denn der Ball kann leicht im Rough landen und einen niedrigen Score zunichte machen.*

Die Genauigkeit erhöhen

GENAUIGKEIT ERMÖGLICHT ES IHNEN, den Ball auf dem Fairway zu halten, und gibt Ihnen die Chance das Grün zu erreichen. Erhöhen Sie Ihre Präzision, indem Sie einige einfache Punkte berücksichtigen.

a Suchen Sie sich immer einen Zielpunkt. Das ist bei jedem Schlag wichtig, wenn Sie strategisch denken und genauer werden möchten. Wählen Sie stets ein relativ kleines Ziel, z.B. eine Fahne, einen braunen Fleck auf dem Fairway oder einen Punkt am Horizont. Versuchen Sie den Ballflug zu visualisieren – dann schlagen Sie.

b Schlagen Sie vom Tee nicht grundsätzlich den Driver. Das Holz 1 schlägt den Ball zwar am längsten, aber zugleich auch am ungenauesten. Spielen Sie auf einen engen Fairway mit diversen Hindernissen, so erwägen Sie die Verwendung eines Holz 3 oder eines Holz 5, eventuell sogar eines Eisens, um den Ball auf der Bahn zu halten. Der zweite Schlag ist dann zwar länger, wird aber auf dem kurzgemähten Gras und nicht im Rough liegen.

c Wenn Sie Zweifel haben, wählen Sie den sicheren Schlag. Der Ball muss nur aufs Grün, dann erledigt der Putter den Job.

■ **Zielen Sie beim Ansprechen** *nie auf den gesamten Fairway, sondern auf eine Markierung, einen bestimmten Punkt oder ein Stück der Grasfläche.*

d Wenn Sie auf Risiko gehen, nehmen Sie sich aus Ihrem Bag am besten Ihren Lieblingsschläger, den Sie meist gut treffen. Verwenden Sie diesen Schläger bei einem wichtigen Schlag möglichst oft. Ist es ein Holz 5, sollten Sie es beim ersten Abschlag benutzen – auch bei einem Par-5-Loch. Ihr Ball wird auf dem Fairway landen und Ihr Selbstvertrauen in die Höhe schnellen. Bei einem 9er-Eisen, das Sie um die 115 m weit schlagen, sollten Sie Annäherungsschläge möglichst oft aus dieser Distanz machen, da Sie so Ihre Chance das Grün zu treffen erhöhen.

SO WERDEN SIE EIN BESSERER GOLFER

Die Abschlagfläche ausnutzen

SIE MÜSSEN DEN BALL zwischen den zwei Markern, die den Abschlag definieren, aufteen; davor ist dies nicht erlaubt. Sie können aber auch hinter den Markern aufteen, und zwar bis zu zwei Schlägerlängen zurück. Beim Schlag selbst müssen Sie nicht innerhalb der Abgrenzungen des Abschlags stehen.

■ **Die Abschlagfläche** reicht zwei Schlägerlängen hinter den Markern zurück.

Hier teen Sie auf

Wo genau Sie Ihren Ball innerhalb der Markierungen aufteen, hängt von mehreren Faktoren ab. Suchen Sie die gleichmäßigste Stelle, damit Stand und Schwung auf einer Ebene liegen. Wählen Sie den Teil des Abschlags, der Ihnen den besten Winkel zum Ziel erlaubt. Bei einem 135 m langen Par 3 mit einer Fahnenposition auf der linken Grünseite teen Sie den Ball z. B. auf der rechten Seite auf. Auf diese Weise ist der Winkel zur Fahne optimal. Teen Sie dagegen links auf, ist dieser Winkel und der zur sicheren Umgebung des Grüns schlecht. Teen Sie auf einem Par 4 auf, das eine scharfe Biegung nach rechts macht, sollten Sie möglichst weit links abschlagen, um sich einen optimalen Zugang zum Dogleg zu verschaffen.

■ **Nützen Sie** die gesamte Abschlagfläche, um den perfekten Winkel zum Ziel zu finden.

Abschlag-Tipps

Nützen Sie den ganzen Abschlag auch dann, wenn Ihr natürlicher Schlag einen Rechtsdrall hat (Slice) oder gern nach links fliegt (Hook). Slicen Sie generell, so teen Sie den Ball möglichst weit rechts auf und zielen auf die linke Hälfte des Fairways. So haben Sie die maximale Fairwaybreite für die Landung. Schlagen Sie immer einen Hook, so teen Sie aus denselben Gründen links auf – ganz einfach!

DIE RICHTIGE STRATEGIE

HINDERNISSE BEWERTEN

Um gut zu scoren, müssen Sie die vorhandenen Hindernisse kennen. Wenn Sie diese Fallen immer meiden, haben Sie die Möglichkeit nur aus den besten Lagen zu schlagen. Manche Hindernisse bestrafen jedoch mehr als andere: Aus einem Fairwaybunker ist die Befreiung meist einfach, landet Ihr Ball aber im Aus oder in einem See, ist das Ärgernis weitaus größer. Hier sind die Strafen massiver und können eine gute Runde ruinieren.

Vergewissern Sie sich vor dem Abschlag, dass Sie alle Hindernisse kennen. Versuchen Sie anschließend jedes davon – je nach Ausmaß der damit verbundenen Strafe – einzuschätzen. Diese Bewertung beginnt mit den schwersten Hindernissen und endet bei den einfachsten. In der Regel sieht sie wie folgt aus:

1) Aus

Den Ball ins Aus zu schlagen gilt gemeinhin als das Schlimmste, was passieren kann. Sie müssen zurückgehen und den Schlag vom Ausgangsort wiederholen. Zudem wird Ihnen ein Strafschlag hinzugerechnet. Der neue Schlag ist also tatsächlich Ihr dritter und der Fairway ist dabei noch weit entfernt. Ihr vorrangiges Ziel muss es daher sein, einen Aus-Ball zu vermeiden. Im Yardage-Buch sind die Ausgrenzen verzeichnet. Sobald Sie diese erkannt haben, können Sie sich daranmachen sie auch zu vermeiden.

2) Wasser

Wasser ist nicht ganz so strafbar wie das Aus, aber ebenfalls ein ärgerliches Hindernis. Liegt der Ball im Wasser, so droppen die meisten Spieler einen Ball auf der Linie hinter dem Eintreffpunkt und rechnen sich einen Strafschlag an. Wenn der erste Ball also im Wasser liegt, ist der nächste Schlag bereits Ihr dritter. Sie müssen zwar nicht den Distanzverlust hinnehmen wie beim Aus-Ball, aber so nah am Loch wie ursprünglich geplant sind Sie auch nicht. Vermeiden Sie daher das Wasser unter allen Umständen.

■ **Die meisten Spieler** *nehmen eher einen Strafschlag, als aus dem Wasser zu spielen.*

SO WERDEN SIE EIN BESSERER GOLFER

Checken Sie vor dem Schlag die Entfernung von Ihrem Abschlag bis zum Wasser und gehen Sie sicher, dass Sie mit dem gewählten Schläger nicht an das Hindernis herankommen.

3) Büsche und Bäume

Den Ball in Büsche oder eine Baumreihe zu schlagen ist ebenfalls sehr ärgerlich. Es zermürbt einen Spieler im Verlauf einer Runde ziemlich, seinen Ball ständig zwischen Zweigen, Gräsern oder unter herabhängenden Ästen suchen zu müssen. Manchmal hat man überhaupt keinen Schlag und muss den Ball für unspielbar erklären. Sie müssen einen Strafschlag einstecken und den Ball innerhalb von zwei Schlägerlängen droppen. Die neue Position garantiert allerdings nicht immer auch eine ordentliche Balllage. Mag sein, dass der Ball auf einem Bett von Tannennadeln liegt oder im Rough. Stellen Sie fest, wo die verhängnisvollsten Büsche und Bäume stehen, und zielen Sie auf jeden Fall in die andere Richtung, vorausgesetzt, dort befindet sich kein Wasser oder Aus.

■ **Befürchten Sie** *Ihren Ball nicht wieder zu finden, spielen Sie einen provisorischen von dem gleichen Punkt nach. Finden Sie Ersteren nicht mehr, so erhalten Sie einen Strafschlag.*

4) Rough

Obwohl der Schlag aus dem Rough nicht einfach ist, kann man das tiefe Gras den anderen Hindernissen auf jeden Fall vorziehen. Sie bekommen keinen Strafschlag und müssen nur mit der Schwierigkeit des Schlags aus dem hohen Gras zurechtkommen. Befinden sich an einem Loch links dicke Büsche, ein Aus oder Wasser und rechts nur Roughstreifen, so zielen Sie auf jeden Fall eher rechts. Trotzdem entscheiden sich die meisten Spieler bei der Wahl zwischen Rough und Bunker für den Sand.

■ **Das Rough** *ist eines der wenigen Hindernisse, aus dem Sie ohne einen Strafschlag den Ball zurück auf den Fairway spielen können.*

DIE RICHTIGE STRATEGIE

Beherrscht man erst einmal den normalen Bunkerschlag, ist dieser einfacher als der Schlag aus dem Rough. Man erreicht aus dem Rough nicht die Länge wie vom Fairway aus – der Spin fällt gering aus, sodass der Ball auf dem Grün schlecht hält. Bälle aus dem Sand dagegen haben Spin und erzielen aus dem Fairwaybunker die gleiche Länge, vorausgesetzt, man trifft zuerst den Ball und dann den Sand.

5) Bunker

Keiner sieht den Ball gerne im Sand landen, aber wenn man die Technik beherrscht, ist es das einfachste aller Hindernisse auf dem Platz. Ist ein Grün links von hohem Rough gesäumt und rechts liegt der Bunker, sollten Sie sich immer eher rechts orientieren. Gleiches gilt, wenn die Ausgrenze an einer Seite des Fairways verläuft und ein dünner Bunker auf der anderen Seite liegt. Aus dem Bunker spielt man den Ball immer ohne Strafschlag und die Chance, das Spiel ohne große Einbußen fortsetzen zu können, ist hoch.

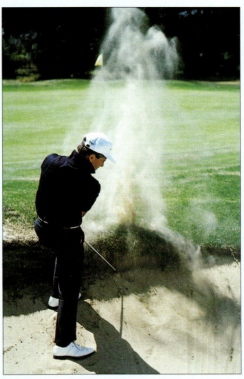

■ **Haben Sie sich einmal** *die Bunkertechnik angeeignet, werden Sie feststellen, dass Bunker relativ einfach zu spielende Hindernisse sind.*

6) Hügellagen

Achten Sie beim Abschlag immer darauf, ob Sie hügeliges Gelände anpeilen. Selbst wenn Sie den Ball 18 m kürzer spielen, sollten Sie immer das flache Gelände bevorzugen. Der Schlag aus einer Bergauf-, einer Bergab- oder einer Seitwärtslage kann sehr schwierig sein und sollte wenn möglich vermieden werden. Eine gute Position ist immer wichtiger als die Länge.

INTERNET

www.pgatour.com

Klicken Sie auf »instruction« und dann auf »head game«. Sie erhalten hier Tipps zur Strategie und zu den mentalen Aspekten des Golfspiels.

Die Balllage analysieren

IHRE STRATEGIE bei einem Schlag ist nicht nur vom Layout des Lochs und vom Wetter, sondern auch von der Balllage abhängig. Liegt der Ball perfekt am Fairway, können Sie nahezu jeden Schlag ausführen. Ist die Position dagegen nicht ganz so ideal, müssen Sie Ihre Pläne unter Umständen ändern. Einen Ball, der etwa 125 m von der Fahne entfernt liegt, kann man z. B. mit viel Backspin schlagen, weil im Treffmoment kein Gras zwischen Ball und Schlagfläche gelangt.

Jede Lage verlangt ihre eigene Strategie

Backspin bedeutet, dass Sie den Ball so schlagen, dass er schnell liegen bleibt, sobald er das Grün getroffen hat. Liegt der Ball aber in tiefem Rough, so ändert sich die Situation drastisch. Wie in Kapitel 17 beschrieben, gerät das lange Gras hinter dem Ball im Treffmoment zwischen Schlagfläche und Ball. Der Backspin wird auf diese Weise deutlich reduziert. Einen derartigen Ball nennt man *Flieger*. Er fliegt weiter als ein normaler Ball und rollt auch auf dem Grün noch ein ganzes Stück – oft sogar darüber hinaus ins Rough, Wasser oder einen Bunker. Ein normaler 120-m-Schlag würde aus dem Rough wohl 130 m weit fliegen und dann noch ein ganzes Stück rollen, wenn Sie ihn mit dem gleichen Schläger ausführen. Sie müssen daher anders planen. Wählen Sie also statt eines Eisen 8, das Sie normalerweise bei dieser Entfernung verwenden, ein Eisen 9 oder machen Sie mit dem Eisen 8 nur einen Drei-Viertel-Schwung.

> **WAS IST …**
>
> Ein **Flieger** entsteht, wenn Gras zwischen die Schlagfläche und den Ball gerät und der Backspin auf dem Ball extrem reduziert wird. Ein Flieger ist länger als ein normaler Schlag und rollt weiter aus.

Bewegt man den Ball nun in 10 cm hohes Rough, so erweist sich die Situation als noch schwieriger. Jetzt ist das Rough so lang, dass ein vernünftiger Kontakt zwischen Schlägerkopf und Ball tatsächlich unmöglich ist. Das Gras verfängt sich im Hosel, verlangsamt den Schläger und dreht ihn sehr häufig nach links (bei Rechtshändern). Der Ball weicht seitlich stark vom Ziel ab und fliegt zu kurz.

■ **Landet Ihr Ball im Rough,** so beurteilen Sie zuerst das Gras und entscheiden dann, mit welchem Schlag Sie ihn zurück ins Spiel bringen.

So spielen Sie aus schwierigen Lagen

In dieser Situation bleibt Ihnen nichts anderes übrig, als sich auf einen höheren Score einzustellen, das Wedge zu zücken und den Ball zurück auf den Fairway zu spielen, um einen vernünftigen Schlag zum Grün zu haben. Auch wenn Ihr Ball auf Tannennadeln, Blättern oder in einem Divot liegt, können Sie schließlich keinen guten Schlag aus 120 m Entfernung auf dem Grün landen. Versuchen Sie den Ball so weit zurück auf den Fairway zu schlagen, dass Sie vom kurzen Gras nur noch 75 m für ein Wedge bis zum Grün haben. Vielleicht wird es nur ein Bogey, aber zumindest müssen Sie sich nicht auch noch verfluchen, weil Sie den Ball aus dem Rough in einen See gespielt haben.

Fade und Draw nach Plan

JE BESTÄNDIGER UND SELBSTBEWUSSTER *Sie spielen, desto mehr werden Sie bemerken, wie stark Ansprechposition, Schwung sowie Arm- und Handbewegung die Richtung des Balls nach dem Schlag beeinflussen. Jeder gute Spieler lernt mit der Zeit einen Ball mit Rechtsdrall zu spielen, um damit mehreren Situationen gewachsen zu sein.*

Den Ball shapen

Jeder Spieler schlägt den Ball mit einer ihm eigenen, natürlichen Flugbahn. Sie sprechen den Ball an, schlagen ihn ab und in den meisten Fällen fliegt er dann eben nach rechts oder links. Dieser natürliche Drall kann durchaus zum eigenen Vorteil genutzt werden und sollte deshalb Teil Ihrer Strategie auf dem Golfplatz werden. Tendiert Ihr natürlicher Schlag eher nach links, können Sie Fahnen auf der linken Grünseite gut angreifen. Ist Ihr Schwung erst einmal wiederholbar und solide, beginnen Sie damit, den Ball nach Wunsch mit Rechts- oder Linksdrall zu schlagen. Gelingt Ihnen dies, können Sie einen Ball gut um ein Hindernis herumschlagen oder bestimmte Stellen des Platzes anvisieren, die mit einem geraden Schlag schwer zu erreichen sind.

Der Draw

Ein Großteil aller Profis tendiert dazu, den Ball mit einer leichten Rechts-links-Kurve zu schlagen (wie immer auf rechtshändig spielende Golfer bezogen). Das Resultat ist – wie Sie in Kapitel 5 erfahren haben – also ein Draw. Dieser Schlag bringt mehrere Vorteile mit sich: Der Ball fliegt z. B. relativ niedrig, weshalb seine Anwendung gerade bei starkem Gegenwind sinnvoll ist. Darüber hinaus rollt er nach der Landung weit aus; dies liegt an der flachen Flugbahn und dem geringen Backspin und führt wiederum zu

SO WERDEN SIE EIN BESSERER GOLFER

längeren Drives vom Tee – etwas, das jeder Golfer anstrebt. Der Draw bietet sich auch wunderbar an, wenn Sie ein Ziel im Auge haben, das versteckt auf der linken Seite liegt, wenn Sie in den Wind spielen oder sich beim Abschlag an einem extrem langen Loch befinden.

So schlagen Sie den Draw

Um einen Draw zu spielen, richten Sie die Position Ihrer Füße und Schultern beim Ansprechen auf einen Punkt rechts vom Ziel aus. Das Schlägerblatt zeigt zum Ziel, es ist also im Verhältnis zum Körper leicht geschlossen.

Ball leicht zurück im Stand

Spielen Sie den Ball etwas mehr von hinten als sonst. Schwingen Sie ganz normal. Der Ball startet leicht rechts am Ziel vorbei und wird sich dann aber zu diesem drehen. Er fliegt relativ flach und rollt nach dem Aufkommen ein langes Stück aus.

■ **Beim Ansprechen für einen Draw** zeigt Ihr Körper etwas nach rechts, sodass der Schläger leicht von innen nach außen schwingt.

Experimentieren Sie ein bisschen mit der Ausrichtung des Körpers nach rechts und der geschlossenen Schlagfläche. Der eine Spieler muss seine Ausrichtung nur leicht verändern, der andere etwas mehr. Passen Sie die Position des Balls so gut als möglich an. Generell gilt: Je weiter hinten Sie den Ball spielen, umso mehr wird er nach links drehen. Legen Sie ihn mehr als 2,5 cm nach rechts als normalerweise, kann ein Push das Ergebnis sein. Wählen Sie die Position daher nicht zu extrem.

Der Fade

Wann immer Jack Nicklaus eine Fahne angreift, die sich hinten-rechts auf dem Grün befindet, spielt er einen Ball, der leicht nach rechts dreht und seinen Weg zum Ziel selbst findet. Dieser Fade (Sie erinnern sich noch?) war der Schlag, auf den Nicklaus während seiner ganzen Karriere vertrauen konnte. Der Fade sollte auch zu Ihrem Schlagrepertoire gehören, da er eine vorhersehbare Flugbahn hat. Er fliegt sehr hoch, landet weich und rollt anschließend kaum. Einige der weltbesten Spieler wie Ben Hogan, Sam Snead, Jack Nicklaus und Lee Trevino haben immer auf diesen Fade vertraut, wenn es kritisch wurde und Genauigkeit gefragt war.

DIE RICHTIGE STRATEGIE

So schlagen Sie den Fade

Bei manchen Spielern ist der Fade ein natürlicher Schlag.

Beim Fade sprechen Sie den Ball so an, dass Füße und Schultern auf einen Punkt leicht links vom Ziel weisen. Das Schlägerblatt zeigt gerade zum Ziel; im Verhältnis zum Körper ist es also leicht offen. Legen Sie den Ball etwa 2,5 cm weiter nach links als normalerweise und führen Sie dann Ihren üblichen Schwung aus.

Ball leicht vorwärts im Stand

Der Ball startet etwas links vom Ziel und dreht dann leicht nach rechts. Die Flugbahn ist hoch und er landet weich. Probieren Sie, wie weit links vom Ziel Ihr Körper ausgerichtet sein muss und wie weit Sie den Schläger öffnen sollten. Der eine Spieler muss sich vielleicht nur ein oder zwei Grad nach links drehen, andere öffnen sich eventuell mehr. Versichern Sie sich, dass das Schlägerblatt direkt zum Ziel zeigt und Sie einen normalen Schwung machen, sobald die Ansprechphase abgeschlossen ist. Passen Sie die Ballposition möglichst gut an. Je weiter nach vorn Sie den Ball legen, um so mehr faded er. Legen Sie ihn aber zu weit links, so könnten Sie einen Pull links am Ziel vorbeischlagen.

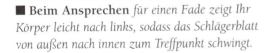

■ **Beim Ansprechen** *für einen Fade zeigt Ihr Körper leicht nach links, sodass das Schlägerblatt von außen nach innen zum Treffpunkt schwingt.*

Die Flugbahn kontrollieren

Der natürliche Schlag hat also bei den meisten von Ihnen ohnehin einen bestimmten Drall. Egal ob Fade, Draw oder gerader Schlag: Sie sollten diesen sooft als möglich zu Ihrem Vorteil nutzen. Solang die Flugbahn kontrollierbar ist, kann man ihn häufig anwenden. Überlegen Sie: Wenn Sie wissen, dass Ihr Abschlag generell etwa 15 m nach rechts faded, warum sollten Sie dies nicht einkalkulieren? Zielen Sie links am idealen Landepunkt vorbei und schwingen Sie ruhig durch. Ihr Ball landet weich – genau dort, wo Sie wollen.

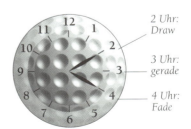

2 Uhr: Draw
3 Uhr: gerade
4 Uhr: Fade

■ **Stellen Sie sich** *beim Schlag des Balls eine Uhr vor. Das wird Ihnen beim Shapen sicher helfen.*

SO WERDEN SIE EIN BESSERER GOLFER

Der hohe Schlag

Angenommen, Sie liegen ungefähr 115 m vor dem Grün, aber Ihre Linie zum Grün ist von einem Baum verstellt. Normalerweise würden Sie ein Eisen 9 schlagen. Versuchten Sie es aber jetzt, landete Ihr Ball wahrscheinlich in einem Baumwipfel. Was tun? Sie müssen den Ball höher schlagen als sonst. Dies ist kein Problem, wenn Sie einige Änderungen an der Ansprechposition und dem Schwung vornehmen.

Für einen höheren Schlag wählen Sie ein niedrigeres Eisen als sonst, statt eines Eisen 9 also z.B. ein Eisen 8. Möchten Sie vom Abschlag weg einen höheren Schlag ausführen, wenden Sie übrigens die gleiche Technik an und teen den Ball nur etwas höher auf. Sie sollten sicherstellen, dass mindestens zwei Drittel des Balls oberhalb des Drivers liegen. Der Ball fliegt deutlich höher als sonst und landet weich.

DER HOHE SCHLAG

1 Die Ansprechposition
Sprechen Sie den Ball an wie beim Fade und legen Sie ihn etwa 2,5 cm nach vorn.

- Zirka 75 % des Gewichts liegen auf Ihrer rechten Seite.
- Der Ball wird von relativ weit vorn gespielt.

2 Der Schwung
Im Durchschwung sollte der Schlägerkopf unter den Ball gleiten, sodass er nach oben wegfliegt.

- Ihr Gewicht bleibt im Durchschwung nach hinten verlagert.
- Der Ball fliegt hoch.

Der flache Schlag

An einem windigen Tag ist es am besten, den Ball möglichst tief zu schlagen, damit er unter dem Wind fliegt. Ein flacher Schlag gleitet auch wesentlich besser durch den Wind als ein hoher. Spielen Sie auch dann einen flachen Ball, wenn die Fairways sehr hart sind und der Ball weit ausrollen wird.

Wählen Sie einen Schläger, der eine Nummer unter dem liegt, den Sie normalerweise verwenden würden – allerdings nie weniger als ein Eisen 4, da der Ball sonst unter Umständen gar nicht in die Luft geht. Wenn Sie versuchen einen flacheren Ball vom Tee zu schlagen, gehen Sie ebenfalls wie unten beschrieben vor, teen aber den Ball außerdem etwas niedriger als sonst auf (ungefähr 1 cm). Nur etwa ein Drittel des Balls sollte beim Ansprechen über dem Driverkopf zu sehen sein.

DER FLACHE SCHLAG

1 Ansprechposition
Legen Sie den Ball etwa 2,5 cm im Stand zurück. Die Hände sind etwa 5 cm vor dem Ball.

- Zirka 60 % Ihres Gewichts liegen auf dem rechten Fuß.
- Die Hände sind vor dem Ball.
- Der Ball liegt etwas zurück im Stand.

2 Der Schwung
Der Schlägerkopf bleibt im Treffmoment tief am Boden, die Arme enden vor dem Körper.

- Hände und Schläger enden eher vor als über Ihrem Kopf.
- Das Gewicht verlagert sich auf das linke Bein.
- Der Ball fliegt flach.

SO WERDEN SIE EIN BESSERER GOLFER

Die Längen kennen

ES WAR IN DEN späten 50er-Jahren des 20. Jh.s, als ein Profigolfer namens Deane Bemon damit begann festzustellen, welche exakte Weite er mit jedem Schläger unter idealen Bedingungen erzielen konnte. Davor wählten die Spieler den Schläger immer jeweils nach Gefühl.

Deane Bemon ist der erste Spieler gewesen, der sich bei der Schlägerwahl ausschließlich nach der Distanz zum Ziel richtete. Betrug die Strecke bis zur Fahne 115 m und er wusste, dass dies die Entfernung war, die er mit dem Wedge zurücklegte, dann nahm er das Pitchingwedge. Die Schlägerwahl wurde nun zur Rechenarbeit. Obwohl sich am Anfang viele Spieler dagegen wehrten, wurde diese Art von Schlägerwahl bald zum Standard. Jack Nicklaus machte es Bemon nach und wurde der beste Spieler aller Zeiten. Sie sollten dasselbe tun, um Ihren Ball so nah wie möglich zum Ziel zu schlagen.

■ **Deane Bemon** *war der erste Spieler, der berechnete, welche Weite er mit dem jeweiligen Schläger erzielte.*

Wenn Sie nicht genau wissen, wie weit Sie mit jedem Eisen oder Holz schlagen, werden Sie permanent zu weit oder zu kurz spielen. Stellen Sie bezüglich der Distanzen keine Vermutungen an, dann können Sie sich mehr auf die Genauigkeit der Schläge konzentrieren.

Sie kennen Ihre Distanzen

Natürlich sind manche Schläger für lange Distanzen, manche für kurze ausgelegt. Die Längen, die Spieler mit dem gleichen Schläger erzielen, können trotzdem stark variieren. Wie also ermitteln Sie Ihre Weite? Suchen Sie sich an einem windstillen Tag ein freies Feld, das auch Ihrem längsten Schlag noch Platz bieten sollte. Spielen Sie mit jedem Schläger im Bag sieben Bälle. Messen Sie nach jedem Schlag die Distanz.

In Deutschland werden die Längen auf Golfplätzen in Metern angegeben. Messen Sie Ihre Länge entsprechend aus. Ein-Meter-Intervalle sind in der Regel etwas länger als die Schrittlänge einer normal großen Person. Legen Sie einen Meterstab aus und gehen Sie

DIE RICHTIGE STRATEGIE

aus ein paar Metern Entfernung auf diesen zu. Versuchen Sie mit den Zehen des einen Fußes jeweils am Anfang des Meterstabs aufzutreten und mit den Zehen des anderen jeweils das Ende zu treffen. Es klingt einfach, wird aber einige Zeit dauern, bis Sie sich das Gefühl für die genaue Schrittlänge eines Meters erarbeitet haben.

Haben Sie alle sieben mit einem Schläger gespielten Bälle abgemessen, streichen Sie die zwei kürzesten und errechnen den Durchschnitt der anderen fünf. Das ist die durchschnittliche Reichweite dieses Schlägers. Die ganze Prozedur dauert ein wenig, lohnt sich aber.

Die durchschnittliche Distanz ist die richtige

Am Ende sämtlicher Abmessungen werden Sie als Erstes feststellen, dass Sie bei weitem nicht so lange Bälle schlagen, wie Sie gedacht haben. Amateure machen oft den Fehler nur den längsten ihrer Bälle für den jeweiligen Standard zu halten. Das ist allerdings keine besonders realistische Betrachtungsweise. Man ist nie fähig den Ball generell square und mitten im Sweet Spot zu treffen. Selbst die Profis wissen das. Der große Ben Hogan stellte einmal fest, dass er während einer Siegesrunde niemals mehr als sieben perfekte Schläge machte. Aus diesem Grund verwenden Sie auch am besten nur die durchschnittliche Distanz.

Sobald Sie eine klare Vorstellung davon haben, welche Weite Sie mit jedem Schläger erzielen, wird Ihre Strategie klarer und zielgerichteter werden. Es stärkt das Selbstvertrauen, wenn man sicher ist, dass man einen Fairwaybunker wahrscheinlich nicht trifft oder dass man mit einem bestimmten Schläger über einen See kommt.

Sie können so eine große Fehlerquelle Ihres Spiels eliminieren. Wenn Sie jetzt ein Ziel verfehlen, wird es rechts oder links sein – nie wird der Schlag zu lang oder zu kurz ausfallen.

Die Entfernung zu Zielen und Hindernissen

Zu wissen, welche Distanz Sie mit jedem Ihrer Schläger überbrücken, hat nur dann Sinn, wenn Sie auch die Entfernung zum Ziel genau kennen. Um an diese Information zu gelangen, müssen Sie sich über bestimmte Zonen an jedem Loch kundig machen. Dafür gibt es unter-

Übrigens ...

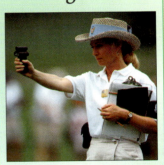

Die Alternative zum Abschreiten der Entfernungen ist der Kauf eines optischen Laser-Entfernungsmessers, den es sogar in manchen Proshops gibt. Das ist allerdings eine weit teurere Variante, da die Geräte nicht unter 600 Mark zu haben sind. Natürlich ist dies aber die zeitsparende und genaueste Methode.

schiedliche Methoden. Natürlich können Sie sich einen optischen Entfernungsmesser kaufen, den Sie im Turnier jedoch nicht verwenden dürfen. Allerdings können Sie vorher auf dem Platz abmessen, wie groß die Entfernungen von den wichtigsten Punkten sind. Danach ist die Wahl des Schlägers einfach.

Benutzen Sie das Yardage-Buch

Der Gebrauch eines Entfernungsmessers während eines Turniers ist verboten. Sie können es versuchen, werden aber sicher disqualifiziert. Das gute Stück bleibt während des Wettkampfs also zu Hause. Außerdem ist die Verwendung eines Entfernungsmessers nicht die einzige Methode, um die Distanz auf dem Platz zu ermitteln. Viele Golfclubs bringen Yardage-Bücher heraus, in denen jedes Loch detailliert verzeichnet ist. Entfernungsangaben von Sprinklerköpfen oder markanten Punkten auf dem Fairway zum Anfang des Grüns ermöglichen es Ihnen, die genauen Längen zu ermitteln. Sie müssen auf dem Platz nur den Punkt mit der Längenangabe aus dem Yardage-Buch finden und dann die Entfernung zu Ihrem Ball abschreiten. Schon haben Sie die Distanz und können den Schläger aussuchen. Das machen die Profis jeden Tag, deshalb ist es auch für Sie sinnvoll.

■ **Viele Clubs** *bieten Yardage-Bücher mit exakten Maßangaben für jeden Teil eines Lochs an, inklusive der Längen vom Abschlag zu Bunkern, Wasserhindernissen oder idealen Landezonen.*

Messen Sie von der Längenmarkierung aus

Wenn auf Ihrem Lieblingsplatz kein Yardage-Buch angeboten wird, so sollte es zumindest eine Scorekarte geben, die den Lochverlauf zeigt und die wichtigsten Distanzen verzeichnet. Außerdem gibt es inzwischen auf fast jedem Golfplatz Längenangaben, die meist auf den Sprinklerköpfen stehen. In der Regel sind 200, 150 und 100 m zum Grün ausgezeichnet. Außerdem findet man häufig weiße hölzerne Pfosten am Rand der Fairways, die meist ebenfalls eine Distanz von 150 m und 100 m zum Grün anzeigen. Suchen Sie nach einer solchen Entfernungsmarkierung und schreiten Sie dann die Distanz zu Ihrem Ball ab. Mit etwas Berechnung kennen Sie die genaue Länge Ihres Schlags. Anschließend müssen Sie nur noch den richtigen Schläger aussuchen.

DIE RICHTIGE STRATEGIE

Kurze Zusammenfassung

✓ Golf ist wie Schach. Es erfordert einen Plan, der alle Züge im Voraus durchspielt.

✓ Studieren Sie die Struktur eines Lochs, halten Sie den Ball am Fairway, meiden Sie Hindernisse und spielen Sie aufs Grün.

✓ Wägen Sie immer die Risiken ab. Sind die Chancen gering, dass Ihnen ein schwieriger Schlag gelingt, verzichten Sie darauf. Spielen Sie besonnen und nehmen Sie Fehler hin. Lassen Sie sich nicht unterkriegen.

✓ Stellen Sie fest, wo die Hindernisse liegen. Bewerten Sie diese entsprechend ihrem Schwierigkeitsgrad. Wählen Sie dann den klügsten Weg zum Loch und zum Grün.

✓ Beurteilen Sie genau die Lage Ihres Balls. Liegt er gut auf dem Fairway, können Sie jeden Schlag ohne Bedenken ausführen. Liegt er im Rough, auf Tannennadeln oder in einem alten Divot, so sollten Sie nur versuchen den Ball zurück auf den Fairway zu spielen und das Bogey akzeptieren. Keine heroischen Schläge, bitte! Bringen Sie den Ball einfach nur zurück ins Spiel.

✓ Wenn sich Ihr Spiel verbessert, lernen Sie Schläge nach rechts oder links zu shapen. Beherrschen Sie den Draw oder den Fade, können Sie den Ball um Hindernisse herumspielen oder gut verteidigte Löcher in den Ecken der Grüns anvisieren.

✓ Es ist nicht schlecht, einen Lieblingsschläger zu haben, mit dem man sich wirklich sicher fühlt und den man dann auspackt, wenn man ein Ziel wirklich attackieren will.

✓ Ermitteln Sie die Weite, die Sie mit jedem Schläger erzielen. Stellen Sie die Entfernung vom Ball zum Ziel fest. Verfügen Sie über beide Angaben, können Sie den für den Schuss entsprechenden Schläger wählen.

Teil Fünf

Kapitel 19
Das richtige Training

Kapitel 20
Die Ausrüstung verbessern

Kapitel 21
Was bringen Trainerstunden wirklich?

Kapitel 22
Bereit für den Wettkampf?

Kapitel 23
Golf – ein Sport für Zuschauer

Kapitel 24
Golfurlaub

MEHRSTÖCKIGE DRIVING RANGE IN JAPAN

FEINSCHLIFF AM SPIEL

Wenn Sie sich als Spieler weiterentwickeln, werden Sie sehr schnell merken, dass es immer noch Raum für *Verbesserung* gibt. Dies trifft auf die Technik sowie auf zahlreiche andere Aspekte des Spiels zu.

Über genau diese Punkte – egal, ob Golfstunden, Training oder bessere Ausrüstung – möchte ich in diesem Teil sprechen. Darüber hinaus geht es darum, was für einen positiven Effekt das genaue Beobachten von *Turnieren* im Fernsehen und der Besuch eines PGA-Turniers haben kann. Hinzu kommen Tipps für einen tollen *Golfurlaub*. Wenn Sie Ihre Technik und die richtige Strategie durch diese Anregungen ergänzen, werden Sie der Golfer, der Sie immer sein wollten.

Kapitel 19

Das richtige Training

Golfer, die süchtig nach der Driving Range sind und hunderte von Bällen abschlagen, stellen keine Seltenheit dar. Andere wiederum halten diese Monotonie nicht aus und lernen lieber direkt auf dem Platz. Welcher ist der ideale Weg? Wie immer liegt er irgendwo in der Mitte. Es hat wenig Sinn wochenlang endlos viele Bälle auf der Driving Range zu schlagen. Aber Sie sollten üben, bevor Sie auf den Platz gehen.

In diesem Kapitel ...

✓ *Rund um die Range*

✓ *Aufwärmprogramm*

✓ *Das Ziel vor Augen*

✓ *Qualität statt Quantität*

✓ *Das kurze Spiel*

FEINSCHLIFF AM SPIEL

Rund um die Range

DIE DRIVING RANGES der meisten Golfclubs sind mit Abschlägen aus natürlichem Gras versehen. Diese sind grundsätzlich besser als künstliche Abschlagmatten. Trotzdem greifen viele öffentliche Ranges wegen der geringeren Kosten und der besseren Haltbarkeit auf künstliche Abschläge zurück. Jeder davon verfügt über eine Matte mit synthetischem Gras. Gute Matten kommen in ihrer Qualität natürlichem Gras zwar durchaus nahe, doch die meisten imitieren die Lage auf dem Fairway nicht besonders gut. Wer zu viel Zeit mit dem Üben auf Matten verbringt, wird auf echtem Gras Schwierigkeiten haben, weil die Balllage einfach anders ist. Aber natürlich gilt die Devise: Training auf Kunstgras ist besser als gar kein Training!

Der Schlag von der Driving Range

Sollten Sie in der Nähe eine Übungsmöglichkeit mit natürlichem Gras besitzen, versuchen Sie diese so oft wie möglich zu nutzen. Alles, was Sie sich dort aneignen, lässt sich perfekt auf den Golfplatz übertragen, weil die Schlagoberfläche mit der des Platzes identisch ist. Genau wie auf dem Gras schlagen Sie auch hier Divots, sodass die Bälle nicht die ganze Zeit auf einer Stelle liegen bleiben. Um den Abschlag nicht zu sehr zu schinden, sollten Sie die Bälle wie die Profis positionieren: Nach einem Schlag wird der Ball direkt hinter das Divot des vorherigen Schlags gelegt. So entsteht am Ende ein langes, großes Divot. Nach ein paar Schlägen beginnen Sie mit einer neuen Reihe. Der Ball wird etwa 3 cm links neben den Anfang des ersten Divotstreifens gelegt. Die Bälle schlägt man in der gleichen Abfolge, bis man auch hier wieder das Ende des Streifens erreicht hat. Auf diese Art und Weise verbrauchen Sie auf der Range so wenig Gras wie möglich.

■ **Viele Driving Ranges** *greifen auf die billigeren, robusteren Abschlagmatten mit synthetischem Gras zurück.*

DAS RICHTIGE TRAINING

Aufwärmprogramm

KEIN SPORTLER BEGINNT MIT DEM TRAINING ohne sich vorher aufzuwärmen. Ein gutes Aufwärmprogramm hilft Verletzungen vorzubeugen, außerdem bekommt man ein besseres Bewegungsgefühl. Leider fangen viele Golfer sofort an wie wild Bälle zu schlagen, kaum dass sie die Range erreicht haben. Damit sind Verletzungen vorprogrammiert: Eine Muskelzerrung, eine Rückenverletzung oder ein geprelltes Handgelenk hat man sich schnell geholt. Starten Sie mit ein paar einfachen Stretchübungen, wie sie auf den folgenden Seiten gezeigt werden, ehe Sie die ersten Probeschwünge durchführen.

Zuerst die kurzen Eisen

Für die ersten Schläge nimmt man nie einen der längeren Schläger. Gewöhnen Sie Ihren Körper langsam an die Bewegung. Beginnen Sie mit dem Wedge und arbeiten Sie sich allmählich hoch. Und selbst das müssen Sie nicht tun: Einen ganzen Eimer voller Bälle mit dem Sand- oder dem Pitchingwedge zur Übung zu schlagen zahlt sich beim kurzen Spiel auf dem Platz sicher aus. Profis trainieren weit weniger mit langen Schlägern als mit Wedges. Letztere nämlich entscheiden auf dem Platz schließlich über den Score.

ÜBUNGSSCHWÜNGE

Nach dem Stretchen sollten Sie mit dem Wedge ein paar Übungsschwünge machen. Vergrößern Sie nach und nach den Schwung, bis Sie schließlich bei drei Vierteln angekommen sind. Machen Sie mindestens zehn solcher Schwünge auf ein Ziel, das maximal 15 m entfernt ist. Jetzt sind Sie bereit für ganze Schwünge. Durch die Übungsschwünge wird Ihre Bewegung flüssiger.

1 Halber Schwung
Nehmen Sie ein Wedge und machen Sie damit lockere halbe Schwünge.

2 Drei-Viertel-Schwung
Vergrößern Sie den Schwungbogen und machen Sie Schläge mit Drei-Viertel-Schwung.

FEINSCHLIFF AM SPIEL

STRETCHPROGRAMM

Das Dehnen ist wichtig. Bevor Sie auf den Platz gehen und den ersten Schwung machen, beginnen Sie mit ein paar Stretchübungen.

OBERKÖRPER

Diese Übung schult die beim Golfspiel sehr wichtige Oberkörperrotation und erhöht die Beweglichkeit.

 Rotation
Drehen Sie den Oberkörper mit immer größerer Rotation nach links und nach rechts. 6–8 Wiederholungen.

 Stellung
Halten Sie den Schläger waagrecht in Hüfthöhe.

RÜCKEN

Diese Übung lockert die obere Rücken- und Schultermuskulatur. Halten Sie die Arme dabei voll gestreckt.

 Stellung
Nehmen Sie ein Pitchingwedge und heben Sie es über Ihren Kopf.

 Stretchen
Ziehen Sie den Oberkörper ohne Drehung nach links und rechts. 6–8 Wiederholungen.

DAS RICHTIGE TRAINING

RUMPF

Auch diese Übung schult die Beweglichkeit Ihres Oberkörpers und der Schultern. Zudem erhöht regelmäßiges Stretching die Fähigkeit zu einem langen Rück- und Ausschwung.

1 Stellung
Halten Sie einen Schläger hinter Ihrem Rücken in den abgewinkelten Armbeugen.

2 Rotation
Drehen Sie mindestens sechsmal vor und zurück. Die Geschwindigkeit bleibt dabei gleich.

SCHULTERN

Die Schultermuskulatur wird ständig beansprucht und sollte daher besonders gut gedehnt werden. Diese Übung erhöht die Drehbarkeit und vergrößert den Bogen und die Schwunggeschwindigkeit.

1 Stellung
Der linke Arm liegt vor der Brust. Fassen Sie den linken Ellbogen mit der rechten Hand.

2 Stretchen
Ziehen Sie den Ellbogen langsam zum Körper und dehnen Sie die linke Schulter. Die rechte Schulter ebenso dehnen.

DIE BEWEGLICHKEIT STEIGERN

Wenn Sie Profis beobachten, werden Sie feststellen, wie weit diese im Rückschwung ihre Schultern im Verhältnis zu den Hüften drehen. Mit ein paar einfachen Übungen können Sie auch Ihre Beweglichkeit steigern. Versuchen Sie das Stretching jeden Tag durchzuführen und machen Sie sich vorher gut warm. Bleiben Sie bei den Übungen auf einer Stelle stehen, um Zerrungen zu vermeiden.

1 Stellung
Die rechte Hand liegt im Nacken. Greifen Sie mit der linken Hand über den Kopf nach dem rechten Ellbogen.

2 Stretchen
Biegen Sie den Oberkörper langsam nach links, bis Sie die Dehnung in Schulter und Arm spüren. Links wiederholen.

Trizeps

Diese Übung lockert die Muskeln in Armen und Schultern. Mit der Zeit sollten Sie Ihren Oberkörper immer mehr drehen.

Achillessehne

Durch das Dehnen der Achillessehne erhöhen Sie die Power beim Schwung und reduzieren die Gefahr einer Muskelzerrung im Bein. Versuchen Sie mit der Zeit den Winkel zwischen den Beinen zu vergrößern und die Abwinklung der Hüfte zu steigern. Gehen Sie langsam vor, aber machen Sie die Übung jeden Tag.

1 Vorbereitung
Setzen Sie sich aufrecht hin und öffnen Sie Ihre gestreckten Beine in einem 60°-Winkel.

2 Stretchen
Biegen Sie den Körper langsam in der Hüfte ab, bis Sie die Dehnung in Rücken und Oberschenkeln spüren. Kurz halten, dann in die Ausgangsposition zurückgehen. 2 - 3 Wiederholungen.

DAS RICHTIGE TRAINING

Latissimus

Durch diese Übung werden die Muskeln im Oberkörper und an den Seiten verlängert. Dadurch können Sie sich beim Rückschwung weiter drehen. Steigern Sie allmählich die Dehnung nach jeder Seite. Nicht federn!

1 Stellung
Legen Sie Ihre Handflächen hoch über dem Kopf aneinander.

2 Stretchen
Beugen Sie sich nach rechts, bis Sie die Dehnung in der linken Seite, Schulter und im oberen Rücken spüren. Zehn Sekunden halten, dann locker lassen. Links wiederholen.

Hüftdrehung

Ihre Hüften sollten so beweglich wie möglich sein, um Schwungbogen und -geschwindigkeit zu steigern. Führen Sie diese Übung nach beiden Seiten durch. Steigern Sie mit der Zeit das Ausmaß der Drehung, während Sie das Knie anziehen.

1 Stellung
Setzen Sie sich mit gestreckten Beinen hin. Die Hände sind aufgestützt und unterstützen den Oberkörper.

2 Beine positionieren
Stellen Sie das linke Bein über das rechte. Der linke Fuß steht an der Außenseite des rechten Knies.

3 Stretchen
Ziehen Sie das Knie langsam nach rechts. Der Oberkörper dreht, bis Hüfte und unterer Rücken gedehnt werden. Zehn Sekunden halten.

FEINSCHLIFF AM SPIEL

Das Ziel vor Augen

AUF DER DRIVING RANGE sollten Sie immer einen Spielplan haben. An welchem Teil Ihres Spiels wollen Sie heute arbeiten? Nehmen Sie sich ein Ziel und arbeiten Sie darauf hin. Vielleicht möchten Sie versuchen endlich einen Slice loszuwerden. Konzentrieren Sie sich darauf, machen Sie zum Aufwärmen ein paar Schläge mit dem Wedge und mittleren Eisen und verwenden Sie dann den Schläger, der Ihnen Probleme bereitet. Beim Slice ist dies meistens ein Schläger mit mehr Loft als ein Eisen 7. Nehmen Sie sich Zeit und üben Sie, damit die Schläge gerade werden.

INTERNET

www.golf.de

Deutsche Website, auf der auch der Deutsche Golf Verband, Bernhard Langer und der Albrecht Verlag mit Untergruppierungen vertreten sind. Interessanter Flohmarkt für Gebrauchtschläger.

Zeit nehmen

Wenn Sie ein paar Bälle gut getroffen haben, machen Sie erst einmal eine kleine Pause und genießen Sie Ihren Triumph. Übertreiben Sie das Training nicht: Geben Sie Ihrem Körper die Zeit zu lernen und Fehler zu korrigieren. Denken Sie daran: Sie werden noch länger Golf spielen. Es gibt also keinen Grund gleich über Nacht ein perfekter Spieler werden zu müssen. Immer locker bleiben!

Ziel suchen

Wenn Sie auf der Driving Range stehen, sollten Sie immer auf ein Ziel spielen und die Bälle nicht einfach irgendwohin schlagen.

Gedankenloses Bälleschlagen auf der Range kann sogar kontraproduktiv sein, weil Sie auf dem riesigen Areal weder für einen noch für zehn miserable Schläge in irgendeiner Weise bestraft werden. Ohne auf ein Ziel zu spielen, können Sie auch nicht feststellen, wie genau Sie den Ball eigentlich geschlagen haben. Das Ergebnis Ihres Trainings könnte damit katastrophal ausfallen. Suchen Sie sich also für jeden Schlag ein Ziel. Wenn der Ball dann in der Nähe aufkommt, wissen Sie, dass Ihre Technik und Ihr Schwung in Ordnung sind.

DAS RICHTIGE TRAINING

Zielpunkte

Die meisten Driving Ranges haben Längenmarkierungen. Das sind ideale Zielpunkte. Auf manchen Ranges finden Sie auch so genannte Zielgrüns mit Fahnen (allerdings ohne Löcher). Zu diesen Grüns sind sogar die Entfernungen angegeben, was sie ebenfalls zu idealen Zielpunkten macht.

Wenn Sie einen Ball schlagen, sollten Sie immer ausschließlich daran denken, wo er aufkommen soll. Wenn Sie sich an diesen Gedanken auf der Range gewöhnen, werden Sie auch auf dem Platz so denken. Es ist fatal, bei einem Schlag darüber nachzugrübeln, dass der Ball eventuell danebengehen könnte. Der kleine Golfgott wird diesen Zweifel sofort spüren – und Ihre Befürchtungen Wahrheit werden lassen.

■ **Längenmarkierungen** *sind ideale Zielpunkte auf der Range.*

Qualität statt Quantität

MANCHE GOLFER SIND GAR KEINE RICHTIGEN GOLFER, sondern eher »Ranger«, weil sie dort Stunde um Stunde verbringen. Auf dem Platz hingegen trifft man sie kaum an. Sie scheinen süchtig danach zu sein, einfach nur einen Ball nach dem anderen zu schlagen. Wenn sie dann schließlich auf den Platz kommen, sind sie mit den Spielsituationen oft überfordert.

Werden Sie kein »Ranger«. Nützen Sie die Range, um Ihren Schwung zu verbessern und Schläge zu perfektionieren, aber wenden Sie das Erlernte möglichst oft auf dem Platz an.

Ball für Ball von künstlichen Matten in ein Feld voller Golfbälle zu schlagen hat wenig mit der Realität zu tun. Auf dem Platz haben Sie pro Schlag ja auch nur eine Chance und können nicht ein Dutzend Bälle nachschlagen…

Der Platz ist das Ziel

Blindes Schlagen von Bällen verbessert weder Ihr strategisches Denken noch Ihr Improvisationstalent oder den Umgang mit den ständig wechselnden Platzbedingungen. Sie sollten die Range nützen – das wirkliche Lernen findet aber auf dem Platz statt.

Das kurze Spiel

DIE MEISTEN GUTEN ANLAGEN besitzen auch ein Putting- und ein Chippinggrün. Beobachten Sie bei Ihrem nächsten Besuch doch einmal, wie viele Leute dort üben – und wie viele auf der Range ziellos Bälle in die Weite schlagen. Die Chancen stehen nicht schlecht, dass auf jede Person beim Putten oder Chippen zehn Golfer beim Driven kommen. Aber besuchen Sie einmal ein Profiturnier – und die Situation wird ganz anders aussehen. Natürlich stehen auch hier Spieler auf der Range und schlagen Bälle, aber mindestens genauso viele arbeiten gewissenhaft am kurzen Spiel auf Putting- und Chippinggrün. Die Profis wissen eben, womit man ein Turnier gewinnt: Schließlich verdienen sie ihr Geld damit. Nach dem Training auf der Range gehen die großen Stars auf das Puttinggrün und arbeiten dort mindestens noch einmal 20 bis 30 Minuten. Schließlich kommt das Chippinggrün dran: Hier werden Bälle aus allen möglichen Lagen gespielt.

■ **Auf dem** *Übungs-Chippinggrün können Sie Ihr kurzes Spiel verbessern.*

Der kurze Rettungsschlag

Kein anderer Faktor wird so viel positiven Einfluss auf Ihren Score haben wie die gewissenhafte Arbeit am kurzen Spiel.

Gerade bei Anfängern landen die Bälle, die eigentlich sanft auf dem Grün aufkommen sollten, häufig im Gras neben der Puttfläche, im Rough, zwischen Bäumen oder manchmal sogar auf dem Fairway. Um solche Situationen zu meistern, müssen Sie fähig sein Ihren Ball möglichst nah ans Loch zu chippen oder zu pitchen. Dann haben Sie einen leichten Putt zum Par oder einen Bogey.

Das Putten perfektionieren

Wenn Sie einen oder zwei Körbe auf der Driving Range geschlagen haben, gehen Sie zum Putting Grün und arbeiten am Putten. Das Übungsgrün ist meist wesentlich größer als ein normales Grün und hat mindestens neun Löcher, in die man einlochen kann. Manche befinden sich auf ebenen Flächen, andere sind in kleine Wellen eingelassen.

Dadurch haben Sie die Möglichkeit alle Arten von Putts zu üben – egal, ob langsam, gerade, bergauf oder schnell mit viel Break nach rechts oder links. In jedem Loch steckt eine Miniaturfahne. Manche Golfer putten von Loch zu Loch, andere nur auf eines und variieren in der Länge.

Längen variieren

Beginnen Sie mit Putts aus unterschiedlichen Längen. Wie ich bereits in Kapitel 12 erklärt habe, ist das Erzielen der richtigen Länge wahrscheinlich der wichtigste Aspekt beim Putten. Spielen Sie zuerst einen oder zwei Bälle aus 7 m Entfernung. Schlagen Sie nie mehrere Bälle von einem Fleck. Variieren Sie immer Länge und Position, da sich später auf dem Platz ebenfalls unterschiedliche Situationen ergeben werden. Wenn möglich, sollten sich Ihre Übungseinheiten immer an realen Spielsituationen orientieren. Arbeiten Sie also an den langen Putts, bis diese schließlich kontinuierlich 1 m vom Loch entfernt liegen bleiben.

Den Ball lochen

Nun konzentrieren Sie sich auf die mittellangen Putts von 2–4 m. Das sind die Putts, bei denen es darauf ankommt. Hier geht es darum, den Ball ins Loch und nicht nur nah an die Fahne zu bringen – aus dem einfachen Grund, weil dies meist die Par-Putts sind. Üben Sie aus verschiedenen Positionen und Entfernungen. Manche sollten bergauf, andere bergab verlaufen, die einen nach rechts, die anderen nach links brechen. Der Ball sollte immer Mitte Loch fallen. Bälle, die 1 m übers Loch laufen, sind genauso schlecht wie die, die kurz davor liegen bleiben.

Eines Ihrer wichtigsten Ziele beim Üben von Putts ist das Vermeiden von Dreiputts – grundsätzlich und zu jeder Zeit!

Versenken Sie den Ball Mitte Loch – und Sie vermeiden Dreiputts. Das erfordert viel Übung, aber gleichzeitig bekommen Sie ein Gefühl für den Putt.

Putten unter Druck

Nach dem Training der mittellangen Putts gehen Sie an die kurzen, ca. 60 cm langen Putts heran. Versuchen Sie 20 Stück davon in Folge zu lochen, wobei alle einen kleinen Break haben sollten. Sprechen Sie jeden Putt an, als ginge es um ein großes Turnier. Entwickeln Sie ein Gefühl für den Druck: Jeder Putt bedeutet entweder den Sieg oder eine schmachvolle Niederlage. Stellen Sie sich vor, Sie verlieren eine 50-Mark-Wette, wenn Sie den nächsten nicht lochen. Dadurch gewinnen Sie ein Gefühl für den Druck, der entsteht, wenn Ihnen auf dem Platz drei Mitspieler zusehen. Sie glauben, 20 Putts in Folge lochen Sie problemlos? Versuchen Sie es erst einmal!

FEINSCHLIFF AM SPIEL

Zielsicher chippen

Nach der Übungseinheit beim Putten wechseln Sie zum Chippinggrün. Aus meiner Sicht hat es Sinn, zuerst zu putten, weil man ein Gefühl für Entfernungen entwickelt, das man vom Putten gut auf das Chippen übertragen kann. (Für eine kurze Wiederholung der Chippingtechnik sollten Sie in Kapitel 13 nachlesen.)

WAS IST …

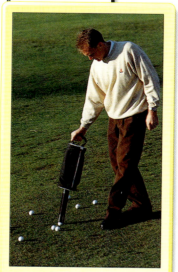

*Diese Übungstasche (engl. **shag bag**) hat einen Henkel an der einen Seite und eine leere Röhre auf der anderen. Sie ist der perfekte Container für etwa 20 Bälle auf dem Chippinggrün. Wenn Sie alle Bälle gechippt haben, stülpen Sie die Röhre jeweils über einen der Bälle und drücken sie auf den Boden: Er rutscht dann automatisch in die Tasche hinein und Sie müssen sich nicht nach jedem Ball bücken.*

Wie das Putting- weist auch das Chippinggrün zahlreiche, gut verteilte Löcher mit Fahnen auf. Manche befinden sich nah am Rand, andere weiter in der Mitte des Grüns. Kaufen Sie sich für das Chippinggrün ein kleines Körbchen Extraübungsbälle oder bringen Sie einige Bälle von zuhause in der Übungstasche (engl. *shag bag*) mit.

Die richtigen Bälle

Verwenden Sie keine Driving-Range-Bälle zum Chippen. Sie fühlen sich steinhart an und reagieren völlig anders als normale Bälle.

Sie nehmen weit weniger Spin an und laufen meist weiter als ein Qualitätsball. Kaufen Sie sich lieber 15–20 wirklich gute Bälle und verwenden Sie diese ausschließlich zum Chippen. Die Bälle sollten in Design und Qualität denjenigen ähneln, die Sie auf dem Platz verwenden. Dadurch ist auch die Übungseinheit mit dem wirklichen Spiel vergleichbar.

Vom Rand chippen

Beginnen Sie mit Chips vom Grünrand, die etwa 9 m vom Loch entfernt sind. Verwenden Sie ein Eisen 7 oder 8 lassen Sie den Ball nur aufs Grün aufkommen und dann Richtung Loch laufen. Denken Sie daran, dass die Chips während des Großteils ihres Wegs Bodenkontakt haben und nicht fliegen sollten. Ihr Ziel ist es, die Bälle in einen Umkreis von 1 m zum Loch hineinzuchippen, sodass Sie nur noch einen kurzen Putt – zum Par – lochen müssen.

Als Nächstes spielen Sie wieder Chips von der Grünkante, allerdings zu näheren Fahnen. Wählen Sie einen Schläger mit mehr Loft, etwa ein Eisen 9 oder ein Pitchingwedge. Achten Sie darauf, dass der Ball möglichst bald auf dem Grün landet, sodass er den

DAS RICHTIGE TRAINING

größten Teil des Wegs zum Loch rollen kann. Bei derartigen Chips empfiehlt es sich, den Ball nicht weiter als 1 m vom Grünrand entlang landen zu lassen, damit er von dort aus rollt.

■ **Colin Montgomerie** *beim Chippen vom Rand des Grüns bei den Offenen Meisterschaften in Royal Troon im Jahr 1997.*

Die Schlägerwahl

Die Wahl des Schlägers hängt von der Distanz des Balls zum Grün und jener der Fahne zur Grünkante ab.

Ist die Fahne 45 m entfernt und Ihr Ball liegt nur 1 m neben dem Grün, wählen Sie ein Eisen 6 zum Chippen. Steht die Fahne nur 3 m entfernt und der Ball liegt ebenfalls 1 m neben der Grünkante, nehmen Sie ein Sandwedge.

Ein Gefühl für das Machbare

Üben Sie so lange, bis Sie den Ball kontinuierlich in einen Umkreis von 1 m neben dem Loch chippen können.

Chippen ist – wie Putten – im Wesentlichen eine Gefühlssache.

Ihre Schlägerwahl und die Stärke, mit der Sie den Ball schlagen, hängt davon ab, wie schnell die Bälle auf dem Grün rollen und welche Erfahrungen Sie bisher mit dem Schläger gemacht haben. Experimentieren Sie mit verschiedenen Techniken, wenn Sie auf dem Chippinggrün üben.

Trainieren Sie niemals nur mit einem oder zwei Schlägern. Seve Ballesteros, der wohl beste spanische Golfer, war ein Meister geradezu unglaublicher Rettungsschläge. Sein Erfolgsrezept war seine Bereitschaft beinahe jeden Schläger im Bag zu benutzen. Wenn Sie das ausprobieren, werden Sie mit der Zeit ein Gefühl dafür bekommen, was mit welchem Schläger beim Chippen möglich ist.

Der Chip aus dem Rough

Wenn Sie 10–15 Minuten von der Grünkante gechippt haben, wechseln Sie ins Rough. Das 5–8 cm hohe Gras zwingt Sie im Grunde dazu, hier ein Wedge zu benützen. Ein mittleres oder ein kurzes Eisen hat weder den Loft noch das Gewicht, um den Ball beständig gut in die Luft und aus dem dichten Gras zu schlagen.

Verschiedene Schläge üben

Spielen Sie mit dem Sandwedge ein paar Bälle an die Fahne, die mindestens 6 m vom Grünrand entfernt steht. Sie werden schnell merken, dass der Ball relativ nah am Loch landen muss, da er nach dem Aufkommen nicht mehr allzu weit rollt. Das Wedge mit dem hohen Loft überträgt viel Backspin auf den Ball, sodass dieser schnell stoppt. Experimentieren Sie mit mehreren Haltepunkten. Lassen Sie den Ball auf halben Weg zum Loch und nach zwei Dritteln landen. Variieren Sie außerdem Position und Lage des Balls. Ziel des Chippens ist es, den Ball möglichst nah an das Loch zu bekommen, sodass Sie nur noch einen kurzen Putt haben. Darauf sollte auch Ihr Training ausgerichtet sein. Manche Profis hören erst dann mit dem Training auf, wenn sie mindestens einen schwierigen Chip gelocht haben. Falls Sie genügend Zeit haben, versuchen Sie dies ebenfalls.

Perfektes Pitchen

Die letzten 5–10 Minuten Ihrer Trainingseinheit sollten Sie pitchen. Auf dem Platz müssen Sie den Ball über Hindernisse und alle möglichen anderen Unwegsamkeiten pitchen. Mindestens fünf- bis sechsmal pro Runde werden Ihre Pitchfähigkeiten auf die Probe gestellt. Darauf sollten Sie vorbereitet sein.

Verstreuen Sie Ihre Übungsbälle beliebig im leichten Rough in der Umgebung des Chippinggrüns. Manche sollten eine relativ einfache Lage haben, andere eine schwerere. Falls es kleine Unebenheiten, Hügel oder andere Hindernisse gibt, platzieren Sie ruhig ein paar Bälle dahinter: Imitieren Sie die Bedingungen des Golfplatzes so gut wie möglich. Drehen Sie dann Ihre Runde und pitchen Sie einen Ball nach dem anderen zu einer Fahne, die – ganz nach Belieben – auch genau am anderen Ende des Grüns stehen darf.

Schlägerwahl beim Pitchen

Verwenden Sie ein Sand- oder ein Lobwedge, da diese den Ball durch den hohen Loft und das Gewicht leicht in die Höhe schlagen. Die Bälle sollten etwa 3–5 m vor dem Loch aufkommen und den Rest des Wegs rollen. Obwohl es schwierig ist, Pitches regelmäßig innerhalb eines Umkreises von 1 m neben der Fahne zu landen, sollten Sie es versuchen. Schlagen Sie diese Pitches so lange, bis Sie ein gutes Gefühl dafür entwickelt haben und sie nah an die Fahne setzen. Denken Sie daran, immer auf verschiedene Fahnenpositionen zu pitchen.

■ **Einen Pitch spielt man,** *wenn der Ball hoch über ein Hindernis fliegen soll.*

Drills

Einer der Vorteile des Pitch besteht darin, dass man einen Ball auch an einer Fahne landen lassen kann, die nah an der Grünkante steht. Beim Pitch fliegt der Ball sehr hoch und stoppt schnell nach dem Aufkommen. Um dies zu üben, sollten Sie ein Dutzend Bälle etwa 18 m von der Fahne entfernt verteilen, am besten möglichst nah an der Grünkante. Versuchen Sie dann die Bälle mit einem Lobwedge hochzuschlagen und weich auf dem Grün nah der Fahne zu landen – so lange, bis mindestens ein Ball nur 1 m entfernt von der Fahne aufgekommen ist.

So meistern Sie den Pitch

Der Pitch ist zweifellos weit schwieriger zu bewältigen als der Chip. Das hat mehrere Gründe: Zum einen ist die Lage des Balls fast immer schlechter. Außerdem ist ein Ball, der den Großteil der Strecke in der Luft zurücklegt, generell schwerer zu spielen als einer, der vor allem rollt. Von der Bewegung her ist der Pitch ein schwieriges Mittelding, während die Technik beim Chip eher der des Puttens ähnelt. Sie sehen: Den Pitch sollten Sie auf der Übungsanlage keinesfalls vernachlässigen. (Lesen Sie Kapitel 13, wenn Sie die Technik noch einmal auffrischen wollen.)

■ **Den Pitch** spielt man aus leichtem Rough mit Sand- oder Lobwedge.

Kurze Zusammenfassung

✓ Schlagen Sie auf der Driving Range nicht einfach nur Bälle, weil sie so schön fliegen. Setzen Sie sich in jedem Training ein Ziel und versuchen Sie dieses auch zu erreichen.

✓ Zielen Sie beim Schlagen von Bällen immer auf einen Punkt, egal, ob auf eine Längenmarkierung, ein künstliches Grün oder ein markantes Grasstück.

✓ Übertreiben Sie es nicht auf der Driving Range. Wenn Sie Ihrem Ziel deutlich näher gekommen sind, hören Sie auf und lassen Körper und Geist die neuen Informationen verarbeiten. Zu viele Bälle zu schlagen wird langweilig und fördert Verletzungen.

✓ Arbeiten Sie genauso viel am kurzen wie am langen Spiel. Falls Ihre Übungsanlage ein Putting- oder Chippinggrün hat, sollten Sie dieses möglichst oft nutzen.

✓ Wiederholen Sie kurze Schläge nicht ständig von der gleichen Stelle. Imitieren Sie die Realität und ändern Sie Winkel und Länge der Schläge.

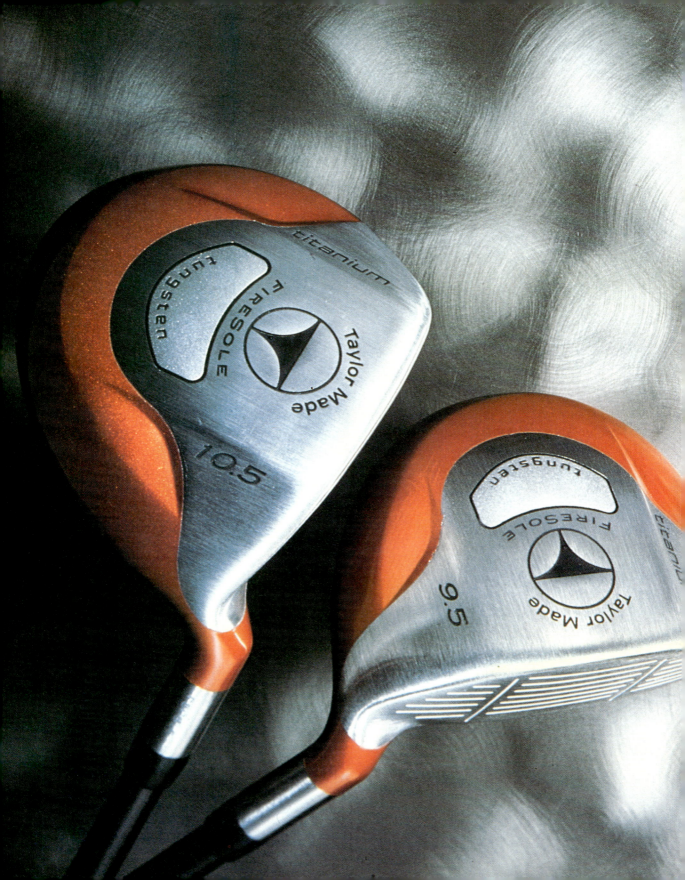

Kapitel 20
Die Ausrüstung verbessern

Sobald ein Rennradfahrer immer bessere Zeiten erzielt, ist die Wahrscheinlichkeit hoch, dass er auch das Fahrrad austauscht: Ein besseres, ein schnelleres muss her. Das Gleiche gilt auch für die Ausrüstung beim Golf. In dem Maß, in dem man seine Spielfähigkeiten verbessert, steigt auch der Anspruch an die Ausrüstung. Dieses Kapitel verfolgt die Veränderung Ihrer Bedürfnisse und gibt Empfehlungen, wie Sie Ihre Ausrüstung optimieren können.

In diesem Kapitel ...

✓ *Die Lernphase*

✓ *Bessere Schläger – besseres Spiel*

✓ *Ein besserer Ball*

✓ *Man muss nicht alles haben, was es gibt*

Die Lernphase

WÄHREND DER ERSTEN ZWEI ODER DREI JAHRE gibt es auch beim Erlernen des Golfspiels Höhen und Tiefen. Manchmal verbessern Sie sich rasend schnell, eine neue Technik oder eine Schwungidee wird plötzlich sonnenklar und Ihre Scores sinken erfreulicherweise rapide. Statt der üblichen 95 spielen Sie vielleicht zum ersten Mal unter 90 oder sogar im Bereich der 80. Dann wiederum scheint nichts vorwärts zu gehen, Schwung und Technik stagnieren oder verbessern sich zumindest nicht offensichtlich. Vielleicht werden Ihre Ergebnisse sogar schlechter, besonders wenn Sie nicht mehr so oft spielen und zudem Ihre Einstellung nicht die allerbeste ist.

Auf die Basis bauen

Während Sie sich durch alle diese Höhen und Tiefen arbeiten, sollten Sie immer versuchen sich an die Fundamente des Golfspiels zu erinnern. Letztendlich nämlich werden Geduld und Ausdauer belohnt und Ihr Spiel wird immer besser und beständiger. Voraussetzung dafür ist natürlich, dass Sie regelmäßig spielen und keine Verletzungen dazwischenkommen.

Die guten alten Schläger

Wechseln Sie Ihre Ausrüstung gerade in der Anfangsphase nicht allzu oft. Bleiben Sie bei den Schlägern, die Sie haben – vorausgesetzt, es handelt sich um einigermaßen vernünftige Modelle. So wird sich Ihr Spiel stabilisieren und die Faktoren, die es beeinflussen könnten, werden minimiert. Wenn Sie einen Driver ein oder zwei Jahre lang gespielt haben, werden Sie merken, welche Faktoren sich positiv auf Ihren Abschlag auswirken. Wechseln Sie den Schläger oft, wissen Sie nicht, ob sich nun Ihre Technik verbessert hat oder ob es nur an dem neuen Schläger liegt.

■ **Spielen Sie** die ersten ein oder zwei Jahre mit denselben Schlägern. Wenn Sie Ihre Kenntnisse verfeinert haben und Ihre Ergebnisse besser werden, können Sie in neue Schläger investieren.

DIE AUSRÜSTUNG VERBESSERN

Die einzige Anpassung der Schläger, die Sie in der ersten Zeit vornehmen sollten, ist die Abstimmung von Länge, Flex und Liewinkel. Diese sollten genau zu Ihrem Körper und Schwung passen.

Wenn Sie sich daran halten, eliminieren Sie schlecht angepasste Schläger als mögliche Fehlerquelle. (Vergleichen Sie Kapitel 6 zur Darstellung der Schlägerdetails.)

Natürlich können Sie kleinere Änderungen vornehmen, z.B. ein zusätzliches Wedge im Bag, ein oder zwei Fairwayhölzer mit viel Loft. Außerdem sollten Sie einmal pro Jahr die Griffe wechseln – öfter jedoch nicht. So können Sie Ihr Spiel weiterentwickeln ohne sich ständig an neue Schläger gewöhnen zu müssen.

Bessere Schläger – besseres Spiel

WENN SIE einen funktionierenden, wiederholbaren Schwung erlernt haben und Ihr kurzes Spiel ordentlich ist, werden Ihre Ergebnisse im Bereich der 80 liegen. Nun können Sie an eine neue Ausrüstung denken. Die alten Schläger haben ihren Dienst getan, doch jetzt stehen sie einer Verbesserung im Weg – so wie ein 3-Gang-Fahrrad einen Rennradfahrer behindern würde.

Persimmon-Driver   *Driver mit Stahlkopf*   *Driver mit Offset*

■ **Hölzer aus Persimmon** *sind heute meist durch Schläger mit Metallköpfen ersetzt worden.*

Der Kauf eines Drivers

Beginnen wir mit dem Driver. Wenn Sie erst seit ein oder zwei Jahren spielen, haben Sie vielleicht noch gar keinen. Möglicherweise haben Sie bisher vor allem mit einem Fairwayholz abgeschlagen, weil es einfacher zu handhaben und genauer zu schlagen ist. Sind Sie bisher ohne Driver ausgekommen, sollten Sie sich nun einen kaufen. Aber seien Sie darauf gefasst: Driver sind nicht billig. Im Gegenteil, Markendriver kosten in der Regel immer um die 800 Mark. Mag sein, dass dies mehr ist, als Sie für alle anderen Schläger zusammen ausgeben. Einer der Gründe für den hohen Preis ist die Verwendung von relativ teurem Material. Die meisten der wirklich guten Driver haben einen Schlägerkopf aus Titan. Dieses Material aus dem Raumfahrtbereich ist stärker und gleichzeitig auch leichter als Stahl.

Titan-Driver

Nicht nur Titan ist teuer, sondern auch seine Verarbeitung zu einem Driverkopf. Trotzdem findet man diese Schläger häufig in den Bags der Profis. Die Gründe dafür liegen auf der Hand: Titan ist leichter als Stahl oder Holz, sodass man einen größeren Schlägerkopf bauen kann. Dadurch entsteht ein größerer Sweet Spot, mit dem auch schlecht getroffene Bälle noch einigermaßen gerade fliegen.

■ **Dieser Driver** mit einem Schlägerkopf aus Titan basiert auf modernster Technologie – und kostet entsprechend.

Der leichte Titan-Schlägerkopf erlaubt den Einbau eines längeren Grafitschafts, der einen größeren Schwungbogen sowie eine höhere Schwunggeschwindigkeit erzeugt.

Dadurch erzielt man mehr Länge beim Abschlag – und danach streben alle Golfer.

Einkaufstour

Wenn Sie sich einen Titan-Driver leisten können, kaufen Sie ihn. Vielleicht gewinnen Sie dadurch ein paar Meter vom Tee. Trotzdem brauchen Sie nicht unbedingt Titan, um wirklich besser zu spielen. Die sehr teuren Driver sind von hoher Qualität und toll zu spielen, es gibt aber auch viele andere sehr gute Driver, in denen wenig oder gar kein Titan verarbeitet wurde. Manche sind ganz aus Stahl, andere bestehen aus einem Materialgemisch. Die meisten davon haben einen Ultralight-Schaft, der in beinah beliebiger Länge gefertigt werden kann. Auch Persimmon-Hölzer werden noch immer hergestellt (wirkliche Holz-Hölzer also), allerdings kosten sie heute weit mehr als früher.

Der Kauf eines Drivers erfordert einen gut informierten Kunden. Gehen Sie in mehrere Golfshops und sehen Sie sich die neuesten Modelle an, bevor Sie sich entscheiden. Sie sollten niemals einen Schläger kaufen, den Sie vorher nicht auf der Driving Range ausprobiert haben. Wählen Sie also ein Geschäft, das Schlägertests erlaubt.

Der erste Driver

Ihr erster Driver sollte kein Modell mit weniger als 10,5° Loft sein, da sichere Schläge dann sehr schwierig werden. Liegt Ihre Schwunggeschwindigkeit niedriger als 145 km/h (was in jedem guten Golfshop gemessen werden kann), sollten Sie ebenfalls einen Golfschläger mit mindestens 10,5° wählen, vielleicht sogar einen mit mehr, um sicherzugehen, dass der Ball ausreichend Höhe bekommt. Sollten Sie den Eindruck haben, dass Sie aus Ihrem alten Driver herausgewachsen sind, kaufen Sie sich einen neuen. Aber denken Sie daran: Gute Schläger kosten ein kleines Vermögen.

DIE AUSRÜSTUNG VERBESSERN

Wenn es nicht gerade Titan sein muss, kann man einen guten Driver auch zu einem Preis unter 500 Mark erstehen. Schläger mit Stahlköpfen z. B. sind günstig und ebenfalls von guter Qualität.

Heiße Eisen

Die Eisen sind das Herz und die Seele des Spiels. Wenn Sie Ihre Ergebnisse gesenkt, gleichzeitig aber den Eindruck haben, dass Sie Ihre Eisen nicht ganz so genau treffen, wie Sie sich das vorstellen, sollten Sie in einem Golfshop nach neuen Eisen suchen. Viele Hersteller bieten Modelle an, mit denen man den Ball länger, höher und gleichzeitig mit größerer Kontrolle spielt. Schlägerköpfe mit einem tiefen Gravitätszentrum, die Verwendung verschiedener Materialien und Materialgemische sowie neue Schaftformen: Aus all dem sind neue, teilweise wirklich »heiße« Eisen entstanden.

Nehmen Sie Ihre alten Eisen mit, wenn Sie nach neuen Modellen suchen. Dann haben Sie einen besseren Vergleich.

Vielleicht schlagen Sie mit den neuen Modellen besser, länger und weiter – es kann aber auch sein, dass sich keine Verbesserung zu Ihren alten Eisen ergibt. Kaufen Sie niemals Eisen, die Sie vorher nicht gesehen haben. Genau wie beim Autokauf sollten Sie auch hier immer zuerst eine Proberunde einlegen.

PERFEKTE ANPASSUNG

Das Eisen-Set eines Markenherstellers kostet zwischen 900 und 2500 Mark: Die von Ihnen gewählten Eisen sollten Ihnen also auch gefallen. Zudem sollte der Shop, in dem Sie diese kaufen, Custom-fitting anbieten, sodass die Schläger genau zu Ihrem Körper und Ihrem Schwung passen. Warum sollte man Geld für einen Satz ausgeben, der am Ende ungeeignet ist – Sie kaufen ja auch kein Kleidungsstück, das nicht sitzt!

a Der Schlägerkopf
Wenn Sie ein Problem mit dem Slice oder dem Hook haben, kann der Liewinkel so angepasst werden, dass er genau zu Ihrem Schwung passt.

Liewinkel

b Der individuelle Schläger
Griffgröße, Schaftflex und -länge sowie Schlägergewicht können individuell angepasst werden.

Griffgröße — *Schaftlänge*

FEINSCHLIFF AM SPIEL

Verschiedene Eisen

Hat ein Spieler einmal das Stadium erreicht, in dem er den Ball nach Belieben mit Rechts- oder Linksdrall spielen kann, wechselt er meist von einem Eisen mit Cavity-back zu einem *geschmiedeten Stahlschläger*. Cavity-back bedeutet, dass ein Großteil des Gewichts an den Außenrand des Schlägerkopfs verlegt wurde. Dadurch entsteht ein größerer Sweet Spot und auch schlecht getroffene Bälle geraten nicht allzu sehr aus der Bahn. Diese Schläger haben meist einen sehr tiefen Schwerpunkt, sodass auch ein mittelmäßiger Spieler den Ball relativ einfach in die Luft bekommt. Bessere Spieler bevorzugen geschmiedete Eisen, mit denen man mehr Sidespin übertragen kann. Sie haben einen höheren Schwerpunkt, sodass man auch flachere, härtere Bälle spielen kann.

■ **Viele Golfer entscheiden sich** für Cavity-back-Eisen (siehe oben), nicht für ein geschmiedetes Modell. Der größere Schlägerkopf hat einen größeren Sweetspot, was weniger erfahrenen Spielern entgegenkommt.

WAS IST ...

Der Kopf eines **geschmiedeten Stahlschlägers** *besteht aus weicherem, ebenfalls geschmiedetem Stahl, während Cavity-back-Eisen aus härterem, gegossenem Stahl gefertigt sind. Bei geschmiedeten Eisen ist das Gewicht gleichmäßig verteilt. Sie verzeihen Fehler weniger, da sie einen kleineren Sweet Spot haben als Cavity-back-Eisen. Gute Spieler bevorzugen sie wegen des weicheren Materials, das mehr Gefühl beim Schlag erlaubt. Außerdem ist mit ihnen das Spielen eines Draw oder eines Fade einfacher.*

Übrigens ...

Hale Irwin, einer der erfolgreichsten Spieler auf der US Seniors Tour, hat dutzende von Turnieren mit Grafitschäften gewonnen. Irwin ist bekannt für sein extrem genaues Spiel mit diesen Eisen und hat offenbar kein Problem mit dem zusätzlichen Torque.

Das Schaft-Design

Ein weiterer Punkt beim Schlägerkauf ist die Entscheidung zwischen Stahl- und Grafitschäften. Früher glaubten die meisten guten Spieler den Ball mit einem Stahlschaft-Schläger besser kontrollieren zu können. Dies wird unterstützt durch die Tatsache, dass beinahe alle Profis mit Stahlschäften spielen. Stahlschäfte haben weniger Torque und verdrehen sich weniger im Schlag als Grafit. Dieses hatte von jeher den Ruf, sich so stark zu verdrehen, dass der Treffmoment beeinträchtigt werde – und dadurch auch Spin und Richtung. Verbesserungen im Grafitschaft-Design haben diese Leistungslücke aber beinahe geschlossen. Heute sind die Grafitschäfte fast so genau wie solche aus Stahl und prellen weniger.

Grafit oder Stahl?

Ein Grafitschaft hat zwei deutliche Vorteile gegenüber einem Stahlschaft.

Er ist leichter als ein Stahlschaft gleicher Länge und gleichen Flexes und kann eine höhere Schlägerkopfgeschwindigkeit erzeugen.

DIE AUSRÜSTUNG VERBESSERN

Eine höhere Schwunggeschwindigkeit führt zu mehr Länge – der Traum beinahe jeden Golfers.

Außerdem absorbiert der Grafitschaft mehr Vibration im Treffmoment, sodass die Gelenke beim Schlag weniger schmerzen.

Wenn Ihnen schon häufiger nach dem Schlag auf der Runde oder nach zu vielem Üben die Handgelenke wehgetan haben, wissen Sie, wovon ich rede.

Abwägen

Wenn Sie mit Stahl gut zurechtkommen und glauben, Ihre Genauigkeit würde unter einem Wechsel zu Grafit leiden, sollten Sie bei Stahlschäften bleiben. Wollen Sie aber mehr Länge und den Vibrationsschutz für Ihre Arme und Handgelenke im Treffmoment, dann sollten Sie Grafitschäfte ausprobieren. Diese kosten pro Schläger etwa 50 Mark mehr: Auch der Preis ist also (eventuell) ein Argument.

Der perfekte Putter

Putter muss man nicht allzu oft wechseln. Die meisten Spieler hängen an ihrem Modell und würden sich niemals davon trennen. Wenn Sie mit Ihrem Putter glücklich sind, dann behalten Sie ihn einfach. Haben Sie allerdings Probleme beim Putten, dann probieren Sie ein paar andere Modelle aus.

Häufig verleiht einem der Kauf eines neuen Putters automatisch mehr Energie und Motivation.

Unterschiedliches Gewicht, verschiedene Längen, Griffe oder Schlägerkopfformen können sich auf dem Grün anders auswirken. Behalten Sie also den Markt im Auge.

Das richtige Fairwayholz

Fairwayhölzer haben in den letzten Jahren sehr an Popularität gewonnen, vor allem die Low-profile-Modelle. Diese Hölzer mit den flachen Köpfen vermitteln mehr Selbstvertrauen, der Ball fliegt leichter in die Luft, da der Schwerpunkt sehr tief liegt. Beinhaltet Ihr Set bislang nur ein Holz 3, so sollten Sie unbedingt ein Holz 5 oder 7 ausprobieren. Hiermit bekommt man den Ball gut in die Höhe und die Schläge sind weit einfacher als mit langen Eisen.

■ **Das Holz 7** *ist populär, weil man es für Schläge vom Tee und Fairway und aus dem Rough verwenden kann.*

FEINSCHLIFF AM SPIEL

Wenn Sie ein älteres Holz 3 mit dickem Schlägerkopf haben, sollten Sie einmal ein neues Modell mit flachem, kleinem Kopf ausprobieren. Der Ball ist leichter zu treffen und fliegt höher als mit dem alten Schläger. Sie werden deutlich weniger schlechte Schläge machen.

Lange Eisen

Die meisten Mittelklassegolfer treffen die langen Eisen schlecht. Die Schlagfläche der Eisen 1, 2, 3 und 4 ist kleiner als die der mittleren und kurzen Eisen. Der Schaft ist länger und der Loft geringer, sodass der Ball weit schwerer in die Luft zu schlagen ist. Die meisten Golfer haben ein bisschen Angst vor dem Schlag mit einem langen Eisen. Gerade Anfänger fürchten die kleinen Schläger und greifen lieber zu den Fairwayhölzern.

Ein Fairwayholz kann ein langes Eisen aber nicht in jeder Situation ersetzen. Bei Wind z.B. sind die mit Fairwayhölzern hoch geschlagenen Bälle Böen hoffnungslos ausgeliefert. Mit einem langen Eisen dagegen ergibt sich eine viel flachere Flugbahn und dennoch fliegt der Ball fast genauso weit. Einem langen Eisen sollten Sie auch auf trockenen, harten Fairways den Vorzug geben. Der Ball rollt aufgrund seiner niedrigeren Flugbahn nach dem Aufkommen hier noch weiter, als es normalerweise ohnehin der Fall ist.

Gefühl für den Schläger

Wenn Sie Ihr Eisen 5 problemlos vom Boden spielen, können Sie das Eisen 3 oder 4 ausprobieren. Viele Profis tragen ein Eisen 3 im Bag und oft auch ein Eisen 2, speziell bei schwierigen Windverhältnissen. Ein Eisen 1 dagegen verwenden nur wenige. Wenn Sie Ihr Eisen 3 gut treffen, sollten Sie ein Eisen 2 probieren. Schlagen Sie es zuerst vom Tee, um

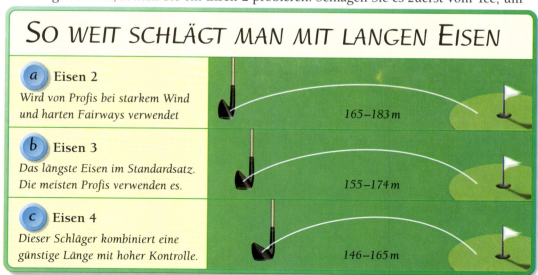

SO WEIT SCHLÄGT MAN MIT LANGEN EISEN

a Eisen 2 — Wird von Profis bei starkem Wind und harten Fairways verwendet — 165–183 m

b Eisen 3 — Das längste Eisen im Standardsatz. Die meisten Profis verwenden es. — 155–174 m

c Eisen 4 — Dieser Schläger kombiniert eine günstige Länge mit hoher Kontrolle. — 146–165 m

DIE AUSRÜSTUNG VERBESSERN

ein Gefühl für den Schläger zu entwickeln. Sind Ihre technischen Fähigkeiten weit genug fortgeschritten, können Sie das Eisen 2 Ihrem Satz hinzufügen und es an Stelle von Holz 4 oder 5 verwenden, wenn es windig ist oder die Fairways sehr hart sind. Das Eisen 1 ist in der Regel sehr schwer zu treffen. Versuchen Sie es und stellen Sie fest, wie es läuft. Mit diesem Eisen kann man den Ball vom Tee ebenso weit und wesentlich flacher schlagen als mit einem Holz 3.

Ein besserer Ball

■ **Es gibt verschiedene Konstruktionsarten** *bei Bällen, entwickelt für unterschiedliche Spieler.*

FÜR DEN DURCHSCHNITTS-GOLFER ist sicherlich ein Ball am besten geeignet, der weit fliegt, nur wenig Spin hat und dadurch die Neigung zu Hook und Slice stark reduziert – denn den Ball sicher im Spiel zu halten sollte doch schließlich Ihr Hauptziel sein.

Mit der Verbesserung Ihrer Technik wird die Fähigkeit einen Ball als Draw oder Fade schlagen zu können immer wichtiger. Gleichzeitig sollte der Ball genug Spin haben, dass er nach dem Auftreffen auf dem Grün schnell stoppt. Mit einem Distanz-Ball mit harter, robuster Schale, der wenig Spin annimmt, sind diese Dinge schwer zu erreichen.

High-Spin-Bälle

Wenn Sie sich so weit verbessert haben, dass Sie Ihr Spiel sicher im Griff haben und den Ball nach rechts oder links drehen können, sollten Sie zu einem High-Spin-Ball mit weicher Schale wechseln. Diese Bälle bestehen meist aus einer Lage eines Gummigemischs (bzw. einer Lage aus elastischem Kunststoff) unter einer sehr weichen Schale aus synthetischer Balata. Sie nehmen mehr Spin an als ein Distanz-Ball, man kann viel Side- und Backspin erzeugen, den Ball als Draw oder Fade spielen oder ihn schnell auf dem Grün stoppen. Vielleicht verlieren Sie etwas an Länge, doch das Mehr an Kontrolle ist das durchaus wert.

INTERNET
www.golfballs.com

Diese Firma verkauft jede Art von Golfbällen in allen möglichen Farben und Materialien.

FEINSCHLIFF AM SPIEL

Wenn Sie immer noch Probleme mit Hook oder Slice haben, sollten Sie keine High-Spin-Bälle verwenden.

Sie verstärken den Hook oder den Slice nur noch, sodass Sie viele Bälle verlieren. Denken Sie in diesem Zusammenhang auch daran, dass High-Spin-Bälle doppelt so teuer sind wie Distanz-Bälle – überlegen Sie sich einen Wechsel genau.

Spin-Distanz-Bälle

Viele Hersteller bieten inzwischen auch Bälle an, die beinahe ebenso weit fliegen wie reine Distanz-Bälle und ähnlich viel Spin aufnehmen wie ein High-Spin-Ball. Dieser Kompromiss könnte für Sie genau das Richtige sein, wenn Sie sich zwar deutlich verbessert haben, aber nicht sicher sind, ob Sie den High-Spin-Ball wirklich kontrollieren können. Vielleicht stört Sie ja auch der mögliche Längenverlust. Die Bälle liegen preislich zwischen Distanz- und High-Spin-Bällen. Sie sind gut zu spielen und nehmen genug Spin an, um auf einem schnellen Grün zu halten, fliegen aber auch weit genug.

Gehen Sie einfach in Ihren Proshop und kaufen Sie sich eine Box mit High-Spin- und eine mit Spin-Distanz-Bällen. Tauschen Sie diese während der Runde gegen Ihre normalen Distanz-Bälle aus und probieren Sie sie aus. Vielleicht haben Sie damit einen neuen Weg zu niedrigeren Scores entdeckt.

Man muss nicht alles haben, was es gibt

MANCHMAL MOTIVIERT DER KAUF *einer neuen Ausrüstung so sehr, dass die Leistungen sofort erheblich besser werden. Es ist eben ein gutes Gefühl, mit einem neuen Schläger auf die Range zu gehen, den Ball sauber zu treffen und dann zu beobachten, dass er genau so fliegt oder rollt wie in der Werbung. Die meisten Golfer glauben allerdings gern ein bisschen zu sehr an den positiven Einfluss eines neuen Schlägers. Gutes Spiel kann man eben nicht kaufen. Die einzige Ausnahme gibt es vielleicht dann, wenn Ihre Ausrüstung einfach so katastrophal ist, dass selbst ein Profi damit Par nicht brechen würde. Zuerst muss die Technik stimmen, dann werden die Scores besser. Kein neuer Wunderball oder -schläger wird an dieser Tatsache etwas ändern.*

DIE AUSRÜSTUNG VERBESSERN

Werden Sie nicht süchtig nach Neuem.

Statt den neuesten Titan-Driver zu kaufen, der Ihnen seit Monaten in die Augen sticht, sollten Sie vielleicht lieber 500 Mark in ein paar Trainerstunden investieren (vergleiche Kapitel 21). Sie können noch so viel Geld in neue Schläger stecken – es nützt nichts, wenn Sie nicht wissen, wie Sie sie schwingen müssen. Einen Schaufensterbummel können Sie ja trotzdem machen.

Kurze Zusammenfassung

✓ Die ersten Jahre des Golfspiels sind eine Phase des Lernens und des Gewöhnens. Sie verbessern sich zunehmend. Ändern Sie während dieser Zeit Ihre Ausrüstung nicht zu oft; allerdings sollte sie für Sie geeignet sein.

✓ Überdenken Sie den Kauf eines neuen Drivers. Der Hit sind Driver mit Grafitschaft und Titankopf, aber es gibt auch gute Modelle mit weniger Hightech – die deutlich preiswerter sind.

✓ Wenn Sie Fairwayhölzer verwenden, sollten Sie die neuen, flachen Modelle ausprobieren. Testen Sie außerdem die langen Eisen.

✓ Wenn Sie den Ball lang genug, sehr genau und mit Selbstvertrauen schlagen, sollten Sie daran denken, sich bessere Schläger zu kaufen, die Ihre Fähigkeiten voll zur Wirkung kommen lassen.

✓ Obwohl Sie ein High-Speed-Ball etwas Länge kostet, wird Ihr gesamtes Spiel davon profitieren, weil Sie es besser unter Kontrolle bekommen. Sollten Sie noch nicht genug Selbstvertrauen haben, wechseln Sie nicht.

✓ Spin-Distanz-Bälle ermöglichen eine bessere Kontrolle als harte Distanz-Bälle und fliegen dabei fast genauso weit.

✓ Denken Sie niemals, Sie könnten ein besseres Spiel erkaufen. Nur eine verbesserte Spielfähigkeit senkt Ihren Score. Warten Sie lieber, bis Sie Fortschritte im Spiel gemacht haben, bevor Sie viel Geld für eine neue Ausrüstung ausgeben.

Kapitel 21

Was bringen Trainerstunden wirklich?

Das Wissen zum Thema Golf, das Ihnen in diesem Buch vermittelt wird, ermöglicht Ihnen einen perfekten Start in Ihre Zukunft als Golfer. Egal, wie gut ein Buch geschrieben ist – ein geschultes Auge kann es nicht ersetzen und es werden Schwierigkeiten auftauchen, bei deren Bewältigung Sie Hilfe brauchen. In diesem Kapitel geht es deshalb darum, wie Sie sich einen Lehrer suchen, der mit Ihnen ein schwieriges Problem löst oder Sie auf dem richtigen Weg begleitet.

In diesem Kapitel ...
- ✓ Privatstunden
- ✓ Die Wahl des Lehrers
- ✓ Gruppenunterricht
- ✓ Golfschulen
- ✓ Auffrischungskurse

DIE GREENBRIER GOLF ACADEMY IN WEST VIRGINIA, USA

FEINSCHLIFF AM SPIEL

Privatstunden

NICHTS VERBESSERT IHR SPIEL mehr als Privatstunden bei einem qualifizierten PGA-Professional. Diese Golflehrer sind in der Ausbildung eines guten Golfschwungs und in der Erkennung von Fehlern geschult. Sie können wesentlich mehr für Ihr Spiel tun als Sie selbst. Vor allen Dingen sind sie auch Profis darin, die gröbsten Fehler gleich zu erkennen und die Schwächen Ihrer Technik auszumachen. Außerdem fallen ihnen auch die kleinen Fehler auf, die Ihnen und Ihren Freunden entgehen, aber vielleicht ein tief greifendes Problem für Ihr Spiel darstellen.

> **WAS IST …**
>
> Wenn Sie mit einem **eingebrochenen Handgelenk** schlagen, ist die Führungshand nach hinten abgewinkelt. Die Führungshand ist diejenige, die bei der Ballansprache zum Loch zeigt – beim Rechtshänder die linke.

Erkennen der wichtigsten Fehler

Einen Fehler wie etwa ein *eingebrochenes Handgelenk*, das häufig einen Slice verursacht, bemerken Sie oder Ihre Freunde vielleicht gar nicht, selbst wenn Sie eine Videokamera einsetzen.

Das Einbrechen des Handgelenks bewirkt, dass das Schlägerblatt während des Rückschwungs geöffnet wird. Es bleibt im Treffmoment offen und führt zu einem Slice (bei Rechtshändern).

Ein Golflehrer erkennt diesen Fehler sofort.

■ **Eine falsche Ansprechposition** beeinflusst die Bahn des Schlägerkopfes im Rückschwung, sie führt zu schlechtem Ballkontakt.

■ **Eine korrekte Ansprechposition** lässt das Schlägerblatt parallel zur Schlaglinie stehen. Im Treffmoment ist der Schläger square.

WAS BRINGEN TRAINERSTUNDEN WIRKLICH?

Trauen Sie dem Pro

Ein qualifizierter PGA-Golflehrer beobachtet Ihr Spiel, erkennt Ihre Probleme und legt Ihnen, wenn nötig, Änderungen Ihrer Technik nahe. Er (oder sie) wird Ihnen ganz klar sagen, was Sie falsch machen und wo die Ursachen dieses Fehlers liegen. Ideal ist es, wenn Sie von Anfang an mit einem guten Lehrer zusammenarbeiten, denn dadurch schleichen sich manche Fehler erst gar nicht ein. So macht Golf von Beginn an Spaß – und der Frust, der viele Golfautodidakten irgendwann heimsucht, bleibt aus.

Wenn möglich, sollten Sie einige Privatstunden bei einem PGA-Golflehrer nehmen. Er wird sich voll und ganz auf Sie konzentrieren – und Sie werden davon profitieren, vor allem, wenn Sie noch keinerlei Unterricht hatten.

■ **Ein qualifizierter** *PGA-Golflehrer beobachtet, analysiert Fehler und macht Vorschläge, wie Sie Ihr Spiel verbessern können.*

Demonstration des Schwungs

Schwungfehler, die Sie sich mit der Zeit angewöhnt und vielleicht auch schon akzeptiert haben, erkennt der professionelle Golflehrer schnell und korrigiert sie. Er nimmt sich die Zeit Ihnen zu erklären, warum ein Fehler Sie behindert. Das ist ein wesentlicher Aspekt von Privatstunden. Die meisten Golfer scheuen sich davor, ihre Technik grundsätzlich zu ändern – auch wenn sie fehlerhaft ist. Der Golflehrer erklärt Ihnen, wie wichtig diese Änderungen sind und dass Sie sie schneller verinnerlichen werden, als Sie denken. Er (oder sie) wird nicht nur bei der Theorie bleiben, sondern Ihnen den Schwung auch praktisch vorführen und ein paar genaue und gut getroffene Bälle schlagen.

■ **David Leadbetter** *(rechts) gilt als einer der besten Golflehrer der Welt. Seine Schüler sind u. a. Nick Faldo (links), Greg Norman, Ernie Els und Florence Descampe.*

Auch Profis brauchen Hilfe!

Selbst die Golfprofis nehmen ab und zu Stunden, weil sie wissen, dass der Golfschwung eine extrem dynamische und komplexe Bewegung ist, die an jedem Punkt schnell zusammenbrechen kann.

Nur ein trainiertes Auge kann Fehler entdecken und dem Schüler klar machen, dass Fehler zu einem schlechtem Spiel und einer wenig erfolgreichen Laufbahn führen. Viele der großen Stars haben ihre eigenen Trainer, z. B. Tiger Woods, dessen Schwungguru Butch Harmon ist.

FEINSCHLIFF AM SPIEL

Eine 60-minütige Privatstunde bei einem PGA-Lehrer kostet Sie 80 bis 120 Mark, je nach Lehrer und Ort. Obwohl die Sache also mit der Zeit ziemlich teuer werden kann, ist das immer noch billiger, als sich einen neuen Driver zu kaufen – und wird Ihrem Spiel sehr viel mehr bringen.

Sich den Veränderungen stellen

Wenn Sie sich entschlossen haben Privatstunden zu nehmen, sollten Sie auch versuchen die Änderungen durchzuführen, die Ihr Lehrer empfiehlt, und sich an sie zu halten. Vielleicht haben Sie Schwierigkeiten, sich eine neue Bewegung, einen anderen Griff oder Stand anzugewöhnen. Möglicherweise spielen Sie sogar eine Weile etwas schlechter. Doch Sie müssen Ihrem Lehrer vertrauen und bei den Änderungen bleiben, bis sich die Bewegungen auch wirklich natürlich anfühlen. Es braucht einfach seine Zeit, bis sich die Muskeln auf etwas Neues eingestellt haben.

Die Wahl des Lehrers

WIE FINDEN SIE nun den richtigen Lehrer, wenn Sie sich zu Privatstunden entschlossen haben? Eine erste Auswahl treffen Sie, indem Sie nur aus einer Liste von **PGA-Professionals** aussuchen. In den meisten Clubs und öffentlichen Anlagen werden Sie diese Lehrer finden. Die Driving Ranges fast jedes Golfclubs sind öffentlich, sodass Sie dort Stunden buchen können, auch wenn Sie kein Clubmitglied sind. Fragen Sie einfach im Proshop nach. Auch reine Driving Ranges haben in den meisten Fällen einen qualifizierten Pro, der Privatstunden gibt.

> **WAS IST ...**
>
> Ein **PGA-Professional** mit Zertifikat ist ein qualifizierter Lehrer, der den Standards der Professional Golfers Association (PGA) gerecht wird. Außer einem eigenen sehr guten Golfspiel müssen diese Lehrer eine längere Ausbildung machen, damit sie jedem Golfer den optimalen Unterricht geben können, egal, ob ihr Schüler ein Anfänger oder ein Profi ist.

■ **Vivien Saunders** wurde 1969 Mitglied der PGA und 1972 der erste weibliche PGA-Professional.

WAS BRINGEN TRAINERSTUNDEN WIRKLICH?

Daran sollten Sie denken

Wählen Sie am besten einen Lehrer, der in den Clubs der Umgebung einen guten Ruf hat. Hat z.B. ein Freund von Ihnen vor kurzem Unterricht gehabt und will Sie nun auch zum Golf überreden, so nehmen Sie dessen Pro. Stellen Sie auch fest, ob der Golflehrer mit Videoaufnahmen arbeitet. Wenn Sie Ihren Schwung zum ersten Mal auf Video sehen, werden Sie zwar vielleicht den Tränen nahe sein, aber so sieht man eben am besten, was man falsch macht.

Nehmen Sie keinen Lehrer, bei dem Sie sich nicht wohl fühlen.

Egal, wie gut er (oder sie) wirklich ist – wenn Ihre Persönlichkeiten nicht zusammenpassen, werden Sie nicht viel lernen. Vermeiden Sie ungeduldige Lehrer. Suchen Sie lieber jemanden, der gut erklären kann und offen für Fragen ist.

Das sollte ein Pro bieten

Halten Sie sich von Pros fern, die der festen Meinung sind, dass es nur eine richtige Methode gibt. Das ist Unsinn. Wenn Sie 20 Profis beobachten, werden Sie feststellen, dass es 20 verschiedene Schwünge gibt. Am wichtigsten ist es, eine wiederholbare Technik zu haben und den Ball gut zu treffen. Suchen Sie sich also einen Lehrer, der mit Ihnen innerhalb Ihrer persönlichen Grenzen und Fähigkeiten arbeitet und nicht allein auf seiner Methode beharrt.

Das Training mit dem Golfpro

Wenn Sie Übungsstunden nehmen, sollten Sie Ihrem Lehrer zu Beginn mitteilen, wo Ihre größten Probleme liegen. Vielleicht haben Sie auch körperliche Probleme irgendeiner Art, zum Beispiel Knie- oder Rückenbeschwerden. Versuchen Sie offen für die Trainingsmethoden und Verbesserungsvorschläge Ihres Lehrers zu sein, setzen Sie sich zusammen mit ihm Ziele und arbeiten Sie geduldig und mit Selbstvertrauen. Hören Sie ihm genau zu, aber scheuen Sie sich auch nicht Fragen zu stellen. Mit der Zeit und der richtigen Zusammenarbeit wird sich Ihr Spiel sicherlich bald verbessern.

Übrigens ...

Einer der beliebtesten Golflehrer war Harvey Penick, ein Texaner, der über 60 Jahre lang unterrichtete, darunter auch einige der besten und bekanntesten Profis. Die Liste seiner Schüler umfasst große Stars wie Tom Kite und Ben Crenshaw, außerdem die Proetten Mickey Wright, Betsy Rawls und Kathy Whitworth. Die Auszeichnung zum Golflehrer des Jahres, vergeben von der Vereinigung der amerikanischen Golflehrer, heißt »Harvey Penick Award«.

INTERNET

www.gogolf.com

Klicken Sie auf »instruction« und Sie finden einen PGA-Golflehrer, der mit Ihnen ein paar Routineübungen durchgeht, die Ihnen sicher weiterhelfen werden.

FEINSCHLIFF AM SPIEL

Gruppenunterricht

PRIVATSTUNDEN SIND VIELEN GOLFERN einfach zu teuer. Wenn das auch bei Ihnen so ist: kein Problem! In vielen Clubs werden auch Gruppenstunden mit ein oder zwei Lehrern und fünf bis 15 Schülern pro Kurs angeboten. Man erhält zwar nicht das Maß an persönlicher Aufmerksamkeit wie bei einer Einzelstunde, aber die Fundamente des Sports lernt man auf alle Fälle. Außerdem sind Sie mit anderen Golfern gleichen Spielniveaus zusammen.

Das Gruppengefühl und die Gelegenheit zum Vergleich mit anderen Golfern helfen Ihrem Spiel mit Sicherheit weiter.

Wenn Sie den Kurs abgeschlossen haben, können Sie die anderen Gruppenmitglieder gleich zu Ihren Golfpartnern machen.

■ **Gruppenunterricht** ist billiger als Einzelstunden und eine gute Gelegenheit Spieler auf ähnlichem Niveau zu treffen.

Was bietet ein Kurs?

Die meisten Clubs und öffentlichen Anlagen bieten Gruppenkurse an. Die Preise sind unterschiedlich, aber Sie sollten mit etwa 100 bis 800 Mark für einen Kurs mit fünf bis sieben Unterrichtseinheiten rechnen.

Jede Einheit wird dabei mindestens eine Stunde dauern. Alle Aspekte des Spiels sollten abgedeckt werden, einschließlich der grundlegenden Techniken von Putten, Chippen, Pitchen und dem langen Spiel. Für die Kosten von zwei bis drei Privatstunden erhalten Sie sicher doppelt so viel Gruppenunterricht, die Bälle sind meist kostenlos und Sie schließen neue Bekanntschaften.

Golfschulen

SPEZIELL IN DEN USA gibt es zahlreiche Golfschulen, die für jedermann offen sind. In Deutschland sind solche Akademien weniger verbreitet, aber Sie werden einige finden – ebenso im Rest Europas. Drei- bis Fünf-Tage-Schulen stellen dabei eine gute Möglichkeit zum Erlernen und der Verbesserung des Spiels dar. Die meisten Schulen buchen auch ein Zimmer, kümmern sich um Verpflegung und Unterricht und reservieren einige Runden auf dem Platz. Normalerweise ist alles in einem Package-Preis enthalten. Solche Camps sind nicht ganz billig, kommen bei Golfern aber sehr gut an: Man verbessert sein Spiel und amüsiert sich obendrein.

■ **Die Greenbrier Golf Academy** bietet drei Championshipplätze und Golfunterricht für Spieler aller Klassen.

Alles, was Sie brauchen

Das Verhältnis Lehrer:Schüler in diesen Golfschulen liegt meist bei 1:5, sodass Sie eine intensive Betreuung erhalten werden. Außerdem haben Sie ausreichend Zeit zu üben. Die Packages schließen in der Regel ein gutes Hotel in der Nähe des Golfplatzes ein und die Übungsmöglichkeiten sind im allgemeinen sehr gut. Das gilt auch für die Lehrer: Sie werden von qualifiziertem Personal betreut.

Die Lernerfahrung

Die Intensität des Kurses führt im Allgemeinen dazu, dass sich die Spieler stark verbessern. Drei oder mehr Tage lang beschäftigen Sie sich ausschließlich mit Golf, werden ständig von professionellen Lehrern begleitet. Abends nach dem Unterricht können Sie noch eine Runde Golf spielen (sofern Sie Energie dazu haben). Sie fühlen sich fast wie im Urlaub, die Atmosphäre verschafft Ihnen Entspannung – der erste Schritt zum Erfolg auf dem Golfplatz.

INTERNET

www.golfschoolinfo.com

Wenn Sie einen Urlaub in den USA planen, finden Sie auf dieser Site eine Liste der besten Golfschulen Amerikas.

FEINSCHLIFF AM SPIEL

In vielen Golf-Fachzeitschriften werden Sie auf Werbung von Golfschulen stoßen. Oft finden sich erstaunlich preisgünstige Angebote für Wochenkurse. Manchmal bekommen Sie einen solchen Kurs schon für den Preis eines normalen Urlaubs. Wenn Sie Zeit und etwas Geld übrig haben, sollten Sie einen Golfkurs buchen. Wählen Sie eine Schule in schöner Lage aus, vielleicht irgendwo im Süden, und Sie werden sich blendend erholen. Sie lernen mehr, als Sie sich vorstellen, und kommen obendrein gut gebräunt zurück.

■ **Das Pinehurst Resort** *in North Carolina gilt als das Golf-Mekka Amerikas.*

Auffrischungskurse

SELBST PROFIS NEHMEN *immer wieder Unterricht, um ihre Kenntnisse aufzufrischen. Die meisten planen eine zwei- bis dreitägige, intensive Trainingsphase mit Lehrer zu Beginn der Turniersaison. Dabei werden erst die Schwunggrundlagen überprüft, dann wird jeder Bereich des Spiels, der unter Umständen Probleme bereitet, unter die Lupe genommen. Viele Spieler werden sogar von ihren Lehrern zu wichtigen Turnieren begleitet. Das erhöht das Selbstvertrauen und die Technik kann vor Ort noch einmal überprüft werden.*

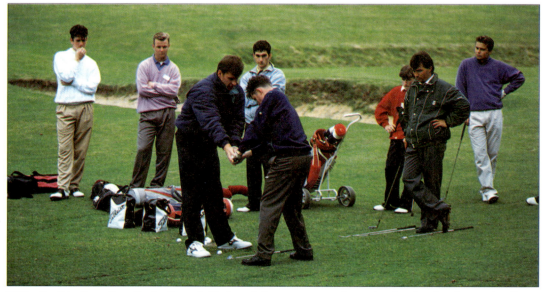

■ **Profis frischen ihre Technik** *mithilfe ihrer Lehrer immer wieder auf, geben häufig aber auch selbst Unterricht, so wie hier Nick Faldo einer Gruppe von Golfenthusiasten.*

WAS BRINGEN TRAINERSTUNDEN WIRKLICH?

Wenn Sie zu Anfang Ihrer Golfkarriere ein paar Trainerstunden hatten, seitdem aber keine professionelle Hilfe mehr in Anspruch genommen haben, sollten Sie an eine Auffrischung Ihrer Kenntnisse denken. Ein geschultes Auge wird sich dann Ihren Schwung ansehen und Ihr gesamtes Spiel unter die Lupe nehmen.

Mag sein, dass Sie sich ein paar Schwungfehler angewöhnt haben, die Sie bisher gar nicht bemerkt haben – ein Lehrer erkennt sie sofort. Vielleicht haben Sie sich auch enorm verbessert und nun fehlt Ihnen nur ein kleiner Anstoß, um noch erfolgreicher zu werden. Eine oder zwei Stunden können Ihr Spiel wieder auf die gewünschte Bahn bringen. Nehmen Sie mindestens einmal im Jahr eine Stunde zum Auffrischen und zur Motivation.

Kurze Zusammenfassung

✓ Um Ihren Lernprozess zu beschleunigen, nehmen Sie ein paar Stunden bei einem PGA-Lehrer. Die meisten Golflehrer in Clubs gehören der PGA an und geben auch Stunden.

✓ Die beste Möglichkeit Ihr Spiel auf den richtigen Weg zu bringen sind ein paar Privatstunden. Sie sind teuer, kosten aber immer noch weniger als ein neuer Driver – und sie lohnen sich.

✓ Gruppenunterricht ist der richtige Weg für Sie, wenn Ihnen Einzelstunden zu teuer sind. Hier treffen Sie Menschen auf Ihrem Spielniveau und bekommen trotzdem genügend Aufmerksamkeit von Ihrem Lehrer.

✓ Wählen Sie einen Lehrer, bei dem Sie sich wohl fühlen. Er sollte stets offen für Ihre Fragen sein – auch wenn es viele sind.

✓ Versuchen Sie die Änderungen, die Ihr Lehrer vorschlägt, zu befolgen, auch wenn sie Ihnen ungewohnt erscheinen. Bald werden Sie sich daran gewöhnen.

✓ In Golfschulen lernt man besonders intensiv. Sie bieten Golf in entspannter Urlaubsatmosphäre an. Häufig kann man auf Championship-Plätzen spielen.

✓ Nehmen Sie jedes Jahr ein paar Stunden zum Auffrischen. Damit erkennen Sie Probleme und bleiben technisch fit.

Kapitel 22

Bereit für den Wettkampf

Bei einem Turnier zeigt sich, was man wirklich kann und wie (bzw. ob) man den Leistungsdruck bewältigt. In diesem Kapitel werde ich Ihnen erklären, wie Sie durch die Teilnahme an Turnieren Ihr Spiel verbessern können und erfolgreich ein Amateurturnier bestreiten. Es geht auch darum, wie man Professional wird, ein offizielles Handicap bekommt und wie man dieses im Spiel gegen andere Golfer nutzt.

In diesem Kapitel ...

✓ Das Turnierspiel: ein Weg, sich zu verbessern

✓ Das Amateurwettspiel

✓ Handicap-System

✓ Golf als Beruf

TOM KITE NACH DEM GEWINN DER US OPEN 1992

FEINSCHLIFF AM SPIEL

Das Turnierspiel: ein Weg, sich zu verbessern

■ **Tausende von Zuschauern** besuchen alljährlich Golfturniere – für viele gibt es nichts Aufregenderes, als die Profis bei der Arbeit zu beobachten.

GOLF GEHÖRT zu den Sportarten, bei denen Psychologie eine sehr große Rolle spielt. So wird Ihre Leistung auf dem Golfplatz mindestens gleichermaßen von Ihrer mentalen Einstellung beeinflusst wie von Ihrem physischen Können. Sie kennen dieses Gefühl: Auf der Driving Range treffen Sie den Ball perfekt – ohne Zuschauer. Auf dem Abschlag, wenn drei Leute daneben stehen, wird alles viel schwieriger. Warum? Sie wissen doch, dass Sie den Ball gut treffen. Worin besteht also der Unterschied? Es geht hier um Leistungsdruck, das ist alles.

Konzentration ist alles

Sie wollen vor den anderen nicht versagen. Genau dieser Druck macht Sie nervös. Selbstzweifel steigen in Ihnen hoch – und Sie wissen ganz genau, dass Sie als Nächstes Ihren Abschlag toppen und den Ball klägliche 20 m entfernt ins Rough schicken werden, während alle anderen 180 m den Fairway hinunterschlagen.

> *Golf wird im Kopf gespielt: Sobald Sie glauben, dass Sie den Ball schlecht treffen, wird auch genau das passieren.*

Fühlen Sie sich aber wohl, so stehen die Chancen gut, dass Sie die Mitte des Fairways treffen. Sie kennen dieses Gefühl von Selbstvertrauen: Wenn Sie an sich glauben, sind Sie ruhig und gelassen. Sie schwingen ganz entspannt und beobachten, wie der Ball auf das Ziel zusteuert. Eine Runde Turniergolf stellt eben Anforderungen an die mentalen Fähigkeiten. Hier geht es um mehr: Sie wollen gewinnen, jeder Schlag zählt. Durch diesen zusätzlichen Druck leidet Ihr Spiel zu Beginn. Es verhält sich wie mit Ihren Muskeln, die beim Fitnesstrainig durch schwerere Gewichte weit mehr beansprucht werden als durch jene, an die Sie bereits gewöhnt sind.

BEREIT FÜR DEN WETTKAMPF

Mit der Zeit gewöhnen sich die Muskeln an die Gewichte und werden kräftiger. Gleiches passiert beim Turniergolf: Sie konzentrieren sich immer stärker und verbessern Ihre strategischen Fähigkeiten auf dem Platz. Nach ein paar Amateurturnieren kommt Ihnen die Runde mit Ihren Freunden wie ein Spaziergang vor.

Auch ein kleines Wettspiel unter Freunden hilft Ihnen weiter. Sie glauben es nicht? Setzen Sie auf fünf Löcher – und Sie werden es merken!

■ **Machen Sie sich klar,** *wie Sie den Ball einlochen wollen, und vertrauen Sie auf Ihren Schlag.*

Leistung unter Druck

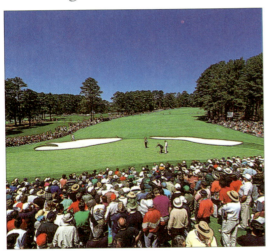

■ **Der Leistungsdruck** *bei den Profis ist vor allem bei den prestigeträchtigen Major-Turnieren sehr groß – so etwa beim US Masters im Augusta National Golf Club (oben).*

Profis wissen, wie wichtig es ist, in einer Turnieratmosphäre zu spielen. Dies ist einer der Gründe, warum sie auch viel besser spielen als wir alle. Woche für Woche müssen sie ihre Fähigkeiten und ihr Können vor den Augen der ganzen Welt unter Beweis stellen und hunderte von Konkurrenten schlagen. Dadurch wird ihr Spiel natürlich weit mehr geschliffen, als wenn wir eine Runde mit unseren Kollegen drehen. Die Motivation der Profis ist größer, denn es geht um mehr.

In einem Wettbewerb verbessern Sie Ihr Spiel am besten. Hier müssen Sie lernen mit Druck umzugehen und über jeden Schlag genau nachzudenken.

Die richtige Perspektive

Am Anfang glauben Sie vielleicht, dass Sie aufgrund des Drucks schlechter spielen, weil Sie nicht daran gewöhnt sind. Mit der Zeit aber werden Sie besser, weil Sie konzentrierter und mit größerem Selbstvertrauen spielen. Nehmen Sie an einem oder zwei Turnieren teil und eine normale Runde auf dem Platz wird zum reinen Vergnügen – es kommt eben immer auf die Perspektive an.

Das Amateurwettspiel

SOBALD SIE SO WEIT SIND, dass Sie regelmäßig 90er-Runden spielen, sind Sie bereit für den Wettkampf mit anderen Golfern Ihrer Leistungsklasse. Ihr Spiel wird auf diese Weise gefordert und dadurch mit der Zeit an Qualität gewinnen. Und wer weiß – vielleicht sind Sie sogar der Sieger eines Turniers.

Die nötigen Infos

Es gibt zahlreiche Amateurturniere, die während der Saison stattfinden, und so werden auch auf Ihrem Platz einige dabei sein. Am besten gehen Sie in den Proshop und lassen sich zu Beginn der Saison die Termine geben. Diese Turniere berücksichtigen verschiedene Leistungsklassen; es ist sicher eines darunter, an dem auch Sie teilnehmen können. Rufen Sie außerdem die nahe gelegenen Clubs an, um sich nach Veranstaltungen von Amateurturnieren zu erkundigen. Darüber hinaus werden die Termine auch in den regionalen Golfzeitungen veröffentlicht.

Werden Sie Clubmitglied

Mehr Infos über Turniere erhalten Sie auch, wenn Sie Mitglied eines Golfclubs, möglichst in Ihrer Nähe, werden. Mit etwas Glück handelt es sich um eine gute Anlage und die Gebühren sind nicht allzu hoch. Sind Sie einmal Mitglied, können Sie an Turnieren und sonstigen Veranstaltungen teilnehmen. Die Clubzugehörigkeit tut Ihrem Spiel auf jeden Fall gut, zudem bekommen Sie Kontakt zu anderen Golfsportliebhabern.

■ **Als Mitglied eines Clubs** treffen Sie andere Golfer, verbessern Ihr Spiel und gewöhnen sich allmählich an das Gefühl, unter dem Druck des Wettbewerbs zu spielen.

BEREIT FÜR DEN WETTKAMPF

Zugangsvoraussetzungen

Bei den meisten Amateurturnieren müssen Sie eine Startgebühr entrichten, die Ihre Runde und einen Imbiss abdeckt. Darüber hinaus sollten Sie einigermaßen Golf spielen und ein offizielles Handicap vorweisen können, damit man die Möglichkeit hat, Sie in eine passende Gruppe einzuordnen.

Handicap-System

DAS HANDICAP ist eine Möglichkeit das Spielerfeld zu vereinheitlichen. Ein Handicap ist also keineswegs negativ. Vielmehr ermöglicht es Ihnen, auch gegen bessere Spieler anzutreten und sogar zu gewinnen. Golf ist der einzige Sport, der dieses System nutzt.

So berechnen Sie Ihr Handicap

Ein Handicap ergibt sich aus den Scores, die Sie zuerst bei Privatrunden, später bei Turnierrunden erzielen. Es steht immer im Verhältnis zum Par des Platzes, auf dem Sie gespielt haben.

> **WAS IST …**
>
> Ihr **Handicap** ist eine Zahl, die darüber Auskunft gibt, welches Ergebnis über Par Sie in der Regel erzielen. Haben Sie ein Handicap von 23 und das Par des Platzes liegt bei 72, dann erwartet man von Ihnen einen Score von 95. Das Handicap-System wurde eingeführt, um es Golfern verschiedener Leistungsklassen zu ermöglichen, gegeneinander anzutreten. Wie funktioniert das? Angenommen, ich habe Handicap 12 und spiele 88, wäre mein angepasster Score 88 minus 12, also 76. Wenn Ihr Handicap 7 ist und Sie 84 spielen, wäre der angepasste Score 77. Ich würde Sie also schlagen, auch wenn mein Ergebnis eigentlich höher war.

Haben Sie zum Beispiel 87 gespielt und das Par des Platzes liegt bei 72, so wäre Ihr Handicap 15. Allerdings dauert es eine Weile, bis Sie dieses erreicht haben, weil jeder Spieler in Deutschland mit Handicap 54 beginnen muss und sich dann nach einem bestimmten System »herunterspielen« kann. Eine Runde mit 15 über Par ergibt also noch nicht Handicap 15. Je niedriger Ihr Handicap ist, desto besser sind Sie.

Scratch-Golfer

Wenn Sie erst mit dem Spiel begonnen haben, versuchen Sie mit anderen Golfern Ihrer Klasse zu golfen, keinesfalls aber mit *Scratch-Golfern*. Sie würden deren Spiel deutlich verlangsamen, weil Sie pro Loch erheblich mehr Schläge benötigen. Außerdem würden Sie obendrein wahrscheinlich eher eingeschüchtert.

> **WAS IST …**
>
> Ein **Scratch-Golfer** hat ein Handicap von 0, d.h., er spielt auf einem Par-72-Platz gewöhnlich Par oder besser.

Brauchen Sie ein Handicap?

Sie könnten jetzt natürlich einwenden, dass es doch völlig egal sei, ob Sie ein Handicap hätten oder nicht. Natürlich ist das auch überhaupt kein Problem, wenn Sie immer nur auf Ihrem Heimplatz spielen und an keinen Turnieren teilnehmen möchten. Viele Plätze verlangen von Gästen aber ein bestimmtes Handicap, um sicherzugehen, dass sie auf dem Platz zurechtkommen und auch einen aus Mitgliedern bestehenden Flight nicht aufhalten. Bei Turnieren benötigen Sie generell ein offizielles Handicap, damit die Veranstalter über Ihre Fähigkeiten im Bild sind und auf diese Weise einschätzen können, mit welchen anderen Golfern ein Spiel möglich ist.

Ein offizielles Handicap hat also Sinn – auch wenn Sie nicht vorhaben Turniergolf zu spielen.

Solange Sie nicht beständig unter 100 spielen können, brauchen Sie nicht unbedingt ein offizielles Handicap. Sobald Ihre Ergebnisse aber unter 100 fallen, sollten Sie wirklich versuchen, eines zu bekommen.

So bekommen Sie ein Handicap

Die Details, wie man ein Handicap bekommt oder führt, sind von Land zu Land unterschiedlich. In den USA etwa verlangt die USGA (United States Golf Association), dass Sie mindestens zehn Runden Golf eingeben, bevor Sie ein offizielles Handicap bekommen; in Großbritannien müssen es nur drei Runden sein. In Deutschland kann man sein Handicap bei Turnieren verbessern. Darüber hinaus müssen Sie Mitglied eines DGV (Deutscher Golf Veband)-anerkannten Clubs sein. Während man in den USA auch normale Privatrunden melden kann und diese für das Handicap anerkannt werden, ist dies in Deutschland nur bei Handicaps bis 36 möglich. Spieler, die ein Handicap von 36 bis 54 aufweisen, müssen dagegen einen besseren Spieler bei sich haben, der die Runde bestätigt.

Der Zeuge

Egal, wo Sie spielen – um Ihr Handicap zu bekommen, müssen Sie immer einen Zeugen mit einem eigenen offiziellen Handicap vorweisen, der Ihr Ergebnis bestätigt. Er oder sie muss Ihren Score während des Spiels führen, die Ergebnisse nach jedem Loch aufschreiben und die Scorekarte nach der Runde unterzeichnen. Den Score Ihres Spielpartners führen Sie dabei auf die gleiche Weise. Diese Methode stellt sicher, dass die Scores so ehrlich und genau wie möglich geführt werden.

■ **Selbst Profispieler** *wie Jack Nicklaus (oben) müssen ihre Scorekarte ausfüllen und am Ende jeder Turnierrunde bestätigen lassen.*

BEREIT FÜR DEN WETTKAMPF

Bleiben Sie ehrlich!

Führen Sie Ihre Scorekarte immer gewissenhaft.

Beim Golf kann man leicht betrügen. Ehrlichkeit und Integrität der Spieler sind daher ausgesprochen wichtig. Falls Sie anfangen zu mogeln, erhalten Sie am Ende ein künstlich niedriges Handicap. Sobald Sie dann gegen einen besseren Spieler antreten müssen, bekommen Sie nicht mehr so viele Schläge gutgeschrieben, sodass Sie kaum gewinnen können. Bleiben Sie bei Ihren Ergebnissen aber ehrlich, dann wird auch Ihr Handicap passend bleiben und Sie können weiterhin Spieler mit einem niedrigeren Handicap schlagen.

Ihr Handicap

Sobald Sie Ihre Scorekarte zurückerhalten haben, überprüfen Sie, ob alle Scores an den jeweiligen Löchern richtig sind. Wenn dem so ist, unterschreiben Sie neben Ihrem Spielpartner und geben die Karte im Turnierbüro ab. Ihr Club wird Ihnen dann Ihr neues Handicap mitteilen, das aufgrund Ihres letzten Turnierergebnisses errechnet wurde. Das Handicap wird auf der aktuellen Clubkarte aufgeführt. Diese wird allerdings nur einmal jährlich ausgegeben. Sie können sich aber im Clubsekretariat ein Stammblatt ausdrucken lassen, auf dem jede Veränderung Ihres Handicaps während der gesamten Saison einzeln aufgelistet ist.

■ **Die USGA** (oben), *die das erste nationale Handicap-System entwickelte, hat ihren Sitz in New Jersey, USA.*

Golfen ohne Handicap

Wenn Sie einmal ein Handicap haben, können Sie es während jeder Runde – auch mit Freunden – benutzen.

Am Ende der Runde ziehen Sie Ihr Handicap vom Gesamtergebnis ab, um Ihr Nettoergebnis zu erhalten. Ihr Spielpartner macht dasselbe und Sie können nun die Nettoresultate miteinander vergleichen.

Haben Sie also Handicap 24 und 98 gespielt, so liegt Ihr Nettoergebnis bei 74. Wenn Ihr Partner mit Handicap 28 100 erzielt, ist sein Nettoergebnis 72. Er gewinnt!

FEINSCHLIFF AM SPIEL

SPIELFORMEN

Zählspiel

Das Zählspiel ist die am weitesten verbreitete Spielform beim Golf. Hierbei wird jeder einzelne Schlag gezählt und am Ende gewinnt derjenige, der insgesamt am wenigsten Schläge benötigt hat. Gerade Amateurturniere werden jedoch häufig in anderen Spielformaten als dem Zählspiel ausgetragen.

■ **Walter Hagen,** *bekannt für sein modernes Outfit, dominierte um 1920 die Zählspiel- und die Matchplay-Turniere.*

Bestball und Scramble

Relativ häufig sind auch Teamwettbewerbe, bei denen die Spieler nicht einzeln, sondern in Mannschaften gewertet werden. Dieses System nennt man Bestball oder Scramble. Beim Bestball wird das jeweils beste Ergebnis aller Mitglieder einer Mannschaft pro Loch gewertet. Beim Scramble spielen alle Teammitglieder ihren Abschlag und den nächsten Ball dann von dem Punkt aus, an dem der beste Ball liegt. Dieses Prinzip wird bei allen Schlägen fortgeführt. Beide Spielformen sind weniger anstrengend als das Zählspiel, bei dem der Einzelscore zählt. Beim Bestball oder Scramble gibt es immer noch einen Spieler, der das Ergebnis an einem Loch retten kann, wenn Sie schlecht gespielt haben.

■ **Der Ryder Cup,** *das wohl bekannteste Matchplay-Turnier, wird alle zwei Jahre zwischen Europa und den USA ausgetragen.*

Matchplay

Manche Turniere werden auch als Matchplay ausgetragen. Statt nur die Endergebnisse miteinander zu vergleichen, treten hier jeweils zwei Spieler Loch für Loch gegeneinander an. Der Spieler mit dem besseren Score gewinnt jeweils das Loch. Hat einer der Spieler mehr Löcher gewonnen als noch übrig sind, ist er der Sieger. Matchplay macht deshalb besonders viel Spaß, weil der Wettbewerb hier sehr groß ist. Wenn Sie am letzten Loch 9 gespielt haben, macht das eben nichts aus. Sie fangen am nächsten Loch einfach wieder von vorn an, die 9 spielt dann keine Rolle mehr.

> BEREIT FÜR DEN WETTKAMPF

Golf als Beruf

ES GIBT SEIT JEHER *nur ein paar hundert Golfer, die mit der Ausübung dieses Sports ihren Lebensunterhalt bestreiten. Professionals müssen auf Dauer Runden unter Par spielen können – und das auf Plätzen, die sie nur ein paar Mal gespielt haben. Sie reisen um die ganze Welt, sind den Zeitverschiebungen ausgesetzt und bestreiten allwöchentlich Turniere mit den weltbesten Spielern.*

Die Spitze ist top

Profigolfer zu sein bedeutet, dass man im Prinzip ein freier Unternehmer ist, der tagein, tagaus Golf spielt. Im Gegensatz zu den Gepflogenheiten beim Fußball oder Basketball werden die Spieler für die Saison nicht von einem Club unter Vertrag genommen und erhalten bei schlechter Leistung keinen Scheck. Ein Profigolfer in den USA oder Europa, der einen Monat lang schlecht spielt, gewinnt eben kein Preisgeld. Statt Geld zu verdienen, verliert er es, da er seine Reisekosten und weitere Ausgaben wie Übernachtungen und Verpflegung bestreiten muss. Der Verdienst der besten Profis ist mit dem eines Mittelklassefußballers vergleichbar.

> ### Übrigens ...
> Sportvermarktungsagenturen wurden in den 80er-Jahren sehr populär. Die größte ist die International Management Group, die vor mehr als 30 Jahren von Mark McCormack gegründet wurde, als er seinen ersten prominenten Sportler, Arnold Palmer, unter Vertrag nahm.

■ **Obwohl** *sie immer unter Erfolgsdruck stehen, pflegen Profigolfer einen Lebensstil, von dem die meisten Amateure nur träumen können.*

FEINSCHLIFF AM SPIEL

Die wichtigsten Touren

Verstehen Sie mich nicht falsch: Wenn ich die Chance hätte, wäre mein Traumberuf zweifellos Profigolfer – allein schon die Vorstellung, mit Golf seinen Lebensunterhalt zu verdienen! Leider haben hierzu nur die größten Talente eine Chance. Die wichtigsten Touren für Profis sind:

- U.S. PGA Tour
- LPGA Tour
- PGA European Tour
- LET Tour
- PGA European Challenge
- Buy.com Tour
- Asian Tour

■ **Nick Faldo** *küsst die berühmteste Golftrophäe nach seinem Sieg beim British Open Championship 1987, einem der Majors.*

INTERNET

www.pgatour.com

Die Website der Professional Golf Association of America bietet Informationen zu den US- und Europa-Touren.

Auf zur großen Tour

Neben den bekannten Touren gibt es unzählige kleine auf regionaler Ebene in Europa, Amerika und Asien. Sie bieten dem weniger erfahrenen Spieler eine Chance, die Ebene des Profisports zu erreichen. Wer aber zu Vermögen und Ruhm kommen möchte, muss die Qualifikation für eine der großen Touren haben.

Für die großen Touren gibt es mehrere Qualifikationsmöglichkeiten.

Manche Spieler qualifizieren sich erst einmal über lokale und regionale Minitouren, bis sie zur PGA Challenge Tour in Europa, der Buy.com oder der Futures Tour in den Vereinigten Staaten zugelassen werden. Diese wiederum sind Vorbereitungstouren für die European, die U.S. PGA oder die LPGA Tour, auf denen die Spieler dann gute Verdienstmöglichkeiten haben. Andere spielen hauptsächlich Amateurturniere und arbeiten sich über diese Ranglisten nach oben, bis sie einen Startplatz bei einem Profiturnier erreichen. Der Sieger der British Amateur Championship z. B. darf im darauffolgenden Jahr immer am US Masters in Augusta teilnehmen.

■ **Karrie Webb** *qualifizierte sich mit einem zweiten Platz bei einer Vorentscheidung für die LPGA Tour – trotz eines gebrochenen Handgelenkknochens.*

Die Chancen sind gering

Andere Spieler versuchen sich für die U.S. PGA, die European oder die LPGA Tour in einer der Vorentscheidungen zu qualifizieren. Diese finden auf diversen Plätzen im Herbst vor der kommenden Saison statt. Wer sich auf diese Weise qualifizieren möchte, muss meist viel Geld investieren, sodass finanziell schwächere Spieler kaum antreten. Der Wettbewerb ist hart. Erreicht man jedoch einen der vorderen Plätze, bedeutet das einen Startplatz auf einer Tour.

INTERNET

www.lpga.com

Das ist die Website der US Ladies Professional Golf Association Tour.

Golf – Spaß oder Beruf?

Keine Frage: Erfolgreicher Golfer auf einer der Touren zu werden ist extrem schwierig. Aber das macht nichts. Den Spielern im Fernsehen zuzusehen ist ja gerade deshalb ein Genuss, weil sie die Besten der Besten sind. Schließlich hat keiner von uns Lust, ein paar Anfänger zu beobachten, die gerade einmal um die 90 spielen.

Wenn Sie in der Lage sind auf anspruchsvollen Plätzen (von den Championship-Tees ganz hinten) kontinuierlich Par zu spielen, können Sie eine Profilaufbahn in Erwägung ziehen – vorausgesetzt, Sie sind jung und haben finanzielle Rücklagen. Ansonsten spielen Sie nur um des Spaßes willen – wie wir alle. Erinnern Sie sich? Nichts komplizieren.

Kurze Zusammenfassung

✓ Im Wettkampf mit anderen Golfern wird Ihr Spiel gefordert und Sie lernen mit dem Erfolgsdruck umzugehen.

✓ Sie können bei einem regionalen oder einem lokalen Amateurturnier mitmachen, wenn Sie ein offizielles Handicap haben. Der Druck bei einem einfachen Turnier vermittelt Ihnen ein Gefühl dafür, was die Profis allwöchentlich mitmachen.

✓ Wenn Sie ein offizielles Handicap haben, können Sie sich mit anderen Golfern verschiedener Leistungsklassen messen.

✓ Obwohl es für viele von uns ein Traum wäre, ins Profilager zu wechseln, stehen die Chancen dafür meistens schlecht. Wenn Sie jedoch auf schweren Plätzen ständig Par spielen, können Sie ein solches Vorhaben durchaus einmal überdenken.

Kapitel 23
Golf – ein Sport für Zuschauer

Die Saison der Golfprofis dauert im Prinzip das ganze Jahr, und zwar aus dem einfachen Grund, dass die Turniere auf der ganzen Welt stattfinden. Jedes davon ist sehenswert – egal, ob live oder im Fernsehen. Wer einem Golfprofi zusieht, kann dabei eine Menge lernen. Selbst wenn Ihnen nur das exzellente Timing oder der Rhythmus auffällt, haben Sie die Zeit gut genutzt. In diesem Kapitel erkläre ich Ihnen, wie Sie erfahren, wo die Turniere ausgetragen werden und was Sie beim Zusehen lernen können.

In diesem Kapitel ...

✓ *Die verschiedenen Touren*

✓ *Golf im Fernsehen*

✓ *Die Kunst des Zusehens*

✓ *Von den Profis lernen*

DAS MASTERS IM AUGUSTA NATIONAL GOLF CLUB IN GEORGIA, USA

FEINSCHLIFF AM SPIEL

Die verschiedenen Touren

ES GIBT WELTWEIT VERSCHIEDENE Organisationen, die sich um das Profigolf kümmern. In Europa sind das die PGA European Tour, die Ladies European Tour, die Senioren-Tour, die Challenge Tour und die Mastercard Tour (eine etwas niedrigere Profiliga). In den USA zählen die PGA, die LPGA und die Seniors PGA zu den Hauptorganisationen. Außerdem findet man dort sehr viele regionale Minitouren, die vor allem als Versuchsfelder für den jungen Profinachwuchs gelten, dessen Spielstandard noch nicht hoch genug für die Haupttouren ist. Die Chancen stehen also gut, dass im Sommer irgendwo in Ihrer Nähe ein Profiturnier stattfindet. Allein während der European Tour finden jedes Jahr beinahe 40 Turniere statt, hinzu kommen einige inoffizielle Veranstaltungen. Auch die Challenge Tour erreicht fast die Zahl von 30 Veranstaltungen. Wenn Sie die Minitour hinzuzählen, haben Sie gut 200 Turniere, die Sie besuchen können.

> ### Übrigens ...
> Die PGA Championship, die 1916 mit der Gründung der Professional Golfer's Association of America zum ersten Mal stattfand, war ursprünglich ein Matchplay-Turnier und wird erst seit 1968 als Zählspiel-Event ausgetragen. Beim Zählspiel sind die Werbezeiten im Fernsehen günstiger.

Das Klima entscheidet

Natürlich entscheidet vor allem das Klima darüber, ob und wann ein Profiturnier in Ihrer Region veranstaltet wird. So finden zu Beginn des Jahres die meisten Turniere in Südafrika, Australien, Japan und an der Westküste der USA statt. Im Frühjahr wechselt man dann in Länder wie Portugal, Spanien, Südfrankreich oder etwa Italien. Im Norden Europas werden die Turniere dagegen erst im Hochsommer ausgetragen.

■ **Die perfekt gepflegten** Fairways und Grüns von Augusta, Georgia, USA, sind Schauplatz des Masters, das immer im warmen, sonnigen Frühjahr stattfindet.

GOLF – EIN SPORT FÜR ZUSCHAUER

Profis in Aktion

Von allen Spielern sind die Teilnehmer an der US PGA und der European Tour am beeindruckendsten. Hier spielen Profis wie Tiger Woods, Lee Westwood, Colin Montgomerie oder Phil Mickelson. Dementsprechend groß ist das Vergnügen für den Zuschauer. Ihr eigenes Golfspiel wird schon allein dadurch profitieren, dass Sie die Herren beim Driven auf der Range beobachten oder bei perfekten Annäherungen mit dem Lobwedge aus 60 m Entfernung. Wenn Sie die Cracks sehen, wie diese selbst unter Druck stehen, ist das wirklich aufregend. Ein flaches 2er-Eisen unter einer Eiche hindurch, ein hohes Eisen 8 über einen Teich aufs Grün – das alles wird Sie beeindrucken.

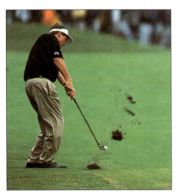

■ *Phil Mickelson schlug seine ersten Golfbälle im Alter von 18 Monaten. Er ist nun der berühmteste und erfolgreichste Linkshänder auf der U.S. PGA Tour.*

INTERNET
www.europeantour.com/players
Hier finden Sie Infos zu den Spielern der europäischen Herren- und Senioren-Tour.

Es macht Spaß, die Spieler auf der Senioren-Tour zu beobachten, auch wenn sie den Ball nicht mehr so weit schlagen. Auch sie haben früher auf der regulären Tour gespielt. Egal, ob Tommy Horton, Eddie Polland oder Brian Barnes – ihr Spiel beeindruckt noch immer.

Zusehen und lernen

Ich selbst sehe gern die Damen von der LPGA Tour spielen. Der Stil dieser Teilnehmerinnen ist dem des Amateurgolfers etwas vergleichbarer – und obwohl sie alle über ein Talent verfügen, von dem die meisten Amateure nur träumen können, ähneln ihre Schläge jenen der Normalgolfer. Tiger Woods z. B. benützt bei einer Annäherung aus einer Entfernung von 185 m zum Grün ein 5er- oder ein 6er-Eisen! Spielerinnen wie Laura Davies oder Karrie Webb dagegen ziehen für denselben Schlag ein 5er-Holz oder 2er-Eisen aus ihrem Bag – genau das würde ein Amateurgolfer eben auch tun.

INTERNET
www.ladieseuropeantour.com
Diese offizielle Seite der Ladies European Tour führt den Turnierplan auf und beinhaltet Informationen zum Solheim Cup.

Von den Proetten, den weiblichen Profispielerinnen, kann man mehr lernen, weil ihr Spiel dem der Amateure ähnlicher ist.

Kleinere Turniere

Im Rahmen der European Challenge Tour und Mastercard Tour werden in ganz Europa Turniere veranstaltet. Selbst wenn die Teilnehmer noch nicht ganz so erfahren sein sollten, sind sie doch exzellente Golfer. Sie haben oft weit mehr Ehrgeiz als etablierte Stars.

FEINSCHLIFF AM SPIEL

Wenn irgendwo in Ihrer Nähe ein solches kleineres Turnier ausgetragen wird, sollten Sie es sich ansehen. Hinzu kommt, dass es hier weniger Zuschauer gibt und Sie näher am Geschehen sind.

Regionale Turniere

Mini-Touren, die regionalen Turniere für Spieler, die sich gerade erst am Anfang ihres Wegs ins Profidasein befinden, sind eine weitere Möglichkeit, wenn Sie einmal bei einem Turnier zusehen wollen. Obwohl die Teilnehmer meist weniger Erfahrung und Talent haben als die der großen Touren, sind diese Veranstaltungen trotzdem aufregend. Erkundigen Sie sich im Proshop, wann ein Turnier stattfindet.

INTERNET
www.golftoday.co.uk
Das wichtigste britische Onlinemagazin berichtet über die Touren – mit allen Ergebnissen.

Golf im Fernsehen

UM DIE MITTE DER 50ER-JAHRE *zog der Golfsport noch nicht in großem Umfang die Massen an. Dies änderte sich mit der Einführung des Fernsehens – von nun an konnte man die Spiele der Stars von zuhause aus verfolgen. Die Turniere faszinierten immer größere Zuschauermengen, vor allem in den USA, wo der Aufstieg von Arnold Palmer für Furore sorgte. Mit diesem jungen Golfer änderte sich die Art des Golfspiels: Er attackierte Golfplätze ohne jegliche Anzeichen von Furcht und wurde von einer immer größer werdenden Gruppe von Fans begleitet. Das Fernsehen war stets dabei, um diesen aufsteigenden Star zu verfolgen. Das Golfspiel erlebte eine Art Renaissance, vor allem bei der Mittelschicht.*

■ **Arnold Palmer** *ist einer der besten und beliebtesten Golfer aller Zeiten. Hier ist er mit der Crestar Classic Trophy zu sehen, seinem 60. PGA-Sieg, seit er 1954 die Profilaufbahn eingeschlagen hatte.*

Zurücklehnen und entspannen

Heutzutage sehen wir im Fernsehen einen traumhaft grünen Golfplatz, während es bei uns in Strömen regnet. Allein aus diesem Grund sollten Sie sich zurücklehnen und die Pros beim Spiel auf Plätzen beobachten, von denen man selbst nur träumen kann.

GOLF – EIN SPORT FÜR ZUSCHAUER

Turnierberichterstattung

Profiturniere dauern in der Regel vier Tage (außer auf der Seniors Tour, dort erstrecken sie sich lediglich über drei Tage); sie beginnen am Donnerstag und enden am Sonntag. Die Runden am Donnerstag und am Freitag werden meist nicht übertragen, weil die Zuschauerzahlen dann zu schlecht sind.

In Europa kümmern sich die größeren Fernsehanstalten um die Übertragungsrechte für die Wochenendrunden oder die Turniere wie den Ryder Cup, das Masters, die World Tour oder die British Open. Allerdings ist das Angebot an Golf im Fernsehen in Deutschland im Moment eher spärlich und hauptsächlich im Pay-TV zu finden – anders als in den USA, wo Sie sich via Kabel beinahe zu jeder Tages- und Nachtzeit ein Spiel ansehen können.

■ **Die Einführung des Fernsehens** revolutionierte den Profigolfsport. Matchplay wurde zu Gunsten des Zählspiels oft aufgegeben, da bei Letzterem bessere Werbemöglichkeiten bestehen.

Übrigens …

1927 wurde in England ein Matchplay-Wettbewerb zwischen Profis aus den USA und Europa ausgetragen. Es ging um eine neue Trophäe, die von dem vermögenden Samenhändler Samuel A. Ryder gestiftet worden war. Dieses Turnier, das im Zweijahres-Rhythmus stattfindet, wurde als Ryder Cup berühmt.

24 Stunden Golfplatzarchitektur

In den Vereinigten Staaten ist 24-Stunden-Golf mit der Einführung des Golf Channels Realität geworden. Dieser Fernsehsender überträgt ausschließlich Golf.

In den Sendungen dieses Kanals, die Turnierberichte genauso wie Produkttests beinhalten, geht es ausschließlich um Golf. Beachten sollte man hier gerade auch die Berichte von den kleineren Turnieren von der Buy.com oder der Futures Tour (sie entspricht der Challenge und der Mastercard Tour). Auch Amateurgolf und einige Prominententurniere werden gezeigt.

Fernsehlektionen

Der Golf Channel sendet außerdem Unterrichtsfolgen mit einigen der bekanntesten Golflehrer, was den Sender zum Muss für Anfänger und Fortgeschrittene macht. Wenn Sie in den USA Urlaub machen, werden Sie das schnell selbst feststellen. Alternativ dazu können Sie sich alle Infos zu Golf in Europa jederzeit aus dem Internet holen – sehen Sie auf den Websites im Anhang nach.

FEINSCHLIFF AM SPIEL

Die Turniere im Überblick

Die Majors

Die vier Turniere, die man gemeinhin unter dem Begriff »Major« kennt, sind die British Open, die U.S. Open, das Masters und das U.S. PGA Championship. Bei allen handelt es sich um Zählspiel-Events.

Matchplay-Turniere

Der Ryder Cup ist ein internationales Matchplay-Turnier zwischen Europa und den USA mit jeweils wechselnden Austragungsorten. Er findet alle zwei Jahre, meist auf einem berühmten Platz, statt und gilt als die Olympischen Spiele des Golfs.

■ **Carnoustie**, *an der Ostküste Schottlands, war Schauplatz der British Open 1999 – einem der vier Major-Turniere auf der PGA-Tour.*

Der President's Cup ist ein internationales Matchplay-Turnier zwischen den USA und dem Rest der Welt, außer Europa, mit wechselnden Austragungsorten.

Bei der British Amateur Championship handelt es sich um ein alljährlich stattfindendes Matchplay-Turnier. Ermittelt wird hier der beste männliche Amateur Europas. Die meisten Sieger haben eine glanzvolle Profikarriere vor sich.

Damenturniere

Auf der US Women's Open, einem Zählspiel-Turnier, wird die weltbeste Golferin ermittelt. Im Jahr 1990 gegründet, ist der Solheim Cup das Gegenstück zum glanzvollen Ryder Cup. Auf diesem Turnier spielen die zwölf besten Damen aus Europa und Amerika alle zwei Jahre an jeweils wechselnden Orten. Der Solheim Cup ist für viele Damen das wichtigste Turnier von allen.

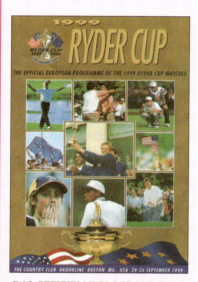

DAS OFFIZIELLE PROGRAMMHEFT DES RYDER CUP VON 1999

Fernsehen bringt Ihr Spiel weiter

Wenn Sie sich ein Turnier im Fernsehen ansehen, bekommen Sie gute Technik und obendrein sehr erfolgreiche Strategien präsentiert, wie sie die Profis auf dem Platz benützen. Deren Entscheidung für einen Schlag basiert – wie bei Ihnen auch – auf den jeweiligen Platzbedingungen und Entfernungen. Meist fällt die Entscheidung für den sichersten Schlag. Die Profis ändern ihre grundlegende Strategie nur sehr selten. Wenn Sie deren Strategie verinnerlichen, dürfte Ihre eigene stark davon profitieren.

■ **Dieser Caddie** misst die Entfernung zwischen den Zielen. Davon hängt die Wahl der Schläger ab.

Wichtige Tipps

Achten Sie auf die Pre-Shot-Routine der Profis. Sie werden sehen, dass deren jeweilige Ansprechpositionen immer gleich ausfallen. Sie ändern diese nur, wenn es windig ist oder der Ball eine ungewöhnliche Lage hat. Auffallend ist auch, wie konzentriert die Profis sind, wenn sie auf den Ball schlagen. Wenn es Ihnen gelingt, sich etwas von deren Techniken abzuschauen, werden Ihre Scores bald niedriger ausfallen.

Darüber hinaus verfügen die Kommentatoren meist über Insiderkenntnisse, die auch Ihrem Spiel weiterhelfen können.

Besonders hilfreich sind die Kommentare von ehemaligen Profis, wie etwa bei der BBC von Ken Brown oder in den USA von Curtis Strange.

Die Kunst des Zusehens

MANCHMAL IST ES NICHT damit getan, ein Profiturnier einfach im Fernsehen zu verfolgen. Ein Stück von der Tiefe und der Schönheit des Platzes entgeht Ihnen ebenso wie die Gefühle der Spieler. Sie können weder den Duft der Blumen noch den des frisch gemähten Grases wahrnehmen. Am besten ist es eben doch, nur ein paar Meter neben den Profis zu stehen und staunend zu verfolgen wie die Bälle nach einem 275-m-Drive mitten auf dem Fairway landen. Jeder, der das Golfspiel liebt, sollte sich ein Profiturnier mindestens einmal live ansehen, um das Talent der Profis zu beobachten und die Atmosphäre zu spüren.

FEINSCHLIFF AM SPIEL

Das Wesentliche sehen

Ein Turnier auf dem Bildschirm zu verfolgen hat durchaus Vorteile. Daheim auf dem Sofa bekommt man nur die Ausschnitte präsentiert, in denen wirklich Wichtiges geschehen ist. Die Kameraeinstellung springt von einem Punkt des Platzes zum nächsten. So sehen Sie zuerst David Duvals Annäherung ans achte Grün, anschließend Sergio Garcias Drive am vierten Loch und zuletzt Tiger Wood's Lobschlag an Loch 6. Wären Sie dagegen live dabei, könnten Sie niemals alle drei Schläge sehen – es sei denn, Sie eilten mit Lichtgeschwindigkeit über den Platz. Leider entgeht Ihnen bei der Übertragung das *Pro Am*.

Live vor Ort

Wenn Sie live am Platz dabei sind, hat das ein paar Nachteile. Zum einen dauert das Spiel länger. Die Golfplätze sind lang, die Spieler müssen schließlich von Loch zu Loch gehen und das dauert. Darüber hinaus laufen ein paar tausend Fans auf dem Gelände herum und folgen ihren Lieblingsspielern, sodass es oft schwierig ist, einen guten Platz zu finden, von dem aus man mehrere Löcher beobachten kann. Wie soll man da noch ein Golfturnier genießen?

So reisen Sie an

Sie haben nun also beschlossen, sich ein Profiturnier vor Ort anzusehen. Als Nächstes entscheiden Sie, an welchen Tagen Sie zum Turnier wollen. Obwohl es kein Major-Turnier ist, werden mindestens 5000 Zuschauer pro Tag erwartet. Sie müssen sich also frühzeitig um einen Parkplatz kümmern. Viele Turnierveranstalter bieten in einiger Entfernung auch Parkmöglichkeiten mit einem Shuttle-Service an.

> **WAS IST ...**
>
> Bei einem **Pro Am** handelt es sich um ein inoffizielles Freundschaftsturnier, das im Vorfeld des eigentlichen Turniers stattfindet. Dabei bildet jeweils ein Profi zusammen mit Amateuren ein Team. Letztere sind entweder vom Veranstalter eingeladen oder haben eine größere Summe für die Teilnahme am Pro Am bezahlt. Die Profis begleiten die Amateure durch das Turnier und diese genießen es, einmal eine Runde mit einem der weltbesten Spieler, einem Golfstar, zu gehen.

Die meisten Turniere dauern eine Woche. Am Anfang stehen ein oder zwei Übungstage, dann folgt das Pro Am am Mittwoch und schließlich das Turnier selbst von Donnerstag bis Sonntag. Sie können ein Ticket für die gesamte Woche kaufen oder nur für die Turniertage, beziehungsweise für einen einzigen Tag Ihrer Wahl.

■ **Dieses Gemälde** von LeRoy Nieman zeigt Jack Nicklaus, Tom Watson, Clint Eastwood und Gerald Ford beim Bing Crosby Pro Am 1983.

GOLF – EIN SPORT FÜR ZUSCHAUER

Vorbereitung ist wichtig

Obwohl Sie selbst nicht spielen werden, müssen Sie den Platz mit all seinen Hügeln und Tälern abgehen, egal, ob bei Hitze oder Kälte. Berücksichtigen Sie also die Wettervorhersage und bereiten Sie sich vor.

Ziehen Sie sich so an wie bei einer Runde Golf unter gleichen Bedingungen, bringen Sie etwas Wasser und vielleicht etwas Proviant mit. Ein Turniertag ist lang! Es gibt sogar Fans, die einen Klappstuhl einpacken.

Aufwärmprogramm

Einmal angekommen, gehen Sie als Erstes zur Driving Range. Hier sehen Sie alle Ihre Lieblingsspieler beim Aufwärmen, genauso wie Sie es selbst vor jeder Runde machen sollten. Sie werden feststellen, dass die Profis nicht stur einen Ball nach dem anderen driven. Sie beschäftigen sich viel mehr mit den Wedges oder den mittleren Eisen und spielen nur so viel lange Eisen und Hölzer, dass sie mit Sicherheit keine größeren Problemen bekommen. Anschließend gehen die Spieler zum Chipping- und zum Puttinggrün und arbeiten an den Schlägen, die dann letztendlich den Unterschied zwischen Platz 1 und 20 ausmachen.

Stören Sie die Profis niemals beim Training.

Diese Zeit ist für die Profis sehr wichtig und Unterbrechungen sind verhasst. Schließlich ist Golf ihre Arbeit. Viele von ihnen geben Autogrammstunden, vor oder nach der Übungsrunde. Warten Sie diese Zeit ab.

Der ideale Platz

Golfplätze erstrecken sich über ein extrem großes Gelände und Sie können nicht überall gleichzeitig sein. Entwickeln Sie also eine Art Strategieplan für ihren Tag. Manche Fans bleiben die ganze Zeit an einem Fleck, also etwa am 12. Tee, und sehen sich jeden Spieler an, der durchkommt. Andere suchen sich einen Fleck, von dem aus man mehrere Löcher beobachten kann. So sehen Sie an einem Loch eine Annäherung, am nächsten Drives und am dritten Putts. Wenn Sie den ganzen Tag so verbringen wollen, nehmen Sie sich einen Campingstuhl mit.

■ **Am 18. Loch** *ist immer eine große Menge an Zuschauern – wie etwa hier in Wentworth während des World Matchplay Turniers 1989.*

FEINSCHLIFF AM SPIEL

Planen Sie das Zusehen

Ich gehe meistens etwas anders vor als beschrieben. In der Regel suche ich mir drei oder vier Spieler, die ich sehr gerne mag, und konzentriere mich den ganzen Tag ausschließlich auf sie. Ich nehme mir die *Startliste* mit den Paarungen, damit ich feststellen kann, wann sie abschlagen. Meistens bleibt zwischen den einzelnen Paarungen ausreichend Zeit, sodass ich die Ersten beim Abschlag sehen und etwa sechs Löcher mit ihnen gehen kann, um eine Vorstellung von ihrer Technik zu bekommen. Dann lasse ein paar Gruppen durchspielen bis der nächste meiner Lieblingsspieler vorbeikommt. Nun gehe ich mit ihm weitere sechs Löcher und bleibe erneut stehen. Ich lasse wieder ein paar Gruppen durchspielen, und gehe mit dem letzten meiner Stars bis zum 18. Loch. Kommen anschließend noch ein paar Spieler, sehe ich sie mir hier an.

> **WAS IST ...**
>
> Auf einer **Startliste** sind alle Gruppen der Teilnehmer eines Tages chronologisch aufgeführt. Jeder Flight mit zwei oder drei Spielern wird einer speziellen Teetime zugeordnet, die für das erste Tee gilt. Auf der Startliste finden Sie diese Zeiten, sodass Sie Ihren Tag genau planen können.

■ **Viele Zuschauer** wählen einen Platz, der nah am Grün liegt, damit sie mehrere Schläge eines Spielers sehen können.

Den Spielern folgen

Das ist meine Methode, aber vielleicht ziehen Sie eine andere vor. Machen Sie es sich nicht unnötig schwer. Seien Sie nur darauf vorbereitet, dass Sie auf jeden Fall ein paar Kilometer gehen müssen.

Ein Zusatztipp:

Folgen Sie nicht die ganze Zeit den bekanntesten Spielern, da diese von den größten Zuschauermengen begleitet werden.

Wenn Sie ständig nur Köpfe vor sich haben, können Sie manchmal überhaupt nichts sehen. Gehen Sie also lieber bei ein paar unbekannten Spielern mit. Sie sehen immer noch sehr gutes Golf – aber ohne die Zuschauermengen.

INTERNET

www.pebble-beach.com

Hatten Sie nie die Chance, eines der großen Turnieren zu besuchen? Dann machen Sie die virtuelle Tour durch Pebble Beach mit. Hier haben einige große Turniere stattgefunden.

Von den Profis lernen

ICH WEISS, ich wiederhole mich, aber es stimmt: Wenn Sie bei einem Profiturnier intensiv zusehen, wird sich Ihr eigenes Spiel verbessern. Beobachten Sie, wie die Pros den Platz in den Griff bekommen, wie Caddie und Spieler die Entfernungen kalkulieren, sich für einen Schläger entscheiden und wie sie den Schlag shapen. Beobachten Sie Veränderungen in der Ballposition und den Umgang mit schwierigen Lagen, den Schwungbogen und das Timing. Hat der Spieler einen flachen oder einen steilen Schwung? Welche Art von Schlag ist das Ergebnis? Warum spielt Spieler A immer einen flachen und Spieler B immer einen hohen Ball? Wenn Sie Ansprechposition, Schwungbogen und Timing aus erster Hand beobachten, werden Sie viel Neues entdecken.

■ **Jack Nicklaus,** *ein Platzstratege erster Güte, ist bekannt für seine perfekte Einschätzung der Schläge.*

Der sichere Schlag

Stellen Sie darüber hinaus fest, wann die Profis auf Risiko gehen und wann sie besonnen spielen. Außer wenn es gerade um den Turniersieg geht, wählen sie in den meisten Fällen den sicheren Schlag. Lernen Sie daraus. Beobachten Sie einfach, wie etwa Justin Leonard einen Ball aus einer schlechten Lage zurück auf das Fairway pitcht, statt das Grün anzugreifen – auch wenn er eine 15%ige Erfolgschance hätte. Ein Bogey ist eben nicht immer schlecht, wenn die Situation verzwickt ist.

Arbeit am kurzen Spiel

Achten Sie auf das kurze Spiel der Pros und deren gute Schläge aus den Bunkern. In den meisten Fällen bekommen sie einen Chip, einen Pitch oder einen Bunkerschlag nah genug für einen sicheren Putt an die Fahne. Über eine Entfernung von 45 m ist ihr Spiel sehr gut, da sie diese Schläge ständig üben. Arbeiten auch Sie an Ihrem kurzen Spiel!

FEINSCHLIFF AM SPIEL

Und zu guter Letzt: Sehen Sie, wie selten die Profis die Nerven verlieren.

Natürlich, ab und an regt sich ein Profi auf, aber die meisten spielen einfach weiter. Sie können sich die Aufregung auch gar nicht leisten, weil sie ihren nächsten Abschlag ruinieren würde. Golf ist hauptsächlich ein mentales Spiel. Wer seine Ruhe verliert, verliert auch das Match.

Erlaubtes und Verbotenes bei einem Turnier

Verboten ist einem Spieler wegen eines Autogramms nachzulaufen. Warten Sie, bis der Spieler sagt, dass er jetzt Autogramme gibt, bevor Sie auf ihn zugehen. Kaum etwas nervt einen Spieler mehr, als hunderte von Fans, die ihn während der Runde wegen eines Autogramms bestürmen. Schließlich steht er mitten im Wettkampf.

Verboten ist jegliche Störung, während sich ein Spieler auf den Schwung vorbereitet.

Verboten ist die Absperrungen zu überschreiten, die Spieler von Zuschauern trennen.

Verboten ist zu fotografieren, während sich ein Spieler konzentriert. Die meisten Turnierveranstalter verbieten Kameras generell – lassen Sie Ihre also gleich zu Hause.

Verboten ist sich zu betrinken oder sich in irgendeiner Weise rüpelhaft zu benehmen. Golf ist angeblich der letzte Sport für Gentlemen. Benehmen Sie sich entsprechend.

Verboten ist zu stark zu drängeln, wenn man einen Platz sucht, von dem aus man gut zusehen kann.

Verboten ist einen Fairway zu queren, bevor es der Marshall erlaubt hat.

Verboten ist es generell, einen Spieler zu belästigen.

Verboten ist es, jeglichen Müll auf dem Platz liegen zu lassen. Auch Ihre Zigarettenkippen gehören in den nächsten Abfalleimer.

Erlaubt ist es, auf Spieler zuzugehen und um ein Autogramm zu bitten, wenn er oder sie zustimmt.

■ **Ein Marshall** *auf dem Platz gibt ein Zeichen zum Überqueren der Fairways. Ein Zuschauer hat zu drastischen Mitteln gegriffen, um sicher zu gehen, dass er alles auf dem Platz sieht.*

GOLF – EIN SPORT FÜR ZUSCHAUER

Erlaubt ist es, einem Marshall die Lage eines Spielerballs anzuzeigen, wenn er ihn schlecht wiederfinden kann.

Erlaubt ist mit einem Spieler zu sprechen, wenn er oder sie zustimmt.

Erlaubt ist nach einem gelungenen Schlag zu applaudieren.

Erlaubt ist Kinder mitzunehmen, wenn sie sich benehmen können und ruhig sind, wenn dies angebracht ist.

■ **Stürmischer Applaus** *am 18. Loch von Augusta für Jack Nicklaus, der nach einer komplizierten Finalrunde das Masters Turnier 1986 gewann.*

Kurze Zusammenfassung

✓ In den meisten Teilen Europas, Deutschland eingeschlossen, finden das ganze Jahr über Turniere statt. In Spanien und Portugal im Frühjahr, in Schottland im Herbst. Einmal abgesehen von den großen Turnieren gibt es die Mini-Touren. Egal, wo Sie wohnen, mindestens ein Profiturnier wird bestimmt in Ihrer Nähe stattfinden.

✓ Sie können eine Menge über das Profigolfspiel durch Fernsehübertragungen lernen, aber inzwischen auch mittels einer guten Website.

✓ Ein Turnier vor Ort zu verfolgen ist eine sehr gute Gelegenheit, Ihre eigenen Kenntnisse zu verbessern und obendrein einen vergnüglichen Tag zu verleben.

✓ Sehen Sie den Spielern immer auf der Driving Range zu. Sie werden dabei feststellen, in welchem Maße diese besonders das kurze Spiel trainieren.

✓ Wenn Sie ein Turnier besuchen, sollten Sie den Spielern gegenüber höflich und rücksichtsvoll sein, da diese gerade dabei sind, ihrer Arbeit nachzugehen.

Kapitel 24

Golfurlaub

Jeder von uns genießt seine Freizeit und wir alle fahren ab und zu gern in den Urlaub. Aber etwas hat sich für Sie geändert, oder? Jetzt, da Sie mit dem Golfspiel begonnen haben, wollen Sie natürlich auch im Urlaub golfen. Allein schon der Gedanke: Urlaub in Spanien, Portugal, den USA oder der Karibik. Abschlag in der Sonne, auf einem wunderbar gepflegten Platz. Die Familie ist dabei und hat ebenfalls ihren Spaß. Kurzum: ein perfekter Urlaub.

In diesem Kapitel …

✓ *Das perfekte Reiseziel*

✓ *Resorts und Pauschalreisen*

✓ *Was Sie einpacken sollten*

✓ *Golf als Begleitprogramm*

✓ *Auf den großen Plätzen spielen*

SONNENUNTERGANG IN VALDERRAMA, SPANIEN

FEINSCHLIFF AM SPIEL

Das perfekte Reiseziel

DIE ENTSCHEIDUNG für ein Golfreiseziel hat viel mit persönlichen Vorlieben zu tun. Mag sein, dass Sie das warme Klima Portugals bevorzugen oder die windigen Küsten des schottischen Nordens. Jeder nach seinem Geschmack. Wenn Sie sich erst einmal für eine bestimmte Region entschieden haben, sollten Sie vorab trotzdem einige Fragen klären, um die Wahl einzuengen.

■ **Schottland** ist weltberühmt für seine traumhaft gelegenen Plätze. Viele sind von einer wilden, dramatischen Landschaft umgeben.

Die Wahl des Reiseziels

Wie gut spielen Sie Golf? Wenn Sie ein Anfänger sind, wählen Sie kein Ziel mit extrem schwierigen Plätzen. Sie können das vorab anhand des *Course Ratings* und des *Slopes* feststellen.

> Wenn das Rating des Platzes 72 oder weniger ist, kommen Sie auch als Anfänger gut zurecht. Liegt der Slope tiefer als 115, gilt dasselbe.

Vermeiden Sie einen Platz mit einem sehr hohen Course Rating und Slope. Sie verlieren dort nur viele Bälle und wahrscheinlich auch die Geduld.

WAS IST …

Sicherlich können Sie sich an den Begriff **Course Rating** aus Kapitel 3 erinnern. Er besagt, dass ein Scratch-Golfer (Handicap 0) auf dem Platz genau diese Vorgabe als Ergebnis erfüllen sollte.

Wird der Platz mit 68 bewertet, so ist er relativ einfach zu spielen und ist auch für Anfänger geeignet. Ein Rating von 72 steht für einen Standardplatz. Ein hohes Rating, etwa von 76, besagt, dass der Platz schwer ist und von Anfängern gemieden werden sollte. Der **Slope** misst ebenfalls die Schwierigkeit eines Platzes, ist aber erst vor kurzem in Europa eingeführt worden.

Je höher der Slope, desto schwieriger ist der Platz. Der Durchschnitts-Slope bei US-Plätzen liegt etwa bei 113. Alles, was darunter liegt, ist einfach – alles darüber ist schwer. Anfänger sollten keine Plätze mit einem Slope von über 115 spielen.

GOLFURLAUB

Preis-Leistungs-Verhältnis

Als Nächstes sollten Sie den Preis abwägen. Was können Sie sich leisten? Manche Golf-Resorts, die gerade »in« sind, verlangen tausende von Mark für den Aufenthalt einer Person. Für die meisten von uns sind sie einfach zu teuer. Andere bieten aber auch günstigere Arrangements an oder spezielle Packages, sodass die ganze Familie mitreisen kann.

Sie können die Resorts auch umgehen, wenn Sie die Teetimes an einem einigermaßen preiswerten Platz selbst buchen und das Zimmer in einem Hotel in der Nähe. In Kombination mit einem billigen Flug machen Sie womöglich ein Schnäppchen.

Manche Fluglinien bieten spezielle Holiday-Packages an, bei denen die Kosten für Flug, Hotel, Auto und Greenfee inklusive sind. Meist liegt der Preis hier sehr niedrig.

Fragen Sie bei Ihrem Reiseveranstalter nach oder checken Sie den Reservierungsservice der Fluglinie auf der Website.

Unterhaltung für die ganze Familie

Wenn Sie sich für einen Golfurlaub entscheiden, sollten Sie auch die Wünsche Ihrer Familie bedenken. Überlegen Sie, was die anderen tun, während Sie golfen. (Im Idealfall spielt natürlich die ganze Familie Golf!). Wenn Sie z.B. ein Golfresort nahe Orlando, USA, buchen, treffen Sie nicht nur auf vorzügliche Golfplätze, sondern auch auf Disneyworld, unzählige andere Themenparks und auf grenzenlose Einkaufsmöglichkeiten. Golfen in Spanien oder Portugal lässt sich mit Baden und Ausflügen verbinden.

GRAND CYPRESS (NEW COURSE)

LOCH	YARDS	PAR	LOCH	YARDS	PAR
1	362	4	10	330	4
2	514	5	11	430	4
3	179	3	12	207	3
4	440	4	13	431	4
5	393	4	14	371	4
6	496	5	15	570	5
7	182	3	16	190	3
8	440	4	17	485	5
9	382	4	18	371	4
1-9	3,388	36	10-18	3,385	36

TOTAL 6,773 YARDS; PAR 72

■ **Grand Cypress** (New Course), nahe Orlando, Florida, wurde von Jack Nicklaus entworfen. Einige Elemente erinnern an den Old Course von St. Andrews.

FEINSCHLIFF AM SPIEL

In der Nähe bleiben

Golfurlaub bedeutet nicht automatisch, dass Sie tausende von Kilometern weit reisen müssen. Sie können genauso gut in einen anderen Teil Deutschlands fahren, einen kurzen Flug in ein Nachbarland buchen oder sogar in Ihrer Region bleiben. Wenn Sie letztere Variante wählen, hat dies den Vorteil, dass Sie ein- oder zweitägige Kurztrips machen können und trotzdem viel Spaß haben. Das ist weit billiger als eine Asien- oder USA-Reise.

Wenn Sie das häufig regnerische und schlechte Wetter Deutschlands leid sind, buchen Sie einfach einen billigen Flug nach Spanien oder Portugal, wo es beinahe das ganze Jahr über schön ist. Wenn Sie auf wirklichen Championship-Plätzen spielen möchten, unternehmen Sie einen Kurztrip nach Irland und spielen dort z.B. in Ballybunion. Wo immer Sie auch leben, einen reizvollen, entspannenden Golfurlaub können Sie sicherlich ganz in der Nähe Ihres Wohnortes verbringen.

Resorts und Pauschalreisen

GOLFRESORTS GIBT ES ÜBERALL. *Sie finden sie in den Vereinigten Staaten, in Mexiko, Brasilien, auf den Bermudas, in Puerto Rico, Griechenland, auf Malta, in Schottland oder Spanien. Sogar die Türkei und Polen haben einige zu bieten. Diese Resorts verfügen über traumhafte Golfplätze, die in der Regel nur den Hotelgästen offen stehen. Die Fairways und Grüns sind nicht überstrapaziert, die Spielbedingungen dagegen immer nahezu perfekt, sodass Sie dort einen tollen Urlaub verbringen können.*

Golf für alle

Die meisten Resorts bieten mindestens 27 Löcher, viele haben sogar 36 und mehr. Normalerweise findet man einen schwierigeren Platz mit 18 Löchern und neun oder 18 weniger schweren Löchern für diejenigen, die nicht die große Herausforderung suchen.

TRYALL GOLF CLUB AUF JAMAIKA

Alles um die Ecke

Das Schöne an einem Golfresort ist, dass man nahezu alles binnen weniger Minuten zu Fuß erreicht. Wahrscheinlich müssen Sie noch nicht einmal ein Auto mieten. Gutes Essen, Shoppen, Schwimmen, Tennis und ein Fitnessraum oder ein Massagestudio sind meist um die nächste Ecke zu finden. Manche Resorts bieten sogar eine Golfakademie an.

INTERNET
www.travelguides.com
Hier finden Sie Informationen zu Golfplätzen und Resorts auf der ganzen Welt.

Ein gutes Golfresort hat erstklassige Unterkünfte, oftmals in direkter Nähe zu einem Golfplatz. Manche, z.B. die in Las Vegas oder Reno, Nevada, bieten auch Abendshows und Casinos. Konferenzräume gibt es in fast allen Resorts, sodass dort auch Geschäftsbesprechungen und Seminare stattfinden können.

Was ist im Preis inbegriffen?

Die meisten Resorts bieten verschiedene Packages an, die sich nach der Aufenthaltsdauer, der Art der Unterkunft und der jeweiligen Saison richten, in der Sie fahren. Mindestens eine Runde Golf pro Tag ist im Preis inbegriffen, viele Resorts lassen Sie zweimal spielen. Nach 36 Löchern sind Sie auf jeden Fall fällig für die Dusche, neue Kleidung und ein schönes Abendessen.

Ein kleiner Tipp, wenn Sie in einem Golfresort Urlaub machen:

Trinkgelder sind im Preis niemals enthalten.

Fragen Sie also vorab genau, welche Leistungen der Preis einschließt. Wenn Sie das nicht klären, zahlen Sie womöglich danach Greenfees und andere zusätzlich zum Package-Preis anfallende Kosten.

DAS PINEHURST RESORT

Übrigens …

Das 1925 erbaute Pinehurst Resort in North Carolina ist das älteste Golfresort der USA. Teilweise von Donald Ross gestaltet, der auch am Old Course in St. Andrews arbeitete, liegen die Plätze inmitten von Pinienwäldern und bieten exzellente Spielmöglichkeiten.

FEINSCHLIFF AM SPIEL

Was Sie einpacken sollten

VON DEN MILLIONEN GOLFERN, die in diesem Jahr einen Golfurlaub antreten, werden einige ein paar wichtige Dinge vergessen, andere bei weitem zu viel einpacken. Was genau brauchen Sie also? Im Grunde genommen sollten Sie die ganze Sache möglichst einfach angehen.

Die richtige Kleidung

Packen Sie eine Auswahl an passenden Kleidungsstücken ein.

Selbst wenn Sie in Richtung Mittelmeer reisen, sollten Sie einen Regenanzug, Hosen, ein langärmeliges Shirt oder ein Sweatshirt mitnehmen. Ein vernünftiger Hut (am besten mit breiter Krempe) ist wegen der Sonne Pflicht. Bei einem Ziel mit mitteleuropäischem Klima packen Sie diverse leichte Kleidung ein, sodass Sie sich den Temperaturen anpassen können. Ein Paar Extrahandschuhe und -socken sind sinnvoll. Eine leichte Jacke, um den Wind abzuhalten, ist ebenfalls nötig.

LANGÄRMELIGER PULLI

Wichtige Extras

Vergewissern Sie sich, dass Sie Sonnencreme im Gepäck haben. Kaufen Sie diese nicht erst am Urlaubsort, da sie dort bekanntermaßen mindestens doppelt so viel kostet. Nehmen Sie auch einen Lippenschutz gegen die Sonne mit, und stecken Sie Pflaster für den Fall ein, dass Sie Blasen bekommen (das klingt wie bei Ihrer Mutter, oder?). Einen Golfschirm und Extra-Spikes brauchen Sie – Letztere nur für den Fall, dass Sie einige verlieren. Der Spikeschrauber muss ebenfalls mit. Gleiches gilt für genügend viele Golfbälle. Schließlich wollen Sie ja nicht die hohen Proshoppreise zahlen. Ein Säckchen Tees und ein Marker für die Bälle sind ebenfalls nötig, damit Sie diese am Platz schnell identifizieren können.

KURZÄRMELIGES SHIRT

HANDSCHUH

GOLFHOSE

SPIKES UND SCHRAUBER

GOLFURLAUB

Rufen Sie vorab in den Clubs an, um festzustellen, ob Sie Softspikes benötigen.

Ist dies der Fall – und Sie haben normale Metallspikes an den Schuhen –, dann wechseln Sie vor der Abfahrt zu Softspikes.

Transport der Schläger

Es ist sinnvoll, die Schläger in einem robusten Travelcover, am besten mit Rollen, zu verpacken.

Rollen sind vor allem dann praktisch, wenn Sie innerhalb eines Flughafens ein Stück mit dem Bag gehen müssen. Die Travelcover aus Hartplastik bieten einen etwas besseren Schutz als weiche Hüllen, obwohl diese leichter und besser zusammenzulegen sind. Aber der Schutz geht vor: Schließlich haben Sie eine Menge für die Golfschläger bezahlt und sollten sie daher vor allzu rauer Behandlung schützen, wenn sie im Flughafen verladen werden.

Golf als Begleitprogramm

NATÜRLICH MUSS GOLF nicht zwangsweise die Hauptbeschäftigung während Ihres Urlaubs sein. Vielleicht wollen Sie Sightseeing oder einen Campingurlaub mit der Familie machen. Vielleicht fahren Sie ja auch in einen nahe gelegenen Naturpark, gehen wandern oder schlafen unter freiem Himmel. Es spricht ja nichts dagegen, dass Sie trotzdem Ihre Schläger mitnehmen, oder?

Schläger mitnehmen – für den Notfall natürlich …

Bevor Sie Ihren Nicht-Golfurlaub antreten, sollten Sie trotzdem prüfen, ob nicht in der Nähe Ihres Ziels sehr gute Plätze liegen.

Vielleicht befindet sich fast nebenan ein besonders schöner Golfplatz. Wenn Sie dann Ihre Schläger nicht eingepackt haben, werden Sie sich ärgern. Nehmen Sie also die Schläger für alle Fälle mit. Man weiß ja nie!

Wenn Sie doch ohne Schläger fahren und dann einen Platz finden, den Sie einfach spielen *müssen*, machen Sie Halt und fragen nach Leihschlägern im Proshop. Manche haben einige Sets für Gäste parat.

FEINSCHLIFF AM SPIEL

Auf den großen Plätzen spielen

DIE GESCHICHTE DES GOLFS reicht über 600 Jahre zurück. Ein Großteil davon hat sich innerhalb der Grenzen von ein paar Dutzend Golfplätzen dieser Welt abgespielt. Die meisten befinden sich in Großbritannien, Irland und den USA – dem Land mit den meisten Plätzen überhaupt.

Erfüllen Sie sich einen Traum

Viele von uns haben weder die Zeit noch das Geld, einige dieser Plätze zu besuchen. Selbst wenn Sie beides hätten, könnten Sie einige Kurse noch nicht einmal betreten, weil sie zu privaten Country Clubs gehören – sie sind eben nur für die Privilegierten und die Reichen. Zum Glück aber sind einige dieser historischen Plätze für die Öffentlichkeit zugänglich, vorausgesetzt, Sie zahlen ein ziemlich hohes Greenfee. Allein der Gedanke, Urlaub in Schottland zu machen und tatsächlich eine Runde auf dem Old Course in St. Andrews zu spielen … Doch gerade das ist möglich, denn St. Andrews ist tatsächlich ein öffentlicher Platz. Ein Package-Trip in die Umgebung kann arrangiert werden. Sie spielen auf der »Mutter aller Golfplätze«. Das ist ein wirklich traumhafter Golfurlaub!

INTERNET

www.longshotgolf.co.uk

Auf dieser Site erfahren Sie beinahe alles, was Sie über den Golfurlaub Ihrer Träume wissen müssen.

■ **Gegründet 1754,** gilt der Royal and Ancient Golf Club of St. Andrews gemeinhin als die Heimat des Golfsports. Dieser Blick vom 18. Fairway auf das Clubhaus ist auf der ganzen Welt bekannt.

GOLFURLAUB

Die 20 berühmtesten Plätze der Welt

Die meisten dieser Plätze sind für Gäste nicht zugänglich, doch sollten Sie sie als interessierter Golfer trotzdem kennen. Falls Sie demnächst im Lotto gewinnen, können Sie in einem der Clubs Mitglied werden und die perfekt gepflegten Fairways genießen.

In der folgenden Liste ist der Name des Platzes zuerst aufgeführt, dann folgen die Stadt und das Land, beziehungsweise die Stadt und der US-Staat, in dem der Platz liegt. Bei Clubs, die mehr als einen Platz haben, ist der betreffende Kurs kursiv gesetzt.

Augusta: Augusta, Georgia, USA
Wahrscheinlich der bekannteste unter den berühmten US-Plätzen. Diese perfekte Anlage von Augusta war eine Idee von Bobby Jones, dem besten Amateur aller Zeiten. An eine Abschlagzeit auf diesem absolut privaten Platz ist gar nicht zu denken.

BALLYBUNION (OLD COURSE), IRLAND

Ballybunion (Old Course): Ballybunion, Irland
Ballybunion ist ein öffentlicher Platz. Das Greenfee beträgt hier etwa 135 Mark.

Baltusrol Golf Club (Lower): Springfield, New Jersey, USA
Ein Privatplatz, der 1895 von A. W. Tillinghast gebaut wurde. Er hat schöne Grüns und von Bäumen gesäumte Fairways. Hier fanden im letzten Jahrhundert zahlreiche U.S. PGA-Turniere statt.

Carnoustie (Championship Course): Carnoustie, Schottland
Dieser Platz – an der Ostküste Schottlands gelegen – wurde teilweise von dem legendären schottischen Golfer Old Tom Morris gestaltet. Carnoustie, Schauplatz der British Open 1999, ist ein öffentlicher Platz und kostet etwa 150 Mark Greenfee.

The Country Club: Brookline, Massachusetts, USA
Ein wundervoller Privatplatz, der über 100 Jahre alt ist, kleine Grüns und sehr schöne, von Bäumen gesäumte Fairways aufweist. The Country Club war der Schauplatz des Ryder Cup 1999.

Cypress Point Club: Pebble Beach, Kalifornien, USA
Schönheit und Anspruch dieses traumhaft am Meer gelegenen Platzes sind wohl unerreicht. Privatplatz.

CYPRESS POINT CLUB, KALIFORNIEN, USA

FEINSCHLIFF AM SPIEL

Loch Lommond Golf Club:
Argyll, Schottland
Einer der besten neuen Plätze in Europa. Loch Lommond ist ein privater Club, auf dem Nichtmitglieder nur selten Zutritt zum Spiel haben.

Muirfield: Gullane, Schottland
Ein historischer Privatplatz im Mutterland des Golfsports. Sehr schwierig und anstrengend, aber ebenso schön.

MUIRFIELD, SCHOTTLAND

National Golf Links of America: Southampton, New York, USA
Ein Platz, auf dem das Wasser an manchen Löchern ins Spiel kommt. Der Privatplatz an der Küste von Peconic Bay, Long Island, ist ein amerikanischer Klassiker.

Oakmont Country Club: Oakmont, Pennsylvania, USA
Ein Parkland-Course, auf dem viele Turniere stattfanden. Oakmont ist ein privater Club.

Olympic Club (Lake Course): San Francisco, Kalifornien, USA
Eine wirkliche Prüfung für jeden Golfer. Die von Bäumen gesäumten Löcher des Lake Course in Olympic sind wunderschön. Trotz des Namens kommt seltsamerweise kein Wasser ins Spiel. Ebenfalls ein Privatplatz.

Pebble Beach: Pebble Beach, Kalifornien, USA
In der Nähe von Cypress Point gelegen, ist dies wahrscheinlich der bekannteste Platz der USA. Durch den nahe gelegenen Pazifischen Ozean ist Pebble Beach atemberaubend schön und gleichzeitig schwer zu spielen – ein Resortplatz, also auch für die Öffentlichkeit zugänglich, obwohl das Greenfee pro Runde um die 600 Mark beträgt.

PEBBLE BEACH, KALIFORNIEN, USA

GOLFURLAUB

Pinehurst Country Club Nr. 2: Pinehurst, North Carolina, USA
Ein sehr schöner, klassischer Platz mit unzähligen Pinien. Er gehört zu einem Resort, ist also öffentlich, vorausgesetzt, Sie sind bereit gut 500 Mark an Greenfee zu bezahlen.

Pine Valley: Clementon, New Jersey, USA
Pine Valley, ein Privatplatz, bietet viel Tradition und Golfnostalgie. Er entstand 1918, hat sowohl Gras- als auch Sandbunker und das höchste Slope-Rating in den USA – dieses liegt genau genommen bei 153.

Royal Birkdale: Southport, England
Diese Anlage war 1998 der Schauplatz der British Open. Sie ist immer sehr windig und bekannt für ihre hohen Sanddünen. Royal Birkdale ist ein privater Club.

Royal Melbourne: Melbourne, Australien
Wunderschön und sehr verführerisch. Ein Privatplatz, der stets als der beste Australiens bezeichnet wird und zu den zehn besten der Welt zählt.

Shinnecock Hills: Southampton, New York, USA
Ein alter, von Wind sehr stark betroffener Platz voller Tradition und Schönheit. Shinnecock Hills ist ein Privatplatz.

St. Andrews (Old Course): St. Andrews, Schottland
Der als Wiege des Golfs bekannte Platz liegt an der Ostküste Schottlands. Er ist schwierig, herausfordernd und schön zugleich. Glücklicherweise handelt es sich um einen öffentlichen Platz. Das Greenfee beträgt etwa 210 Mark.

Turnberry (Ailsa Course): Turnberry, Schottland
Ein historischer Platz, der zu einem Resort gehört. Für jedermann zugänglich. Greenfee: ca. 150 Mark.

Winged Foot Golf Course (West): Mamaroneck, New York, USA
Ein pittoresker Privatplatz in einem Vorort von New York. Er wurde 1923 von dem berühmten A. W. Tillinghast gebaut. Genauigkeit ist auf Grund der engen Fairways mit vielen Bäumen ein Muss.

TURNBERRY, SCHOTTLAND

FEINSCHLIFF AM SPIEL

20 berühmte öffentliche Plätze

Viele weltberühmte Plätze sind privat und für unsereins nicht zugänglich – es geht auch ohne sie. Viele Championship-Plätze sind öffentlich, sodass auch Sie und ich dort spielen können. Es gibt ziemlich teure, aber einige sind vom Preis her in Ordnung und erlauben für ein Greenfee sogar mehrere Runden. Da sich das Greenfee ändert, gebe ich für jeden Platz einen Bereich an, in dem sich der Preis bewegt. Dieser ist wie folgt markiert:

🏌 120 DM
🏌🏌 120–235 DM
🏌🏌🏌 235–300 DM

Royal Golf Club de Belgique: Tervuren, Belgien
🏌🏌🏌

Der Club wurde 1904 gegründet. Der belgische König ist der Präsident, das Clubhaus, früher Schloss Ravenstein, ist eines der bekanntesten nationalen Denkmäler.

Ganton Golf Club: Scarborough, England
🏌🏌

Ein heidebewachsener Platz im Landesinnern. 1891 gegründet, wurde er später von Dr. Alistair Mackenzie und Harry Vardon umgestaltet. Ein Platz, der viel Genauigkeit verlangt.

■ **Unvergleichlich** ist das Gefühl beim ersten Schlag auf einem weltberühmten Platz.

Royal North Devon: Devon, England
🏌🏌

Der älteste am Meer gelegene Platz Englands. Gleichzeitig ist er der Heimat des ältesten Damengolfclubs der Welt. J.H. Taylor arbeitete hier früher als Schuhputzer, bevor er später fünfmaliger British-Open-Champion und Clubpräsident wurde.

Sunningdale Golf Club: Ascot, England
🏌🏌🏌

Die Krater deutscher Bomben wurden nach dem Zweiten Weltkrieg zu Bunkern umfunktioniert. Ein schöner und sehr trügerischer Platz mit gut geschützten Grüns, die große Genauigkeit erfordern. In Sunningdale wurden häufig die European Open ausgetragen.

The Wentworth Club: Surrey, England
🏌🏌🏌

Wentworth ist einer der berühmtesten, im Landesinnern gelegenen Plätze Europas, die Heimat der PGA European Tour und der Schauplatz der Volvo PGA Championship. Es gibt drei Plätze, alle im Parkland-Stil. Der Wentworth-West-Kurs wird auch gerne scherzhaft »Straße von Burma« genannt, weil er extrem lang und schwer ist.

GOLFURLAUB

Bondues Golf Club: Bondues, Cedex, Frankreich

Hier befindet sich der größte Golfclub Frankreichs. Es gibt zwei Plätze, von denen einer von Robert Trent Jones (senior und junior) gebaut wurde, der andere von Hawtree. Die Ausblicke sind atemberaubend, allerdings sollte man auf die Wasserhindernisse achten.

Royal Portrush: County Antrim, Nordirland

1888 gegründet, wurde der Platz entlang der Küste in die Sanddünen gebaut. In traumhafter Landschaft finden Sie herrliche Löcher, aber nehmen Sie sich vor dem langen Rough in Acht. Die Löcher tragen aus gutem Grund namen wie Calamity oder Purgatory.

Portmarnock: County Dublin, Irland

Portmarnock zählt zu den besten Championship-Plätzen Europas und hat alle Qualitäten eines großen Links-Platzes. Er liegt auf einer vorgelagerten Insel und die Spielbedingungen werden von Wind und Wetter stark beeinflusst.

Poggio Dei Medici Golfkurs: Florenz, Italien

1995 fertig gestellt, wurde Poggio Dei Medici nur ein Jahr später zum besten Platz Italiens gekürt. Die Grüns sind wie bei den meisten modernen Plätzen nach USGA-Standards gebaut. Im Mai 2000 fanden dort die 13. Ladies Italian Open statt.

Pevero Golf Club: Sardinien, Italien

Ein für jeden Golfer anspruchsvoller Platz von Robert Trent Jones. Er ist schön, aber auch tückisch und hat einige Hindernisse, die meist von der Natur und nicht vom Architekten geschaffen wurden.

Club zur Vahr Bremen:
Golfplatz Garlstedter Heide, Deutschland

Dieser Platz mit einer Bahnlänge von 6600 m verfügt über eine Rasenfläche von 40 Hektar mit Wasserzügen sowie 30 Hektar Wald. 1975 wurden auf dem Platz die German Open ausgerichtet.

■ **Beachten Sie** *das Course-Rating, da manche Plätze selbst die Topspieler auf die Probe stellen.*

FEINSCHLIFF AM SPIEL

■ **Spielen Sie in den Fußstapfen** vieler Profis auf Plätzen, die die Schauplätze großer Turniere waren.

Vilamoura Old Course: Algarve, Portugal
♀♀
Häufig Austragungsort verschiedener großer Turniere, etwa der World Ladies Amateur Championship. Ein sehr britischer Platz, entworfen von Frank Pennick und mit vielen Löchern an steilen Anhängen.

Valderrama Golf Club: Cadiz, Spanien
♀♀♀
Dieser Platz von Robert Trent Jones gilt für viele als der beste Europas. Nahezu jedes Loch ist hier eine große Herausforderung. Das Greenfee ist zwar hoch, aber bei dem dafür gebotenen erstklassigen Service fühlt man sich wirklich wie ein Pro.

Gleneagles: Perthshire, Schottland
♀♀♀
In Gleneagles zu spielen ist eine wirklich luxuriöse Golferfahrung. Das Resort verfügt über drei Championship-Plätze, trotzdem muss man eine Teetime mindestens acht Wochen vorher buchen – die erstklassigen Spielmöglichkeiten sind es aber wert.

Club de Golf Las Brisas: Malaga, Spanien
♀
Der von Robert Trent Jones entworfene Platz hat eine interessante Struktur mit gutplatzierten Bunkern und Wasserhindernissen sowie welligen Grüns und engen Fairways.

Kristianstad Golf Club: Åhus, Schweden
♀♀♀
Dieser Platz ist, bedingt durch seine Lage in der Heide, neun bis zehn Monate im Jahr gut spielbar. Die Anlage verfügt über einen 18- und einen 9-Loch-Platz.

Crans-sur-Sièrre: Crans-sur-Sièrre, Schweiz
♀♀♀
Ein Hochgebirgsplatz, entworfen von Jack Nicklaus, der große Anforderungen an das lange Spiel stellt. Hier wird das Canon European Masters ausgetragen.

Golfclub Falkenstein: Hamburg, Deutschland
♀
Von den deutschen Nationalspielern wird der Platz des traditionsreichen Hamburger Clubs regelmäßig und einhellig zum schönsten Platz Deutschlands gekürt. Neben dem ästhetischen Genuss bietet die nur zehn Autominuten von der A7-Ausfahrt Bahrenfeld gelegene Anlage aber auch eine echte sportliche Herausforderung.

Golf- und Countryclub Seddiner See: Wildenbruch, Deutschland

Die nur 25 Autominuten von der Berliner Innenstadt gelegene Anlage verfügt über zwei Plätze. Besonders schön ist der von Robert Trent Jones entworfene Südplatz, den man allerdings – anders als den Nordplatz – nur in Begleitung von Mitgliedern spielen kann.

Golfclub Feldafing: Feldafing, Deutschland

Direkt am Ufer des Starnberger Sees inmitten eines historischen Parks mit sehr altem Baumbestand liegt der Platz des Golfclubs Feldafing. Auf der Runde öffnen sich immer wieder schöne Ausblicke auf den See und die Alpenkette.

Kurze Zusammenfassung

✓ Egal, wohin Sie auf dieser Welt fahren, irgendwo in der Nähe ist sicherlich ein guter Golfplatz.

✓ Rufen Sie vorher an und prüfen Sie, ob Ihr Spielstandard für den Platz gut genug ist. Die meisten Plätze sind für Anfänger zugänglich, aber manche für Sie vielleicht einfach zu schwierig.

✓ Golfresorts sind überall auf der Welt entstanden. Die Buchung von Packages ist der beste Weg, um sich diese kleinen Paradiese leisten zu können.

✓ Packen Sie wenig ein, aber nehmen Sie einen Regenanzug mit. Stecken Sie die Schläger in einen Schutzüberzug, sodass sie auf der Reise nicht beschädigt werden.

✓ Auch wenn das Golfspiel nicht die Hauptbeschäftigung während Ihres Urlaubs werden soll – ein guter Platz befindet sich fast immer in der Nähe Ihres Urlaubsorts. Bringen Sie also vorsichtshalber Ihre Schläger mit.

✓ Die legendären Golfplätze haben diesen Sport geprägt. Wenn Sie die Gelegenheit haben, sollten Sie einige von ihnen besuchen, um einen Eindruck von der Tradition des Golfs zu bekommen.

✓ Einige der berühmten Plätze sind für jedermann zugänglich. Wenn Ihnen das Greenfee nicht zu hoch ist, können Sie auf diesen historischen Plätzen eine oder zwei Runden spielen. Sie werden sich immer daran erinnern.

ANHANG

Weitere Informationen

Golfverbände

Association Suisse de Golf
   Place de la Croix Blanche 19
   CH–1066 Epalinges
   www.asg.ch

Deutscher Golf Verband (DGV)
   Viktoriastraße 16
   D–65189 Wiesbaden
   www.golf.de

European Golf Association
   Place de la Croix Blanche 19
   CH–1066 Epalinges
   www.ega-golf.ch

Ladies' Golf Union
   The Scores
   St. Andrews
   Fife, KY16 9AT
   Schottland
   www.lgu.org

Österreichischer Golf Verband
   Haus des Sports
   Prinz-Eugen-Straße 12
   A–1040 Wien
   www.golf.at

Professional Golfers' Association (PGA) of Germany
   Werner-Haas-Straße 6
   D–86153 Augsburg
   www.pga.de

Royal & Ancient Golf Club of St. Andrews
   St. Andrews
   Fife, KY16 9JD
   Schottland
   www.randa.org

Vereinigung clubfreier Golfspieler im DGV (VcG)
   Viktoriastraße 16
   D–65189 Wiesbaden
   www.golf.de

Zeitschriften

Erstens macht es Spaß, Golfzeitschriften zu lesen, und zweitens halten Sie sich auf diese Weise über die Entwicklungen im Golfsport auf dem Laufenden. Abonnieren Sie eine Golfzeitschrift und lesen Sie die kostenlosen Golfmagazine. Hier finden Sie Berichte über große Turniere, Vorschauen, Spielerporträts oder auch Ratschläge von bekannten Golfprofis sowie Informationen über Neuheiten auf dem Golfmarkt.

Nehmen Sie nicht jeden Ratschlag, den Sie in einem Buch oder in einer Zeitschrift lesen, für bare Münze. Manchmal kann so ein Tipp für Sie völlig falsch sein. Ein Golfschwung ist wie ein Fingerabdruck und sehr individuell. Wenn Sie dem Autor des Buches oder des Artikels vertrauen, können Sie es ruhig ausprobieren. Folgen Sie immer den Anweisungen Ihres Golflehrers oder Ihrer Golflehrerin, denn nur er oder sie kennt Ihren persönlichen Golfschwung ganz genau und weiß, was für Sie gut ist.

ANHANG

Aufgeteet
 Golfverlag Aufgeteet GmbH
 Postfach 2945
 D–32019 Herford

Golf Aktuell
 Verlag Bentzel und Partner GmbH
 Inderstorferstraße 62
 D–80689 München
 www.golfaktuell.de

Golf & Country
 vip media verlag
 Alte Landstraße 19
 CH–8596 Scherzingen
 www.golf-country.ch

Golf Club-Magazin
 Kopp Public Ges. f. Publizistik GmbH
 Hohenzollernstraße 33
 D–30161 Hannover

Golf Journal
 Atlas Verlag für Spezialzeitschriften GmbH
 Karlstraße 35
 D–80333 München
 www.golf.de/journal

Golf Magazin
 Jahr Verlag GmbH & Co.
 Jessenstraße 1
 D–22767 Hamburg

Golf Style International
 Allgemeine Verlagsanstalt
 In der Fina 18
 FL–9494 Schaan
 www.golfstyle.de

Golf TIME
 Golf TIME Verlag GmbH
 Truderinger Straße 302
 D–81825 München
 www.golftime.de

Golf Welt Lady
 Kern & Kern Media Verlag oHG
 Burgstraße 77
 D–53177 Bonn

Golfen im Club
 ADS-Zeitungs-Verlags-GmbH
 Am Stadtbad 14
 D–59065 Hamm
 www.golfen-im-club.de

Bücher

Es bietet sich besonders für Anfänger an, sich einige Bücher über die Grundlagen des Golfspiels zuzulegen (das vorliegende Buch ist z. B. sehr gut geeignet). Bücher können Ihnen aber nur einen ersten Eindruck von der Technik vermitteln. Um das Spiel wirklich zu erlernen, brauchen Sie Trainerstunden, Spielpraxis und viel Übung.

Suchen Sie nach Literatur von Golfern oder Golflehrern, die Ihnen gefallen. Bei vielen Büchern steht dabei hinter dem eigentlichen »Autorennamen« des Profispielers in Wirklichkeit oft ein so genannter Ghostwriter, wobei dessen Wissen meist direkt vom Golfer oder Lehrer stammt. Dieser achtet natürlich auch darauf, dass das Buch nach seiner Philosophie geschrieben wird.

ANHANG

Besser Golf spielen
von Mike Adams und T. J. Tomasi, Heel, Königswinter 1997

Das Buch der 1000 Tips
von Jack Nicklaus, Jahr Verlag, Hamburg 1981

Das grosse Buch vom Golf. Lexikon von A–Z
von Gary Player mit Chris Whales und Duncan Cruickshank, Jahr Verlag, Hamburg 2000

Der Schwung
von Oliver Heuler, Falken Verlag, Niedernhausen 1994

Es ist nicht alles Golf, was glänzt
von Ulrich Kaiser, Albrecht Verlag, Gräfelfing 1998

Ein Schwung fürs Leben
von Nick Faldo, Jahr Verlag, Hamburg 1995

Golf ist Selbstvertrauen
von Bob Rotella, BLV Verlagsgesellschaft, München 1997

Golf lernen
von Peter Ballingall, Delius Klasing, Bielefeld 1998

Golf Perfekt
von David Leadbetter, Jahr Verlag, Hamburg o. J.

Golf, Regelfragen und Etikette
von Malcolm Campbell, Pietsch Verlag, Stuttgart 1998

Golf Führer Deutschland 2000
herausgegeben vom Albrecht Verlag, Gräfelfing 2000

Golf wie die Champions
von John Jacobs, Jahr Verlag, Hamburg 2000

Harvey Penick's Golf-Weisheiten (Das kleine rote Buch)
von Harvey Penick, BLV Verlagsgesellschaft, München 1998

Ladies Golf. Starkes Spiel vom roten Tee
von Petra Bathe, Albrecht Verlag, Gräfelfing 2000

Offizielle Golfregeln 2000–2003
herausgegeben vom Deutschen Golf Verband e. V., Albrecht Verlag, Gräfelfing 2000

Spielend Golf lernen
von Bernd H. Litti, Mosaik Verlag, München 1998

Tiger Woods–Der Weg zum Champion
von Tim Rosaforte, Jahr Verlag, Hamburg 1998

Golfschulen

AMP Golfschule
   Oeverdieker Weg 20
   D–23669 Timmendorfer Strand
   www.amp-golf.de

Arnold Palmer Golf Academy
   Bay Hill Club
   9000 Bay Hill Blvd.
   Orlando
   Florida 32819
   USA
   www.apga.com

Bernhard Langer Golfakademie
   c/o Nova Golf
   Leipziger Straße 16
   D–82008 Unterhaching

Cliff Potts Golf Academy
   Golfclub Obere Alp
   Am Golfplatz 1–3
   D–79780 Stühlingen
   www.golf-oberealp.com

David Leadbetter Golf Academy
   Paul Dyer
   Gut Waldshagen
   D–24306 Waldshagen

David Leadbetter Golf Academy (USA)
   5500 34th St. West
   Bradenton
   Florida 33431
   USA
   www.leadbetter.com

Golfschule Berchtesgadener Land
   Ernst Reiter
   Weng
   D–83404 Ainring
   www.golf-schule.de

Hartl Golfakademie Bad Griesbach
   Holzhäuser 8
   D–94086 Bad Griesbach
   www.hartl.de

Jack Nicklaus Golf School
   Carden Park Hotel Golf Resort and Spa
   Chester
   Cheshire, CH3 9DQ
   England
   www.carden-park.co.uk

Mallorca Golf Sport SL
   Aptdo. 14
   075605 Cala Maillor
   Mallorca
   Spanien
   www.golfschule.com

Peter Ballingall Golf School
   Barnham Broom Hotel
   Honingham Road
   Barnham Broom
   Norwich, Norfolk, NR9 4DD
   England
   www.barnham-broom.co.uk

Sport Scheck Golfakademie Semlin
   Ferchesarerstraße 8b
   D–14715 Semlin
   www.golfhotelsemlin.de

Sport Scheck Golfakademie Wutzschleife
   Ortsteil Hillstedt
   D–92444 Rötz
   www.wutzschleife.com

The Scottish Golf School at St. Andrews
   St. Andrews
   Fife, KY6 9JD
   Schottland
   www.randa.org

ANHANG

Golf im Internet

DAS INTERNET BIETET zahlreiche Websites zum Thema Golf an (häufig in englischer Sprache). Tippen Sie »Golf« (ohne die Anführungszeichen) in Ihre bevorzugte Suchmaschine ein und lassen Sie sich überraschen. Als ich es ausprobiert habe, bekam ich 1.533.453 Websites angeboten – mehr als man im ganzen Leben ausprobieren könnte. Als ich das Gleiche mit dem Thema Fußball versuchte, erhielt ich 1.291.250 Websites, für Angler nur 634.180. Ha! Damit ist wohl klar, welcher der weltweit beliebteste Freizeitsport ist.

Das Internet ist ein Tummelplatz für alle möglichen Menschen, darunter gute und schlechte. Die schlechten Menschen sind dafür bekannt, dass sie Viren verbreiten – meistens über E-Mails. Gegen diese Verrückten sollten Sie Ihren Computer mit guten Antiviren-Programmen schützen, die automatisch alle bekannten Viren finden und eliminieren, sodass Sie nachts ruhig schlafen können. Die Hersteller bringen über das Internet regelmäßig Updates ihrer Antiviren-Programme heraus, damit auch neue Viren auf Ihrem Computer keine Chance haben.

www.asg.ch
Die Homepage des Schweizerischen Golfverbands informiert über Turniere, Ranglisten und die Golfclubs der Schweiz, die sich mit einer Fülle von Informationen, darunter einer detaillierten Scorekarte, vorstellen.

www.bernhardlanger.com
Auf der Homepage von Bernhard Langer finden Sie dessen persönlichen Turnierkalender, Ergebnisse und Statistiken sowie Interviews und ein Porträt mit persönlichen Angaben bis hin zu Größe und Gewicht von Deutschlands berühmtestem Golfstar.

www.buy-golf-balls.com
Hier können Sie runderneuerte Golfbälle erwerben.

www.cegolf.com
Auf dieser Website geht es darum, mögliche Fehler auszumerzen, die sich in Ihr Spiel eingeschlichen haben.

www.dmcsoft.com/sgts/
Auf Tayleur Maydes Website werden Golfreisen zu den legendären Plätzen Schottlands angeboten.

www.duffer.com
Wenn Sie Golfvideos und Bücher suchen, die Ihnen helfen die Grundlagen des Golfspiels zu erlernen – hier finden Sie sie.

www.europeantour.com
Das ist die offizielle Website der PGA European Tour. Turnierkalender, Spielerporträts und allerhand Statistiken können Sie hier finden, weiterhin aktuelle Ergebnisse und Angaben darüber, welche Fernsehsender in Europa wann welche Turniere übertragen.

www.futurestour.com
Auf der offiziellen Website der Futures Tour, einer Art Challenge Tour für die LPGA-Tour der Profigolferinnen, finden Sie Turnierkalender mit Ergebnissen und Kurzporträts der Spielerinnen.

www.golf.at
Die offizielle Website des Österreichischen Golfverbands informiert in Schlagzeilen über das internationale Abschneiden österreichischer Spieler. In der Rubrik »Golfclubs« finden sich alle Informationen über die Plätze.

ANHANG

www.golf.com
Diese amerikanische Website bietet umfassende Informationen rund um den Golfsport, darunter Turnierberichte, Statistiken, Trainingstipps, Golf für Kinder, Produktinformationen, Platzbeschreibungen und Golfreiseberichte.

www.golf.de
Auf der Homepage des Deutschen Golf Verbands finden Sie aktuelle Meldungen über die verschiedenen internationalen Profitouren und natürlich über das nationale Golfgeschehen, Nachrichten vom Verband und den Clubs sowie Informationen der in der VcG organisierten clubfreien Golfer.

www.golfacademy.com
Diese Website bietet u.a. Chip- und Pitchübungen.

www.golfball.com
Hier gibt es Tipps zu den Grundlagen im Golf sowie Infos zu Ausrüstung und verschiedenen Golfthemen.

www.golfballs.com
Alles rund um den Golfball

www.golfcourses.org
Dieses britische Golfplatzverzeichnis beschreibt Plätze und nennt Greenfees, Länge, Par, Slope und Course Rating. Links Magazine stellt die weltbesten Plätze vor.

www.golfdigest.com
Auf dem Webableger des amerikanischen Golf Digest wird über Profigolf, Unterricht, Produktbesprechungen, Golfreisen und Trends informiert. Darüber hinaus gibt es Links zu anderen Websites.

www.golfeurope.com
Golf Europe ist die umfassende Site für Golf in Europa: Infos über Plätze (dazu Kommentare von Golfern aus aller Welt), Urlaubsdatenbank, Tipps und Biografien.

www.golfhelp.com
Golf Help hilft mit einer speziell auf Golfbegriffe zugeschnittenen Suchmaschine beim Finden von Websites.

www.golflinks.co.uk
Golflinks bietet ein Verzeichnis von Driving Ranges in Großbritannien an, mit Angaben über Kosten für Benutzung und Golfunterricht (sofern angeboten), Zahl der Abschlagplätze und einer Anfahrtsskizze.

www.golfonline.com
Im Online-Magazin des amerikanischen *Golf Magazine* werden alle Aspekte des Golfspiels behandelt: Golfturniere, Golfunterricht, Produkte und Trends.

www.golfschoolinfo.com
Wenn Sie auf der Suche nach den besten Golfschulen in den USA sind, dann werden Sie diese hier finden.

www.golfsmith.com
Golfsmith verkauft alles, was man zum Golfen braucht.

www.golfsport.at
Diese österreichische Website ist die Homepage von FIDO, einem Online-Golfdiscounter.

www.golftime.de
Der Online-Ableger der offiziellen DGV-Golfzeitschrift informiert tagesaktuell über internationale Turniere und bringt Hintergrundberichte.

www.golftipsmag.com
Die Website von *Golf Tips Magazine* gibt Tipps zu den Grundlagen wie Set-Up, Stand und Ballposition.

www.golftoday.co.uk
Der Online-Ableger der Zeitschrift *Golf Today* informiert über die großen Turniere und enthält auch einen europäischen Golfreiseführer mit einem umfassenden Golfplatzverzeichnis.

www.golfweb.com
Schwerpunkt ist die tagesaktuelle Berichterstattung über Golfturniere. Darüber hinaus gibt es Golfreiseinfos und ein Newsletter-Angebot.

www.golfweek.com
Auf dem Internet-Ableger der amerikanischen Zeitschrift *Golfweek* werden brandneue Informationen aus der Welt des Profigolfs veröffentlicht.

www.igogolf.com
Das International Golf Outlet verkauft alles, was irgendwie zum Thema Golf passt. Alle Artikel kann man sich auf Fotos ansehen, bevor man sie erwirbt.

www.ladieseuropeantour.com
Auf der offiziellen Website der Europatour der Profigolferinnen finden Sie Turnierkalender, Berichte und Ergebnisse von Turnieren sowie aktuelle Informationen.

ANHANG

www.lgu.org
Die Ladies Golf Union ist der Dachverband für Amateurgolferinnen auf den Britischen Inseln. Die Website informiert auch über die Termine und Anmeldung zu den von der LGU ausgerichteten internationalen Turnieren.

www.longshotgolf.co.uk
Longshot Golf Holidays bieten fast alles rund um das Thema Golfurlaub an. Besonders lang ist die Liste exotischer Reiseziele.

www.lpga.com
Auf der offiziellen Website der amerikanischen Tour der Profigolferinnen, LPGA, finden sich neben Livescoring von Turnieren auch umfassende Informationen über Turniere und Interviews mit Spielerinnen sowie Artikel über die mehr als 50-jährige Geschichte der Tour.

www.missilegolf.com
Die Website von Peace Missile für alle, die Schläger kaufen wollen, die aus abgewrackten amerikanischen und russischen Waffen hergestellt sind

www.mrgolf.com
Mr. Golf Etiquette bietet Ihnen alles rund um die Themen Golfregeln und Etikette.

www.npursuit.com
N-Pursuit bieten den George-Low-Silver-Wiz-Putter an, der wegen seiner Silbereinlage nicht billig ist.

www.pelzgolf.com
Tipps zum Putten und zum kurzen Spiel gibt es hier.

www.pga.com
Die PGA (Professional Golf Association) of America veröffentlich auf ihrer Homepage Neuigkeiten zu Ausrüstung, Turnieren sowie Regeln und informiert Spieler.

www.pgatour.com
Die offizielle Website der amerikanischen PGA Tour informiert über Turniere und die Spieler.

www.randa.org
Die offizielle Website des Royal & Ancient Golf Club of St. Andrews, der gemeinsam mit der amerikanischen USGA die Golfregeln festlegt, bietet alles zum Thema Regeln (sogar interaktiv) und über die Geschichte dieser Institution. Hier gibt es auch Online-Infos zum Traditionsturnier der Open Championships.

www.resortsonline.com
Weblinks zu über 600 Golfresorts in aller Welt. Die einzelnen Websites sind die der jeweiligen Resorts.

www.st-duffer.com
Saint Duffer ist der Schutzheilige aller frustrierten Golfer und wirkt manchmal Wunder.

www.teachkidsgolf.com
Zwar ist diese Website für Kinder gedacht, aber die Videos über den Golfschwung helfen auch Erwachsenen.

www.tee-to-green.co.uk
Online-Shopping für Golfausrüstungen

www.travelguides.com
Global Golf Guide stellt Golfplätze vor. Hier können Sie virtuell Plätze und Resorts besuchen sowie Projekte, die erst noch realisiert werden müssen.

www.tvgolf.net
Auf TV Golf Digest finden Sie Informationen über die großen Touren und Spieler. Mit entsprechender Software können Sie den TV-Golf-Videokanal nutzen. Auch Schläger werden zum Kauf oder zum Verkauf angeboten.

www.uk-golf.com
Die Website für alle Großbritannien-Reisenden, die sich über Golfplätze, Golfhotels und weitere Produkte informieren wollen

www.usga.org
Auf der offiziellen Website der United States Golf Association gibt es die kompletten Golfregeln; das Handicap-System und Turnierabläufe werden erklärt. Auch ein virtueller Besuch des Golfmuseums ist möglich.

www.victorygolf.com
Hier können Sie Angebote von neuen und runderneuerten Bällen finden.

www.worldgolf.com
World Golf berichtet von Golfturnieren und über Golfplätze in aller Welt. Auch die Informationen über die Geschichte des Golfsports sind sehr fundiert.

www.xgolf.com
Chatten Sie auf dieser eher unorthodoxen Website mit anderen Golfern; lassen Sie Dampf ab über Golfregeln, Ausrüstung und was Sie sonst noch ärgert.

ANHANG

Ihr Score

FOTOKOPIEREN SIE DIESE SEITE und benutzen Sie sie, um Ihre Scores nach jeder Runde zu notieren. Das ist wichtig, damit Sie Ihre Fortschritte beurteilen können. Sehen Sie zu, wie Sie sich verbessern und Ihr Score niedriger wird! Nach jeder Runde sollten Sie Folgendes notieren:

1. Den Namen des Golfplatzes
2. Den Platzstandard an Ihrem Spieltag
3. Die Summe Ihrer Schläge
4. Die Summe Ihrer Putts
5. Die Witterungsbedingungen

Golfplatz	Par	Schläge	Putts	Sonne	Regen	Wind
				○	○	○
				○	○	○
				○	○	○
				○	○	○
				○	○	○
				○	○	○
				○	○	○
				○	○	○
				○	○	○
				○	○	○
				○	○	○
				○	○	○
				○	○	○
				○	○	○
				○	○	○
				○	○	○
				○	○	○
				○	○	○

Glossar

Abknickendes Handgelenk Beim Rückschwung knickt die Führungshand um. Die Führungshand ist die, deren Handrücken beim Ansprechen zum Loch zeigt.

Abschlag Zone, von der aus man den ersten Schlag an einem Loch ausführt. Und: erster Schlag an einem Loch

Abschlagszeit Uhrzeit, zu der man eine Runde beginnt. Häufig auch »Teetime« genannt

Amateur Spieler, der mit Golf kein Geld verdient

Annäherungsschlag Schlag, bei dem der Ball auf dem Grün landet

Ansprechposition Stellung des Körpers direkt vor dem Schlag

As Hole-in-One. Gemeint ist das Kunststück das Loch mit nur einem Schlag zu treffen. Dies ist in der Regel nur an Par-3-Löchern oder extrem kurzen Par-4-Löchern möglich.

Aus Gebiet außerhalb des Platzes, das in der Regel durch weiße Pfähle markiert ist

Auslippen Der Ball trifft das Loch genau an der Kante, fällt aber nicht hinein, sondern läuft an der Kante entlang und schließlich am Loch vorbei.

Ausrichtung Position von Schlagfläche und Körper beim Ansprechen im Hinblick auf das Ziel

Back Nine Die zweiten neun Löcher einer 18-Loch-Runde

Backspin Rückwärtsdrall des Balls, der beim Schlag entsteht

Bag Golftasche, die meist zylinderförmig gestaltet ist und zahlreiche Taschen für Utensilien aufweist

Balata Saft eines Baums, der früher zur Herstellung der Ballschale verwendet wurde. Inzwischen tragen die Bälle zwar noch die Bezeichnung Balata, die Schale wird jedoch aus synthetischem Material hergestellt.

Ballmarker Flacher Gegenstand zur Markierung der Ballposition auf dem Grün

Baseball-Griff Griffform, bei der alle zehn Finger auf dem Schlägergriff aufliegen

Bergablage Der Ball liegt so, dass der vordere Fuß beim Ansprechen niedriger steht als der hintere.

Bergauflage Der Ball liegt so, dass der vordere Fuß beim Ansprechen höher steht als der hintere.

Bestball Spielform, bei der jeweils nur das beste Ergebnis eines Teams zählt

Birdie Loch wird eins unter Par gespielt.

Blade Geschmiedeter Schlägerkopf eines Eisens. In früheren Zeiten wurden ausschließlich Blades verwendet, dann spielten nur noch die Professionals diese nicht einfach zu treffenden Eisen. Inzwischen hat auch ein Teil der Profis zu Schlägern mit modernerem Design gewechselt. Blades vermitteln im Treffmoment ein extrem weiches Schlaggefühl.

Boden in Ausbesserung Teil des Platzes, der gerade ausgebessert wird. Hier darf Erleichterung in Anspruch genommen werden.

Bogey Loch wird eins über Par gespielt.

Bounce Kleiner Vorsprung unterhalb der Leading Edge beim Sandwedge

Break Brechung des Balls auf dem Grün

Bump-and-Run Schlag, bei dem der Ball nur einen Teil der Strecke fliegt, dann aufkommt und relativ lange zum Ziel rollt

Bunker Mit Sand gefülltes Hindernis auf dem Fairway oder am Grün

Caddie Person, die einem Spieler das Bag trägt und ihm Tipps beim Spiel gibt

Carry Strecke, die der Ball in der Luft zurücklegt

Cart Ein kleiner motorisierter Wagen zum Fahren auf dem Platz

Cavity-back Konstruktionsform eines Eisens, bei dem ein Großteil der Masse an den Rand des Schlägerkopfes verlagert wird. Das Ergebnis ist ein größerer Sweet Spot.

Chip Schlag von einem Punkt kurz vor dem Grün. Der Ball hat eine flache Flugbahn.

Clubhaus Gebäude auf dem Golfplatz, in dem sich Umkleidekabinen, Proshop, Restaurant und Besprechungsräume befinden

Course Rating Einstufung eines Golfplatzes hinsichtlich seines Schwierigkeitsgrads

Cross-handed Puttinggriff, bei dem die linke Hand unter der rechten liegt (Rechtshänder)

Cut Schlag, bei dem der Ball nach rechts abdreht (Rechtshänder)

Dimple Eine von hunderten kleiner Einbuchtungen auf dem Ball

Divot Kleines Stück Grasnarbe, das beim Treffen des Balls herausgeschlagen wird. Divots sollten generell sofort wieder an ihre ursprüngliche Stelle zurückgesetzt und festgetreten werden, damit das Gras dann innerhalb kurzer Zeit wieder anwächst. Es ist wesentlich aufwändiger, das Gras neu anzusäen.

Dogleg Spielbahn, die auf dem Weg zum Grün nach links oder rechts abknickt

Doppel-Bogey Loch wird zwei über Par gespielt.

Doppel-Eagle (oder Albatros) Loch wird drei unter Par gespielt. Nur an Par-5- oder kurzen Par-4-Löchern möglich

GLOSSAR

Draw Schlag, bei dem der Ball leicht nach links wegdreht (Rechtshänder)
Drive Schlag vom Tee
Driver Längster Schläger im Bag. Mit diesem fliegt der Ball am weitesten.
Driving Range Übungsgelände, in der Regel auf oder nahe dem Golfplatz
Drop Ball wird wieder ins Spiel gebracht, nachdem er unspielbar war oder dafür erklärt wurde.
Dünn getroffen Ball wird an der Mittellinie getroffen und hat eine niedrige Flugbahn.
Durchschwung Phase des Schwungs nach dem Treffen des Balls
Eagle Loch wird zwei unter Par gespielt.
Ehre Privileg als Erster abzuschlagen
Eingelocht Wenn der Ball in das Loch fällt
Eisen Schläger mit metallischem Schlägerkopf. Die meisten Golfer benützen die Eisen 3 bis Sandwedge. Die verschiedenen Schläger weisen unterschiedlich viel Loft auf.
Erleichterung Das Recht den Ball aus einer schlechten Lage ohne Strafschlag zu entfernen
Executive-Course Neun-Loch-, Par-3-Platz, der in etwa 90 Minuten gespielt werden kann
Explosionsschlag Bunkerschlag, bei dem sehr viel Sand herausspritzt
Fade Schlag, bei dem der Ball leicht nach rechts wegdreht (Rechtshänder)
Fairway Kurz gemähte Spielbahn zwischen Abschlag und Grün
Fetter Schlag Zuerst trifft der Spieler den Boden, dann den Ball.
Flaggenstock Fahne, die zur Erkennung des Lochs im Grün steckt
Flex Bezeichnet die Flexibilität eines Schafts. Es gibt unterschiedliche Flexe: senior, ladies, regular, stiff und extrastiff sind die gebräuchlichsten. Schäfte mit einem Flex von extrastiff werden nur von Profis mit sehr kräftigem, schnellem Schwung verwendet.
Flieger Schlechter Schlag, der zu Stande kommt, wenn zu viel Gras zwischen Schlagfläche und Ball gelangt und der Spin so reduziert wird
Flop Schlag mit extrem hoher Flugbahn und sehr weicher Landung
Flugbahn Flugeigenheiten des Balls, nachdem er getroffen wurde
Fore Warnruf, wenn der Ball auf eine oder mehrere Personen zufliegt und diese gefährden könnte
Forged Blade Schläger, bei dem der Kopf aus geschmiedetem Stahl besteht. Weicher als Schlägerköpfe aus gegossenem Stahl
Front Nine Die ersten neun Löcher des Platzes
Geblockt Der Ball fliegt gerade rechts vom Ziel.
Geschlossener Stand Körper ist auf eine Stelle rechts vom anvisierten Ziel ausgerichtet (Rechtshänder)
Geschlossenes Schlägerblatt Das Schlägerblatt zeigt auf eine Stelle links vom anvisierten Ziel.
Gimmie Putt, der so nah an der Fahne liegt, dass die Spielpartner ihn nicht ausputten lassen. Der Putt wird erlassen.
Grain (oder Strich) Richtung, in die das Gras wächst. Dieses richtet sich z. B. immer zum Wasser aus. Puttet man mit dem Grain, läuft der Ball schneller. Puttet man gegen das Grain, muss man den Ball stärker beschleunigen.
Greenfee Gebühr für das Spielen eines Platzes
Griff Art und Weise den Schläger zu halten. Und: Gummiüberzug am Ende des Schlägers, an dem dieser gehalten wird
Grooves Eingefräste Rillen auf der Schlagfläche, die den Backspin erzeugen
Grün Kurz gemähte Fläche, die das Loch umgibt
Grün in regulation Grün wird bei einem Par-3-Loch mit dem ersten Schlag, bei einem Par-4-Loch mit dem zweiten Schlag und bei einem Par-5-Loch mit dem dritten Schlag getroffen.
Grünkante Ring in direkter Umgebung des Grüns. Etwas höher als die eigentliche Puttfläche
Handicap System, das die Vergleichbarkeit der Ergebnisse von Spielern unterschiedlicher Leistungsklassen ermöglicht
Handschuh Wird an der Führungshand getragen (links bei Rechtshändern), um den Griff zu stärken und einer Blasenbildung vorzubeugen.
Hindernis Spielfläche, bestehend aus Sand oder Wasser, die als Bestrafung gilt. Der Schläger darf hier nicht aufgesetzt werden.
Holz Golfschläger mit großem, birnenähnlichem Schlägerkopf, hergestellt aus Holz oder Metall. Hölzer werden für längere Distanzen verwendet als Eisen. Der Driver ist das Holz 1. Daneben gibt es Hölzer 2, 3, 5, 7, 9 und sogar höhere Nummern, die dann die langen Eisen ersetzen können. Je höher die Nummer, desto größer ist der Loft. Hölzer sind etwas leichter zu treffen als Eisen.
Hook Schlag, bei dem der Ball stark nach links abbiegt (Rechtshänder)
Hosel Verbindungsstück zwischen Schlägerkopf und Schaft
Interlocking-Griff Griffform, bei der der Zeigefinger der einen und der kleine Finger der anderen Hand verschränkt werden
Kommunaler Platz Platz, der von einer Gemeinde oder einer Stadt betrieben wird.
Kompression Begriff für den Grad der Zusammenpressbarkeit des Balls im Treffmoment
Kurzes Spiel Schläge aus weniger als 50 m zum Ziel
Lage Zustand des Bodens, auf dem sich der Ball befindet. Außerdem: Fleck, auf dem der Ball nach dem Schlag liegt.

GLOSSAR

Loch Das Loch auf dem Grün, in das Sie den Ball spielen müssen

Loft Bezeichnet die Schlagflächenneigung. Je höher der Loft ist, desto höher fliegt der Ball.

Loses Hindernis Lockere Teile, die in der Schwungbahn liegen. Diese dürfen entfernt werden.

Luftschlag Ein voller Schwung, bei dem man den Ball unabsichtlich nicht trifft

Matchplay Ursprüngliche Spielform beim Golf. Hier wird Loch für Loch gezählt. Wenn Sie für das erste Loch weniger Schläge benötigen als Ihr Gegner, gewinnen Sie das Loch und gehen »1 auf«. Verlieren Sie es, gehen Sie »1 down«. Wenn Sie das zweite gewinnen, gehen Sie »2 auf« usw. Spielen Sie »ein Loch gleich gut«, »teilen« Sie es. Das Spiel ist beendet, wenn ein Spieler höher führt als noch Löcher zu spielen sind, z.B. dann, wenn Sie »4 auf« sind und lediglich noch drei Löcher verbleiben.

Mulligan Illegaler zweiter Versuch nach einem missglückten Schlag. Meist bei Freizeitrunden im Kreis von Freunden üblich

Muskelgedächtnis Physikalisches Phänomen, das die Fähigkeit des Körpers beschreibt eine Bewegung mehrmals völlig identisch zu wiederholen, ohne dass der Spieler darüber nachdenkt

Neutraler Griff Griffart, bei der ein Rechtshänder, zwei Knöchel seiner linken Hand von oben sehen kann, während er den Ball anspricht

Neutraler Stand Die Füße befinden sich auf einer parallelen Linie zur Ziellinie.

Offener Stand Der Körper ist in der Ansprechposition auf eine Stelle links vom Ziel ausgerichtet (Rechtshänder).

Offenes Schlägerblatt Das Schlägerblatt zeigt auf einen Punkt rechts vom Ziel (Rechtshänder).

Öffentlicher Platz Platz, auf dem jeder gegen eine Gebühr (s. Greenfee) spielen kann

Overlapping-Griff Griff, bei dem der kleine Finger der oberen Hand über dem Mittelfinger der unteren Hand liegt

Par Score, den ein guter Spieler an einem Loch oder auf einer Runde erzielt

PGA Professional Qualifizierter Golflehrer, dessen Unterricht den Lehranforderungen der PGA entspricht

Pitch Kurzer Schlag aus der Nähe des Grüns mit hoher Flugbahn

Pitchgabel Gabelförmiges Werkzeug zur Beseitigung des Einschlaglochs des Balls auf dem Grün

Pitchmarke Einschlagloch, das der Ball auf dem Grün hinterlässt

Preshot-Routine Routinierter Ablauf vor der Ausführung eines Schlags

Privater Club Golfclub, der ausschließlich für Mitglieder und deren Gäste zugänglich ist

Pro-Am Turnier, bei dem Profis und Amateure zusammen spielen

Professional Spieler, der mit Golfen sein Geld verdient. Ein Professional hat kein Handicap.

Proshop Geschäft für Golfutensilien, das an das Clubhaus angegliedert ist

Provisorischer Ball Zweiter Ball, der ins Spiel gebracht wird, wenn man glaubt, der erste sei verloren gegangen. Wenn man den ersten dennoch findet, zählt der zweite Schlag nicht.

Pull Gerader Schlag, der nach links vom Ziel fliegt (Rechtshänder).

Punch Niedrig gehaltener Ball, der meist aus schwierigen Lagen als eine Art Rettungsschlag verwendet wird.

Push Gerader Schlag, der nach rechts vom Ziel fliegt (Rechtshänder).

Putter Schläger, der fast keine Schlagflächenneigung besitzt und der zum Schlagen des Balls auf dem Grün verwendet wird

Release Moment beim Abschwung, in dem die Handgelenke überdrehen

Reverse-Overlap-Griff Standard-Puttinggriff, bei dem der Zeigefinger der linken Hand über dem kleinen Finger der rechten liegt (Rechtshänder)

Rough Höheres Gras neben dem Fairway

Runde Eine Runde besteht aus neun oder 18 Löchern.

Schaft Langer, dünner Teil des Schlägers, der die meiste Energie beim Schlag generiert

Schlag Ein Schwung mit dem Schläger

Schlägerblatt Teil des Schlägerkopfes, mit dem der Ball getroffen wird

Schließen Dem Schlägerblatt wird Loft genommen, indem man den Schaft nach vorn in Richtung Ziel bewegt.

Schwacher Griff Griff, bei dem der Spieler von oben nur einen Knöchel erkennt. Er führt dazu, dass der Ball nach rechts fliegt.

Schwungbahn Verhältnis zwischen dem Winkel des Schafts und Ihrem Körper während des Schwungs

Score Schlagzahl an einem Loch und auf der Runde

Scorekarte Kleine Karte, auf der die Ergebnisse pro Loch notiert werden

Scramble Spielform, bei der vier Spieler eines Teams abschlagen, dann den besten Schlag auswählen und alle ihren Ball von dort aus weiterspielen. Dies wird fortgeführt, bis alle Bälle eingelocht sind.

Scratch-Golfer Spieler, der auf dem Platz regelmäßig Par spielt

Seitliche Lage Der Ball liegt beim Ansprechen entweder ober- oder unterhalb der Füße.

Semi-Rough Relativ kurz gemähtes Rough zwischen Fairway und hohem Gras

Shank Schlag, bei dem das Hosel den Ball trifft und nicht die Schlagfläche

GLOSSAR

Slice Schlag, bei dem der Ball stark nach rechts abbiegt (Rechtshänder)

Slope Zahl, die den Schwierigkeitsgrad eines Platzes angibt. Wurde zuerst in den USA eingeführt und wird mittlerweile auch in Deutschland zur Regel.

Spikes Kleine Spitzen aus Metall, Plastik oder Gummi an der Sohle der Golfschuhe. Verhindern das Wegrutschen während des Schwungs.

Splash Standard-Bunkerschlag, bei dem das Sandwedge mit dem Ball ein Sanddivot herausschlägt

Square Meist auf den Stand angewendet. Die Schlagfläche befindet sich in der Verlängerung der Ziellinie. Füße, Hüfte und Schultern sind parallel dazu.

Stand Stellung der Füße beim Ansprechen

Starker Griff Griff, bei dem der Spieler mehr als zwei Knöchel von oben sehen kann; der Ball fliegt dadurch leicht nach links.

Starter Person, die alle Spieler am ersten Abschlag auf den Platz lässt

Startliste Aufstellung der Spieler und ihrer jeweiligen Startzeiten

Surlyn Kunststoff, der zur Herstellung der Ballschale verwendet wird

Sweet Spot Punkt auf dem Schlägerblatt, an dem der Ball idealerweise getroffen wird, um maximale Distanz und Genauigkeit zu erreichen.

Tap-in Sehr kurzer Putt von weniger als 30 cm Länge

Tee Kleiner Stift aus Plastik, Gummi oder Holz, auf den der Ball beim Abschlag gelegt wird. Oder: Der Bereich, auf dem sich die Abschlagsmarkierungen befinden

Texas Wedge Ein Putter

Toppen Der Ball wird in der oberen Hälfte getroffen und fliegt nicht richtig.

Torque Verdrehungswiderstand des Schafts im Treffmoment

Treffmoment Augenblick, in dem der Ball die Schlagfläche berührt

Triple-Bogey Loch wird mit drei Schlägen über Par gespielt.

Trolley Wagen, auf dem das Bag festgeschnallt und dann gezogen wird

Tour Serie von Turnieren, die von Profis gespielt wird

Überkreuzt Am Ende des Rückschwungs zeigt das Schlägerblatt auf eine Stelle rechts vom Ziel.

Übungstasche Kleine Tasche, in der ein Spieler Bälle zum Üben des kurzen Spiels aufbewahrt

Unspielbar Lage, aus der ein Ball wahrscheinlich nicht geschlagen werden kann

Vardon-Griff s. Overlapping-Griff

Verdichteter Boden Extrem hartes Stück Boden auf dem Golfplatz, das kaum wasserdurchlässig ist

Von oben kommen Falsche Bewegung beim Abschwung. Der Schlägerkopf kommt auf einer Bahn von rechts außen nach links innen (Rechtshänder).

Vorgrün Grasverlauf vor dem Grün, der kürzer gemäht ist als der Fairway

Vorlegen Ein Schlag, bei dem der Ball absichtlich vor dem Grün landet, um ein Hindernis zu vermeiden

Waggle Kurzes Vor- und Zurückschwenken des Schlägers vor dem Schlag

Wasserhindernis Teich, Bach, See oder kleine Wasseransammlung, die durch rote oder gelbe Pfosten gekennzeichnet ist. Fällt der Ball hinein und kann nicht geschlagen werden, müssen Sie einen Strafschlag hinnehmen.

Wedge Kurzes Eisen mit mindestens 48° Loft. Wird für kurze Schläge oder Schläge aus dem Sand benützt. Das Pitchingwedge hat den geringsten Loft aller Wedges, danach kommt das Sandwedge, dann das Lobwedge.

Wende Wechsel von den ersten zu den zweiten neun Löchern

Yips Unkontrollierbares Zittern von Armen und Händen beim Putten. Der bekannteste Spieler, der von diesem Problem betroffen war und es zweimal überwand, ist Bernhard Langer, der inzwischen mit einem Besenstil-Putter mit extrem langem Schaft spielt, um die Stabilität beim Schlag zu erhöhen.

Zählspiel Am weitesten verbreitete Methode, den Gewinner eines Turniers zu ermitteln. Alle Schläge werden zusammengezählt und wer am wenigsten benötigt hat, ist der Sieger.

Zehn-Finger-Griff s. Baseball-Griff

Zeitweiliges Wasser Wasser, das sich auf dem Platz oder im Hindernis angesammelt hat

Ziellinie Imaginäre Linie zwischen Ball und angestrebtem Zielpunkt

Zusammenbrechen Gemeint sind die Handgelenke, die beim Putt abwinkeln anstatt steif zu bleiben.

Register

A
abbiegende Fairways 87
abdrehende Schläge 289, 291
Abschlag 38–39
  Strategie 284
Abschwung 154–56
  Chips 201
  Explosionsschlag 219
  Fairwaybunkerschlag 221
  Pitch 207–08
  putten 173–74
  Schlägerblatt laufen lassen 230–32
  schlechter Kontakt 248, 250
  Splash 217
  Treffmoment, und 158
  von innen kommend 229–30
Achillessehne 306
Amateurturniere 342–43
Ardmore, Pennsylvania 374
Arme
  Dehnübungen 306–07
  Push 246
  putten 173
  Rückschwung 153
As 41
Asien Tour 348
Association Suisse de Golf 380
Attack Wedges 99, 103
Audubon Society 378
Auffrischungskurs 336–37
Aufgeteet (Zeitschrift) 381
aufteen 38–39
  Abschlagbereich 284
  getoppter Ball 250–51
  Kerze 250
  Par-3-Löcher 36
  Regeln 61
  Schlägerwahl 37
Aufwärmen 303–07, 359
Augusta National Golf Club 43, 341, 350, 352, 363, 373
Aus 57–58, 285
auslippen, putten 182
ausmessen 294–96
Ausrichtung 128, 129–31
Ausrichtung
  Bunkerschläge 214
  Chips 200, 202
  Explosionsschlag 218, 219
  Fairwaybunkerschläge 220, 222
  falsche 330
  flache Schläge 293
  hohe Schläge 292
  Pitch 206, 207–08
  putten 173
  Splash 216–17
  Schwung 124
Australien 375

B
Backspin 86
  Pitch 207–08
Bäume
  Hindernisse 270–72
  hohe Schläge 292
  Strategie 286
  von Tannennadeln schlagen 272
Ball
  Aufbau 83–84, 88
  Ausgrenze 57–58
  Auswahl 89–90
  Balata ummantelt 83, 90, 325
  bewegen 53–54
  Bunkerschläge 213–23
  Chips 196–204, 312
  Dimple 82, 84
  dünn getroffen 214, 248–49
  Featheries 26
  Geschwindigkeit 81–82
  Größe 30, 82
  High-Spin-Bälle 325–26
  Hook 241–42
  kennzeichnen 90
  Kompression 84, 88, 90
  Pitch 196–98, 204–09
  Position 233
  Position markieren 64, 109
  provisorischer Ball 58, 73
  Pull 244–45
  Push 245–46
  putten 170, 182
  Regeln 53–64
  schlagen 91–93
  schlechter Ballkontakt 247–51
  schwierige Lage 53, 264–73
  Shank 243–44
  shapen, den Ball 291
  Slice 238–41
  Spin 86–87
  Spin und Distanz 325
  Stand, und 126–27
  Surlyn ummantelt 83, 89–90
  Treffmoment 88
  unspielbare Lage 59
  verlorener Ball 57–58
  von unten treffen 91–92
  wärmen 90, 260
  Wetterbedingungen, und 258–60
Balance 146, 263
Balata-Mantel 83, 90, 325
Ballesteros, Seve 196, 236, 313
Ballmarker 109
Ballspuren ausbessern 72
Ballybunion (Old Course) 373
Baltusrol Golf Club 373
Banane 238–39
Barnes, Brian 353
Baseball-Griff 115, 118
BBC 357
begrabener Ball s. Explosionsschlag
Beine, Dehnübungen 306–07
Bemon, Deane 294
Bentgras 186
Bergablage 261–62
  Strategie 287
Bergauflage 261
Bermudagras 186
besondere Plätze 45
Bestball-Wettbewerbe 346
Bethpage State Golf Course 376
Bewässerungskopf, Entfernungsangaben auf 296
bewegliche Hemmnisse 60
Bing Crosby Pro Am Turnier 358
Birdie 41
Bleistift-Drill 240
Bleistifte 110
Boden in Ausbesserung, Regel 63
Bogey 279, 280
Bondues Golf Club 377
Bounce 215
  Sandwedge 215
Braid, James 28
Brasilien 368
Break, beim Putten 182, 184–86, 192
British Open 356, 373
Brookline, Massachusetts 373
Brooklyn Park, Minnesota 376
Brookville, Florida 377
Brown, Ken 357
Bücher 382
Büsche 270, 272–73, 286
Bump-and-Run-Schläge 199
Bunker 38, 54, 212
  Fairwaybunker 39–40, 212, 220
  Regeln 54
  Strategie 287
Bunkerschläge 210, 212–23
  ausrichten 214
  Chip 205
  dünn getroffen 214
  Explosionsschlag 218–20
  Fairwaybunkerschlag 220–23
  nasse Bunker 267–68
  Pitch 205
  Schläger 212, 214–15
  Splash 216–18
Buy.com Tour 348, 353, 355

C
Carnoustie 356, 373
Cart-Wege 267
Cavity-back-Eisen 99, 322
Chip 194, 196–204, 209
  Bump-and-Run-Schläge 199
  Schläger 197–200, 202–04, 313–14
  Übung 312–14
Chippinggrün 310, 312–14

Clementon, New Jersey 375
Club de Golf Las Brisas 378
Colorado 367
Coming Over the Top 149, 229
The Country Club, Brookline, Massachusetts 373
Council of National Golf Unions 380
Couples, Fred 32
- Griff beim Putten 172
- Schwung 145, 252

Crans-sur-Sierre 378
Crenshaw, Ben 224
- Lehrer 333
- putten 166, 175

Cross-Handed-Griff 172
Cypress Point Club 122, 373

D

Daly, John 82, 145
Dehnübungen 304–07
Descampe, Florence 331
Detroit, Michigan 368
Deutscher Golf Verband (DGV) 380
Dimples, auf dem Ball 82, 84
Divots 48
- auf Driving Ranges 302
- ausbessern 72
- Regeln 61
- schlagen von alten 265–66

Draw 86–87, 229
- schlagen 290
- shapen 289–90
- starker Griff 120

Drei-Putt 189
dreiteilige Bälle 83, 89–90
Dress Code 42–43, 76
Driver 98
- auswählen 104, 319–21
- Backspin 86
- Ballposition 126, 127, 233
- Genauigkeit 283
- Geschwindigkeit 84
- Kerze 250
- Kompression, und 88
- Loft 84, 85
- Par-4-Löcher 279
- Schaftlänge 100
- schlagen, den Ball 92
- Schwungebene 148, 234, 235

Driving Range 46–49
- mehrere Ebenen 298
- Ranger 309
- Rasen 302
- Unterricht in Gruppen 334
- Ziele 308–09

Druck, spielen unter 311, 340–41
Durchschwung
- Chips 201
- Explosionsschlag 219
- Fairwaybunkerschlag 221
- Pitch 207–08
- putten 174
- Schwung 158–59
- Splash 217

Duval, David 347
- putten 166
- Turniere 358

Dye, Pete 379

E

Eagle 41
Eastwood 358
Edinburgh USA Golf Course 376
Ehre 70
Einzelunterricht 330–33
Eisen 94, 99
- Auswahl 97, 103, 321–22, 324–25
- Ballposition 127, 233
- Bunkerschläge 212
- Cavity-Back 99, 322
- Chip 198, 200, 202
- den Ball treffen 91
- Entfernungen 324
- Fairwaybunkerschläge 222
- Loft 85
- Schaftlänge 100, 251–52
- Schwungebene 235
- Übungsschwünge 160

Els, Ernie
- Schwung 144–45, 154, 252
- Trainer 331

England 375
Entfernung
- ausmessen 294–96
- Entfernungskontrolle 246–47
- Yardage-Buch 296

Entfernungsmarker, Driving Ranges 309
Entfernungsmesser 295–96
ESPN 333, 355
Etikette 69–77
- bei Turnieren 362–63

European Challenge Tour 348, 352
European Golf Association 380
European Tour 29, 348, 352
Explosionsschlag 218–20
extreme Temperaturen 259–60

F

Fade 86–87
- schlagen 291
- schwacher Griff, und 120
- shapen, den Ball 290–91

Fahne 36
Fairway 24
- abbiegend 87
- aufteen 39
- Breite 40
- Gras 40
- Hanglagen 261–63
- Hindernisse 40–41
- Höhenunterschiede 263

Fairwaybunker 39–40, 212, 220
Fairwaybunkerschlag 220–23
Fairwayhölzer 98
- auswählen 104, 323–24
- Ballposition 127, 233
- Chips 203
- Schaftlänge 100, 251–52

Faldo, Nick 336, 348
- Ansprechposition 124
- Griff 115–16
- putten 174
- Schwung 147
- Trainer 331

Familienferien 367
Featheries 26
Fernsehen 28, 354–55, 357–58
Fernsehlektionen 355
fett getroffene Schläge 247–48
flacher Schlag 293
Flaggenstock 64
Flex, Schlägerschaft 100–01
Flexibilitätsübungen 306–07
Flieger 288
Florida 352, 367
Forbes, Duncan 52
Ford, Gerald 358
»Fore!« 72
Frost, David 269
Füße
- Ballposition 126–27
- Chips 201
- Stand 125
- Stand beim Putten 169–70

Futures Tour 348, 352, 353–54, 355

G

Ganton Golf Club 376
Gap Wedge 103
Garcia, Sergio 358
Gedanken, Macht der 135
gekreuzter Schläger 228
Genauigkeit 283
geöffneter Schläger 228
geöffneter Stand, putten 169
gerade-zurück-und-durch-putten 175–77, 178
Geschichte des Golfsports 27–28
Geschlossener Stand, beim Putten 169
geschmiedete Eisenschläger 322
Geschwindigkeit
- Bälle 81–82
- putten 182
- Schläger 84
- Schwung 100–01, 252
- Spieltempo 73–75

getoppter Schlag 214, 250–51
Gewichtsverlagerung
- schlechter Kontakt 248

REGISTER

Schwung 151, 155–56
Gimmie 188
Gleneagles 378
Golf Academy 209, 238
Golf Aktuell (Zeitschrift) 381
Golf-Carts 75, 105–06
Golf Channel 355
Golf Club-Magazin 381
Golf Clubs 342
    private Clubs 43
Golf Journal 381
Golf Links Website 44
Golf Magazin 381
Golf Resorts 44, 365–79
Golf Resorts Website 369
Golf Style International 381
Golf TIME 381
Golf & Country 381
Golf Welt Lady 381
Golfen im Club 381
Golflehrer
    Auffrischungskurs 336–37
    Einzelunterricht 330–33
    Golfschulen 335
Golflehrerverband 333
Golfschulen 335–36, 383
Golftasche 105–06
    Cover 110, 258
    reisen mit 371
Golf Tips Website 127, 258
Golfweek Magazine 354
Grafit-Schläger 320, 322–23
Grand Cypress 367
Gras
    Arten 186
    Divots 48, 61, 72
    Driving Range 48, 302
    Rough 264–65
    Strich 186
Greenbrier Golf Academy 328, 335
Griechenland 368
Griff 112, 113–21
    Baseball-Griff 115, 118
    Chips 202, 203
    Hook 242
    Interlocking-Griff 115, 117
    Putt 171–72
    Rückschwung 228
    Schlägerblatt laufen lassen 231
    Seitwärtslage 262
Slice 239–40
    starker, neutraler und schwacher Griff 120–21
    Vardon-Griff 115, 116
Griffgrößen 102
Grünbunker 212
    Explosionsschlag 218
    Splash 216
Grüns 24, 40–41
    lesen 184–85
    Höhenunterschiede 263
    Hindernis 40–41
    Neigung 184–85
    Regeln 64
    Strich 186
    Übungsgrün 167, 310–11
Gruppenunterricht 334

H

Hagen, Walter 28, 346
Halbzeit 74
Hände
    Griff 112, 113–21
    Push 246
    Puttinggriff 171–72
Handgelenk, eingebrochenes 330
Handgelenksbewegung 172
    Abschwung 155
    Chips 202
    Pitch 208
    putten 171
Handicap 343–45
Handschuhe 107
    Kälte 260
    Nässe 258
    putten 192
Handtücher 110, 258
Hanglagen 261–63, 287
harter Boden 266
Harvey Penick Award 333
Hawaii 352, 368
Hemmnisse
    künstliche 59, 60
    Pitch 205
High-Spin-Bälle 325–26
Hindernisse 40–41
    Bäume und Büsche 270–73, 286
    Regeln 54
    Strategie 285–87
    s. auch Bunker; Rough; Wasserhindernis
Hitze 260
Hitzschlag 260
Höhe des Platzes 263
Höhenunterschiede 263
Hölzer 98
    auswählen 37, 97, 104, 319, 323–24
    Ballposition 126, 127, 233
    Bunkerschläge 212
    Chips 203
    den Ball schlagen 91
    Fairwaybunkerschläge 223
    Genauigkeit 283
    Loft 85
    Metallhölzer 37
    Probleme mit langen Schlägern 251–52
    Schaftlänge 100
Hogan, Ben 32, 147, 295
    Konzentration 133, 134
    Fade 290
    Preshot-Routine 135
    Turniere 28
hohe Schläge 292
Hole-in-One oder As 41
Hook 86–87, 241–42
    aufteen 284
    High-Spin-Bälle 326
    Schwungebene 149
Horton, Tommy 353
Hosel 243
Rough 264
Hüften
    Abschwung 154
    Ausrichtung 129
    Dehnübungen 307
    Push 246
    Rückschwung 153
Hüte 108, 259, 260

I

Interlocking-Griff 115, 117
International Golf Outlet Website 37
International Management Group 347
Internet 384–86
Irland 373
»Iron Byron« 82

J

Jacklin, Tony 188
Jamaika 368
Jakob II., engl. König 27
Japan 46, 298
Johnson, Trish 192
Jones, Bobby 28, 220, 373
Jones, Rees 378
Jones, Robert Trent jr. 377, 378

K

Kabelfernsehen 355
kalte Witterung 259–60
Kennemer Golf Club 377
Kerze 250
Kincaid, Thomas 151
Kite, Tom
    Griff 117
    Preshot-Routine 141
    Trainer 333
    Turniere 257, 353
Kleidung 107
    bei Hitze 260
    bei Kälte 259
    Dress Code 42, 43, 76
    Golfurlaub 370–71
Knie, Rückschwung 153
Körper dehnen 304
Kompressionsgrad von Bällen 84, 88, 90
Konzentration 71, 133–36
konzentrieren 134
Kopf
    putten 174
    Rückschwung 153
    Stand 125
Kosten
    Einzelunterricht 332
    öffentliche Plätze 42–43
Kristianstad Golf Club 378
künstliche Hemmnisse 59, 60
künstlicher Rasen, Driving Range 302
kurze Eisen 99
    Ballposition 127, 233
    Loft 85
kurze Putts 188–89
kurzes Spiel 31
    Driving Range 48
Kurzplätze, Par-3- 45

REGISTER

L

Ladies European Tour 348, 353, 356
Ladies Golf Union 380
Lage 53
  analysieren 288–89
  hügelige 261–63, 287
  schwierige 264–68
  unspielbare 59
Lagewinkel, Schläger 101–02
lange Eisen 98, 99
  Auswahl 324
  Ballposition 127, 233
  Entfernungen 324
  Loft 85
  Probleme mit 252
lange Putts 190–91, 311
Langer, Bernhard 263
  putten 172, 184
langes Spiel 31
Las Vegas 369
Latissimus 307
Leadbetter, David 147, 331
Lehman, Tom 347
Leonard, Justin 361
Lieblingsschläger 283
Lobwedges 99
  Auswahl 103
  Pitch 206, 207, 208
  Pitchübungen 314, 315
Loch 36
  Abschlag 38–39
  Länge 65
  Par 36, 38
  Strategie 276–97
  Übungsgrün 310–11
  Yardage-Buch 276, 296
Loch Lommond Golf Club 374
Loft 84–85
  Kompression, und 88
  reduzieren 266
  Rough 264
  von alten Divots schlagen 266
Lopez, Nancy 141
lose Naturstoffe 60–61
LPGA (Ladies' PGA) 28, 352
LPGA Tour 348, 349, 353

M

McCarron, Scott 175
McCormack, Mark 347
McGwire, Mark 347
Malta 368
Mamaroneck, New York 375
Maria Stuart, schottische Königin 27
Markierungen
  Ball 64, 109
  Driving Ranges 309
  Entfernungsmarker 296
Martin, Casey 106
Mastercard Tour 352, 353
Masters Turnier 341, 348, 350, 356, 363
Matchplay 346, 355, 356
Mayfair, Bill 175
Melbourne 375
mentale Vorbereitung 29, 135–36
Metallhölzer 98
Mexiko 368
Mickelson, Phil
  PGA Tour 353
  Pitch 209
Mini-Tours 354
mittlere Eisen 99
  Ballposition 127, 233
  Loft 85
Montgomerie, Colin 313, 353
Morris, Old Tom 373
Mr. Golf Etiquette 75
Muirfield 374
Murray, Ewen 357
Muskelgedächtnis 49
  Preshot-Routine 136
  putten 183

N

N-Pursuit Website 168
nasse Bunker 267–68
National Association of Public Golf Courses (U.K.) 380
National Golf Links of America 374
National Golf Union of England 344
National Golf Union of Scotland 344
Neigung des Grüns 184–85
  Bergablage 261, 262
  Bergauflage 261
  Seitwärtslage 261, 262
  Slope 66, 366
  Strategie 287
  zwinkern 187
Nelson, Byron 28, 82, 352
Nelson, Larry 204
neutraler Griff 120–21
  Hook 242
neutraler Stand, putten 169–70
Nevada 369
Nicklaus, Jack 361
  ausmessen 294
  Chips 199
  Fade 290
  Gimmie 188
  Griff 115, 117, 171
  Platzanlagen 367
  putten 175, 180, 182
  scoren 344
  Strategie 281
  Turniere 28, 358, 363
  zielen 129
Nieman, LeRoy 358
Neun-Loch-Plätze 44–45
Norman, Greg 331

O

Oakmont Country Club 374
öffentliche Golfplätze 42–43
Österreichischer Golf Verband 380
Olympic Club 374
O'Meara, Mark 68
Open Championship 348
Orlando, Florida 367
Out-To-In-Schlag 154
Overlapping-Griff
  s. Vardon-Griff

P

Pak, Se Ri 353
Palmer, Arnold 347, 354
  putten 192
  Strategie 281
Par 36, 38
  Course Rating 66, 366
Par-3-Löcher 277–78
Par-4-Löcher 278–79
Par-5-Löcher 280–81
Pauschalangebote, Golfreisen 369
Peace Missile 100
Pebble Beach, Kalifornien 257, 360, 373, 374, 378
Penick, Harvey 333
Pennick, Frank 377
Pevero Golf Club 377
PGA (Professional Golfers' Association) 28, 352
PGA Championship 355, 356
PGA of Germany 380
PGA Professionals, Unterricht von 330–33
PGA Tour (USA) 40, 106, 348, 349, 353, 358
Pine Valley 27, 375
Pinehurst Country Club 375
Pinehurst Golf Resort 336, 369
Pitch 196–98, 204–09, 314–15
  Rough 265
  üben 314–15
Pitchgabel zum Reparieren von Pitchmarken 109
Pitchingwedge 99
  auswählen 103
  Backspin 86
  Ballposition 127
  Chips 199, 200
  Kompression, und 88
  Loft 85
Plätze
  Arten 42–45
  berühmte Plätze 372–79
  die ersten neun Löcher 74
  die zweiten neun Löcher 74
  Golf Resorts 368
  Greenfees 42–43
  Hemmnisse 38
  Höhe 263
  Höhenunterschied 263
  Länge 42
  Löcher 36
  Rating 66, 366
  Strategie 276–97
  Yardage-Buch 296
  s. auch Fairways; Grüns; Löcher
Player, Gary 218
Players' Championship 379
Poggio dei Medici Golf Course 377

REGISTER

Polen 368
Polland, Eddie 353
Portmarnock 377
Preshot-Routine 133–41
   mentale Vorbereitung 135–36
   Profigolfer 357
   putten 192–93
   visualisieren 137
   Waggle 138–39
President's Cup 355, 356
Price, Nick 145, 175
Private Clubs 43
Pro Am 358
Professional Golfers' Association s. PGA
Profigolfer 347–49
   Einzelunterricht 330–33
   lernen vom 361–62
   zuschauen bei Turnieren 357–60
provisorischer Ball 58, 73
Puerto Rico 368
Pull 244–45
Push 245–46
putten 31, 165–79
   ansprechen 173
   Geschwindigkeit 182
   Griff 171–72
   kurze Putts 188–89
   lange Putts 190–91, 311
   lesen des Breaks 184–86, 192
   Preshot-Routine 192–93
   Schläge 173–79
   Stand 169–70
   Strategien 181–93
   üben 310–11
   zwinkern 187
Putter 99
   auswählen 104, 168, 323
   Chips 202–03, 204
   Schaftlänge 100
Puttinggrün s. Grüns

R

Rafferty, Ronan 115, 118
Rasen
   Divots 48, 61, 72
   Driving Range 302
Rawls, Betsy 333
Ready Golf 70
Regeln 51–64
   die wichtigsten Grundregeln 53–61

Regelbuch 52
Regen 258–59
Regenkleidung 107, 259
Regenschirme 109, 258
Reihenfolge beim Spielen 62, 70
Release of the Club Head, was ist 157
Reno, Nevada 369
Resorts 44, 365–79
Reverse-Overlap-Griff 171, 172
Richtungskontrolle 246
Ross, Donald 369
Rotation 305
Rough 24, 264–65
   Chip 313
   Pitch 205
   Semirough 40
   Strategie 286–89
Royal Birkdale 375
Royal Golf Club de Belgique 376
Royal Melbourne 375
Royal North Devon 376
Royal Portrush 377
Royal & Ancient Golf Club of St. Andrews 54, 372, 380
Rückschwung 150–54
   Chip 201
   Explosionsschlag 218
   Fairwaybunkerschlag 220
   Finetuning 228
   Pitch 207, 208
   putten 173, 174
   schlechter Kontakt 248
   Schwungebene 148, 149
   Splash 216
   wegnehmen 150–51
Ruhe 71
Ryder, Samuel A. 355
Ryder Cup 32, 346, 355, 356

S

Sandhindernisse s. Bunker
Sandwedge 99
   aus Büschen schlagen 272
   auswählen 103
   Ballposition 126
   Bounce 215
   Bunkerschläge 213, 215

Chips 198, 199, 200, 202, 204, 314
   Geschwindigkeit 84
   Loft 84, 85
   Pitch 206, 207, 314
   Schaftlänge 100
   Schwungebene 148, 234, 235
San Francisco 374
Santa Cruz, Kalifornien 378
Sarazen, Gene 28, 215
Saunders, Vivien 332
Schatten 71
Schaft
   Flex 100–01
   Grafit 320, 322–23
   Länge 100, 321
   Lagewinkel 101–02
   Stahl 322–23
Schlag und Schläger 96–105
   Änderungen 318–19
   Aufwärmen 303
   Ausrichtung 130–31
   Auswahl 97–99, 103–05
   Ballposition 126–27
   Bunkerschläge 212, 214, 215
   Chips 198, 199, 200, 202–04, 313–14
   den Ball schlagen 91–93
   Entfernungen messen 294–96
   für Frauen 43
   Geschwindigkeit 84, 100–01
   Griff 112, 113–21
   Griffgröße 102
   Größe 30
   Höhenunterschiede 263
   Hook 241–42
   Kosten 96, 319, 321
   Lagewinkel 101–02
   Loft 84–85, 88
   Loft verändern 266
   Maßanfertigung 100–02
   Materialien 37
   Par-4-Löcher 279
   Pitch 207, 314
   Probleme mit langen Schlägern 251–52
   Pull 244–45
   Push 245–46
   Regeln 61
   reisen mit 371
   Satz 37

   Schäfte 100–01, 321, 322–23
   Schläge variieren 234–35
   schwierige Lage 264–73
   Schwung 141–61
   Schwungebene 148–49, 234–35
   Shank 243–44
   Slice 239–41
   Sweet Spot 30, 84, 93
   überdrehen der Unterarme 157, 230–32
   Spin 86–87
   verbessern 319–25
   Waggle 138–39, 141
   weiter unten greifen 234
   s. auch einzelne Schlägertypen
   Zahl 37
Schlägertransport
   Golf-Carts 75, 105, 106
   Trolleys 105
schlechter Kontakt 247–51
Schottland 27, 366, 368, 372, 373, 374, 375, 378
schwacher Griff 120–21
schwierige Lagen 264–73
Schwung 141–61
   Abschwung 146, 154–56, 158
   aufwärmen 303
   ausrichten 124
   Ausrichtung zum Ziel 128
   Balance 146
   Ballposition 126–27
   Chips 200–01
   coming over the top 229
   Durchschwung 158–59
   Entfernungskontrolle 247
   Einzelunterricht 331
   Elemente 144–47
   Explosionsschlag 218–19, 220
   Fairwaybunkerschlag 220–21, 223
   fein abgestimmter Rückschwung 228
   flache Schläge 293
   Geschwindigkeit 100–01, 252
   hohe Schläge 292
   Hook 241–42
   im Regen spielen 259

REGISTER

Pitch 205, 207, 208
Preshot-Routine 133–41
Probleme mit langen
 Schlägern 251–52
Pull 244–45
Push 245–46
putten 173, 174
 Rückschwung 145, 148,
  149, 150–54
 Schlägerblatt laufen
  lassen 230–32
 schlechter Kontakt
  247–51
 Schwungebene 148–49,
  234–35
 Shank 243–44
 sechs Teilen, in 150–59
 Slice 238–41
 Splash 216–17
 Stand 125–27
 Schwungbahn-Drill 229
 üben 156, 160
 von innen kommen
  229–30
 wegnehmen 150
 Tempo 145–46
 Treffmoment 156–57,
  158
 zielen 129–30
Schwunggeschwindigkeit
 145–46
Scoren 38, 65–67
 Handicap 343–45
 Scorekarten 50, 65–66
 Zählspiel 346
Scramble-Wettspiele
 346
Scratch-Golfer 343
Seattle, Washington 368
Semi-Rough 24
Senioren-Tour 348, 352,
 353, 355
seitliches Wasserhindernis
 56
Seitwärtslage 261–62
 Strategie 287
shag bags 312
Shank 243–44
shapen, den Ball 289–93
Shinnecock Hills Golf
 Club 27, 43, 375
Schuhe 108
 Spikes 62, 76, 108, 371
Schultern
 Ausrichtung 130
 Chips 201
 Dehnübungen 305

putten 173
 Rückschwung 153
 schummeln 66, 77
 Seitendrall 86–87
 Semi-Rough 40
 Sicherheit 72
 Singh, Vijay 172
 Sky TV 357
 Slice 86, 157, 238–41
  aufteen 284
  Bleistift-Drill 240
  Coming Over the Top
   229
  eingebrochenes
   Handgelenk 330
  High-Spin-Bälle 326
  Schwungebene 149
  Seitendrall, und 87
 Snead, Sam 28, 114
  Fade 290
  Griff 116
  Schwung 232
  Waggle 139
 Solheim Cup 353, 356
 Sonnenschutz 260, 370
 Southampton,
  New York 374, 375
 Southport 375
 Spanien 368
 Spanish Bay 378
 Spikemarken 62
 Spikeschrauber 370
 Spikes, Schuhe 62, 76,
  108, 371
 Spin
  Backspin 86
  High-Spin-Bälle 325–26
  Hook 241
  Pitch-Schläge 207, 208
  Seitendrall 86–87
  Slice 239
 Spin-Distance-Bälle 325
 Splash 216–18, 219
 Spokane, Washington 368
 Sportvermarktungs-
  agenturen 347
 Sprinklerkopf s.
  Bewässerungskopf
 Square Stance 130
 St. Andrews 27, 54, 372,
  375
 Stahlschläger 84
  geschmiedete 322
 Stand 125–27
  Ausrichtung 129–31
  Ballposition 126–27, 233
  Bunkerschläge 214

Chips 201
 Explosionsschlag 219
 Pitch 208
 putten 169–70
 Square Stance 130
 Schäfte 322–23
starker Griff 120–21
Startliste 360
Strafschläge
 Ball im Aus 57–58
 Ball unspielbar 59
 Ball verloren 58
 Wasserhindernis 55, 56
Strategie 31, 275–97
 putten 181–93
Stretchprogramm 304
Strich, Gras 186
Stymie 65
Sunningdale Golf Club 376
Surlyn ummantelte Bälle
 83, 89–90
Sweet Spot 30, 93
 Cavity-back-Eisen 322
 Schlägerkopfgröße 84

T

Tannennadeln, schlagen
 von 272
Tayleur Mayde 27
Taylor, J. H. 28
Tee Marker 39
Tees 36, 38
 kaufen 109
 Ball aufteeen 233
Tempo des Spiels 73–75
Texas Wedge 202–03
The Tournament Player's
 Course at Sawgrass 379
Tillinghast, A. W. 373,
 375, 376
Titan-Driver 84, 319–20
Toe-and-Heel-Putter 99
Toiletten 74
Treffmoment 226
 Bälle 88
 Chip 201
 Explosionsschlag 219
 Fairwaybunkerschlag
  221
 locker werden 232
 Pitch 207
 Splashschläge 217
Trolley 105
Trevino, Lee 248, 290
Trizeps dehnen 306

Tryall Golf Club 368
Türkei 368
Turnberry 276, 375
Turniere 340–49
 als Zuschauersport
  351–63
 Amateurturniere
  342–43
 Bestball 346
 Fernsehübertragungen
  355, 357–58
 große Turnierserien
  348–49, 356
 Handicap 344
 Matchplay-Turniere
  346, 356
 Pro Am 358
 scoren 66, 346
Turnierberichte 354

U

Üben 301–15
Übungsschwung 140
UK-Golf Website 45
unbewegliches Hemmnis 60
United States Golf
 Association s. USGA
unspielbare Lage 59
Unterricht 329–37
 Auffrischungskurs
  336–37
 Driving Ranges 48–49
 Einzelunterricht 330–33
 Golfschulen 335–36,
  383
 Gruppenunterricht 334
 Strategie 287
Urlaub 44, 335–36,
 365–79
U.S. Amateur
 Championship 348,
 355, 356
U.S. Open 257, 356
U.S. PGA Tour
 40, 106, 348, 349,
 353, 358
U.S. Public Links
 Championship 348
U.S. Women's Amateur
 Championship
 355, 356
U.S. Women's Open 355
USGA (United States Golf
 Association) 52, 54, 82,
 344, 345

REGISTER

V

Valderrama 274, 278
Vardon, Harry 28, 115
Vardon-Griff 115, 116
Vereinigung clubfreier
 Golfspieler (VcG)
 380
verlorener Ball 57, 58
Videos als Lernhilfe 333
Vilamoura Old Course
 377
Visualisieren von
 Chips 201
 Preshot-Routine 137, 140
 Putts 192
 Schwung 157
 von innen kommen
  229–30
von-innen-nach-außen 230
von-innen-nach-innen
 175, 176–77, 178

W

Waggle 138–39, 141
warmes Wetter 260
Washington State 368
Wasserhindernisse
 Pitch 205
 Regeln 55–56
 spielen aus 268, 269
 Strategie 285–86
 zeitweiliges Wasser 63
Watson, Tom 132
 putten 188
 Schwung 145
 Turniere 353, 358
Webb, Karrie 348
 LPGA Tour 353
 Preshot-Routine 139
Websites 384–86
Wedge 99
 aus Büschen schlagen
  272
 auswählen 103
 Ballposition 126, 127,
  233
 Bunkerschläge 213, 215
 Chips 198, 199, 200,
  202, 204, 314
 Fairwaybunkerschläge
  222
 Kompression, und
  88
 Loft 85
 Pitch 204, 206, 207,
  208, 314, 315
 Schaftlänge 100
 Schwungebene 148,
  234, 235
 Übungsschwung 160
Weg, schlagen vom
 267
wegnehmen
 Chips 200
 Pitch 206
 Rückschwung 150–51
Weiskopf, Tom 377
Wentworth 359, 376
Westwood, Lee 353
Wetter 256–60
Whitworth, Kathy 333
Wiederholung, Preshot-
 Routine 136
Wind 256–57
 Bump-and-Run-Schläge
  199
 Chips 199
 flache Schläge 293
 lange Eisen 324
Windwetter 256–59
Winged Foot Golf Course
 27, 375
Winterregeln 63
Woods, Tiger 28, 68
 Abschläge 82, 87
 Chips 203
 Griff 117
 putten 175
 Schwung 88, 142, 145,
  232
 Trainer 331
 Turniere 353, 358
Woosnam, Ian 32
World Golf Website 33
World Woods 379
Wright, Mickey 333

Y

Yardage-Buch 276, 296
Yardage-Marker 296
Yardage-Messgerät 357

Z

Zählspiel 346, 355
Zehn-Finger-Griff s.
 Baseball-Griff
Zeitschriften 383
zeitweiliges Wasser 63
Ziel
 auf der Driving Range
  308–09
 Genauigkeit 283
zielen 129–31
 Preshot-Routine 140
Ziellinie 124
Zuschauersport 351–63
zweiteilige Bälle 83,
 89–90
zwinkern 187

Dank

Dank des Autors

Dieses Buch ist Nicki gewidmet, deren Freundschaft und Unterstützung nur von ihrem wunderschönen Golfschwung übertroffen wird.

Ich danke den Herausgebern Beth Adelman und LaVonne Carlson-Finnerty für ihre Hilfe bis zur Drucklegung. Ich danke auch meiner Agentin Laura Peterson für ihre Unterstützung, nicht nur bei den Verträgen, sondern auch bei all den Kleinigkeiten, die sie von mir ferngehalten hat. Dank auch an Lauras Mitarbeiterin Laura Weed, die sich frühzeitig um dieses Projekt gekümmert hat. Ich muss noch Nicki für die Benutzung ihres Küchentisches danken und meinem Hund Louise, der dafür gesorgt hat, dass ich ab und zu aus dem Haus kam.

Dank des Verlags

Dorling Kindersley bedankt sich bei Lillywhites of London, die Schläger für Abbildungen zur Verfügung stellten, bei Steve Gorton für zusätzliche Aufnahmen, bei Gary Firkins für Informationen über Europa-Tour-Turniere, bei Mark Newcombe und Matthew Harris für die Step-by-Step-Fotos, bei Andrew Ainsworth und seinen Mitarbeitern vom Asheridge Golf Club, bei Justin Clow für seine Seitengestaltung und Zeichnungen, bei Alistair Carlisle und Simeon Shoul für die Hilfe beim Design, bei Andrea Hill für die Unterstützung bei der DTP, bei Hilary Bird für die Erstellung des Indexes, bei Neal Coburne und Louise Candlish für die Umschlaggestaltung und den dortigen Text, bei Mary Lindsay, Nicky Munro und David Tombesi-Walton für redaktionelle Mitarbeit.

Bildnachweis

02: Corbis; 05: Allsport; 14–15: Brian Morgan Golf Photography; 16–17 Peter Dazeley; 16: Allsport/David Cannon; 17 u.re.: Allsport/David Duval; 18–19: Peter Dazeley; 20: Golf Photography International; 22: The Art Archive; 24 u.: Eric Hepworth Photography; 25 m.re.: The Golf Picture Library; 27 m.: Bridgeman Art Library, London/New York; 28 u.li.: Action Plus/M. Glyn Kirk; 28 o.re.: Phil Sheldon; 30 m.li.: Action Plus/Mike Hewitt; 31 m.li.: Bridgeman Art Library London/New York; 32 o.re.: David Cannon; 32 u.li.: Action Plus/M. Glyn Kirk; 38 o.re.: Eric Hepworth Photography; 39 u.li.: Phil Sheldon; 40 o.re.: Phil Sheldon; 41 o.re.: Eric Hepworth Photography; 41 u.li.: Peter Dazeley; 43 m.re.: Allsport/David Cannon; 44: Phil Sheldon; 45: Peter Dazeley; 46: Allsport/Pascal Rondeau; 48: Peter Dazeley; 50: Golf Photography International; 54 u.: Peter Dazeley; 58: M. Glyn Kirk; 59: Phil Sheldon; 61 u.re.: Golf Picture Library; 62: Golf Picture Library; 63 u.li.: Phil Sheldon; 63 o.re.: Peter Dazeley; 65: Phil Sheldon; 68: Action Plus/M. Glyn Kirk; 71: Phil Sheldon; 72 u.li: Peter Dazeley; 73: Peter Dazeley; 74: Phil Sheldon; 75: Action Plus/Neil Tingle; 76 o.re.: Peter Dazeley; 76 u.re.: Phil Sheldon; 78: All Sport/Paul Severn; 80: Action Plus/Neil Tingle; 82: Brian Morgan Golf Photography; 88: Action Plus/M. Glyn Kirk; 94: Action Plus/Mike Hewitt; 105 u.li.: Peter Dazeley; 106 m.re.: Allsport/Casey Martin; 114: The Golf Picture Library; 115 m.: Allsport/David

DANK

Cannon; 115 li.: Peter Dazeley; 115 re.: Allsport/Andrew Redington; 122: Phil Sheldon; 124: Phil Sheldon; 132: Phil Sheldon; 134: All Sport/Dave Concannon; 135: The Golf Picture Library; 136: Hobbs Golf Collection; 139 u.li.: Action Plus/Chris Brown; 142: Golf Photography International; 144: Allsport/Stephen Munday; 145: Action Plus/Chris Brown; 160: Peter Dazeley; 162: Action Plus/R. Francis; 166: Dave Concannon; 167: Peter Dazeley; 174: Phil Sheldon; 175: Allsport/Matthew Stockmam; 176–77: Golf Photography International; 178: Phil Sheldon/Jan Traylen; 180: Phil Sheldon; 182: Peter Dazeley; 184: Peter Dazeley; 187: Eric Hepworth Photography; 188: Peter Dazeley; 189 o.re.: Golf Photography International; 190: Golf Photography International; 192 u.li.: Eric Hepworth Photography; 192 o.re.: Phil Sheldon; 194: Eric Hepworth Photography; 196: Phil Sheldon; 199: Action Plus/Neil Tingle; 200–01: Golf Photography International; 203 m.li.: Allsport/David Duval; 204: Phil Sheldon; 205: Phil Sheldon; 206–07: Golf Photography International; 208: Phil Sheldon; 210: Action Plus/M. Glyn Kirk; 212: Allsport/David Cannon; 215: Peter Dazeley; 220–21: Visions in Golf/Mark Newcombe; 222: Eric Hepworth Photography; 224: Phil Sheldon; 226: Science Photo Library/Stephen Dalton; 229: Golf Photography International; 230: Golf Photography International; 232 u.li.: Peter Dazeley; 236: Action Plus/R. Francis; 238: Allsport/Craig Jones; 240: Golf Photography International; 243: Golf Photography International; 244: Golf Photography International; 248: Phil Sheldon/Karina Hoskyns; 250: Visions in Golf/Mark Newcombe; 251: Visions in Golf/Mark Newcombe; 254: Golf Photography International; 256 o.re.: Phil Sheldon; 256 u.li.: Phil Sheldon; 257: Phil Sheldon; 269: Allsport/Harry How; 270: Phil Sheldon/Jan Traylen; 271: Allsport/Craig Jones; 272: Phil Sheldon; 274: Phil Sheldon; 276 m.li.: Phil Sheldon; 278: Phil Sheldon; 281: Action Plus/Mike Hewitt; 282: Phil Sheldon; 284: Golf Photography International; 285: Phil Sheldon; 286 o.: Action Plus/Neil Tingle; 287: Phil Sheldon; 294: Phil Sheldon; 295: Phil Sheldon; 296: Peter Dazeley; 298: Allsport/Pascal Rondeau; 299: Peter Dazeley; 300: Corbis; 302: Eric Hepworth Photography; 303: Golf Photography International; 304–05: Golf Photography International; 306–07: Golf Photography International; 309: Eric Hepworth Photography; 310: Peter Dazeley; 312: Golf Photography International; 313: Phil Sheldon/Jan Traylen; 314: Phil Sheldon; 315: Phil Sheldon; 316: Taylor Made; 318: Visions in Golf/Mark Newcombe; 320: Allsport/David Cannon; 323: Golf Photography International; 325: Peter Dazeley; 330 u.li.: The Golf Picture Library; 330 u.re.: The Golf Picture Library; 331 u.li.: Peter Dazeley; 331 o.re.: Allsport/David Cannon; 334: Phil Sheldon; 335: Brian Morgan Golf Photography; 336 u.: Phil Sheldon; 336 o.re.: The Golf Picture Library; 338: Allsport/David Cannon; 340: Phil Sheldon; 341 m.li.: Allsport/David Cannon; 344: Phil Sheldon; 345: United States Golf Association; 346 o.re.: Hulton Getty; 346 u.li.: Phil Sheldon/Jan Traylen; 347: Phil Sheldon/David Duvall; 348 u.li.: Phil Sheldon; 348 u.re.: Eric Hepworth Photography; 350: Corbis; 352: Phil Sheldon; 353: The Golf Picture Library; 354: Golf Photography International; 355: Eric Hepworth Photography; 356: Hobbs Golf Collection; 356 u.li.: Hobbs Golf Collection; 356 o.re.: Phil Sheldon; 357: Action Plus/Mike Hewitt; 358: Hobbs Golf Collection; 359: Phil Sheldon; 360: Action Plus/Mike Hewitt; 361: Phil Sheldon; 362: Phil Sheldon; 363: Phil Sheldon; 364: Eric Hepworth; 366: Action Plus/Peter Tarry; 368: Allsport/David Cannon; 369: Allsport/Craig Jones; 372: Phil Sheldon; 373 m.li.: Phil Sheldon; 373 u.re.: Allsport; 374 u.: The Golf Picture Library; 374 o.re.: Eric Hepworth Photography; 375: The Golf Picture Library; 376: Action Plus/Steve Bardens; 377: Peter Dazeley; 378: Peter Dazeley.